DICTIONNAIRE

DE

PIÈCES AUTOGRAPHES

VOLÉES

AUX BIBLIOTHÈQUES PUBLIQUES DE LA FRANCE

précédé d'observations

SUR LE COMMERCE DES AUTOGRAPHES

PAR

LUD. LALANNE ET H. BORDIER

PARIS
LIBRAIRIE PANCKOUCKE
Rue des Poitevins, 8 et 14

1851

DICTIONNAIRE
DE PIÈCES AUTOGRAPHES
VOLÉES
AUX BIBLIOTHÈQUES PUBLIQUES DE LA FRANCE

Paris. — Typographie Panckoucke, rue des Poitevins, 8 et 14.

OBSERVATIONS
SUR LE COMMERCE DES AUTOGRAPHES.

Depuis plusieurs années, et surtout depuis 1848, l'opinion publique s'est vivement préoccupée de la découverte de soustractions commises dans les bibliothèques et les dépôts d'archives de la France. Le procès Libri n'a fait connaître encore qu'une partie de ces dévastations. Pendant l'instruction de cette affaire dont le retentissement a été si grand et où nous avons été, comme experts, les délégués de la justice, il nous a fallu garder le silence malgré les attaques dirigées contre nous. Si aujourd'hui nous nous décidons à le rompre, en parlant des autographes, ce n'est point pour répondre à des pamphlets que nous avons méprisés, mais pour signaler l'audace et les funestes proportions d'une criminelle industrie. Le travail de notre expertise nous a mis sur la voie d'innombrables méfaits dont nous avons poursuivi la recherche même après l'expiration de notre mission, et nous n'hésitons pas à publier les renseignements que trois années d'investigations dans les bibliothèques de Paris et des départements nous ont permis de recueillir.

Le moment, d'ailleurs, nous semble bien choisi. L'administration de nos bibliothèques, dont quelques-unes ont été si longtemps abandonnées à des mains incapables ou infidèles, a pris une nouvelle face. De toutes parts on s'occupe avec ardeur de classer et d'inventorier les collections manuscrites qu'elles possèdent. Au département des manuscrits de la Bibliothèque nationale, qui, jusqu'en 1848, a été le théâtre de tant de désordres, ce travail, qu'on poursuit activement, a déjà donné lieu à des revendications devant les tribunaux.

La principale cause des soustractions a été, sans contredit, la facilité que ceux qui s'en rendaient coupables trouvaient à écouler le fruit de leurs vols. Il suffira, pour le démontrer, de tracer brièvement l'historique du commerce des autographes, qui ne date guère en France que d'une trentaine d'années.

Ce fut au mois de mai 1822 que l'on vit paraître pour la première fois à Paris [1] un catalogue consacré exclusivement à une collection d'autographes [2] ; car jusqu'alors ceux-ci s'étaient trouvés dans les ventes confondus avec les livres et les manuscrits [3].

---

[1] Nous le disons ici, une fois pour toutes, nous n'entendons parler que des ventes faites à Paris. En fait d'autographes, du reste, comme sur tant d'autres points, c'est la France qui a donné le ton à l'Angleterre et à l'Allemagne. — Voyez la préface du catalogue de la *Collection renommée de M. François Græffer*. Vienne, 1838, in-12.

[2] Cette collection appartenait à M. Villenave. Son catalogue fut joint au supplément du catalogue du fonds de librairie de Pluquet. — Voyez plus loin la liste des ventes, p. 36.

[3] « Les autographes, dit M. de Pixerécourt, n'étaient point réunis en collec-
« tion il y a quarante ans. On rencontrait quelquefois, dans les ventes de livres,
« un ou deux volumes dans lesquels le propriétaire avait rassemblé, pêle-mêle,
« une centaine de lettres plus ou moins curieuses, et fort étonnées, le plus sou-
« vent, de se trouver ensemble. C'est à la vente de l'abbé de Tersan, que j'ai
« vu, pour la première fois, un casier assez étendu rempli de cartons qui conte-
« naient des lettres autographes.... C'est aussi dès cette époque (vers 1805) que
« j'ai conçu, pour la première fois, la pensée d'ajouter des lettres autographes à
« mes livres. » (*Préface du catalogue de la collection d'autographes de M. de Pixerécourt*. Paris, Techener, 1841, in-8º.)

L'importance des documents politiques originaux, les fit pourtant rassembler de bonne heure. L'un des plus magnifiques recueils de ce genre, est celui qui fut commencé par Philippe, comte de Béthune, frère de Sully (Voyez plus loin,

Depuis cette époque jusqu'en 1835 inclusivement, il y eut environ quarante-six ventes, dont quelques-unes seulement étaient consacrées à des autographes, et où figurèrent douze mille pièces[1] ; mais à partir de cette dernière date, on vit s'accroître à la fois le nombre et l'importance des ventes. En effet :

De 1836 à 1840 inclusivement, il y eut à Paris 23 ventes renfermant environ 11,000 pièces ;

De 1841 à 1845 inclusivement, il y eut 39 ventes renfermant environ 15,000 pièces ;

De 1846 à 1850 inclusivement, il y eut 33 ventes renfermant environ 32,000 pièces[2]. — Soit en tout 95 ventes et 58,000 pièces[3].

Ainsi, de 1836 à 1840 seulement, pour une période de cinq ans, il y eut à peu près autant d'autographes vendus aux enchères, que de 1822 à 1835, pour une période de quatorze ans.

---

dans le Dictionnaire, l'article BÉTHUNE). Telles sont encore la collection des frères Godefroy (bibliothèque de l'Institut), et surtout celle des frères Du Puy (Bibliothèque nationale), où l'on trouve réunis à la fois des documents littéraires, historiques et scientifiques. A partir du dix-septième siècle, des littérateurs et des savants conservèrent avec grand soin les lettres qu'ils recevaient et la minute de celles qu'ils envoyaient; c'est ainsi qu'ont été formées les correspondances d'Hévélius et de De l'Isle (bibliothèque de l'Observatoire); celles de Boulliau et de Baluze (Bibliothèque nationale), et bien d'autres, dont nous parlerons dans le cours de notre travail. Ces collections étaient déjà devenues la propriété de l'État ou des villes, lorsque la révolution de 1789 vint accroître encore ces richesses, en y réunissant les bibliothèques et les archives des établissements religieux et d'une foule de nobles familles.

[1] Ces ventes n'étaient point toutes, il s'en faut, composées exclusivement d'autographes. Quelques-unes d'entre elles ne contenaient que 20 ou 30 pièces.

[2] Sans compter les ventes Gazan (15,000 pièces), Emmery (5,000 pièces).

[3] Ces chiffres sont de beaucoup au-dessous de la vérité. D'abord, quelques ventes ont pu nous échapper; ensuite, dans les catalogues qui ont servi de base à nos calculs, nous n'avons pas pu tenir compte des articles où l'on indique un dossier, par exemple, sans dire de combien de pièces il se compose; enfin, dans la plupart des ventes, le libraire apportait bon nombre de pièces importantes, qui n'étaient point annoncées sur les catalogues, et dont on ne trouve même aucune trace sur les procès-verbaux des commissaires-priseurs.

Ce résultat ne doit pas étonner, car, à partir de la fin de 1835, le commerce des autographes prit une subite extension. Des lettres précieuses, écrites par d'illustres personnages dont les noms n'avaient encore figuré dans aucune vente, apparurent tout à coup sur le marché. Écoutons plutôt le rédacteur des préfaces placées en tête des catalogues de trois ventes faites par M. Libri, sous les pseudonymes de *Canazar, Thomas W.*, et *Riffet*, dans le cours des années 1835 et 1837.

« Les lettres autographes (annoncées sur le catalogue
« Canazar) sont toutes rares et précieuses. Elles sont,
« pour la plupart, inédites et *manquent souvent dans les*
« *collections les plus complètes. Deux d'entre elles sont*
« *peut-être uniques, celles de Képler et de Daniel Elzevir*[1]. »

— « Ce qui place cette notice[2] au rang des plus impor-
« tants catalogues, c'est la précieuse et *très-précieuse* col-
« lection de pièces manuscrites qui en fait la deuxième
« partie. Toutes les pièces en sont rares; beaucoup sont
« rarissimes, quelques-unes pourraient être qualifiées
« uniques. Voit-on souvent figurer sur les catalogues
« d'autographes les noms de Marguerite de Navarre,
« l'auteur des contes, du brave Crillon, de la maréchale
« d'Ancre, du grand maître de Rhodes, Villiers de l'Isle-
« Adam, du comte d'Egmont, d'Alexandre Farnèze,
« du fameux Ragotzi, du poëte Ronsart? Dans quelle
« vente publique a-t-on vu passer jusqu'ici une lettre de
« Diane de Poitiers? etc........ Nous ajouterons qu'une
« partie des noms célèbres qui figurent dans notre petite

---

[1] *Catalogue des livres de la bibliothèque de feu M. A. de Canazar.* Merlin, 1835, in-8°.

[2] *Notice de livres rares et curieux, de beaux manuscrits et d'un choix de lettres autographes des plus précieuses, provenant du cabinet de sir Thomas W..., baronnet.* Paris, Merlin, 1837, in-8°. — *Préface*, p. 3.

« collection ne se rencontrent pas dans les plus beaux
« catalogues, parmi lesquels nous pourrions citer la
« riche et précieuse collection de M. Bruyère Chalabre,
« vendue en 1833. »

L'avertissement placé en tête du catalogue de la vente
Riffet [1] n'est pas moins explicite. « Les amateurs y
« trouveront des lettres *qui n'ont jamais paru dans aucune*
« *vente, et que tout porte à croire uniques. En effet, dans*
« *quel catalogue a-t-on jamais vu figurer des lettres auto-*
« *graphes de Bayard, de Jeanne de Navarre, de Rubens,*
« *de Képler, de Descartes ?* » Suit une énumération de
de 36 noms de personnages illustres [2].

Il est sans doute incontestable que la faveur du
public, en s'attachant aux autographes, en leur donnant une valeur qu'ils n'avaient point eue jusqu'alors,
a poussé les amateurs à se livrer à des investigations
souvent heureuses, et les a de plus engagés à ouvrir
leurs portefeuilles aux acheteurs. Mais cette circonstance
ne suffit pas pour expliquer le développement que prit
ce commerce à partir de 1835 [3], et, pour notre part,

---

[1] *Catalogue des lettres autographes rares et précieuses, provenant du cabinet de feu M. Riffet.* Paris, Merlin, 1837, in-8º.

[2] Ces trois ventes seront citées souvent dans le cours de notre travail, et nos observations porteront principalement sur les pièces signalées par le vendeur, comme précieuses, rarissimes ou uniques.

[3] « Le goût des autographes a fait, dans ces derniers temps, en France,
« d'immenses progrès. Il y a dix ans, on comptait à peine ici quatre collections
« remarquables : celles de MM. Villenave, Maron, Pixerécourt et Berthevin.
« Aujourd'hui, Paris en renferme un plus grand nombre. Tous les amateurs ont
« visité les riches cabinets de MM. Libri, Feuillet, du comte d'Hauterive, du
« baron de Chassiron, marquis de Flers, Boutron, Lalande, ou en ont en-
« tendu parler. » (*Préface du catalogue de la collection de M. Alex. Martin.*
Paris, 1842.)

Le cabinet de M. Libri, le seul dont nous puissions parler, méritait en effet
sa réputation. C'était à son possesseur que s'adressaient les marchands français
ou anglais, quand ils avaient besoin de quelque pièce qu'il parvenait toujours à
leur procurer; et bien qu'il eût, de 1835 à 1846, écoulé en diverses ventes
pour 33,000 fr. d'autographes, bien qu'il en eût, à différentes reprises, vendu

l'expérience nous a rendus fort incrédules à l'endroit de ces prétendues trouvailles, faites en France ou à l'étranger, de documents précieux enlevés à nos dépôts publics et qu'un hasard singulier aurait toujours fait tomber entre les mains des mêmes collecteurs¹.

Nous avons dit plus haut que 58,000 autographes environ avaient figuré aux ventes publiques faites à Paris de 1836 à 1851. Ce chiffre, déjà fort élevé, ne représente certainement que la moindre partie des pièces qui circulent dans le commerce. Le calcul suivant en donnera une idée. Notre première livraison (ACADÉMIE-CHAPELAIN) contient l'indication de 500 pièces environ volées à différentes bibliothèques. Un quart d'entre elles seulement se retrouve sur des catalogues de ventes; les trois autres quarts ont donc été cédés de la main à la main, sans avoir passé aux enchères, ou bien sont arrivés directement des dépôts publics dans les collections particulières.

Quand bien même l'apparition de cette multitude de pièces nouvelles n'aurait point fait naître des doutes sur la légitimité de leur provenance, quelques affaires scandaleuses auraient suffi pour donner l'éveil au public².

---

de la main à la main, à des libraires ou à des particuliers, pour plus de 15,000 fr., il a pu encore, en 1847, en céder à lord Ashburnham environ 200 volumes, parmi lesquels nous ne comptons pas les manuscrits de Huet, de Tonitano, de Napoléon. C'est lui, sans contredit, qui a le plus contribué à l'extension du commerce d'autographes.

Voyez encore sur diverses collections particulières, le *Manuel de l'amateur d'autographes*, par Fontaine, 1836, in-8, p. 298.

¹ Voyez les articles ACADÉMIE DES SCIENCES, DESCARTES, HÉVÉLIUS, etc.

² Il ne faut pas croire que les spoliations de bibliothèques et d'archives soient particulières à la France. Partout les mêmes causes ont produit les mêmes résultats. L'acte d'accusation et les brochures relatifs à l'affaire Libri ont révélé plusieurs faits du même genre qui se sont passés à l'étranger. Les archives de Florence, les bibliothèques de Belgique, n'ont pas été épargnées. En 1845, l'un de nous eut l'occasion d'envoyer au gouvernement de

En 1831, au sujet de graves désordres signalés dans l'administration du département des manuscrits à la Bibliothèque nationale, il y eut une enquête qui fut abandonnée à cette époque (reprise en 1848 sur un point spécial, elle s'est terminée alors par un procès civil[1]). Vers 1836, si notre mémoire ne nous trompe pas, les journaux annoncèrent qu'une instruction judiciaire était commencée contre certains employés d'un ministère accusés d'avoir détourné des pièces confiées à leur garde. — En 1844, eut lieu le procès relatif à un autographe de Molière soustrait à la Bibliothèque nationale à laquelle il fut restitué par arrêt de la cour royale. — En 1846, des vols nombreux commis aux Archives du royaume furent découverts et constatés sans que l'employé infidèle devînt l'objet d'aucune poursuite[2].

Genève un inventaire des titres les plus précieux, soustraits aux archives de cette ville par un littérateur qui s'était retiré à Florence avec sa collection, après avoir vainement cherché à la vendre en France.

[1] Voyez *Bibliothèque de l'Ecole des chartes*, 1849, p. 322 et suiv.

[2] Voici le fait : En 1839, un ancien sous-préfet fut nommé commis aux Archives générales du royaume, dont M. Daunou était alors garde général. Ce dernier, mieux renseigné que le ministre, refusa de recevoir le nouvel employé, qui ne put entrer en fonctions que l'année suivante, quand M. Letronne eut succédé à M. Daunou.

La méfiance de M. Daunou ne tarda pas à être justifiée. On vit disparaître des Archives et passer dans les ventes une foule de documents précieux. Ces vols se continuèrent pendant plusieurs années. Dès que M. Letronne en fut instruit, ce qui arriva en 1846, il en prévint aussitôt le ministre de l'Intérieur, et, muni de pleins pouvoirs, il se rendit en poste auprès de l'employé infidèle qui, retiré de l'administration, mais non des affaires, jouissait tranquillement en Normandie des revenus de son négoce. Ce voyage eut pour résultat la réintégration immédiate aux Archives de *soixante-quinze kilogrammes de papiers et de parchemins*, c'est-à-dire de plusieurs milliers de pièces, la plupart relatives à l'histoire de la révolution. Cependant, malgré la frayeur que lui avait causée la visite inattendue du garde général, l'ancien sous-préfet n'avait pas restitué tout ce qu'il avait en sa possession. Il avait eu la précaution de se ménager une réserve qu'il trouvait moyen d'écouler peu à peu. Il fallut recourir aux menaces pour l'obliger à de nouvelles restitutions. Furent-elles complètes ? Nous n'en savons rien. — L'année suivante, en 1847, M. Duchâtel, alors ministre de l'Intérieur, écrivit à M. Letronne, pour le prier de vérifier si le testament de Louis XVI, que l'on disait être actuellement entre les mains d'un

Le fait de soustractions commises dans les dépôts publics était donc parfaitement connu avant 1848. Les marchands, du reste, n'en faisaient aucun mystère, et il s'en est trouvé d'assez hardis pour inviter ouvertement le public à fermer les yeux sur la provenance des pièces qu'ils mettaient en vente.

« La liste des noms que renferme ce catalogue serait
« sans doute la meilleure préface qu'on pût y joindre, »
dit-on dans le catalogue d'une vente faite le 1ᵉʳ avril 1844, sous les auspices de *l'Alliance des arts*. « La plu-
« part de ces noms se recommandent d'eux-mêmes aux
« amateurs et quelques-uns figurent pour la première
« fois dans un catalogue. *Mais, d'où viennent ces auto-*
« *graphes? demandera-t-on. Eh! qu'importe leur origine,*
« *pourvu qu'ils soient authentiques, rares et curieux!* Ils
« viennent d'ailleurs de différentes sources; ils ont été
« rassemblés à diverses époques; mais ils ont tous été
« scrupuleusement examinés et choisis. Ils peuvent se
« présenter avec assurance aux vrais connaisseurs,
« M. Feuillet, le premier des autographophiles français,
« MM. Chambry, de Flers, Delalande, etc., qui sont
« des juges souverains en fait d'autographes[1].... »

---

autographophile, se trouvait encore dans l'armoire de fer, aux Archives. Cette pièce s'y trouvait en effet, mais là se borna la constatation. On ne chercha point à vérifier si les Archives en avaient jadis possédé un double, question assez importante cependant, et qu'il serait utile d'examiner.

[1] Qu'on nous permette de citer ici quelques couplets d'une petite chanson dont l'auteur nous est inconnu. Cette chanson, intitulée *le Marchand d'autographes, circulaire aux amateurs*, n'a pas été imprimée, mais seulement autographiée, et tirée probablement à un petit nombre d'exemplaires. Elle nous semble (à cause de la mention d'un autographe de Molière) avoir été composée vers 1844, et montre quelle était déjà, à cette époque, l'opinion du monde bibliophile sur la moralité de quelques amateurs et du commerce des autographes en général.

Messieurs, j'ai des autographes
De tous temps, de tous pays,

Signatures et paraphes,
Que je vends, non garantis.

— 13 —

A cette déclaration fort nette nous pourrions en ajouter plusieurs autres tirées de quelques brochures assez récentes [1]; bornons-nous à rappeler un fait que nous avons cité ailleurs [2], et qui pourra donner une idée de l'assurance avec laquelle on se livrait au commerce des autographes volés aux dépôts publics.

Dans le catalogue de la vente opérée le 4 février 1847 sous le nom du baron de L. L., nous lisons l'article suivant : « N° 241. — Estrées (Gabrielle d'), fragment ou « fin d'une lettre, 6 *lignes autographes* et signées à Ma- « dame...; une page petit in-f° (*Pièce de l'iconographie*). » Or, en nous reportant à l'*Iconographie* (publiée en 1840)

....
Vous verrez dans mes cartons
Des Molières, des Newtons.
Vous verrez le Balafré,
Bobèche et Galimafré.

....
J'attends des bords germaniques,
Par le roulage, un ballot
Plein de pièces magnifiques
Que je vous vendrai par lot.

Je fais venir d'Astrakhan
Les papiers de Gengis-Khan,
Et du couvent du Thabor
Un Nabuchodonosor.

....

Cet autographe si beau
Est du fameux Mirabeau.
Il est écrit tout entier
De la main.... de son portier.

Entre la Perse et la Chine
Voici le traité de paix.
Quoiqu'on dise, j'imagine
Qu'il n'en exista jamais.

Pour moi, je n'ai point douté
De son authenticité ;
Des Archives, dont il sort,
On y voit le timbre encor.

Car, soit dit sans vous déplaire,
On n'est point franc amateur,
A moins d'être un peu faussaire
Et légèrement voleur.

[1] On lit dans une brochure publiée en faveur de M. Libri :
« Les catalogues des collections d'autographes, dont les ventes se succèdent « à Paris, depuis quelques années, fournissent des preuves multipliées des dila- « pidations commises dans les archives de la France et de l'étranger. Prenons le « premier de ces catalogues qui nous tombe sous la main, celui de M. Got- « tlieb W. (Merlin, 1839.) » Suit une énumération de pièces évidemment volées. (G. Brunet, *Lettre au bibliophile Jacob, au sujet de l'étrange accusation intentée contre M. Libri*. Paris, 15 août 1849, in-8°.)
Disons, en passant, que la main de M. Gustave Brunet n'a pas été heureuse, et qu'il a employé en faveur de son client un argument dont celui-ci se serait bien passé. La vente Gottlieb W. est l'une des nombreuses ventes faites par M. Libri et sera citée souvent dans notre Dictionnaire.
[2] Voyez *Bibliothèque de l'Ecole des chartes*, 1850, p. 268.

nous trouvons la même pièce indiquée comme tirée des *manuscrits de la Bibliothèque royale de France*[1].

A quelle époque remontent ces soustractions? c'est ce que nous allons examiner[2].

Il existait en 1841 à la bibliothèque de la Faculté de Montpellier une lettre d'Arétin signalée au ministre de l'Instruction publique par M. Libri, chargé d'explorer les bibliothèques des départements.— En 1845 cette pièce avait disparu et, en 1846, elle passait dans une vente à Paris[3].

En 1841, M. Libri qui avait à différentes reprises longuement étudié les manuscrits de Peiresc conservés à Carpentras[4], en envoyait au même ministre un catalogue où il signalait seulement les registres 8, 48 et 76 comme offrant des lacunes[5]; or, dès 1846, on avait enlevé dans 37 autres volumes de la même collection environ 1,700 feuillets sur lesquels 296 ont été retrouvés dans les papiers de M. Libri[6].

En 1828, M. Monmerqué publia, dans ses *Carrosses à cinq sous,* le fac-simile d'un autographe de Pascal,

---

[1] Nous savons que M. Feuillet a prétendu que la pièce vendue n'était qu'un *fac-simile lithographié*, mis sur table comme tel. Mais comment admettre qu'un fac-simile de six lignes ait été adjugé au prix de 65 fr.? — Voyez le pamphlet de M. Feuillet, intitulé: *Réponse à une incroyable attaque de la Bibliothèque nationale*. Paris, 1851, in-8°, p. 53. — Nous y reviendrons. Voyez l'article ESTRÉES.

[2] Nous ne prétendons pas qu'il n'y ait point eu anciennement des soustractions; nous voulons seulement prouver que presque toutes celles dont nous avons à parler sont fort récentes. — Voyez, sur des vols commis au dernier siècle, Le Prince, *Essai sur la Bibliothèque du roi*, 1782, in-12, p. 74 et suiv.

[3] Voyez plus loin l'article ARÉTIN.

[4] Il les a cités souvent dans l'*Histoire des sciences mathématiques* et dans le *Journal des savants*.

[5] Ces lacunes avaient été signalées anciennement dans le *Magasin encyclopédique*, année 1797, t. 2, p. 503.

[6] M. Libri prétend avoir emprunté ces feuillets. Nous réfuterons cette assertion à l'article PEIRESC.

conservé à la Bibliothèque de l'Arsenal, et qui, depuis, a disparu.

L'*Isographie*, publiée de 1828 à 1830, a donné le fac-simile d'une lettre de Descartes, conservée dans l'un des cartons du secrétariat de l'Institut[1]. Cette pièce a disparu.

La Bibliothèque de l'Institut possède douze volumes ou cahiers autographes de Léonard de Vinci, que l'on ne communique que très-rarement et uniquement aux personnes connues[2]. On a trouvé dans les papiers de M. Libri une note écrite de sa main et contenant l'indication du nombre de feuillets de chaque volume. Aujourd'hui, dans deux de ces volumes, il manque, outre 66 feuillets dont quelques-uns sont cités par M. Libri dans son *Histoire des sciences mathématiques*, un petit cahier de 18 feuillets, dont l'existence est constatée par une note de M. Fallot, qui fut sous-bibliothécaire de l'Institut depuis l'année 1834 jusqu'à sa mort, arrivée en juillet 1836[3].

La Bibliothèque du Louvre a acquis à la vente Garnier, en 1822, un volume précieux contenant des lettres de Louis XIV, de Mme de Maintenon, de Boileau et de Racine. Il y a quelques années, on a coupé dans le volume un des autographes de ce dernier[4].

Le tome 6e de la correspondance d'Hévélius, à la bibliothèque de l'Observatoire[5], contenait, entre autres,

---

[1] Voyez l'article DESCARTES.
[2] Cette bibliothèque n'est ouverte qu'aux membres de l'Institut et aux personnes recommandées par eux.
[3] Voyez l'article LÉONARD DE VINCI.
[4] Voyez l'article RACINE.
[5] Cette bibliothèque n'est point publique; elle est uniquement destinée aux membres du Bureau des longitudes et aux employés de l'Observatoire.

d'après une note trouvée dans les papiers de M. Libri, et écrite de sa main, trois lettres d'Hévélius, de Magliabechi et de Vinacese. Ces lettres ont disparu[1].

Quant à la Bibliothèque nationale, suivant M. Jubinal, qui en a lui-même relevé un certain nombre, les soustractions dateraient d'une époque ancienne et auraient même pu être commises au dernier siècle[2]. Nous avons ailleurs[3] exposé quelques faits qui montrent combien est erronée cette opinion qu'il avait émise dans l'intérêt de M. Libri. Nous allons les compléter et de manière, nous l'espérons, à ne laisser aucun doute dans l'esprit du lecteur.

Disons d'abord que, pour tous les volumes reliés où les soustractions ont laissé des traces d'arrachement, il est évident que ces soustractions sont postérieures à la reliure. — Ainsi les volumes de la collection Du Puy ayant été reliés de 1829 à 1831 ou 1832, vingt-quatre même ne l'ayant été que dans le cours de l'année 1839[4], les mutilations dans ce recueil, que nous citerons à chaque instant, ne peuvent être reculées au delà d'une vingtaine d'années ; mais pour plusieurs volumes on peut encore rapprocher les dates.

En 1835, on fit sur des cartes l'inventaire des pièces que ce recueil contenait[5]. Un grand nombre d'entre elles,

---

[1] Comme il n'existait pas, à cette époque, d'inventaire de cette collection, cette note ne peut avoir été prise que sur le volume lui-même, où il manque actuellement 53 pièces, sur lesquelles 7 ont été retrouvées chez le même M. Libri. — Voyez l'article HÉVÉLIUS.

[2] Une *Lettre inédite de Montaigne*. Paris, 1850, in-8, *passim*.

[3] Voyez *Bibliothèque de l'Ecole des chartes*, année 1850, p. 267.

[4] Dans ce nombre figure le n° 371, que M. Jubinal (p. 57) défiait M. l'administrateur de découvrir. Nous l'avons retrouvé à la suite du volume 699, avec lequel il avait été relié par erreur.

[5] Voyez la préface de M. Champollion-Figeac, au tome 1ᵉʳ des *Documents historiques extraits de la Bibliothèque royale*, 1841, in-4°, p. 6 et 9. — On

dont les cartes existent, ont disparu[1]. Le volume 699, relié seulement en 1839, a perdu des lettres de Paul Manuce et de Possevin, à la place desquelles on voit des traces d'arrachement. — En 1838, un Belge copia, dans le volume 714, 45 lettres de Rubens, qui furent publiées à Bruxelles en 1840 ; 17 d'entre elles ont disparu[2].

La correspondance de Boulliau n'a été reliée que depuis 1830. Postérieurement à cette époque, M. Libri a copié un assez grand nombre des pièces qu'elle renferme. Les originaux de 21 d'entre elles ont disparu[3].

Les six premiers volumes de la correspondance de Peiresc (supplément français n°s 998-1007) ont été paginés par M. B. Guérard, vers 1832. Une cinquantaine de pièces ont disparu depuis cette pagination, et l'une d'elles (une lettre de Malherbe), suivant une note de M. P. Paris, a été enlevée au mois de novembre 1838[4].

M. Michelet, dans le 6e volume de son *Histoire de France* publié en 1844, a donné en partie, d'après l'original conservé au tome 9675[B] de Baluze, le texte du sauf-conduit accordé par Charles le Téméraire à Louis XI, lors de l'entrevue de Péronne. Cette pièce, si précieuse pour l'histoire, a disparu.

Vers 1832, M. Guérard a dressé un inventaire som-

---

voit que M. Jubinal était mal informé, quand il parlait (p. 53), comme d'une chose à faire, de cet inventaire terminé il y a quinze ans.

[1] Voyez entre autres les articles CALVIN, CARPI, CAMDEN, etc.

[2] Voyez dans les *Archives de l'art français* (Paris, Dumoulin, 2e livraison, 1851) l'article intitulé : *Deux lettres inédites de Rubens, communiquées et annotées par M. Ludovic Lalanne.* — Voyez aussi l'article RUBENS.

[3] Voyez l'article BOULLIAU.

[4] Voyez l'article MALHERBE, et, au sujet de la note de M. P. Paris, voyez la *Réponse de la Bibliothèque nationale à M. Feuillet de Conches*, par M. Naudet, administrateur de la Bibliothèque. Paris, 1851, p. 29 et suiv., et les *Rectifications* de M. Paris.

maire des lettres autographes contenues dans le précieux carton connu sous le nom de *carton de Racine*. Plusieurs des pièces numérotées par lui ont disparu [1].

Le tome 1er de l'*Isographie* contient le fac-simile d'une lettre de Louis XI, dont l'original était conservé à la Bibliothèque nationale. Un ouvrage, publié en 1841 [2], a reproduit le même fac-simile, au bas duquel on lit cette fois : *Tiré de la collection de M. Feuillet* (de Conches).

En 1845, on a fait le récolement des pièces enlevées dans la collection Béthune. Un nouveau récolement exécuté récemment, a constaté que, depuis cette époque, plusieurs pièces avaient disparu [3].

Suivant un catalogue fort sommaire dressé par M. Aimé Champollion, la correspondance de Nicaise (supplément français n° 1958) contenait, entre autres, des lettres de Leibnitz. Depuis la reliure de cette collection, reliure qui ne date que de quelques années, M. Paulin Paris a relevé en tête de chaque volume les noms des signataires des pièces qui y sont renfermées ; il manque sur cette liste le nom de Leibnitz dont les lettres ont en effet disparu.

Nous nous arrêtons. Ces faits suffisent, nous le croyons, pour établir avec exactitude l'époque récente des soustractions dont nous aurons à parler dans notre Dictionnaire.

Maintenant, en rapprochant ces dates de l'époque où les pièces enlevées ont commencé à figurer dans les ventes, on arrivera logiquement à cette conclusion : que

---

[1] Voyez les articles BOILEAU et RACINE.

[2] *Louis XI et le Plessis-lez-Tours*, par le chevalier G. H. de Louyrette et le comte R. de Croy. Tours, in-8°.

[3] Voyez l'article BÉTHUNE.

le développement subit du commerce des autographes, à partir de 1835, doit être attribué aux vols commis dans nos bibliothèques, et que ce développement même, en donnant aux voleurs la certitude d'écouler avantageusement en France ou à l'étranger le fruit de leur coupable industrie, a singulièrement contribué à la dévastation de nos dépôts publics.

Disons toutefois que la valeur vénale des pièces n'a pas toujours été la cause de leur disparition. Quelques-unes paraissent avoir été enlevées parce qu'elles pouvaient servir à des travaux particuliers. Il semble, pour d'autres, que l'on ait voulu faire disparaître, ou au moins cacher à la lumière, des documents propres à rehausser la gloire scientifique de la France. C'est la pensée qui nous est venue en constatant certaines soustractions commises dans les collections d'Hévélius, de Peiresc, de Boulliau, de De l'Isle, et dans les archives de l'Institut, d'où ont disparu les lettres et manuscrits de Viète, de Mersenne, de Gassendi, de Roberval, de Frénicle, de Fermat, etc. [1]

Cherchons maintenant comment les soustractions ont pu être commises.

De 1830 à 1848, dans la plupart des bibliothèques, les conservateurs et les employés chargés de la garde des manuscrits se sont occupés très-peu de cataloguer les trésors littéraires confiés à leurs soins [2]. Les inventaires, quand on a pris la peine d'en faire, ont été en général

---

[1] Ainsi on a enlevé à la correspondance d'Hévélius la *copie* de problèmes proposés par Fermat, pièce qui n'avait aucune valeur vénale. — Voyez l'article FERMAT.

[2] Sous l'empire, on a fait à la Bibliothèque nationale quelques inventaires qui nous ont été précieux pour nos recherches.

rédigés d'une manière fort incomplète et fort défectueuse[1]. A la Bibliothèque nationale, les plus précieuses collections, celles que l'on communiquait le plus fréquemment au public, soit à l'intérieur, soit au dehors, n'ont été paginées et estampillées que tout récemment[2], et l'on travaille aujourd'hui à classer et à inventorier des milliers de pièces qui ne sont même pas mentionnées en bloc sur les catalogues, et que, jusqu'en 1848, on avait laissées entassées pêle-mêle dans des cartons où certaines personnes avaient bien probablement pu les visiter.

Du reste, quand bien même toutes ces collections eussent été reliées et inventoriées, que chaque pièce eût été cotée et estampillée, ces mesures de précaution auraient pu diminuer le nombre des vols, mais ne les auraient certainement pas empêchés. En voici la preuve.

Les archives de l'Institut possédaient, suivant une note que nous avons trouvée dans un carton, 65 lettres de Descartes et autres, *toutes estampillées;* 62 ont disparu et une quinzaine ont passé dans les ventes[3].

La partie des collections de De l'Isle conservée à la bibliothèque de l'Observatoire a été inventoriée par De l'Isle lui-même; les pièces sont cotées de sa main

---

[1] Il y a, au catalogue des manuscrits français, à la Bibliothèque nationale, quelques articles rédigés depuis quelques années avec un soin qu'il est bon de signaler. Catherine et Marie de Médicis, Jean et Louis Racine, y sont confondus. On y trouve les inscriptions suivantes : *Armand d'Andilly* (lisez Arnauld); *Villeroy, évêque de Luçon* (lisez Richelieu); *Gudin, duc de Gaëte* (lisez Gaudin); *Jacques Benigne (de Meaux)*, au lieu de Bossuet; sans compter les fautes d'un autre genre, comme *suplices, musé,* etc.

[2] La plupart l'ont été par les soins de M. Claude.

[3] Deux d'entre elles (lettres de Descartes) sont actuellement déposées au greffe. Elles portent encore la trace de l'estampille de l'ancienne Académie des sciences, que l'on a cherché à faire disparaître au moyen d'un réactif. Il en est de même de cinq autres pièces, provenant des mêmes archives, et qui ont été trouvées dans les papiers de M. Libri.

et estampillées ; ce qui n'a pas empêché qu'on en ait enlevé un très-grand nombre [1].

Ainsi, on le voit, catalogues et estampilles n'empêchent point les soustractions qu'elles rendent seulement plus difficiles. Pour les rendre impossibles, il aurait fallu exercer une active surveillance sur tous ceux auxquels on communiquait les manuscrits ; il aurait fallu exécuter les règlements. Peut-on comprendre, par exemple, qu'à la Bibliothèque nationale, un conservateur au département des manuscrits ait violé chaque jour un article formel du règlement de cet établissement[2]? Conçoit-on que sa complaisance[3] ait pu aller jusqu'à prêter à un amateur, M. Feuillet, 17 pièces autographes de Racine et de Boileau, pièces détachées et déposées dans le carton de Racine dont nous avons déjà parlé[4]. Un pareil prêt paraît d'autant plus inexplicable, que ces originaux ont été maintes et maintes fois publiés et examinés. Leur copie ou leur collation avec les imprimés ou

---

[1] On a encore trouvé, dans les papiers du même amateur, un feuillet in-8°, portant une cote de la main de De l'Isle. Au haut de la page se trouvait un timbre que l'on avait enlevé avec des ciseaux, mais il est resté quelques traces de l'encre verdâtre employée pour ce timbre ; et ces traces, avec la cote, ont suffi pour faire reconnaître qu'elle provenait du tome XII de la correspondance de De l'Isle.

[2] « On ne prête aucun des manuscrits qui sont remarquables par leur ancien-
« neté, leur importance ou leur rareté, *ni aucune pièce ou manuscrit auto-*
« *graphe.* » Art. 99 du règlement du 30 septembre 1839. — Voyez la *Réponse* de M. Naudet, p. 27, note 3. — Voyez aussi, *ibid.*, p. 66 et suiv., la *Liste des manuscrits prêtés à M. Feuillet.*

[3] Aussi, destitué en 1848, ce conservateur n'a pas cessé, depuis cette époque, de recevoir les témoignages les plus vifs de sympathie et d'estime, de la part de M. Libri et de ses défenseurs, de la part de M. Feuillet et de ses amis. — Voyez leurs différentes brochures, et, entre autres : *Les cent et une lettres bibliographiques*, par P. Lacroix, p. 153 ; une *Lettre inédite de Montaigne*, par A. Jubinal, p. XIII ; *Réponse* de M. Feuillet, p. 116 ; *Rectifications indispensables* de M. P. Paris, 1851, § 10.

[4] L'une des pièces est indiquée seulement par ces mots, sur le livre de prêt : *12 pages in-8, dont 11 écrites.* — *Ibid.*, p. 68.

les minutes[1] pouvait facilement se faire à la Bibliothèque et en quelques heures ; et pourtant l'emprunteur qui, à notre connaissance, n'a jamais rien publié sur ces deux grands poëtes, a pu, sans obstacle, garder quelques-unes de ces pièces pendant *deux cent quarante-huit jours* et même pendant *trois ans et quatre-vingt-huit jours*[2]. — Ce seul fait peut donner une idée de ce qu'était l'administration du département des manuscrits avant 1848[3].

En examinant à la Bibliothèque nationale les huit ou neuf cents volumes qui nous ont servi à faire notre travail, nous avons trouvé à peine quatre ou cinq notes écrites par des conservateurs et mentionnant des soustractions. Et cependant ces volumes leur passaient à chaque instant par les mains, et quand ils les prêtaient au dehors ils ne devaient les recevoir qu'après vé-

---

[1] S'il faut en croire la préface du catalogue de la vente du 10 mai 1847 (p. 6), M. Feuillet aurait découvert, on ne dit pas où, « les admirables pièces « de Boileau, de Racine, de La Fontaine, de Louis XVI, de Marie-Antoi- « nette, etc., répandues aujourd'hui dans toutes les collections. »

[2] Du 26 juillet 1844 au 31 mars 1845, du 22 mai 1844 au 18 août 1847. — Voyez M. Naudet, *Réponse*, p. 68.

Les pièces suivantes ont passé dans les ventes :
Lettre de Racine à Boileau, 3 octobre, 1692 (vente du 14 mai 1845, n° 299). — Lettre de Boileau à Racine, Auteuil, mercredi (vente du 14 mai 1845, n° 31). — Lettre de Racine à Boileau, en date du 6 août (vente du 10 mars 1847, n° 405). — Lettre de Racine à son fils, 16 mars (vente du 6 juin 1849, n° 945). — Les autographes de ces 4 pièces ont été empruntés et rendus, par M. Feuillet, à la Bibliothèque, où ils se trouvent encore. Les catalogues de vente, n'indiquant point que les lettres vendues soient des minutes, ni même des fac-simile (voyez plus haut, p. 14, note 1), nous engageons vivement ceux qui s'en sont rendus acquéreurs à aller vérifier à la Bibliothèque nationale l'authenticité desdites pièces.

[3] Il faut être, comme nous le sommes, au courant de ce qu'a été cette administration, de 1830 à 1848, pour savoir tout ce qu'il y a de vrai dans ces paroles de M. Naudet : « M. Feuillet me demande pourquoi je réclame seule- « ment en 1850. C'est qu'en 1847, quand j'allais à la recherche de la vérité, « je ne trouvais que ténèbres et obstacles au département des manuscrits, « et que j'y trouve aujourd'hui lumière et secours, et, ce qu'il déteste à la « mort, ce qu'il exterminerait par ses délations, s'il ne tenait qu'à lui, probité « courageuse. » (*Réponse*, p. 49.)

rification. Quant aux emprunteurs, pas un d'eux n'a signalé la moindre mutilation, même dans les volumes les plus lacérés. — Citons un exemple.

Le tome 714 de la collection Du Puy renfermait lorsqu'il a été donné à la reliure (vers 1831 ou 1832) environ 80 lettres de Rubens, 45 (ou 47) ont disparu, et 17 entre autres depuis 1838 [1]. Il y a quelques années un conservateur, un employé ou un emprunteur a eu la fantaisie de paginer les feuillets restants, et il l'a fait sans signaler aucunement les lacérations qui pourtant sautent aux yeux du moins clairvoyant.

Mais ce n'est pas tout. Il semble même que l'on ait cherché souvent à dissimuler des soustractions dont les auteurs ne devaient point être inconnus. — Ainsi nous avons trouvé des volumes dont la pagination ancienne quoique fort exacte a été sans motifs altérée, changée, de la main d'employés, de manière qu'il est impossible aujourd'hui de constater la disparition des pièces, et cela tandis qu'une foule de recueils précieux restaient sans pagination, sans estampille! Nous avons vu, entre autres, un volume dont la première pièce avait été enlevée et où, pour dissimuler cette soustraction, on a appliqué en 1843, sur la deuxième pièce devenue la première, un timbre fleurdelysé qui depuis 1830 était hors d'usage [2].

Nous aurons dans le cours de notre travail à signaler plusieurs faits du même genre. Mais il y en a un sur lequel nous appelons plus particulièrement l'attention.

La collection Du Puy est l'une de celles qui furent in-

---

[1] Voyez plus haut, p. 17.
[2] Voyez l'article BOULLIAU.

ventoriées par ordre de M. Guizot, en 1835[1]. Toutes les pièces en furent relevées sur des cartes qui, classées plus tard par ordre chronologique, sont actuellement rangées dans des boîtes. En voulant les consulter, nous avons reconnu que bon nombre d'entre elles avaient disparu. Ainsi nous n'avons pu retrouver la moindre trace d'inventaire pour le précieux volume 712, où se trouvaient, avec l'autographe de Montaigne dont M. Naudet poursuit aujourd'hui la revendication, des lettres de Ronsard, de Pasquier, etc., qu'on y chercherait en vain. Il en est à peu près de même pour le tome 714 qui contenait des lettres de Rubens. Il ne reste pour ce dernier volume, que deux cartes mentionnant, par un hasard fort heureux, deux autographes qui ont disparu. Elles semblent être restées là pour témoigner que le volume avait été inventorié[2]. Quelles sont donc les mains hardies qui ont pu fouiller et dévaster ainsi à loisir et à l'abri de toute surveillance des inventaires qu'on ne mettait guère à la disposition du public?

Si nous avons eu à relever plus haut quelques erreurs échappées à M. Jubinal dans l'une des brochures qu'il a publiées en faveur de M. Libri, nous devons dire que nous sommes parfaitement d'accord avec lui quand il affirme[3] que plusieurs des soustractions qu'il a signalées au département des manuscrits de la Bibliothèque nationale doivent avoir été commises « par des gens qui pouvaient « travailler à leur aise et sans se presser, que ces voleurs « opéraient non-seulement sans crainte d'être dérangés,

[1] Voyez plus haut, p. 16.
[2] Ceci, d'ailleurs, ne peut faire aucun doute, car une fois que le catalogue de cette collection eut été achevé, on procéda à la révision du travail. — Voyez la préface de M. Champollion-Figeac, citée plus haut, p. 16, note 5.
[3] Une *Lettre inédite de Montaigne*, p. 61, 71.

« mais qu'ils jouissaient de certaines facilités, qu'ils
« pouvaient disposer des catalogues, même de ceux
« qu'on ne met pas à la disposition du premier venu[1]. »

Il est évident, en effet, que ce n'est point dans les deux salles consacrées au public, où les lecteurs se coudoient, où circulent continuellement six ou huit conservateurs et employés, que l'on aurait pu commettre ces innombrables soustractions. Ce n'est pas là qu'on aurait pu se livrer sur les volumes ravagés à des travaux de falsification et de réparation que nous aurons maintes fois à signaler. Ce n'est pas là qu'on aurait pu couvrir d'encre et gratter les inventaires, arracher des pièces d'un volume pour les recoller dans un autre, effacer ou falsifier les numéros des feuillets.

Mais nous ne sommes plus de l'avis de M. Jubinal quand il veut accuser uniquement de ces mutilations on ne sait quels employés de la Bibliothèque; nous ne sommes plus de son avis quand il affirme qu'aucun emprunteur n'aurait osé ni pu restituer un manuscrit mutilé. — A cette dernière assertion nous répondrons par un seul fait : nous avons examiné au moment même où il venait d'être rendu à grand'peine, un volume qui depuis *onze ans* était sorti de la Bibliothèque et nous avons constaté que

---

[1] En écrivant ces lignes, M. Jubinal ne se doutait certainement pas que l'acte d'accusation, dans l'affaire Libri, contiendrait les faits suivants :

« Une pièce séparée, dit le témoin Claude, employé à la Bibliothèque natio-
« nale, au département des manuscrits, la salle Fréret, servant de dépôt provi-
« soire et absolument interdite au public, était mise à la disposition de M. Li-
« bri.... Il y travaillait seul, les portes fermées; il y a compulsé la collection
« Baluze et plusieurs autres.

« Un jour que M. Libri voulait rester seul à la Bibliothèque, après la ferme-
« ture, comme cela lui était arrivé plusieurs fois, M. Hase, qui était de service,
« crut devoir s'y opposer. Bien que son observation eût été faite avec mesure et
« convenance, il reçut de M. Libri, le soir même, une provocation en duel,
« malgré ses 60 ans. »

sur 111 pièces qu'il devait contenir, 30 au moins ne s'y trouvaient plus [1].

Voici maintenant les supercheries auxquelles on avait recours pour dénaturer les pièces enlevées lorsqu'il s'agissait de les mettre en vente.

Si les pièces ne provenaient point de volumes reliés, elles n'étaient en général ni cotées, ni cataloguées, ni estampillées. Il n'y avait donc à dissimuler aucune trace d'origine. Quand elles avaient appartenu à un recueil relié, paginé et, ce qui était rare, estampillé, on rognait les pièces pour faire disparaître les déchirures du papier, les cotes, les notes, les numéros placés au haut des pages, et même le feuillet sur lequel était l'adresse. L'estampille s'enlevait avec des acides, lorsque la nature de l'encre le permettait, ou tout simplement avec des ciseaux et l'on bouchait le trou au moyen d'un rempâtement habile [2].

Parfois, non contents de monter les pièces *à l'anglaise*, pour les *dépayser* plus complétement, les marchands ou les amateurs ajoutaient un feuillet à celles qui ne se composaient que d'une seule page. C'est ce qui a été vérifié sur un autographe de Naudé à Peiresc, autographe qui avait figuré à la vente du 10 mars 1847, et qui sur les renseignements fournis par nous a été plus tard restitué à la Bibliothèque nationale. L'une des personnes à qui il a appartenu, y a ajouté un second feuillet qu'elle a eu soin de teinter et de peindre fort artistement pour lui donner une apparence de vétusté [3].

Il ne suffisait pas de dénaturer les pièces enlevées. Il

---

[1] Voyez l'article BOCHBTEL.
[2] Voyez les articles DESCARTES, RÖMER, etc.; et plus haut, p. 20 et 21.
[3] Voyez M. Naudet, *Réponse*, p. 34.

fallait encore essayer de dissimuler les traces d'arrachement laissées dans le volume mutilé. Pour cela on s'y est pris de différentes manières : tantôt on a gratté, effacé ou couvert d'encre, sur les inventaires, l'indication des pièces[1], tantôt on a enlevé les inventaires eux-mêmes; souvent on a intercalé dans les volumes des pièces enlevées à d'autres manuscrits afin de combler des lacunes trop apparentes et de dérouter les recherches par cette confusion. C'est ce qui a été exécuté entre autres pour les collections d'Hévélius, à la bibliothèque de l'Observatoire, de Peiresc et de Du Puy à la Bibliothèque nationale. On a même été plus loin pour un volume de la Faculté de Montpellier, volume où l'on a substitué à une lettre de la marquise de Pescaire une lettre adressée à Peiresc et qui appartenait à la bibliothèque de Carpentras[2].

Le moyen que l'on a le plus fréquemment employé a été la falsification de la pagination. Ainsi dans les volumes de la collection Du Puy, anciennement paginés, les feuillets blancs ne sont jamais numérotés; les auteurs des innombrables soustractions commises dans ce recueil en ont souvent profité pour mettre sur ces pages blanches des chiffres destinés à ne pas laisser de lacune dans la numérotation.

Mais les précautions ne s'arrêtaient pas là. Comme le nom du destinataire de la lettre enlevée suffisait dans certains cas[3], pour faire reconnaître les recueils d'où elle provenait, on l'omettait souvent sur les catalogues de vente ou même on le dénaturait. Nous avons

---

[1] Voyez CASAUBON, HOLSTENIUS, MONTAIGNE, PETAU, etc.
[2] Voyez l'article PESCAIRE.
[3] Comme pour les lettres adressées à Baluze, à Hévélius, à Du Puy, à Peiresc, etc.

eu entre les mains l'épreuve du catalogue de la vente faite en 1839 par M. Libri, sous le pseudonyme de Gottlieb W. Cette épreuve portait que les lettres de Boulliau, Kircher, Perrault, Mersenne, Rubens, Peiresc, Saumaise, annoncées sous les n°s 252, 261, 271, 264, 273, 301, 304 étaient adressées les trois premières à Hévélius, la quatrième à Peiresc, les trois dernières à Du Puy. Les mots *à Hévélius, à Peiresc, à Du Puy* ont disparu sur le catalogue publié[1]. En voyant figurer trop souvent dans les catalogues des lettres adressées à Hévélius, à Peiresc, à Du Puy, dont les correspondances sont conservées à la bibliothèque de l'Observatoire et à la Bibliothèque nationale, le public aurait fini par découvrir qu'elles provenaient de ces établissements, comme elles en proviennent réellement ainsi que nous le démontrerons dans le cours de notre travail.

Nous avons vu une lettre de Chapelain à Hévélius portant encore le n° 1022 du volume d'Hévélius d'où elle provenait. Cette pièce appartenant à M. Libri avait figuré sur le catalogue de la vente du 8 décembre 1845 comme adressée à Huet. On voit qu'il aurait été difficile d'en découvrir la provenance si l'on s'en était rapporté seulement aux indications du catalogue.

C'est peut-être aussi dans le même but que l'on a souvent supprimé ou altéré sur les catalogues les dates des autographes mis en vente. — En voici entre autres un exemple.

Le volume 714 de la collection Du Puy, déjà cité plus haut, contient, d'après un inventaire, le recueil

---

[1] Ces retranchements n'ont point été motivés par un remaniement typographique, car la mise en pages et la composition sont restées les mêmes sur l'épreuve et sur le catalogue.

des lettres adressées par Rubens à Du Puy pendant les années 1626 à 1629. Il serait donc impossible *à priori* de supposer que des lettres de Rubens qui, à deux ventes faites par M. Libri[1], ont figuré avec les dates du 30 mai 1625 et du 29 juin 1640[2] proviennent de ce volume ; mais leur contenu indiqué sur les catalogues de vente prouve que l'on a altéré leurs dates et qu'elles ont été écrites durant le siége de La Rochelle, c'est-à-dire de 1627 à 1628.

Si trop souvent ces supercheries ont obtenu le succès que s'en promettaient leurs auteurs, nous devons dire que bien souvent aussi, elles ont eu un résultat contraire et qu'en éveillant les soupçons elles ont servi à mettre sur la trace des méfaits qu'elles devaient dissimuler. Puis, comme on ne pense pas à tout, il est parfois resté dans les volumes mutilés des indices accusateurs auxquels on n'avait pas songé : tantôt, c'est un feuillet portant une adresse, une date ou une cote et qui n'a point été, par mégarde, enlevé avec la pièce à laquelle il appartenait[3] ; tantôt c'est l'empreinte d'un cachet laissée sur une page voisine et permettant de reconnaître par qui était écrite la lettre volée, etc., etc.

Sans parler des inventaires et des catalogues dont la comparaison avec les manuscrits a formé la base de notre travail, nous avons pu retrouver, pour des collections importantes comme la collection Du Puy[4] et la correspondance d'Hévélius, la copie d'une grande partie des pièces qu'elles renfermaient. Nous avons donc pu fort

---

[1] Vente feu M. S***, 1841, n° 61 ; vente du 8 décembre 1845, n° 366.
[2] Rubens, d'ailleurs, était mort le 30 mai 1640.
[3] Voyez, entre autres, les articles BOCHETEL, HÉVÉLIUS, NAUDÉ, etc.
[4] A la Bibliothèque nationale et à la bibliothèque de la ville de Paris. — Voyez les articles DU PUY et HÉVÉLIUS.

souvent donner non-seulement la date, mais la première ligne de celles qui ont disparu. En outre, divers ouvrages de littérature ou d'érudition, des recueils de facsimile comme la *Galerie française*, l'*Isographie* et l'*Iconographie*, nous ont fourni des renseignements précieux et nous ont permis de constater la soustraction de pièces qui s'y trouvent publiées ou mentionnées comme appartenant à des dépôts publics. Enfin, pour pouvoir facilement retrouver dans les catalogues de vente les autographes qui y ont figuré, nous avons fait le dépouillement des principaux noms figurant sur les catalogues postérieurs à 1835, et nous avons dressé ainsi une table alphabétique qui comprend environ 25,000 cartes.

Il est un point fort délicat que nous ne pourrons traiter que d'une manière incomplète, mais sur lequel nous appelons toute l'attention des collecteurs et des marchands; nous voulons parler des faux autographes qui circulent dans le commerce, et qui ont déjà donné lieu à plusieurs discussions. Cette industrie fort lucrative a pris surtout un grand développement depuis quelques années[1]. Nous n'avons pu malheureusement avoir entre les mains et examiner qu'un très-petit nombre de pièces qui nous ont paru fort suspectes malgré les certificats, ou, pour mieux dire, précisément à cause des certificats d'authenticité dont elles étaient accompagnées[2]; il y

---

[1] Surtout depuis l'établissement de la *salle des Croisades*, au musée de Versailles. Il paraît, si nous en croyons des personnes fort capables de juger en connaissance de cause, qu'il a été fabriqué à cette époque un nombre considérable de pièces généalogiques. — Le 8 juin 1851, un arrêt de la cour d'assises de la Vienne, a condamné à cinq années de travaux forcés un avocat de Paris, nommé Bertho de Villers, convaincu d'avoir intercalé dans un dossier des Archives d'Angers des pièces fausses qu'il avait fabriquées. — Voyez *Journal d'Indre-et-Loire*, juin 1851.

[2] Voyez ci-dessus, p. 22, note 2, et plus loin, les articles BOILEAU, RABELAIS, RACINE, etc. — M. Charon, dans la préface du catalogue de la vente

aurait cependant un moyen bien simple de prouver l'authenticité de ces pièces; ce serait de déclarer nettement leur provenance et leur origine. Car, nous le répétons encore, si nous sommes très-incrédules à l'endroit de ces trouvailles miraculeuses dont on a fait grand bruit, nous croyons fort à l'habileté de main de certains faussaires[1].

Quels sont maintenant les auteurs de ces vols audacieux, de ces honteuses supercheries? Cela n'est point notre affaire. C'est celle de MM. les procureurs de la République et de MM. les administrateurs et conservateurs des bibliothèques. Nous dirons seulement que ce serait se moquer du public que de vouloir les attribuer, comme l'a fait l'un des défenseurs de M. Libri, *à quelque petit voleur besogneux*. Ces deux épithètes conviendraient peu aux hommes coupables d'avoir enlevé à nos bibliothèques des pièces dont la valeur dépasse *plusieurs centaines de mille francs*[2].

---

du 11 mai 1847, cite un certain nombre de pièces qui étaient suspectes aux yeux des amateurs, et dont il soutient l'authenticité. Suivant lui, elles venaient du cabinet de M. Letellier.

[1] On raconte à ce sujet quelques anecdotes assez piquantes : ainsi, un imprimé gothique, *les Coutumes de Sens*, vendu, il y a quelques années, par un libraire, serait revenu entre ses mains quelques mois après, portant un autographe de Henri II, qu'il n'avait point auparavant. — On prête le mot suivant à un autographophile : « *Les autographes volés sont les bons; ceux-là, au moins, sont authentiques.* »

[2] Voici quelques chiffres : La correspondance d'Hévélius a perdu
600 pièces, valant environ.. 4,500 fr.
La collection de De l'Isle, des lettres de Képler, de Newton, d'Euler, Bernouilli, etc., valant environ............................. 3,000
La Bibliothèque nationale (pour ne citer que deux volumes), 47 lettres de Rubens, 7 lettres de Calvin, valant environ........ 5,000
Les archives de l'Institut, une soixantaine de lettres de Descartes, Mersenne, etc., valant environ................................ 5,000
La bibliothèque de l'Institut, 84 feuillets de Léonard de Vinci, qui, au taux du seul feuillet authentique mis en vente à Paris, valent 16,800

Soit...... 34,800 fr.

Il est bon d'ajouter, à propos de cette dernière évaluation, qu'on pourrait

Bien que depuis près de trois ans nous n'ayons pas cessé un instant nos investigations, notre travail est fort incomplet[1]. Personne ne le sait mieux que nous. Nous connaissons seulement cinq ou six bibliothèques des départements. A Paris, nous n'avons fait de recherches que dans trois ou quatre bibliothèques, et à la Bibliothèque nationale, où l'on compte par milliers les manuscrits contenant des pièces originales, nous n'avons guère compulsé que huit ou neuf cents volumes. Quant aux autres dépôts publics comme les Archives nationales, les archives des ministères, si toutefois nous en parlons, nous pourrons à peine en dire quelques mots.

Nous avons adopté pour notre ouvrage la forme de dictionnaire, qui nous a paru de beaucoup la plus commode pour les recherches; elle nous permettra d'utiliser, outre les faits nouveaux que nous pourrions encore recueillir, les renseignements et les rectifications que l'on voudrait bien nous adresser et que nous accepterions avec reconnaissance; car nous n'espérons pas, malgré nos soins, avoir évité toute erreur de détail dans un travail aussi minutieux.

Quelques personnes ont cherché à nous détourner de cette publication. Elles pensaient qu'en signalant d'une manière aussi précise les autographes volés, nous empêcherions ces pièces de passer désormais dans les ventes, et que les collecteurs effrayés chercheraient, comme quelques-uns l'ont déjà fait, à s'en débarrasser en pays étranger, où ils seraient à l'abri des revendications. Cet

---

trouver exagérée, que le musée du Louvre a acheté récemment en Hollande, au prix de 235 florins, un seul feuillet de Léonard de Vinci, contenant, comme ceux de l'Institut, un mélange d'écriture et de dessins.

[1] Ainsi, nous ne nous sommes point occupés des pièces relatives à la révolution et à notre histoire contemporaine.

inconvénient est réel, nous le savons; mais nous croyons que le silence aurait encore été plus préjudiciable à nos bibliothèques, et quand notre travail n'aurait pour résultat que de moraliser le commerce des autographes, nous nous en féliciterions. Nous comptons d'ailleurs sur la bonne foi des amateurs qui pour la plupart, nous en sommes convaincus, entendront l'appel que nous faisons ici à leur loyauté, et hésiteront certainement à garder entre leurs mains des pièces dont la provenance illégitime leur sera clairement démontrée[1].

Maintenant, un dernier mot.

Depuis 1848, M. Libri et ses amis ont publié en France et à l'étranger des volumes, des brochures, des articles de journaux[2], où l'on ne nous a épargné ni injures ni calomnies[3]. Dans ces derniers temps est venu se joindre à eux M. Feuillet, que nous avons eu le tort impardonnable de signaler comme détenteur d'autographes provenant de la Bibliothèque et des Archives nationales. La publication de notre travail nous attirera

---

[1] C'est avec plaisir que nous citerons les phrases suivantes, écrites par M. Charon, dans la préface du catalogue de la vente du 16 avril 1846, p. 13 :
« Tous les gens droits et honnêtes, amis du bien public, veulent sans contre-
« dit que sauvegarde soit acquise aux archives de l'Etat. Ces dépôts précieux
« sont notre bien à tous; ils sont une partie de la richesse et de la gloire na-
« tionales. Tout le monde est d'accord sur ce point, tout le monde fait des vœux
« pour que l'intégrité en soit maintenue entière et sacrée; et nous, simple mar-
« chand, nous trouvons, autant que personne, que ce principe doit être pro-
« clamé haut et partout. »

[2] Une liste, très-longue bien qu'incomplète, en a été publiée dans le *Journal de l'amateur de livres* (juillet 1850), Paris, Jannet.

[3] A nous et à nos amis, particulièrement à M. Félix Bourquelot, qui a partagé avec nous, comme expert, tous les travaux de l'affaire Libri, et toutes les attaques qu'elle nous a values. On n'a point épargné, non plus, nos confrères de l'École des chartes, qui nous ont constamment soutenus de leurs conseils ou de leur coopération dans la mission difficile que nous avions à remplir et dans les luttes qu'elle a fait naître.

sans doute de nouvelles attaques, nous nous y attendons; mais nous croyons remplir un devoir, et rien ne nous empêchera de l'accomplir jusqu'au bout.

LISTE CHRONOLOGIQUE

DES

VENTES D'AUTOGRAPHES

FAITES A PARIS DEPUIS 1820 JUSQU'EN 1851.

En donnant un dictionnaire des autographes enlevés à nos bibliothèques, nous signalerons à chaque page les ventes publiques dans lesquelles une partie d'entre eux ont été mis aux enchères. La liste qui va suivre était donc le préliminaire indispensable de notre travail. C'est là qu'on trouvera quelques détails sur ces ventes, tandis que dans le cours de nos articles elles ne sont désignées que par une date ou par un nom. Cette liste est elle-même extrêmement sommaire ; nous avons tâché cependant d'y grouper les principaux renseignements qu'il peut être utile de faire connaître. Nous avons aussi cherché à la donner complète et nous espérons n'avoir omis aucune des ventes importantes qui ont été faites à Paris depuis l'origine du commerce des autographes jusqu'à l'année 1851.

1820.

1. — *Catalogue des livres composant la bibliothèque de M. Edme Bonav. Courtois.* Paris, 1819, in-8º ; 144 pages. — Vente faite du 3 janvier au 12 février 1820. Mᵉ Nogaret, comm.-pr.; Merlin, libr.[1]. Un seul numéro de ce catalogue (3089) est consacré aux autographes ; il contient l'indication de quarante lettres de Voltaire et une de Grandval.

1822.

2. — *Catalogue des livres imprimés et manuscrits de feu M. le marquis Germain Garnier, pair de France, etc.* Paris, 1822, in-8º ; 164 pages.

---

1. Comm.-pr., *commissaire-priseur* ; libr., *libraire*.

— Vente faite du 4 au 22 mars 1822. M⁰⁵ Mérault et Dudan, comm.-pr.; Brunet et Delestre-Boulage, libr. Les autographes de cette vente occupaient les n⁰⁵ 1180 à 1195 bis du catalogue, et se composaient principalement de quatre volumes de lettres, au nombre d'environ 276, des personnages les plus célèbres des xvi⁰, xvii⁰ et xviii⁰ siècles. Deux de ces volumes achetés par Louis XVIII appartiennent à la bibliothèque du Louvre [1].

3. — *Collection d'autographes contenant plus de 550 pièces rangées systématiquement.* Paris, 1822; 16 pages in-8°. — 24, 25 et 27 mai 1822. M⁰ Mérault, comm.-pr.; Pluquet, libr. Les propriétaires de ces autographes étaient MM. Villenave, Pluquet et Aimé Martin [2].

1823.

4. — *Catalogue des livres imprimés et manuscrits composant la bibliothèque de feu M. Desjobert, ancien grand maître des eaux et forêts.* Paris, 1823, in-8°; 190 pages. — 3 février-1ᵉʳ mars 1823. M⁰ Lecomte, comm.-pr; J.-S. Merlin, libr. Une vingtaine d'autographes des xvii⁰ et xviii⁰ siècles.

5. — *Catalogue d'une partie des livres de la bibliothèque de M****. [Barbier, bibliothécaire du roi et du conseil d'Etat]. Paris, 1823. — 6-16 mai 1823. 96 pièces dont aucune n'est datée. Benou, comm.-pr.; Barrois l'aîné, libr. Ces autographes appartenaient à M. Villenave.

6. — *Notice d'un choix de livres très-bien conditionnés, de collections de figures, de vignettes et de lettres autographes d'écrivains célèbres, provenant du cabinet de M****. Paris, 1823, in-8°; 32 pages. — 24-27 juin 1823. 30 pièces autographes occupant les n⁰⁵ 229 à 258. M⁰ Gallimard, comm.-pr.; Silvestre, libr.

7. — *Catalogue des livres manuscrits et imprimés de la bibliothèque de feu M. Quétant.* Paris, 1823, in-8°. — 17 novembre 1823 et jours suivants. Les n⁰⁵ 147 à 211 contiennent l'indication d'environ 1500 lettres autographes des années 1768 à 1820, adressées pour la plupart à M. Quétant. Goret, comm.-pr.; Lamy, libr.

1824.

8. — *Catalogue des livres imprimés et manuscrits, la plupart rares et précieux, composant la bibliothèque de M. B.-D.-G.* Paris, 1824, in-8°. — 29 mars-15 mai 1824. 130 autographes catalogués sous les n⁰⁵ 3536 à 3560. M⁰ Fournel, comm.-pr.; J.-S. Merlin, libr.

---

1. Voyez les articles BOILEAU et RACINE.
2. Cette vente est la première uniquement composée d'autographes qui ait été faite à Paris. C'est d'elle, à proprement parler, que date la naissance de cette branche de commerce. Les deux précédentes, cependant, avaient été comprises dans la liste donnée par M. Fontaine (Voyez le *Manuel de l'amateur d'autographes*, in-8°, 1836), nous les avons conservées de même en tête de la nôtre. L'ouvrage de M. Fontaine nous a été très-utile.

1825.

9. — *Catalogue des livres de M. le comte Bigot de Préameneu.* Paris, Méquignon, 1825, in-8°. — A la fin de ce catalogue sont indiqués quelques autographes; le plus important est le manuscrit original des Mémoires de mademoiselle de Montpensier (3 vol. in-fol., vendus 200 fr.).

1826.

10. — *Catalogue des livres imprimés et manuscrits, cartes géographiques et estampes, composant la bibliothèque et le cabinet de feu M. J.-Nic. Buache.* Paris, 1826, in-8°; 58 pages, 662 n°⁸. — 5 juillet 1826 et jours suivants. M⁰ Derbanne, comm.-pr.; J.-S. Merlin, libr. Le n° 661 contenait neuf cartons de la correspondance autographe et de papiers divers de Jos.-Nic. De l'Isle et de De l'Isle de la Croyère, son frère. Sous le n° 662 se trouvaient environ 80 portefeuilles et cartons renfermant une grande quantité de pièces sur toutes les parties du monde dans ses différents âges, et notamment sur la France; ces pièces étaient des imprimés, des dessins, des gravures et des manuscrits provenant principalement des travaux de Guillaume De l'Isle, de Jalliot, de Philippe Buache et de Jacques-Nicolas Buache.

11. — *Notice des principaux articles du cabinet de feu M. Hédouin.* Paris, 1826, in-8°; 20 pages, 38 n°⁸. — 16-18 novembre 1826. 24 autographes décrits sous le n° 37. M⁰ Bonnefons de Lavialle, comm.-pr.; de Bure frères, libr.

1827.

12. — *Catalogue des livres et autographes composant la bibliothèque de M. Auguis.* Paris, 1827, in-8°, 104 pages. — 22 octobre 1827. Les autographes, au nombre de 940 pièces, occupaient les n°⁸ 890 à 1194. M⁰ Dufossé, comm.-pr.; Garnot, libr.

13. — *Catalogue des livres imprimés et manuscrits composant la bibliothèque de feu M. L.-M.-J. Duriez* (de Lille). Paris, 1827, in-8°; 530 pages. — 22 janvier-1ᵉʳ avril 1827. 143 autographes occupant les n°⁸ 5125 à 5191. M⁰⁸ Gallimard et Fournel, comm.-pr.; J.-S. Merlin, libr.

14. — *Vente de lettres autographes et de pièces écrites ou signées de la main de personnages célèbres des xvıᵉ, xvııᵉ, xvıııᵉ et xıxᵉ siècles.* Paris, Guibert, 1827, in-8° de 4 pages. — 19 novembre 1827. 104 pièces.

1828.

15. — *Catalogue des livres de la bibliothèque de feu M. A.-A. Bar-*

bier. Paris, 1828, in-8°. — 15 mars 1828. Les autographes, au nombre de 263, occupant les n°⁵ 1947 à 2210, étaient adressés pour la plupart à M. Barbier et à l'abbé Mercier de Saint-Léger.

16. — *Catalogue des livres de feu M. Hoffmann*. Paris, Silvestre, 1828, in-8°. — 21 juillet 1828 et jours suivants.

17. — *Catalogue des livres de M*** [M. Vanderbourg]. Paris, Silvestre, 1828, in-8°. Un petit nombre d'autographes du xviii° siècle.

18. — *Catalogue des livres et autographes de la bibliothèque de M. Brial*. Paris, Barrois, 1828, in-8°. — Les autographes de cette vente étaient deux recueils de lettres de savants du xvii° siècle (n°⁵ 186 et 187).

1829.

19. — *Catalogue de livres la plupart rares et précieux, de M*** [Chabrol]. Paris, 1829, in-8°. — 9 mars-3 avril 1829. 27 autographes des xvii° et xviii° siècles sont indiqués sous les n°⁵ 1938 à 1963. M° Fournel, comm.-pr.; J.-S. Merlin, libr.

20. — *Catalogue des livres de la bibliothèque de feu M. L.-S. Auger, de l'Académie française*. Paris, 1829, in-8°. — 14-31 octobre 1829. Environ 400 autographes, la plupart sans date, catalogués sous les n°⁵ 1394 à 1743. M° Regnard-Silvestre, comm.-pr.; Silvestre, libr.

21. — *Catalogue d'un choix de livres des plus précieux, de peintures indiennes et chinoises, de vignettes, manuscrits et autographes provenant de la bibliothèque de M. le c.... J.* [Jacob]. Paris, 1829, in-8°. — 3-10 novembre 1829. Environ 30 autographes divers et 199 lettres de la correspondance des missionnaires de différentes congrégations au Canada et dans la Chine, pendant les années 1683 à 1730 (n°⁵ 352 à 370). M° Regnard-Silvestre, comm.-pr.; Silvestre, libr.

22. — *Catalogue des livres rares et précieux de la bibliothèque de M. C*** [Coulon]. Paris, 1829, in-8°. — 12 novembre-30 décembre 1829. Sous les n°⁵ 80 à 87 du supplément sont indiqués plusieurs lots de lettres autographes de grands personnages ou de savants espagnols, écrites de 1672 à 1680, et formant 277 pièces. M° Bonnefons de Lavialle, comm.-pr.; de Bure frères, libr.

1830.

23. — *Notice des livres de la bibliothèque de M. Cl.-Ant. Thory, etc.* Paris, 1830. — 21 et 22 mai 1830. 120 autographes dont une trentaine seulement sont indiqués sommairement sur le catalogue. M° Guerreau, comm.-pr.; Silvestre, libr.

24. — *Catalogue de livres de M. C.-L.-F. Audry*. Paris, de Bure, 1830, in-8°. — Parmi les autographes de cette vente, figurait un recueil

de 626 lettres de personnages du xviiie siècle, adressées au médecin Sanchès.

1831.

25. — *Catalogue des livres composant la bibliothèque de feu M. J. Peuchet.* Paris, 1831, in-8°. — 18 janvier-7 février 1831. Autographes, n°˚ 1239 à 1332; 150 pièces. M° Hermand, comm.-pr.; J. Fontaine, libr. Les autographes compris dans cette vente furent tous retirés faute d'enchères suffisantes.

26. — *Catalogue de livres rares et curieux, et collection de lettres autographes.* Paris, 1831, in-8°. — 31 janvier-5 février 1831. 472 pièces. M° Regnard-Silvestre, comm.-pr.; Techener, libr.

27. — *Notice des livres et lettres autographes du cabinet de M. le baron B***.* Paris, J. Fontaine, 1831, in-8°. — 1er mars 1831 et jours suivants. 284 pièces autographes du xvie au xviiie siècle.

1832.

28. — *Notice de livres rares et précieux, de manuscrits français, espagnols et hollandais, provenant des bibliothèques de M. Bertin, ministre; de M. Titzingh, ambassadeur en Chine et au Japon; du capitaine Philibert; de lettres autographes, etc.* Paris, 1832, in-8°. — 28-31 mars 1832. Sous les n°˚ 195 à 211 sont indiquées 23 lettres autographes des xviie et xviiie siècles. M° Bonnefons, comm.-pr.; Nepveu, libr.

29. — *Catalogue de livres et autographes de M. J. B.* Paris, J. Fontaine, 1832, in-8°. — 16-27 décembre 1832.

1833.

30. — *Catalogue des livres, manuscrits et lettres autographes de feu M. Moëtte.* Paris, 1833, in-8°. — 26 mars-1er avril 1833. Une centaine d'autographes, indiqués sous les n°˚ 607 *bis* à 617, et qui sont pour la plupart des pièces sur parchemin signées. M° Commendeur, comm.-pr.; Techener, libr.

31. — *Catalogue des livres imprimés et manuscrits, et des autographes composant le cabinet de feu M. de Bruyères Chalabre.* Paris, 1833, in-8°. — 6-25 mai 1833. 950 autographes. M° Lefèvre, comm.-pr.; J.-S. Merlin, libr.

31 bis. — *Catalogue des livres imprimés et manuscrits composant la bibliothèque de feu M. le baron Dacier.* Paris, 1833, in-8°. — 8-27 juillet 1833. M°˚ Bonnefons de Lavialle et Passeleu, comm.-pr.; Leblanc, libr. Quelques autographes de Foncemagne, de M. Dacier, et un vol.

— 40 —

(n° 2286) intitulé : *Recueil de pièces manuscrites de Pierre et Jacques Du Puy.*

32. — *Catalogue de livres après décès* [de M. Ledru]. Paris, Chimot, 1833, in-8°. — Le n° 344 contenait un recueil en 3 vol. in-fol. de plus de 500 lettres autographes adressées au P. Mersenne par les plus illustres savants du xvii° siècle. Ce recueil vendu 301 fr. à M. Libri est aujourd'hui en la possession de lord Ashburnham.

33. — *Catalogue des livres de la bibliothèque de M. le vicomte D. V... avec un choix de lettres autographes.* Paris, 1833, in-8°. — 25 octobre-2 novembre 1833. 31 autographes (n°s 1072 à 1102) renfermés chacun dans un étui en maroquin. Me Commendeur, comm.-pr.; Techener, libr.

34. — *Catalogue des livres imprimés et manuscrits et des autographes de feu M. Lerouge.* Paris, 1833, in-8°. — 8 décembre 1833-24 janvier 1834. 360 autographes. Determes, comm.-pr.; Leblanc, libr.

35. — *Catalogue de livres, vignettes, autographes, etc., de la bibliothèque de M***.* Paris, Silvestre, 1833, in-8°. — Les autographes, au nombre d'une centaine, placés sous les n°s 448 à 542 sont rangés dans l'ordre chronologique (depuis l'année 1525 jusqu'à l'année 1821).

1834.

36. — *Catalogue d'une précieuse collection d'autographes et de bons livres provenant du cabinet de M***.* Paris, 1834, in-8°. — 23-30 avril 1834. Autographes, n°s 24 à 698. Me Lacoste, comm.-pr.; Galliot, libr.

37. — *Catalogue des livres et autographes de M. Cochard, membre de l'Académie de Lyon.* Lyon, L. Perrin, 1834, in-8°.

38. — *Notice de livres français et anglais; quelques manuscrits sur l'histoire de France et une précieuse collection de lettres autographes.* Paris, 1834, in-8°. — 7-9 juin 1834. 116 autographes, la plupart du xvi° siècle occupant les n°s 181 à 297. Me Commendeur, comm.-pr; Techener, libr.

39. — *Catalogue des livres imprimés et manuscrits de M. J.-L.-D.* [Lajarette]. Paris, Merlin, 1834, in-8°. — 9 juin 1834 et jours suiv. Les autographes sont au nombre de 1,100 environ, et se composent pour la plupart de correspondances administratives des règnes de Louis XV et de Louis XVI.

40. — *Catalogue de livres provenant de la bibliothèque de M. de Chézy.* Paris, 1834, in-8°. — 3-18 novembre 1834. Environ 400 autographes catalogués sous les n°s 1299 à 1439. Me Commendeur, comm.-pr.; Techener, libr.

41. — *Catalogue des livres sur la marine, l'art militaire,... pièces historiques originales et lettres autographes des principaux membres des*

diverses assemblées et des généraux français depuis la révolution de 1789 *jusqu'à celle de* 1830 ; *le tout provenant du cabinet de feu M. M*** ancien officier supérieur du génie.* Paris, 1834, in-8°. 25 novembre-5 décembre 1834. 757 pièces dont les 30 premières seulement sont antérieures au xix° siècle. M° Determes, comm.-pr. ; Leblanc, libr.

42. — *Catalogue des livres manuscrits et imprimés et des autographes de feu M. l'abbé L'Ecuy.* Paris, 1834, in-8°. — 8-30 décembre 1834. 93 pièces autographes. M° Petit, comm.-pr. ; Leblanc, libr.

43. — *Catalogue d'un choix de beaux livres.... et d'une collection nombreuse de lettres autographes provenant de la bibliothèque de M***.* Paris, 1834, in-8°. — 8 décembre 1834 et jours suiv. 643 autographes décrits dans un inventaire manuscrit et indiqués sur le catalogue imprimé seulement par les noms de leurs auteurs. M° Lacoste, comm.-pr. ; Galliot, libr.

44. — *Vente de livres la plupart rares et d'une belle condition.* Paris, 1834, in-8°. — 26-27 janvier 1835. M° Bonnefons de Lavialle, comm.-pr.: Merlin, libr. Les autographes compris dans cette collection, qui appartenait à M. Bourdillon de Genève, occupent les n°⁵ 148 à 162 du catalogue et se composent d'environ 40 pièces émanées de savants du xviii° siècle.

1835.

45. — *Catalogue analytique de manuscrits et documents originaux en grande partie autographes et inédits relatifs à l'histoire de France et d'Angleterre, retrouvés dans un vieux château de province. Livres divers sur la numismatique, l'histoire, etc., de la bibliothèque de M. de Saulages.* Paris, 1835, in-8°. 9-13 juin 1835. 338 n°⁵ de documents manuscrits et d'autographes, presque tous des années 1540 à 1587. Cette collection est celle que M. Fontaine a décrite (*Des collections d'autographes.* Paris, 1834. p. 20) comme appartenant à M. Louis Paris, archiviste de la ville de Reims, et comme ayant été trouvée par hasard dans le château de Villebon en Beauce, ancienne résidence de Sully. M° Commendeur, comm.-pr. ; Techener, libr.

46. — *Catalogue des livres et documents historiques, manuscrits et imprimés, autographes.... etc., composant la bibliothèque de feu M. de Courcelles.* Paris, 1835, in-8°. — 25 juin-15 juillet 1835. Les autographes au nombre de 103 (n°⁵ 1793 à 1816), sont tous du temps de la révolution et de l'empire. M° Fournel, comm.-pr. ; Leblanc, libr. [1]

47. — *Catalogue de livres et autographes de la bibliothèque de feu M***.* Paris, Silvestre, 1835, in-8°. — 10 novembre 1835. Les autographes,

---

[1]. Nous ne parlons pas de la vente de Courcelles faite le 21 mai 1834, parce qu'elle se composait principalement de documents historiques sur parchemin, genre de pièces que ne recherchent pas les amateurs d'autographes. Nous omettrons aussi, par la même raison, la vente des archives du baron de Joursanvault (décembre 1838).

rangés par ordre alphabétique, sont placés à la fin du catalogue où ils occupent les n°ˢ 1145 à 1371.

48. — *Catalogue des livres composant la bibliothèque de feu M. A. de Canazar, collection remarquable par de beaux manuscrits, des éditions princeps.... et une belle suite de lettres autographes.* Paris, 1835, in-8°. — 9-26 décembre 1835. 75 pièces autographes indiquées sous les n°ˢ 1429 à 1496 du catalogue, toutes à M. Libri. M° Commendeur, comm.-pr.; Merlin, libr.

1836.

49. — *Catalogue des livres de M. R**** [Roth]. Paris, 1836, in-8°; 36 pages. — 17-25 juin 1836. 37 pièces autographes indiquées sous les n°ˢ 660 bis à 681. M° Commendeur, comm.-pr.; Techener, libr.

50. — *Catalogue des livres imprimés, des manuscrits des* XIII°, XIV° *et* XV° *siècles et des lettres autographes composant la bibliothèque de feu M. Perrin de Sanson et provenant pour la plupart des bibliothèques du chancelier d'Aguesseau, de l'abbé Sépher, de l'abbé Rive, etc.* Paris, 1836, in-8°. — 8-16 novembre 1836. Les n°ˢ 634 et suivants contiennent l'indication d'un millier environ de lettres autographes du XVII° siècle, dont 424 sont adressées à Gassendi, 150 aux frères de Sainte-Marthe, et 400 à Toinard. M° Fournel, comm.-pr.; Merlin, libr.

1837.

51. — *Catalogue de la riche bibliothèque de Rosny dans laquelle se trouve une collection de 86 manuscrits très-précieux et de la plus haute antiquité, des autographes anciens, etc.* Paris, in-8°. — 20 février-23 mars 1837. 55 pièces autographes cataloguées sous les n°ˢ 2435 à 2488. M° Bataillard, comm.-pr.; Bossange et Techener, libr.

52. — *Catalogue de curiosités bibliographiques, livres rares, précieux et singuliers, pièces historiques, autographes anciens et modernes; recueillis par le bibliophile voyageur.* Paris, 1837, in-8°. — 16-22 mars 1837. M° Pierret, comm.-pr.; Leblanc, libr. 12 lettres autographes cataloguées sous les n°ˢ 748 et suiv.

53. — *Catalogue d'une collection précieuse de lettres autographes et de chartes faisant partie du cabinet de M. Monmerqué, conseiller à la cour royale, membre de l'Institut de France.* Paris, 1837, in-8°; 108 pages, 1352 n°ˢ. — 2-12 mai 1837. M° Commendeur, comm.-pr.; Techener, libr. La préface du catalogue est signée *Francisque Michel*.

54. — *Notice de livres rares et curieux, de beaux manuscrits et d'un choix de lettres autographes provenant du cabinet de sir Thomas W***, baronnet.* Paris, 1837, in-8°; 40 pages. — 18, 19 et 20 mai 1837. 106 lettres autographes toutes à M. Libri. M° Commendeur, comm.-pr.; Merlin, libr.

55. — *Catalogue des livres, brochures, journaux, caricatures et autographes composant la précieuse bibliothèque révolutionnaire de feu M. Ed. B**** [Baillot]. Paris, 1837, in-8°. — 25 octobre-4 novembre 1837. 96 autographes, n°* 809 à 905. M* Commendeur, comm.-pr.; Techener, libr.

56. — *Catalogue des lettres autographes rares et précieuses, provenant du cabinet de feu M. Riffet, etc.* Paris, 1837, in-8; 40 pages. — 20-24 novembre 1837. 521 n°*, plus 24 lettres de Descartes, Rubens, Catherine et Marie de Médicis, Sully, Charles I*, Henri IV et Marguerite, Concini, Marie Stuart, etc., vendues sans avoir été cataloguées. Toutes les pièces du catalogue, sauf les lettres d'une époque moderne, appartenaient à M. Libri. M* Commendeur, comm.-pr.; Merlin, libr.

57. — *Notice d'une collection précieuse et unique de livres imprimés sur vélin, d'un choix de beaux livres et autographes provenant du cabinet de feu M. Berlin.* Paris, 1837, in-8. — 14, 15 et 16 décembre 1837. Autographes n°* 151 à 204. M** Lenormand de Villeneuve et Duverger de Villeneuve, comm.-pr.; Techener libr.

1838.

58. — *Catalogue des livres et des lettres autographes du cabinet d'un officier général étranger, etc.* Paris, 1837, in-8°; 66 pages. — 24 janvier-2 février 1838. 105 lettres autographes. Les pièces antérieures au xviii° siècle, appartenaient presque toutes à M. Libri. M* Fournel, comm.-pr.; Merlin, libr.

58 bis. — *Catalogue de curiosités bibliographiques, livres rares, précieux et singuliers, manuscrits, pièces historiques et lettres autographes recueillis par le bibliophile voyageur; 3° année.* Paris, 1838, in-8°. — 1-8 mars 1838. 30 autographes catalogués sous les n°* 814 à 843. M* Deodor, comm.-pr.; Leblanc, libr.

59. — *Catalogue d'une belle collection d'autographes provenant du cabinet de M. T. de Saint-Julien.* Paris, 1838, in-8°; 54 pages, 399 n°*, plus 30 n°* de supplément. — 21-28 mai 1838, 1644 pièces. Sauf les autographes modernes, toutes les pièces appartenaient à M. Libri. M* Commendeur, comm.-pr.; R. Merlin, libr. [1]

6 . — *Catalogue de beaux livres modernes et d'un recueil de lettres autographes de Voltaire.* Paris, 1838, in-8°; 17 pages, 123 n°*. — 21-22 décembre 1838. M* Legrand, comm.-pr.; Galliot, libr. La correspondance de Voltaire (n° 123) est le seul article d'autographes que contienne ce catalogue. Ce recueil précieux avait été formé par Condorcet et se composait de 1702 lettres en partie inédites, reliées en 9 vol. in-4°.

---

1. Voyez, pour la vente Joursanvault, la note ci-dessus, page 41.

1839.

61. — *Catalogue d'une belle collection d'autographes.* Paris, 1839, in-8°; 78 pages, 579 n°². — 7-14 février 1839. M⁶ Regnard-Silvestre, comm.-pr.; Charon, rel.-libr. Une partie de ces autographes provenaient de M. Libri.

62. — *Catalogue d'une belle collection d'autographes provenant du cabinet de M. Gottlieb W***.* Paris, 1829, in-8°; 64 pages, 334 n°². — 27 février-2 mars 1839. A l'exception des pièces modernes, ces autographes appartenaient à M. Libri. M⁶ Commendeur, comm.-pr.; R. Merlin, libr.

63. — *Catalogue des livres rares de la bibliothèque de M. M***.* Paris, Bohaire, 1839, in-8°. — 18 mars-23 avril 1839. 24 lettres autographes des XVII⁶ et XVIII⁶ siècles, indiquées sous les n°² 3048 à 3077.

64. — *Catalogue d'une précieuse collection de livres anciens et rares, de lettres autographes,* etc. Paris, 1839, in-12. — 2-11 avril 1839. 80 lettres autographes, la plupart du XVII⁶ siècle. M⁶ Commendeur, comm.-pr.; Techener, libr.

1840.

65. — *Catalogue de curiosités bibliographiques, livres et lettres autographes, recueillis par le bibliophile voyageur; 4ᵉ année.* Paris, 1840, in-8°; 63 pages. — 7-12 février 1840. 41 autographes modernes, catalogués sous les n°² 636 à 675. M⁶ Deodor, comm.-pr.; Leblanc, libr.

66. — *Catalogue d'objets d'art et curiosités, livres manuscrits, lettres autographes, en partie provenant de M. A. Lenoir.* Paris, 1840, in-8°; 20 pages, 143 n°². — 17 et 18 février 1840. Sous les n°² 21 à 82, sont indiquées environ 500 pièces autographes, dont les plus importantes étaient 8 lettres de madame de Maintenon, une correspondance de Bayle, et de nombreux papiers de la famille de Saint-Simon. M⁶ Lenormant de Villeneuve, comm.-pr.; Techener, libr. expert.

67. — *Catalogue de livres rares et curieux provenant de la bibliothèque de M. de M***.* Paris, 1840, in-8°. — 16 mars-10 avril 1840. Environ 140 lettres autographes des XVII⁶, XVIII⁶ et XIX⁶ siècles. M⁶ G. Benou, comm.-pr.; Bohaire, libr.

68. — *Catalogue des livres faisant partie du fonds de librairie ancienne et moderne de J.-J. et M.-J de Bure frères, à vendre à l'amiable; septième et dernière partie.* Paris, avril 1840, in-8°. — Cette septième partie comprend les manuscrits parmi lesquels se trouvent: 16 vol. in-4° et in-fol. de travaux autographes de Bourdelin père et fils, membres de l'Académie des sciences; 66 lettres de Réaumur, 11 de Pajot d'Ons-en-Bray à Mazzoleni, et une correspondance d'Arnauld de Pomponne pendant son ambassade en Suède, de 1665 à 1668 [1].

---

1. Voyez plus loin l'article ACADÉMIE DES SCIENCES.

69. — *Catalogue analytique des autographes, la plupart relatifs à l'histoire de France, provenant du cabinet du bibliophile Jacob.* Paris, 1840, in-8°; 48 pages. — 25 mai 1840 et jours suivants. 244 pièces autographes (plus 20 autres non cataloguées, parmi lesquelles Anne d'Autriche, Bossuet, Descartes, Rubens). M° Commendeur, comm.-pr.; Techener, libr.

La préface du catalogue de cette vente est signée du bibliophile Jacob et peut servir à donner une idée des petits artifices familiers à ceux qui se trouvent mêlés à ce que M. Lacroix a appelée lui-même *la cuisine des ventes d'autographes*. On y lit les passages suivants : « Les autographes « que *je possède* sont, pour la plupart, remarquables au point de vue his- « torique ; *je les avais choisis avec soin*, en m'assurant de leur authenticité. « J'ai voulu que ce catalogue survécût à la vente de mes autographes, et *me « consolât ainsi de leur dispersion*. » Or, les autographes qui appartenaient à M. Lacroix et formaient son *cabinet*, se composaient de dix-huit lettres à lui adressées ou autres pièces modernes dont la vente lui a rapporté la somme de 78 fr. 20 cent. M. Libri, à qui, par pure obligeance, cela va sans dire, il avait bien voulu servir de prête-nom, se trouvait être ou avoir été le propriétaire de la presque totalité du reste des pièces annoncées sur le catalogue.

70. — *Autographes et manuscrits de M. G. de Pixerécourt.* Paris, 1840, in-8°; 115 pages. — 4-14 novembre 1840. 1024 articles. M° Commendeur, comm.-pr.; Techener, libr.

1841.

71. — *Catalogue des livres imprimés et manuscrits, et des pièces autographes composant la bibliothèque de feu M. Charles Millon.* Paris, 1841, in-8°. — 15 février-10 mars 1841. Les n°⁸ 2073 à 2093 contiennent l'indication d'environ 150 lettres autographes des XVII° et XVIII° siècles. M° Fournel, comm.-pr.; R. Merlin, libr.

72. — *Catalogue d'une collection de très-beaux livres....; un choix de beaux autographes dont Galilée, Marie Stuart; de vieilles chartes avec sceaux, provenant du cabinet de MM. W. et AA.* Paris, 1841, in-8°. — 11 mars-3 avril 1841. 38 pièces autographes. M°⁸ Commendeur et Lenormand de Villeneuve, comm.-pr.; Techener, libr.

73. — *Catalogue des livres composant la bibliothèque de feu M. G***, ancien magistrat.* Paris, 1841, in-8°. — 25-30 octobre 1841. Les n°⁸ 615 à 620 contiennent l'indication de 236 lettres autographes de la fin du XVIII° siècle, principalement de Voltaire et de Catherine II. M° Malard, comm.-pr.; R. Merlin, libr.

74. — *Catalogue d'une belle collection d'autographes provenant du cabinet de feu M. S*** [Simon]. On y remarque Louis XII, Henri III, Henri IV, Carrache, Rubens et Galilée.* Paris, 1841, in-8°; 32 page

— 46 —

177 nos. — 18 et 19 novembre 1841. Me Commendeur, comm.-pr.; R. Merlin, libr. Ces autographes appartenaient tous à M. Libri.

75. — *Catalogue des livres de feu M. Crozet, libraire de la Bibliothèque royale. Seconde partie, supplément.* Paris, Colomb de Batines, 1841, in-8º; 24 pages. — Sur la dernière page de ce catalogue sont annoncées neuf lettres autographes des xvie et xviiie siècles.

1842.

76. — *Catalogue des beaux livres anciens et modernes, et des pièces autographes composant le cabinet de M. D.-L.-F.* Paris, 1842, in-8º; 58 pages, 668 nos. — 13-19 janvier 1842. Les nos 665 à 668 contiennent l'indication de 8 autographes seulement.

77. — *Catalogue de livres et de manuscrits, la plupart d'une haute antiquité, rares, précieux ou singuliers, ou qui se font remarquer par la beauté et la richesse de leurs anciennes reliures, suivis d'une collection considérable d'Elzevirs de format petit in-12 et infrà, et d'autographes.* Paris, 1842, in-8º; 214 pages. — 12-18 mars 1842. 123 articles d'autographes. Me Regnard, comm.-pr.; Silvestre, libr. Les objets compris dans cette vente appartenaient à M. Motteley.

78. — *Catalogue de curiosités bibliographiques, livres et lettres autographes, recueillis par le bibliophile voyageur; 5e année.* Paris, 1842, in-8º; 70 pages, 691 nos. — 14-17 mai 1842. Me Deodor, comm.-pr.; Leblanc, libr. 264 pièces autographes cataloguées sous les nos 593 à 691.

79. — *Catalogue de livres et autographes provenant de la bibliothèque de M. Crapelet.* Paris, 1842, in-8º. — 17-23 mars 1842. Une centaine de pièces autographes. Me Bonnefons de Lavialle, comm.-pr.; Silvestre, libr.

80. — *Catalogue d'une collection de très-bons livres provenant de la bibliothèque de M. Descotils.* Paris, 1842, in-8º. — 13 juillet 1842 et jours suivants. Me Collet, comm. pr.; Techener, libr. Les nos 299 à 383 contiennent une centaine d'autographes des xvie, xviie et xviiie siècles.

81. — *Supplément à la vente de M. Hippolyte L***, ou notice de livres qui seront vendus le samedi 8 octobre 1842.* — 8 pages in-8º sans date et sans nom de libraire; 80 autographes modernes catalogués sous les nos 91 à 103.

82. — *Catalogue d'autographes provenant du cabinet de M. Alexandre Martin.* Paris, 1842, in-8º; 52 pages, 320 nos. — 21-24 novembre 1842. Me Commendeur, comm-pr.; R. Merlin, libr.

83. — *Catalogue des livres, manuscrits et autographes de numismatique et d'archéologie, provenant de la bibliothèque de M. T.-E. Mionnet.... rédigé et annoté par P. Lacroix (bibliophile Jacob).* Paris, 1842, in-8º; 80 pages, 782 nos. — 23-30 novembre 1842. Mes Commendeur et

Bataillard, comm.-pr. Les n°⁵ 699 à 782 contiennent l'indication d'environ 250 lettres modernes, dont la plus grande partie est adressée à M. Mionnet.

84. — *Catalogue des livres, dessins et estampes de M. J.-B. Huzard.* Paris, 1842, 3 vol. in-8°. — A la fin de chaque volume se trouvent un certain nombre d'autographes (environ 440 pièces), qui sont en grande partie des lettres adressées à M. Huzard.

1843.

85. — *Catalogue d'autographes provenant du cabinet de M. E...., de Zurich* [M. Alexandre Martin]. Lyon, 1843, in-8°; 66 pages, 289 n°⁵ et 108 n°⁵ de supplément. — Vente faite à Paris, salle Silvestre, du 13 au 16 mars 1843. M° Commendeur, comm.-pr.; Charavay, de Lyon, libr.

86. — *Catalogue d'une précieuse collection de livres anciens et rares, provenant de la bibliothèque de M. F. Clicquot, de Reims. On y remarque un choix de lettres autographes, etc., etc., etc.* Paris, 1843, in-12. — 22-29 avril 1843. 76 lettres autographes indiquées sous les n°⁵ 608 à 677. M° Lenormand de Villeneuve, comm.-pr.; Techener, libr.

87. — *Catalogue d'une belle collection de lettres autographes.* Paris, 1843, in-8°; 76 pages, 536 numéros. — 15-20 mai 1843. M° Commendeur, comm.-pr.; Charon, marchand de lettres autographes. Ces autographes appartenaient en partie à Mme de Dolomieu et à M. Libri.

88. — *Catalogue des autographes, la plupart de l'époque impériale, provenant de la collection de M. P. de G., valet de chambre de l'empereur.* Paris, 1843, in-8°; 16 pages, 155 n°⁵. — 22 mai 1843. M°⁵ Commendeur et Jacquin, comm.-pr.; Colomb de Batines, libr. 218 pièces.

89. — *Catalogue des livres, autographes et brochures, la plupart sur la révolution française, composant la bibliothèque de feu M. Cas...., homme de lettres.* Paris, 1843, in-8°; 68 pages. — 12-17 juin 1843. 67 pièces autographes, presque toutes modernes. M° Debergue, comm.-pr.; Chimot, libr.

90. — *Catalogue d'autographes de la collection de M. Van Sloppen* [M. Alex. Martin]. Paris, 1843, in-8°; 66 pages, 526 numéros. — 13-17 juin 1843. Environ 2300 pièces. M° Commendeur, comm.-pr.; R. Merlin, libr.

91. — *Second catalogue des autographes, la plupart de l'époque impériale, provenant de la collection de M. P. de G., valet de chambre de l'empereur.* Paris, 1843, in-8°; 12 pages, 124 n°⁵. — 30 juin 1843. M°⁵ Commendeur et Jacquin, comm.-pr.

92. — *Catalogue de vieux livres et de nombreux manuscrits et autographes sur l'histoire religieuse, l'histoire de France, etc., provenant de la bibliothèque de feu M. Reboul, pasteur évangélique.* Paris, 1843,

in-8º. — 11-29 décembre 1843. Environ 200 pièces autographes de la même époque et du même genre que celles de la vente Saulages (*Voyez* ci-dessus, nº 45). Mᵉ Lenormand de Villeneuve, comm.-pr.; Techener, libr.

93. — *Catalogue de curiosités bibliographiques, livres rares, précieux et singuliers recueillis par le bibliophile voyageur; 7ᵉ année.* Paris, 1843, in-8º; 156 pages, 1413 nᵒˢ. — 14-23 décembre 1843. Mᵉ Deodor, comm.-pr.; Leblanc, libr. 345 pièces autographes cataloguées sous les nᵒˢ 1227 à 1411.

1844.

94. — *Bibliothèque dramatique de M. de Soleinne. Catalogue rédigé par P.-L. Jacob, bibliophile. Autographes.* Paris, 1843, in-8º; 56 pages, 267 nᵒˢ. — 23 janvier 1844 et jours suivants. Les autographes de cette vente, au nombre de 267 pièces, sont exclusivement de personnages appartenant d'une manière quelconque à l'histoire du théâtre.

95. — *Catalogue d'une belle collection de lettres autographes.* Paris, 1844, in-8º; 90 pages, 482 nᵒˢ. — 5-9 février 1844. Mᵉ Commendeur, comm.-pr.; Charon, libr.

96. — *Catalogue des autographes, la plupart de la révolution française et de l'empire, provenant du cabinet de M. de Fr....; rédigé par le bibliophile Jacob, l'un des directeurs de l'*Alliance des arts. Paris, 1844, in-8º; 51 pages, 345 nᵒˢ. — 18 mars 1844 et jours suivants. Mᵉˢ Commendeur et Jacquin, comm.-pr., assistés de M. Charon. Environ 600 pièces, toutes modernes.

97. — *Catalogue d'autographes réunis par les soins de l'*Alliance des arts. Paris, 1844, in-8º; 47 pages, 278 nᵒˢ. — 1ᵉʳ-2 avril 1844. Mᵉˢ Commendeur et Jacquin, comm.-pr., assistés de M. Charon.

98. — *Catalogue d'une belle collection de lettres autographes, tirée du cabinet de M. L**** [M. Lalande, secrétaire de la présidence de la chambre des pairs]. Paris, 1844, in-8º; 120 pages, 562 nᵒˢ. — 8-13 avril 1844. Mᵉ Commendeur, comm.-pr.; Charon, marchand de lettres autographes.

99. — *Catalogue d'autographes des xviiiᵉ et xixᵉ siècles.* Paris (Alliance des arts), 1844, in-8º; 12 pages, 169 nᵒˢ. — 3 et 4 juin 1844. Mᵉˢ Commendeur et Jacquin, comm.-pr.

100. — *Catalogue d'une belle collection d'autographes remarquable surtout par de très-belles pièces avec monogrammes des rois Louis VII, Philippe II, saint Louis, Charles VII, Charles VIII, une belle lettre de Marie Stuart, de Machiavel, de mademoiselle de La Vallière, etc., provenant du cabinet de M. J. G.* [Gallois]. Paris, 1844, in-8º; 80 pages, 454 nᵒˢ, plus 86 nᵒˢ de supplément. — 11-15 juin 1844. Mᵉ Lenormand de Villeneuve, comm.-pr.; Techener et Charon, libr.

101. — *Catalogue des archives de la maison de Grignan, contenant bulles, diplômes, généalogies, donations, comptes, procédures, correspondance historique et pièces autographes de madame de Sévigné, de l'abbé de Coulanges, de madame de Grignan, etc., précédé d'une notice historique et rédigé par Vallet de Viriville, archiviste-paléographe.* Paris (*Alliance des arts*), 1844, in-8°; 36 pages, 207 numéros. — 8 et 9 juillet 1844. M⁰ˢ Commendeur et Jacquin, comm.-pr.

102. — *Catalogue d'autographes. Numismatistes, minéralogistes, comédiens, auteurs dramatiques, famille de Grignan, etc.* Paris (*Alliance des arts*), 1844, in-8°; 15 pages, 223 nᵒˢ. — 28 et 29 octobre 1844. Mᵉ Jacquin, comm.-pr.

103. — *Catalogue d'autographes anciens et modernes.* Paris et Lyon, 1844, in-8°; 48 pages, 245 nᵒˢ et 78 de supplément. — 4-6 novembre 1844. Mᵉ Lenormand de Villeneuve, comm.-pr.; Charavay et France, libr.

104. — *Catalogue d'anciens livres et manuscrits de la bibliothèque de M**** [Motteley], *suivi d'une collection d'autographes précieux.* Paris, 1844, in-8°; 104, 68 et 15 pages. — 18-30 novembre 1844. Les autographes comprennent 104 articles. Mᵉ Regnard, comm.-pr.; Silvestre, libr.

105. — *Catalogue de la bibliothèque du cardinal Zondadari et d'une collection d'autographes et pièces diverses écrites sur vélin, de 1319 à 1824.* Paris, 1844, in-8°; 168 pages. — 9-21 décembre 1844. Les autographes comprennent, sous 131 numéros, 550 pièces, presque toutes italiennes. Mᵉ Regnard, comm.-pr.; Silvestre, libr.

106. — *Catalogue de curiosités bibliographiques, lettres autographes, recueillies par le bibliophile voyageur;* 8ᵉ *année.* Paris, 1844; 108 pages, 955 nᵒˢ. — 23-30 décembre 1844. Mᵉ Deodor, comm.-pr., Leblanc, libr.; 287 pièces autographes cataloguées sous les nᵒˢ 849 à 955.

1845.

107. — *Catalogue d'une belle collection de lettres autographes.* Paris, 1845, in-8°; 94 pages, 600 nᵒˢ. — 3-12 février 1845. Mᵉ Commendeur, comm.-pr.; Charon, chargé de la vente.

108. — *Catalogue de lettres autographes tirées du cabinet d'un amateur.* Paris, 1845, in-8°; 31 pages, 250 nᵒˢ. — 10-11 mars 1845. Mᵉ Robin, comm.-pr.; Charon, chargé de la vente.

109. — *Catalogue d'une belle collection de lettres autographes.* Paris, 1845, in-8°; 54 pages, 378 nᵒˢ. — 14-17 mai 1845. Mᵉ Commendeur, comm.-pr.; Charon, chargé de la vente.

110. — *Catalogue d'une belle collection de lettres autographes.* Paris, 1845, in-8°; 64 pages, 434 nᵒˢ. — 8-11 décembre 1845. Mᵉ Commen-

deur, comm.-pr.; Charon, chargé de la vente. La plus grande et la plus précieuse partie de ces autographes appartenait à M. Libri.

1846.

111. — *Catalogue d'autographes, manuscrits, documents historiques et livres composant les collections de M. G***. Première partie, autographes; seconde partie, manuscrits.* Paris, 1846, in-8°. — 2-7 février 1846. La seconde partie renferme, sous les n°ˢ 81 à 169, l'indication d'un grand nombre de pièces historiques et autographes, principalement du XVI° siècle. Mᵉ Pressé, comm.-pr.; Techener, libr.

112. — *Catalogue de lettres autographes tirées du cabinet d'un amateur.* Paris, 1845, in-8°; 28 pages, 250 n°ˢ. — 9-10 février 1846. Mᵉ Rolin, comm.-pr.; Charon, chargé de la vente.

113. — *Catalogue d'une collection d'autographes provenant du cabinet d'un amateur.* Paris, 1846, in-8°; 11 pages, 149 n°ˢ. — 6 avril 1846. Mᵉ Lenormand de Villeneuve, comm.-pr.; Charavay, libr.

114-115. — *Catalogue d'une belle collection de lettres autographes.* Paris, 1846, in-8°; 71 pages, 476 n°ˢ. — 16-21 avril 1846. Mᵉ Commendeur, comm.-pr.; Charon, chargé de la vente. La plupart des pièces anciennes appartenaient à M. Libri. Il y eut pour cette vente un *supplément* formant 14 pages in-8° et composé de 116 n°ˢ.

116. — *Catalogue d'une intéressante collection d'autographes composant le cabinet de feu M. l'abbé Lacoste.* Paris, 1846, in-8°; 85 pages, 755 n°ˢ. — 21-30 juin 1846. Mᵉ Fournier, comm.-pr.; J. Techener, libr.

117. — *Catalogue des livres.... composant la bibliothèque de feu M. E.-M.-Am. Le Beau.* Paris, 1846, in-8°; 55 pages. — 2-7 novembre 1846. Ce catalogue se termine par un article *Autographes* comprenant seulement une lettre de Ninon de Lenclos et quatre de Mirabeau.

118. — *Catalogue d'autographes, la plupart du temps de la révolution et de l'empire, provenant du cabinet de feu M. le baron Desgenettes.* Paris, 1846, in-8°; 39 pages, 226 n°ˢ. — 9-10 novembre 1846. Mᵉ Jacquin, comm.-pr.

1847.

119. — *Catalogue de la belle collection de lettres autographes provenant du cabinet de M. le baron de L.-L. [de Laroche-Lacarel].* Paris, 1846, in-8°; 86 pages, 666 n°ˢ. — 4-10 février 1847. Mᵉ Commendeur, comm.-pr.; Charon, chargé de la vente.

120. — *Catalogue d'une collection de lettres autographes rares et curieuses, anciennes et modernes.* Paris, 1847, in-8°; 80 pages, 490 n°ˢ. — 10-13 mars 1847. Mᵉ Lenormand de Villeneuve, comm.-pr.; Chara-

vay, libr. La plus grande partie, sinon la totalité, des articles de cette vente appartenait à M. Feuillet (de Conches)[1].

121. — *Catalogue de lettres autographes provenant du cabinet d'un amateur.* Paris, 1847, in-8°; 52 pages, 474 n°˚. — 22-25 mars 1847. M° Rolin, comm.-pr.; Charon, chargé de la vente.

122. — *Catalogues de beaux livres anciens, manuscrits et autographes provenant du cabinet de M. J.-L. B.* [Bourdillon]. Paris, 1847, in-8°; 48 pages, 254 n°˚. — 6-8 avril 1847. M° Commendeur, comm.-pr.; V. Tilliard, libr. 34 pièces autographes cataloguées sous les n°˚ 223 à 254.

123. — *Catalogue de lettres autographes provenant du cabinet de M. Collier de Beaubois.* Paris, 1847, in-8°; 48 pages, 293 n°˚. — 7-9 avril 1847. M° Boulouze, comm.-pr.

124. — *Catalogue d'une très-nombreuse collection de lettres et pièces autographes provenant du cabinet d'un amateur* [M. Garnier, juge à Melle]. Melle, 1847, in-8°; 48 pages, 641 n°˚. — Cette vente se fit à Paris, du 26 au 30 avril 1847. M° Merlin, comm.-pr.; Lefebvre, libr.

125. — *Catalogue de documents historiques et de lettres autographes relatifs au règne de Louis XIII; portefeuilles de la correspondance du cardinal Quirini appartenant à la Société des bibliophiles français.* Paris, Techener, 1847, in-8°; 27 pages. — La vente annoncée pour les 28-29 avril 1847, n'eut pas lieu, aucun acquéreur ne s'étant présenté. Ces documents provenant de la vente Bruyère Chalabre (n° 31) ont été récemment achetés en entier par la Bibliothèque nationale.

126. — *Catalogue de lettres autographes provenant du cabinet d'un amateur.* Paris, 1847, in-8°; 35 pages, 250 n°˚. — 10-11 mai 1847. M° Rolin, comm.-pr.; Charon, chargé de la vente.

127. — *Catalogue des livres et des lettres autographes du cabinet de feu M. le général Naudet.* Paris, in-8°; 378 n°˚ d'autographes. — 25-27 mai 1847. M° Boulouze, comm.-pr; Leblanc, ancien impr.-libr. chargé de la vente.

1848.

128. — *Bibliothèque de M. Aimé Martin composée de livres.... manuscrits et autographes. Seconde partie.* Paris, 1848, gr. in-8°. — 21-28 février 1848. Les n°˚ 676 à 791 contiennent l'indication d'environ 500 pièces autographes la plupart du XVIII° siècle. M° Fournel, comm.-pr.; Techener, libr.

129. — *Catalogue de la bibliothèque de feu M. Jérôme Bignon composée d'un choix considérable de livres,... manuscrits et imprimés.... et*

---

1. Voyez, au sujet de cette vente, M. Naudet, *Réponse de la Bibliothèque nationale*, *passim*; et surtout p. 53, où M. Naudet signale dans cette vente 12 pièces provenant de la Bibliothèque nationale.

d'une collection d'autographes de personnages célèbres. Paris, 1848, gr. in-8°; 260 pages. — 8 janvier-12 février 1849. M⁰ Grandidier, comm.-pr.; Chimot, libr. 141 n⁰⁵ de pièces manuscrites et autographes.

130. — *Catalogue par ordre alphabétique des livres provenant de diverses bibliothèques.... et lettres autographes, etc.* Paris, in-8°. — 9-10 mai 1849. 19 n⁰⁵ d'autographes contenant 928 pièces toutes des plus modernes. M⁰ Langlois, comm.-pr.; Techener et Lavigne, libr.

131. — *Catalogue de livres provenant de la bibliothèque de feu M. W. de Valenciennes.* Paris, 1848, in-8°. — 9-14 mars 1848. M⁰ Regnard, comm.-pr.; L. C. Silvestre et P. Jannet, libr. Une quarantaine de lettres autographes des xvi⁰, xvii⁰ et xviii⁰ siècles mentionnées sous les n⁰⁵ 308 à 320 bis et 531 à 534.

132. — *Catalogue d'une belle collection de lettres autographes.* Paris, 1848, in-8°; 106 pages, 658 n⁰⁵. — 23-29 novembre 1848. M⁰ Lenormand de Villeneuve, comm.-pr; Laverdet, successeur de M. Charon, chargé de la vente.

1849.

133. — *Catalogue de la belle collection d'autographes provenant du cabinet de M. Cap....* [Capelle]. Paris, 1849, in-8°; 143 pages, 1125 n⁰⁵. — 6-12 juin 1849. M⁰ Lenormand de Villeneuve, comm.-pr.; Laverdet chargé de la vente.

134. — *Catalogue de la belle collection de lettres autographes provenant du cabinet de M. Cap....* (supplément). Paris, 1849, in-8°; 32 pages, 264 n⁰⁵. — 30 juillet-2 août 1849. M⁰ Lenormand de Villeneuve, comm.-pr.; Laverdet, chargé de la vente.

135. — *Vente par suite du décès de M. Th. Tarbé, membre correspondant de l'Institut.... ancien imprimeur à Sens, en une maison sise à Sens (Yonne), grande rue, n° 198, par le ministère de M⁰ Adine, commissaire-priseur, de : 1° une bibliothèque de 15,000 volumes; 2° une collection d'environ 10,000 lettres autographes, etc.* Sens, in-8°; 4 pages. — Les autographes ne sont indiqués sur ce catalogue que par une énumération d'environ 100 noms. On y remarque 1 lettre inédite de Labruyère, 6 lettres inédites de Mme de Sévigné, 145 lettres du grand Condé et 164 de Mme de Lafayette.

136. — *Catalogue des livres.... composant la bibliothèque de feu M. Hyacinthe Audiffret, attaché au cabinet des manuscrits.* Paris, 1849, in-8°; 32 pages. — 21-24 mai 1849. M⁰ Ch. Langlois, comm.-pr. A la fin du catalogue sont indiqués une lettre de Mme de Maintenon et une trentaine d'autres autographes.

137. — *Notice de quelques précieux autographes dont la vente se fera aux enchères le vendredi 12 octobre 1849, à midi; après le décès de Mme de Castellane, en son hôtel, rue du Faubourg-Saint-Honoré,*

n° 57. Paris, 1849; Maulde et Renou, in-8°; 4 pages. — M⁰ Grandidier, comm.-pr.; Techener, libr. Ce catalogue comprend l'indication d'une douzaine de pièces décrites sous 12 n⁰ˢ et parmi lesquelles se trouvent 3 lettres de Bossuet, 1 lettre de Montaigne (16 février 1588), et 1 de Racine.

138. — *Catalogue des livres manuscrits et autographes composant la bibliothèque de feu le lieutenant général de Gazan.* Paris, 1849, in-8°. — 27-30 novembre 1849. M⁰ Fournel, comm.-pr.; Techener, libr. Sous les n⁰ˢ 370 à 385 sont cataloguées près de 15,000 pièces autographes toutes du temps de l'empire et parmi lesquelles on remarque la collection complète des œuvres autographes de Bernardin de Saint-Pierre.

139. — *Catalogue de livres, manuscrits, autographes, provenant de la bibliothèque de feu M. G. de Pixerécourt.* Paris, 1849, in-8°. — 27-29 novembre 1849. M⁰ A. Clérambault, comm.-pr.; P. Jannet, libr. Les n⁰ˢ 273 à 280 contiennent quelques autographes parmi lesquels se trouve (n° 278) un dossier important relatif à Adrienne Lecouvreur.

1850.

140. — *Catalogue des collections d'autographes, de manuscrits, de pièces imprimées sur l'histoire de France, et de livres composant le cabinet de feu M. Villenave, homme de lettres.* Paris, Charavay et France, 1850, in-8°. — 22 janvier 1850 et jours suiv. M⁰ Frosmont, comm.-pr.; Charavay, libr. Les autographes occupent les n⁰ˢ 1 à 892.

141. — *Catalogue des manuscrits de la bibliothèque de J.-D. Barbié du Bocage.* Paris, 1850, in-8°. — 1-2 février 1850. M⁰ Tillionbois de Valleuil, comm.-pr.; Lavigne, libr. Un grand nombre de travaux autographes de d'Anville ou de M. Barbié du Bocage et de lettres de personnages modernes sont indiqués sous les 74 premiers numéros du catalogue.

142. — *Notice des livres anciens et modernes.... des opéras à grandes partitions et des autographes composant la bibliothèque de feu M. Hyacinthe Audiffret, attaché au cabinet des manuscrits de la Bibliothèque nationale, etc.* Paris, 1850, in-8°. — 25-27 février 1850. M⁰ Ch. Langlois, comm.-pr.; J.-F. Delion, libr. 92 n⁰ˢ d'autographes formant environ 250 pièces. *Voyez* plus haut n° 136.

143. — *Notice de livres.... et d'une collection de lettres autographes composant le cabinet de feu M. le chevalier Pétré, officier supérieur de la marine.* Paris, 1850, in-8°. — 15 avril 1850. M⁰ Bonnefons de Lavialle, comm.-pr.; J.-F. Delion, libr. Autographes, n⁰ˢ 72 à 115.

144. — *Catalogue de livres manuscrits et lettres autographes composant la bibliothèque de feu M. Thiébaut de Bernéaud, de la bibliothèque Mazarine.* Paris, 1850. — 20-27 avril 1850. M⁰ Frosmont, comm.-pr.; Techener, libr. Autographes, n⁰ˢ 904 à 1228.

145. — *Catalogue de lettres autographes provenant des cabinets de feu M. Lalande, ancien secrétaire de la présidence de la chambre des pairs, et de M. de C***.* Paris, 1850, in-8°; 66 pages, 691 n°ˢ. — 29 avril-3 mai 1850. — Mᵉ Pique, comm.-pr.; M. Laverdet, chargé de la vente.

146. — *Catalogue des livres.... et des lettres autographes composant la bibliothèque de feu M. le baron de Schonen.* Paris, 1850, in-8°; 52 pages. — 14-18 mai 1850. Mᵉˢ Hanonnet et Messager, comm.-pr.; Guilbert, libr. 27 n°ˢ de lettres autographes presque toutes du xviiᵉ siècle.

147. — *Catalogue de la collection de lettres autographes et de documents historiques concernant l'histoire de la Réforme pendant les* xviᵉ *et* xviiᵉ *siècles, l'histoire de la ville de Metz, de la Lorraine et des Trois-Évêchés.* Paris et Metz, 1850, in-8°; 121 pages, 1150 n°ˢ. — La vente de cette collection, provenant de la bibliothèque de M. le comte Emmery, a été faite à Paris le 19 décembre 1850 et jours suivants. Mᵉ Boulouze, comm.-pr.; Lecouteux, libr. 5,000 pièces autographes.

A la liste des ventes d'autographes faites aux enchères nous devons ajouter l'énumération de celles qui ont été proposées à l'amiable au public et annoncées par des catalogues imprimés. Ces catalogues ont paru dans diverses publications périodiques, savoir :

1°. *Bulletin du Bibliophile, ou Notice des livres vieux et nouveaux, tant imprimés que manuscrits, lettres autographes, etc., qui sont en vente en la librairie de Techener.* Paris, in-8°; année 1835 et suiv.

Les autographes annoncés dans ce recueil sont importants et seront souvent cités dans notre Dictionnaire. Ils figurent dans les livraisons suivantes : août 1835 (195 pièces); novembre 1836 (38 pièces); janvier 1837 (26 pièces); mai 1837 (160 pièces); octobre 1839 (175 pièces); juillet 1841 (205 pièces); septembre et octobre 1842 (150 pièces).

2°. *Manuel de l'autographophile, contenant une liste d'autographes à vendre et à échanger, un compte rendu des ventes publiques, des fac-simile d'écritures rares, etc., etc., publié par P.-J. Fontaine, auteur du Manuel de l'Amateur d'autographes.* Paris, chez l'auteur, 1836, in-8°.

Ce recueil n'a eu que cinq livraisons, qui ont paru depuis 1836 jusqu'au mois de mars 1838. Il contient l'annonce d'environ 1,100 autographes du xviᵉ au xixᵉ siècles, catalogués sous 988 n°ˢ.

3°. *Librairie ancienne et autographes de Charavay.*

Sous ce titre, M. Charavay, libraire, publie depuis le mois de novembre 1845 un bulletin analogue aux précédents et qui, jusqu'au mois de janvier 1851, a annoncé environ 6,000 pièces autographes cataloguées sous 2791 n°ˢ. Ces pièces sont quelquefois des lettres des xviᵉ et xviiᵉ siècles, mais plus généralement des pièces modernes.

DICTIONNAIRE
DE PIÈCES AUTOGRAPHES

VOLÉES

AUX BIBLIOTHÈQUES PUBLIQUES DE LA FRANCE.

ACADÉMIE DE CAMBRIDGE. Il manque dans les tomes 11 et 16 de la correspondance d'Hévélius [1] à la bibliothèque de l'Observatoire les deux lettres suivantes écrites par l'Académie de Cambridge à Hévélius :

1673, 16 des calendes de janvier. Grato animo [2].....

1683, 3 des calendes de juillet. Quod biennio....

ACADÉMIE FRANÇAISE. Un carton intitulé : *Manuscrits de Fleury*, et conservé à la Bibliothèque nationale sous le n° $\frac{1249}{2}$ du Supplément français, renfermait, d'après un inventaire détaillé écrit de la main de Denis Godefroy, 67 pièces ; 21 ont disparu, et entre autres la suivante : *Arresté de MM. de l'Académie françoise mis entre les mains de M. le chancelier avec les vraies signatures de vingt-trois académiciens dont Chapelain, Mezeray, etc. Le 28 avril 1659.* Un autre inventaire écrit par l'abbé Couet mentionne la même pièce avec la date du 24 avril.

Malgré la différence de date, nous croyons que cette pièce est celle qui a figuré à la vente du 14 mai 1845 sous le n° 1, et qui est annoncée ainsi sur le catalogue : « Arrêté de Messieurs de l'Académie française « mis entre les mains de monseigneur le chancelier Protecteur, *en date « du 15 avril* 1659, pour témoigner le désir qu'ils ont de voir finir les « divisions qui la troublent.... A cet effet, a été adressé le présent « acte, signé de vingt-trois membres présents. » Au nombre des signataires se trouvent Chapelain et Mezeray.

ACADÉMIES DES SCIENCES ET DES INSCRIPTIONS. De nombreuses pièces provenant des archives de l'Académie des

---

[1]. Ainsi que nous l'avons dit plus haut, p. 29, il existe à la Bibliothèque nationale une copie de cette correspondance, copie qui nous a permis d'indiquer, avec précision les pièces enlevées et d'en donner les premiers mots. Voyez HÉVÉLIUS.

[2]. Cette pièce a été retrouvée dans les papiers de M. Libri.

sciences ont figuré dans les ventes, surtout depuis 1835; nous aurons plus d'une fois occasion d'en parler dans notre Dictionnaire, mais nous croyons devoir réfuter ici différentes assertions émises au sujet de leur origine. M. Libri prétend [1] avoir acheté à la vente Le Français de Lalande (astronome et académicien comme son oncle, Jérôme de Lalande), « pour quelques sous des recueils imprimés et manuscrits qui avaient « appartenu à Jérôme Lalande et qui provenaient de l'Académie des « sciences et de l'Observatoire. » En examinant le catalogue de cette vente, qui eut lieu le 29 avril 1839, le procès-verbal du commissaire-priseur chargé de la vente et les livres de commerce d'un libraire qui y a fait plusieurs acquisitions pour le compte de M. Libri, nous nous sommes assurés qu'il ne s'y était vendu aucun recueil manuscrit ayant quelque analogie avec ceux que désigne ce dernier.

Dans le même passage, M. Libri prétend avoir acquis de M. Techener [2] « 17 volumes manuscrits contenant les *procès-verbaux originaux* « *et d'autres papiers importants de l'Académie des sciences,* écrits au « XVIIe siècle; ces recueils intéressants qui me furent vendus, dit-il, « en même temps qu'un volume de lettres autographes de Réaumur et « des manuscrits anciens en provençal, avaient appartenu, si je ne « me trompe, à MM. de Bure frères. » M. Libri ne se trompe que sur la nature des achats faits par lui. Car sur le catalogue imprimé de la collection de manuscrits de MM. de Bure [3] figurent bien sous les n°[s] 18 et 20 deux manuscrits en provençal, sous le n° 64 un recueil de lettres adressées par Réaumur et Pajot d'Ons-en-Bray au P. Mazzoleni; mais, sous le n° 22, le catalogue mentionne 14 vol. in-f° et 2 vol. in-4° contenant *uniquement,* comme l'indique la notice fort détaillée, un recueil d'analyses chimiques présentées à l'Académie des sciences par Bourdeleri père et fils, et le compte rendu des séances de l'Académie pendant les années 1667 à 1709, *le tout écrit de la main de ces deux académiciens.* Quant aux procès-verbaux originaux et à d'autres papiers importants de l'Académie, il n'en est pas question.

Il en est de même des assertions relatives aux papiers d'Eisenmann et d'Arbogast [4], sur lesquelles nous reviendrons ailleurs (Voyez entre autres l'article DESCARTES).

On voit qu'aucune de ces acquisitions n'explique comment M. Libri a pu commencer à vendre, dès 1835, c'est-à-dire trois ans avant les achats des papiers Eisenmann, Lalande et Arbogast, et plus de cinq ans avant la vente de Bure, des papiers provenant, comme il le dit fort bien lui-même, de l'Observatoire et de l'ancienne Académie des sciences.

On a trouvé dans les papiers de M. Libri plus de 110 pièces provenant tant des archives de l'Académie des sciences, que des archives de

---

1. *Réponse à M. Boucly,* p. 93, note 5.
2. Cet achat eut lieu au mois de février 1841.
3. Voyez p. 44, n° 69.
4. Ces achats eurent lieu, le premier, en juin 1838; le second, à la fin de 1839.

d'Académie des inscriptions, pièces qui n'ont jamais pu en sortir légalement. Tels sont : 38 rapports écrits ou signés par D'Alembert, D'Anville, Buffon, Cassini, Condorcet, Fourcroy, de Jussieu, Laplace, Legendre, Vaucanson, etc.; un procès-verbal d'une séance signé par Laplace, Lacépède et Prony, et 8 autres rapports portant les noms de Bréquigny, de Guignes, Laporte du Theil, Larcher, Silvestre de Sacy. Nous signalerons encore 34 lettres adressées à Bignon, à Mairan et à Lebeau, diverses notes de Bignon, relatives à ces académies, des mémoires scientifiques lus dans les séances, et 6 lettres de ministres adressées aux présidents et directeurs de l'Académie des sciences de 1775 à 1799 et ayant appartenu au carton 35 des archives de l'Institut [1].

ADANSON (Michel), naturaliste, né en 1726, mort en 1806.

De nombreuses lettres de cet illustre savant ont figuré dans les ventes; la plupart sont adressées à Jussieu. Peut-être sortent-elles des archives de l'Institut, mais nous ne pouvons rien affirmer à cet égard. Il n'en est pas de même de la pièce suivante qui a figuré à la vente du 22 mars 1847 sous le n° 6 et qui provient évidemment des archives de cette compagnie : « Rapport autographe, signé, d'un manu-« scrit intitulé : *Mémoire raisonné sur l'avantage de semer du trèfle* « *en prairies ambulantes.* Daté de Paris, le 30 janvier 1769; 1 page « in-4°. »

AGUESSEAU (H.-Fr. d'), chancelier de France, né 1668, m. 1751.

Les pièces suivantes ont été soustraites dans la collection Baluze (Voyez Baluze), qui contient encore un certain nombre de lettres adressées à ce savant par le chancelier.

D'Aguesseau à l'abbé Baluze (vente Gottlieb W., n° 144).

Vers latins à l'éloge de Baluze; 4 pages in-4°, autographe signé (vente bibliophile Jacob, art. Aguesseau).

AIGUILLON (M.-Madeleine, duchesse d'), morte 1675.

Il manque, entre autres pièces, dans le volume 363 de la collection Gaignières une lettre de la duchesse d'Aiguillon à la mère Marguerite. Les renseignements portés au catalogue sont trop vagues pour qu'on puisse reconnaître si cette pièce a figuré dans les ventes.

AKAKIA. Il manque dans le tome 14 de la correspondance d'Hévélius une lettre d'un certain Akakia, personnage qui, à ce que nous croyons, a été employé dans diverses négociations en Allemagne. Cette pièce sans date, mais probablement de l'année 1680, commence ainsi : *Les marques que je reçois de votre amitié....*

ALBINUS (Andreas). Il manque dans le tome 16 de la correspondance d'Hévélius (biblioth. de l'Observ.) une lettre d'Albinus à Hévélius

---

[1]. Voyez encore les articles Bignon, Borda, Euler, Feuillée, Lavoisier, Mairan, Renaldini, Torricelli, etc. Quelques pièces, venant probablement de la même source, ont paru dans les ventes dès 1833.

en date du 29 décembre 1683. Elle commence ainsi : *Quanta illustr. magnif. vestræ erga me fuerit voluntas....*

ALCIAT (André), jurisconsulte, né 1492, m. 1550.

L'inventaire placé en tête du n° 8582 du fonds latin (Biblioth. nat.) contient la mention suivante : *Andreæ Alciati epistola Francisco Calvo*, 1525. Cette pièce a disparu.

ALEANDRO (Jérôme), érudit, né 1574, m. 1629.

On a enlevé plusieurs lettres d'Aleandro à Peiresc dans le registre 41 (tome 1er) des manuscrits de Peiresc à Carpentras. C'est peut-être l'une de ces pièces que l'on retrouve indiquée ainsi (sous le n° 5) dans la vente du 8 décembre 1845 : Lettre d'Aleandro à.... en date du 9 décembre 1617.

ALEMBERT (J.-Lerond d'), géomètre, né 1717, m. 1783.

Les trois pièces suivantes qui ont figuré, la première à la vente Gottlieb W., sous le n° 262, la deuxième à la vente du bibliophile Jacob (1840), la troisième à la vente du 8 décembre 1845, sous le n° 6, proviennent des archives de l'Institut.

1°. D'Alembert et Lemonnier, Rapport sur un *Mémoire sur les éclipses de soleil* par Godin et Du Séjour;

2°. Rapport, en date du 10 décembre 1746, fait de concert avec Lemonnier, par ordre de l'Académie des sciences, sur un mémoire de M. d'Arcy, intitulé : *Principe général de dynamique*, autogr. signé ; 5 pages in-4°.

3°. Compte rendu, autographe signé, à l'Académie de l'ouvrage du P. Walmesley, bénédictin anglais, ouvrage qui a pour titre : *Réduction intégrale aux logarithmes et aux arcs de cercle*; 2 pages in-4°, avec la signature de Clairault [1].

ALLACCI ou **ALLATIUS** (L.), érudit, né 1586, m. 1669.

Il y avait dans le registre 2 des manuscrits de Peiresc conservés à la bibliothèque de Carpentras plusieurs lettres d'Allatius à Peiresc qui ont disparu. On nous a signalé, entre autres, celle qui a été publiée par Chardon de la Rochette dans ses *Mélanges de philologie et de critique*, tome 1er, page 290. Elle commence ainsi : *Cum grandissima mea consolatione.*

ANNE DE FRANCE, dame de Beaujeu, fille de Louis XI, m. 1522.

Une lettre d'Anne de Beaujeu au chancelier de France, datée du 26 juin 1520 [2] a été coupée dans le volume 486 de la collection Du Puy. Plusieurs lettres de cette princesse ont figuré dans les ventes d'autographes, mais aucune avec cette date.

Le volume 486 de la collection Du Puy, dont il sera encore plus

---

[1]. Voyez Académie des sciences.
[2]. Elle commence ainsi : « Il y a assés longtemps que j'ai été avertie, etc. »

d'une fois question [1], est un de ceux qui portent deux paginations. L'une est ancienne, et l'on peut constater par ses lacunes les mutilations que le volume a subies ; l'autre, toute récente, semble avoir été faite pour les dissimuler. En plusieurs endroits, les chiffres anciens sont grattés avec soin dans un but frauduleux (Voyez les n°s 34, 82 à 91 et 105). On remarque aussi que, dans le but de cacher le vol et de dérouter les recherches, on a collé à la place des feuillets lacérés des pièces enlevées à d'autres volumes de la même collection (Voyez entre autres les pièces 92 et 95, 99 et 100).

ANNE D'AUTRICHE, reine de France, née 1602, m. 1656.

Une lettre de cette princesse à Marie de Médicis, en date de 1630, a disparu du volume 9329 de la collection Béthune.

Dans le tome 273 de la collection de Godefroy (biblioth. de l'Institut), il manque plusieurs lettres de cette princesse au chancelier Séguier. On en retrouve dans les ventes suivantes :

1634 (vente Riffet [1837], n° 164 bis).
1649, 30 juin (vente Thomas W. [1837], n° 52).
1649, 30 mai (vente 16 avril 1846, suppl., n° 8).
1654, 24 juin (vente 3 février 1845, n° 507). Sur le catalogue de cette vente, le nom du chancelier Séguier a été transformé en celui de M. de Saint-Guyer [2].

Une liasse de lettres de Marie de Médicis et d'Anne d'Autriche à Gaston, duc d'Orléans, existait encore à la Bibliothèque nationale vers 1810, dans la collection Baluze. Elle avait disparu en 1843. On trouve dans les ventes d'autographes 12 lettres adressées par Anne d'Autriche à Gaston, savoir :

Lyon, 20 novembre 1622 (vente du 10 mars 1845, n° 7).
Ruel, 18 juin 1624 (vente Saint-Julien, n° 12).
Paris, 8 juillet 1635 (vente du 8 décembre 1845, n° 10).
Bourg, 25 août 1637 (vente Villenave, 22 janvier 1850, n° 26).
Ruel, 4 juillet 1644 (vente J. G. 1844, n° 22).
Paris, 9 juillet 1644 (vente Saint-Julien, n° 7).
Paris, 18 juillet 1644 (vente d'un offic. général, n° 9).
Bourg, 1er septembre 1650 (vente du 8 avril 1844, n° 17).
Bovoy (lisez Bourg), 5 septembre 1650 (vente Gottlieb W., n° 15).
Bourg, 21 novemb. 1650, signée seulement (vente du 16 avril 1846, n° 403).
Bourg, 2 février 1652 (vente A. Martin, 1842, n° 7) [3].
Paris, 12 septembre 1655 (vente bibliophile Jacob).

---

1. Voyez les articles BONNIVET, CHARLES DE BOURBON, STROZZI, etc.
2. Quelques-unes de ces lettres peuvent aussi provenir de la correspondance de Séguier, conservée à la Bibliothèque nationale, et où l'on remarque de nombreuses lacérations.
3. Celle-ci est adressée à *son fils, le duc d'Orléans;* c'est une erreur, car Gaston porta le titre de duc d'Orléans jusqu'à sa mort arrivée en 1660. C'est probablement la même

Dans la même collection Baluze, il manque à une correspondance de Louis XIII et d'Anne d'Autriche avec le duc de Saxe-Weymar, pendant les années 1636 à 1639, toutes les lettres d'Anne d'Autriche. Nous ne retrouvons que celle-ci dans le commerce :

Saint-Germain, 16 avril 1639 (*Bulletin du Biblioph.*, octob. 1839).

Outre les pièces que nous venons de mentionner en indiquant leur origine, il a encore paru dans les ventes environ 22 autres lettres d'Anne d'Autriche.

ANTOINE DE BOURBON, roi de Navarre, né 1518, m. 1562.

Un certain nombre de lettres de ce prince se trouvaient à la Bibliothèque nationale dans un volume de la collection Saint-Germain Harlay, n° $\frac{348}{1}$ [1]. Ce volume est principalement composé de lettres adressées pendant l'année 1561 à M. de Bourdillon, lieutenant général et ambassadeur du roi de France en Piémont. De 102 feuillets dont il se composait, il en a perdu 23, parmi lesquels figuraient au moins deux lettres du roi de Navarre à Bourdillon; l'une du 28 (avril ?) 1561, l'autre du 23 novembre de la même année. On trouve dans les ventes :

Antoine de Bourbon à M. de Bourdillon, 24 mai 1561 (vente Monmerqué, n° 46).
Antoine de Bourbon à M. de Bourdillon, 13[2] nov. 1561 (vente Gottlieb W., n° 10).
Antoine de Bourbon à M. de Bourdillon, 1561 (vente Riffet, n° 91).

ANVILLE (D'). Voy. ACADÉMIE DES SCIENCES.

ARÉTIN (P.), littérateur, né 1492, m. 1557.

Il existe à la bibliothèque de la Faculté de médecine de Montpellier un recueil de lettres autographes coté H. 272 et intitulé : *Lettere autografe a Paolo e ad Aldo Manuzio*. En tête de ce volume paginé anciennement, est un inventaire où se trouve indiquée une lettre d'Arétin à Paul Manuce. Cette lettre, qui a disparu, existait encore en 1841 et fut alors signalée dans un rapport adressé au ministre de l'Instruction publique par M. Libri, qui cinq ans plus tard faisait figurer la même lettre sur le catalogue de la vente du 16 avril 1846 (n° 16) [3].

ARNAULD D'ANDILLY, né 1589, m. 1674.

Il manque dans le tome 273 de la collection de Godefroy (biblioth. de l'Institut) une liasse de lettres d'Arnauld au chancelier Séguier. On en retrouve dans les ventes suivantes :

---

pièce qui a passé dans la vente du 6 juin 1849 (n° 28), « Anne d'Autriche à *son cousin*, le duc d'Orléans, le 2 février 1652. »

1. Voyez, sur cette collection, l'article BOCHETEL.
2. L'une des lettres coupées dans ce volume était datée du 23 et non du 13 novembre, mais il est extrêmement probable que c'est la même pièce.
3. Il ne faut pas confondre cette lettre avec celle qui occupe sur le même catalogue de vente le n° 17. Elle appartenait aussi à M. Libri.

1643, 13 avril (vente baron de L. L., n° 35).
1643, 26 juillet (vente 16 avril 1846, n° 20).
1643, août (vente Saint-Julien, n° 297).
1643, 3 août (vente 5 février 1844, n° 22).
1643, 8 août (vente 3 février 1845, n° 18). C'est peut-être la même que la précédente. L'analyse qu'en donnent les 2 catalogues est identique.
1644, 27 août (vente feu M. S***, n° 106)[1].

ARNAULD (Antoine), théologien, né 1612, m. 1694.

La vente du 10 mars 1847 contient sous le n° 21 une lettre d'Antoine Arnauld à l'abbé Nicaise en date du 24 août. Cette lettre provient bien probablement de la correspondance de ce dernier conservée à la Bibliothèque nationale sous le n° 1958 $^{1-8}$ du Supplément français.

ASTON (Fr.), savant anglais du XVIIe siècle.

Le tome 15 de la correspondance d'Hévélius (biblioth. de l'Observ.) contenait 4 lettres d'Aston à Hévélius; elles ont toutes disparu. En voici la liste [2]:

1682, 29 mars. Literæ tuæ scriptæ dño Gale.
1682, 27 août. Literæ tuæ scriptæ 10 junii....
1682, 15 décembre. Ultimæ tuæ literæ datæ 17 novembris....
1683, 23 août. Accepi literas tuas datas 17 julii....

Cette dernière lettre est probablement celle qui a figuré à la vente Riffet sous le n° 466, avec la date de 1683.

Il y a aussi des traces d'arrachement avant et après une lettre d'Aston dans le tome 32 de la correspond. de Boulliau (Biblioth. nat.).

AUMONT (d'). L'inventaire par cartes de la collection Du Puy mentionne pour le tome 573 une lettre de D'Aumont au parlement de Dijon, en date du 20 août 1597; elle a disparu.

BACHET DE MÉZIRIAC, érudit, né 1581, m. 1638.

L'inventaire de la correspondance de Peiresc, conservée à la Bibliothèque nationale, indique, pour le tome 6 (pièce 61), une lettre de Bachet à Peiresc, en date du 1er mai 1634. Cette pièce, qui a disparu, a figuré à la vente du 16 avril 1846 sous le n° 23. C'est, à notre connaissance, la seule lettre de Bachet qui ait passé dans une vente.

BAIF (Lazare de), diplomate, érudit, m. 1547.

Le volume 265 de la collection Du Puy contenait 22 lettres de Baïf, alors ambassadeur à Venise, adressées pendant les années 1532-1533 à l'évêque d'Auxerre (d'Inteville), ambassadeur à Rome. Il n'en

---

1. Quelques-unes de ces lettres peuvent provenir de la correspondance de Séguier (Biblioth. nat.).
2. L'une d'elles a été retrouvée dans les papiers de M. Libri.

existe plus que 20 ; l'adresse d'une des deux pièces enlevées a été laissée dans le volume et porte, comme toutes les autres, la date de la lettre dont elle faisait partie. Cette date est celle du 13 janvier 1533.

Trois lettres seulement de Baïf ont passé dans les ventes, savoir :

1532 (vente Riffet, n° 32).

1532, 13 janvier (vente Solcinne, n° 12).

Cette pièce est probablement la même que la précédente, car l'analyse qui en est donnée sur les deux catalogues de vente est identique, et c'est peut-être aussi celle dont l'adresse restée dans le volume porte la date du 13 janvier 1533.

1532, 13 mai (vente du 10 mars 1847, n° 44. — *Bulletin Charavay*, 1847, n° 988).

BAILLY (J.-S.), astronome, né 1736, m. 1793.

Il manque à la bibliothèque de l'Observatoire, dans la liasse n° 1 des papiers de Cassini, une lettre de Bailly à Cassini de Thury, indiquée sur un inventaire avec la date de 1784[1].

BALDUINUS (Gottlieb).

Il manque, dans le tome 11 de la correspond. d'Hévélius (biblioth. de l'Observ.) une lettre de Balduinus à Hévélius, en date du 22 septembre 1674. Elle commence ainsi : *Verba non invenio, ut exprimam....*

BALUZE (Étienne), érudit, né 1630, m. 1718.

Baluze, bibliothécaire de Colbert, avait rassemblé une collection très-considérable de documents originaux sur les affaires de son temps. Il avait conservé les papiers d'un savant prélat, Pierre de Marca, archevêque de Toulouse, dont il avait été le secrétaire et le collaborateur; il était en possession d'une partie des correspondances et des papiers de Colbert; il achetait même des recueils d'autographes[2]. A la mort de Baluze (1718), cette précieuse collection de documents originaux a été achetée par la Bibliothèque du roi. C'est en 1843 seulement qu'elle a été reliée après avoir été remise en ordre et récolée sur les inventaires par les soins de M. Claude. Elle forme aujourd'hui une série de 379 volumes in-fol. et in-4°. Mais, avant d'être protégée par la reliure, elle a largement servi à l'alimentation du commerce des autographes, auquel elle a fourni une quantité innombrable de documents, parmi lesquels nous signalerons :

1°. Les lettres adressées à Baluze par divers personnages, et qu'on retrouvera aux noms divers de ce catalogue (Voyez d'Aguesseau, Beauvilliers, Colbert, Mabillon, Magliabechi, etc.);

---

1. Voyez encore l'article Bossut.

2. « J'ay acheté, depuis peu, une très-grande quantité de lettres originales, écrites par Jean-Jacques et Philippe Chifflet frères à M. le nonce de Bagny, qui fut depuis cardinal. Il y a beaucoup de choses très-curieuses dans ces lettres. Mais il n'y a rien qui regarde vostre Bourgogne. » (*Lettre de Baluze au P. André*, 1704.)

2°. Une grande partie des lettres écrites par Baluze lui-même.

En effet, on trouve encore dans sa collection nombre de pièces qui montrent qu'il conservait les minutes de sa correspondance[1], et ce sont des minutes qui très-souvent ont passé dans les ventes sous le titre de *Lettres de Baluze ;*

3°. Divers documents étrangers à Baluze, mais qu'il avait certainement en sa possession, et qu'on retrouvera aux articles ANNE D'AUTRICHE, BÉROALDE, COLIGNY, etc.

Nous n'avons à enregistrer ici que les lettres écrites par Baluze. Voici la liste de celles qui ont figuré dans des ventes depuis la vente Canazar (Libri) ; avant cette époque, il n'avait passé dans les ventes qu'un fragment (vente Vanderbourg, 1822), quelques lettres (peut-être une seule) dans la vente Brial (1828), et une quittance (vente Auger, 1829). Si, comme nous le pensons, ces pièces sont des minutes, leur provenance n'est point douteuse : elles viennent de la Bibliothèque nationale.

A Mgr [Colbert]. Paris, 24 mars 1667 (vente du 8 décembre 1845, n° 17, vente Riffet, n° 461).

A Colbert. Paris, 22 janvier 1670[2].

A Colbert. Paris, 26 juillet 1672 (vente du 8 décembre 1845, n° 109).

A Colbert. Paris, 29 janvier 1677 (vente Silvestre, 2 mars 1845, n° 7).

Thomæ Gale. Lutetiæ Paris., XI kal. maias 1677[3].

A.... 5 octobre 1679 (*Bulletin du Bibliophile*, 1859, n° 1818).

[Au cardinal de Bouillon.] 6 octobre 1679 (vente Villenave, 1850, n° 44).

A Colbert. Paris, 4 mars 1681 (vente Gottlieb W., n° 278).

A son fils (*sic*). Paris, 22 juin 1682 (vente Pixerécourt, 1840, n° 46).

Au cardinal de Noris. Paris, 4 avril 1684 (vente du 8 décembre 1845, n° 18).

Au cardinal de Noris. Paris, XII kal. septemb. 1685 (vente Canazar, n° 1470).

Henrico Meibornio (lisez Meibomio). 1687 (vente Thiébaut, 20 avril 1850).

A Grævius. Paris, IV kal. février 1687 (vente du 15 mai 1843, n° 20).

---

1. Il gardait les minutes écrites de sa main, et envoyait, une partie du temps, à ses correspondants la mise au net, faite par un secrétaire sur ces minutes. Conringius lui écrit le 3 mars 1674 : « Ultimæ tuæ scriptæ fuerunt VII kal. augusti, *nec a tua manu*, » et la minute de la main de Baluze est encore à la Bibliothèque.

2. Pièce retrouvée chez M. Libri.

3. Nous avons acheté récemment cette pièce avec plusieurs autres, pour nous procurer la preuve que ces pièces avaient bien été enlevées à la collection de la Bibliothèque. Après avoir ainsi fait usage de nos acquisitions, nous nous sommes fait un plaisir de les restituer à leur légitime propriétaire.

Th. Galeo. Lutetiæ Paris., IX kal. mart. 1687 (vente du 10 mars 1845, n° 12)[1].

J. G. Grævio. Lutetiæ, VII id. augusti 1687 (vente Van Sloppen, n° 518).

Au R. P. dom Calmet. Paris, 10 mars 1690 (vente J. G., n° 37).

A Mgr [J.-N. Colbert, archevêque de Rouen]. Paris, 27 août 1691 (vente bibliophile Jacob).

A dom Estiennot. 2 juin 1692 (vente de feu M. S***, n° 107. — *Bulletin du Bibliophile*, 1842, n° 597).

A Grævius. Paris, 6 février 1694 (vente S***, 2 février 1846, n° 14).

Au cardinal de Bouillon. 17 mai 1697 (*l'Autographophile*, n° 5).

A.... 24 février 1698 (vente du 7 février 1839, n° 562).

Au cardinal de Bouillon. 25 mai 1699 (vente Monmerqué, n° 77. — *Bulletin du Bibliophile*, 1837, n° 1143. — Vente du baron de L. L., n° 309).

Au cardinal de Bouillon. 15 juin 1699 (vente Bertin, 1837, n° 154).

Au cardinal de Noris. Paris, 5 avril 1700 (vente Saint-Julien, n° 300).

A dom Mabillon. 27 novembre 1704 (vente de l'Alliance des arts, 1er avril 1844).

Au cardinal de Bouillon. 26 juillet 1705 (vente Charavay, 4 novembre 1844).

A madame Baluze, sa sœur. 2 janvier 1706[2] (vente J. G., n° 58).

A.... Paris, 13 janvier 1706 (vente Villenave, 1850, n° 45).

A Mgr [le cardinal de Bouillon]. Paris, 31 mai 1706 (vente Lacoste, 1846, n° 40).

A S. A. R. Mgr.... Paris, 3 avril 1707 (vente 8 avril 1844, n° 26).

A S. A. R. Mgr.... Paris, 12 mai 1708 (*Bulletin Charavay*, n° 247).

A Hévélius[3].... (*Bulletin du Bibliophile*, 1836, n° 744).

Au R. P.... [sans date] (vente 15 mai 1843, n° 20).

Pour compléter cette liste, ajoutons qu'au nombre des manuscrits vendus à lord Ashburnham par M. Libri, qui avait visité maintes fois la collection Baluze avant qu'elle fût reliée[4], se trouve l'article suivant : *Lettres et manuscrits autographes de Baluze, ainsi que sa*

---

1. Les catalogues d'autographes sont rédigés parfois d'une manière si fautive qu'il ne serait pas impossible de reconnaître ici la pièce que nous avons indiquée plus haut comme étant une lettre de Baluze à Thomas Gale du XI des calendes de mai 1677.

2. Lisez 1703. Cette pièce est aujourd'hui rendue à la Bibliothèque nationale.

3. Si la pièce est une minute, elle provient de la collection Baluze ; si c'est l'original, elle provient de la correspondance d'Hévélius (biblioth. de l'Observ.) où ne se trouve plus une seule lettre de Baluze.

4. Voyez plus haut, p. 23, note 1.

correspondance avec Grævius, Burman, Hévélius, Colbert, etc.;
3 vol. in fol.

BALZAC (J.-L. Guez de), littérateur, né 1594, m. 1655.

Il manque des lettres de Balzac dans le tome 267 de la collection des Godefroy (biblioth. de l'Institut), et c'est probablement de ce volume[1] que provient la lettre adressée au chancelier (Séguier), en date du 30 septembre 1642, qui a figuré à la vente du bibliophile Jacob[2].

Le tome 2e de la *Galerie française* contient, à la page 54, le *fac-simile* (une page in-folio) d'une lettre écrite par Balzac à M. d'Argenson, au mois de mai 1653, pour le féliciter sur la naissance d'un fils. Elle commence ainsi : *Les vœux que j'ay faits à la naissance de votre petit Vénitien*.... L'éditeur indique que l'original de cette lettre est à la Bibliothèque royale, sans désigner le manuscrit d'où elle a été tirée, et que nous n'avons pu encore découvrir. Il est probable toutefois qu'on n'y retrouverait plus cette pièce, car il nous semble bien qu'elle a figuré à la vente du 16 avril 1846 sous le n° 25, où elle est annoncée ainsi : « Balzac. — *Lettre autographe à M.... du 15 mai* « *1653; une grande page in-folio. Félicitations sur une naissance.* »

Suivant l'inventaire par volumes[3], il y avait au moins une lettre de Balzac à Théophile dans le tome 5 de la collection Du Puy, tome qui est précédé d'un inventaire où cette lettre est aussi mentionnée. Il ne reste dans le volume que la copie d'une lettre de Théophile à Balzac, qui n'est indiquée sur aucun de ces deux inventaires[4]. La pagination, assez récente, n'offre point de lacunes. Peut-être cette pièce, si elle a existé, a-t-elle été enlevée avant la reliure, avec un opuscule de Galilée mentionné en tête du volume, et qui a également disparu.

BANER (Schvanthe). Il manque dans le tome 4 de la correspondance d'Hévélius (biblioth. de l'Observ.), qui en contient encore plusieurs, une lettre de ce personnage, en date du $\frac{29 \text{ septembre}}{7 \text{ octobre}}$ 1636. Elle commence ainsi : *Præsens Europæ facies, bellique rabies*....

BARBERINO (le cardinal, plus tard Urbain VIII), m. 1644.

Il manque, dans le tome 3 de la correspondance de Peiresc, à la Bibliothèque nationale, les lettres suivantes du cardinal à ce dernier :

---

1. A moins qu'elle ne vienne de la correspondance de Séguier, conservée à la Bibliothèque nationale. Voyez Séguier. — Avant 1835, il n'avait passé dans les ventes qu'un sonnet de Balzac.

2. Le rédacteur du catalogue de cette vente a indiqué, par erreur, l'Aubespine de Châteauneuf comme étant chancelier à cette époque.

3. Il existe pour la collection Du Puy deux anciens inventaires reliés, l'un contenant l'indication des pièces renfermées dans chaque volume, c'est celui dont nous parlons ici ; l'autre est une table alphabétique des matières. Voyez Du Puy.

4. Pas plus que les lettres signées de Charles IX, qui se trouvent dans le même volume. — Il existe encore une lettre autographe de Balzac dans le tome 675 de la même collection.

N° 39. 1621, 22 octobre[1].
N° 54 bis. Billet, de l'année 1627.
N° 70. 1634, 25 septembre.
N° 72. 1634, 19 juillet.
N° 78. 1636, 6 septembre[2].

Dans la vente du baron de L. L. (1847), n° 119, a figuré une lettre de Barberino à Peiresc, en date du 27 août 1627. Si ce n'est pas la pièce 54 bis, elle vient probablement du registre XLI (vol. 2) des manuscrits de Peiresc, conservés à la bibliothèque de Carpentras, volume d'où l'on a enlevé une ou plusieurs lettres de Barberino.

BARBEZIEUX (L.-F. Le Tellier, m^{is} de), né 1668, m. 1704.

Le carton $\frac{1208}{6}$ du Supplément français (Biblioth. nat.), devait contenir 14 lettres de Barbezieux au duc de Vendôme; il en manque six.

BARCLAY (J.), littérateur, né 1582, m. 1624.

Le tome 4 de la correspondance de Peiresc (Biblioth. nat.) contenait deux lettres adressées à ce dernier et indiquées sur l'inventaire avec les dates suivantes :

1618, 3 mars.

1618, 9 juillet. Rome (vente du baron de L. L., n° 46). C'est bien probablement la pièce qui avait déjà figuré à la vente Canazar, n° 1444, avec la date fautive du 9 juillet 1628 : Barclay était mort dès 1621.

Il manque en outre dans le volume 688 de Du Puy une lettre de Barclay à Peiresc, indiquée sur l'inventaire par cartes, comme étant du 8 juillet 1618.

BARTHÉLEMY (J.-J. l'abbé), né 1716, m. 1795.

Le catalogue de la vente du 15 mai 1843 annonce sous le n° 22 une « pièce du Conservatoire de la Bibliothèque nationale du 3 fri« maire an IV, signée par Barthélemy, Millin, Langlès et autres, « 1 page in-folio. » Cette désignation nous paraît suffisante pour indiquer la provenance de la pièce.

BARTHOLIN (Érasme), astronome danois, né 1625, m. 1698.

Les tomes 8, 9, 10, 11, 12 et 14 de la correspondance d'Hévélius (biblioth. de l'Observ.) contenaient 8 lettres de Bartholin à Hévélius; 7 ont disparu, savoir :

1666. Pridie calend. mai.... Et si tua merita... (vente Gottlieb W., n° 232).

---

[1]. Pour dissimuler cette soustraction, on a mis récemment le n° 39 sur le feuillet où se trouve l'adresse, et qui est resté dans le volume. Ce feuillet n'était pas numéroté.

[2]. On a substitué à cette lettre la pièce 48 bis, qui manque à la place qu'elle devait occuper.

1668, 22 mai. Concatenata curarum moles....
1670, 16 juillet. Debeo tibi tot jam nominibus....
1674, 28 février. Literas die 5 septembris scriptas....
1674, 15 avril. Non ita pridem per tabellarium....
1675, 16 (26?) mars. Mitto tibi quæ ex Anglia....
1679, 25 octobre. Ex binis ad me datis literis...

C'est à cet Erasme Bartholin qu'est adressée la lettre d'Hévélius qui a figuré sur le catalogue de la vente AA. avec cette indication fautive : *Hévélius à Érasme* (Voyez HÉVÉLIUS).

BAYER (T. S.), orientaliste, né 1694, m. 1738.

Une lettre adressée par lui à Fréret, et datée de février 1738, manque dans le portefeuille 149 de la collection de De l'Isle à la bibliothèque de l'Observatoire.

BEAUVILLIERS (le duc de). La vente Gottlieb W., n° 123, et la vente faite sous le nom du bibliophile Jacob, contiennent une lettre de ce seigneur à Baluze, en date du 3 juillet. Cette pièce, relative à la bibliothèque des Colbert, a été enlevée de la collection Baluze (Voyez l'article BALUZE.)

BELLEAU (REMY), poëte, né 1528, m. 1577.

Il manque dans le volume n° 292 de la bibliothèque de l'Institut, une lettre au moins de Belleau à J. de Sainte-Marthe.

BENTIVOGLIO (le cardinal GUI), né 1579, m. 1644.

L'inventaire de la correspondance de Peiresc (Biblioth. nat.) indique pour le tome 2 (pièces 95 et 96) deux lettres du cardinal de Bentivoglio à Peiresc qui ont disparu, et dont voici les dates :

1624, 29 septembre.
1624, 9 février (vente du baron de L. L., n° 62).

BENTIVOLIIS (JOANNES A). Suivant l'inventaire par cartes et l'inventaire placé en tête du volume, il manque dans le tome 261 de la collection Du Puy une lettre de ce personnage à Louis XII, en date du 14 septembre 1507.

BEREND (CONST.). Il manque dans le tome 16 de la correspondance d'Hévélius (biblioth. de l'Observ.) une lettre de Berend à Hévélius en date du 4 janvier 1684. Elle commence ainsi : *Qui exiguas hasce magnificentiæ tuæ*....

BERNOUILLI (DANIEL), géomètre, né 1700, m. 1782.

Une lettre de ce savant à De l'Isle, en date du 9 octobre 1741, a été enlevée au tome 8 de la correspondance de De l'Isle (biblioth. de l'Observ.). Dans une liasse conservée à la même bibliothèque (Voyez BOUGUER), il devait y avoir un certain nombre de lettres de Bernouilli ; il n'y en a plus qu'une seule.—On trouve dans la vente du 15 mai 1843, n° 33, une lettre de Bernouilli à Bouguer en date du 11 novembre 1759 ; cette date de 1759 est fausse, car Bouguer était mort dès le 15 août 1758.

BERNOUILLI (Jean), astronome, né 1744, m. 1807.

Il manque dans la liasse n° 1 des papiers de Cassini (biblioth. de l'Observ.) une lettre de Jean Bernouilli à Cassini de Thury, indiquée seulement avec la date de 1787 sur un inventaire.

Les catalogues de vente contiennent des lettres de Daniel et Jean Bernouilli adressées à Mairan. Ces pièces proviennent peut-être des archives de l'Académie (Voyez plus haut, ACADÉMIE DES SCIENCES).

BÉROALDE. Le récolement de la collection Baluze, fait par M. Claude en 1843, a constaté l'absence dans cette collection d'un opuscule indiqué sur l'inventaire par ces mots : « Beroaldus; de Labyrintho. » Dans le catalogue de la vente du 16 avril 1846, sous le n° 41, on lit : « Béroalde de Verville (Franç.). Lettre aut. sig. (à ?) J. Pithou [1].
« A la suite de cette lettre, d'une demi-page in-fol., se trouve une
« dissertation de deux pages in-fol., également autogr., sur la forme
« des anciens *Labyrinthes.* »

BERRUYER [2]. Il y a dans le tome 11 de la correspondance de Boulliau (Biblioth. nat.) des traces d'arrachement entre des lettres de Berruyer. On a retrouvé dans les papiers de M. Libri la copie d'une lettre faite sur un original du même volume et qui a disparu.

BÉTHUNE. Philippe, comte de Béthune, frère de Sully, fut employé sous Henri IV et Louis XIII dans plusieurs négociations et en profita pour recueillir de toutes parts des lettres originales et des pièces historiques. Son fils Hippolyte continua cette collection; il l'accrut d'un nombre considérable de documents de tout genre que lui céda Michel de Marolles, et vers 1658 il en fit présent au roi [3].

Ce recueil, l'un des plus précieux de la Bibliothèque nationale, fait actuellement partie du fonds français où il occupe les n°s 8422 à 9507. Il a subi des mutilations nombreuses, pas aussi nombreuses pourtant que l'on pourrait le supposer *à priori* d'après l'importance des pièces qu'il contient. Mais une circonstance semble avoir contribué à le préserver : dans une foule de lettres les signatures sont à peu près illisibles, et il aurait fallu pour en découvrir l'auteur trop de temps et de recherches.

En 1845, M. J. Quicherat fut chargé de faire le récolement de cette collection ; il constata dans 98 volumes l'enlèvement de 253 feuillets. Malheureusement, l'ancien inventaire de la collection était rédigé d'une manière trop incomplète pour que l'on ait pu toujours désigner les pièces enlevées. On en retrouvera quelques-uns dans différents articles [4].

---

1. L'auteur de la dissertation *De Labyrintho*, n'est vraisemblablement pas Béroalde de Verville, l'auteur du *Moyen de parvenir*, mais bien plutôt son père Matthieu, zélé huguenot et savant antiquaire.
2. Ce n'est point l'auteur de l'*Histoire du peuple de Dieu.*
3. Voyez Le Prince, *Essai historique sur la Bibliothèque du roi*, 1783, in-12, p. 161.
4. Voyez ANNE D'AUTICHE, BOCHETEL, BOUILLON, CATHERINE, FRANÇOIS Ier, MARIE STUART, etc.

Depuis ce récolement on a constaté en 1850 l'enlèvement de deux nouvelles pièces.

BÉTHUNE (HIPPOLYTE). Il manque dans le volume 362 de la collection Gaignières plusieurs pièces, et entre autres deux lettres de Béthune écrites l'une vers le mois de juin 1647, l'autre probablement vers 1652.

BÈZE (THÉODORE DE), écrivain calviniste, né 1519, m. 1605.

L'inventaire placé sur la première page du volume 8585 du fonds latin contient l'indication suivante : *Theod. Bezæ epistolæ XIV*. Sur ces 14 lettres, 12 ont été enlevées [1]. Les deux qui ont été laissées ne sont point des originaux, mais des copies. Comme l'une de ces deux lettres est adressée à N. Papon, il est probable que parmi les 12 qui ont été enlevées quelques-unes étaient écrites au même personnage, et en ce cas il serait possible que la pièce qui a figuré à la vente W. et AA. (1841) sous le n° 65, comme adressée à Papon en date du 9 septembre 1565, vînt du volume 8585.

Le volume 104 de la collection Du Puy contenait cent lettres écrites par Bèze ou à lui adressées par diverses personnes. Les cartes faites en 1835 sur ce volume ont disparu; mais heureusement toutes les lettres ont été transcrites dans la copie des 460 premiers volumes de Du Puy [2], et nous avons pu constater ainsi l'absence des pièces suivantes, dont nous donnons la première ligne :

N° 4. A Pithou, 22 avril 1566. Monsieur et frère, J'espère que le présent porteur....

N° 14. A Changobert, 4 mai 1573. Monsieur et frère, Ayant trouvé cette commodité.... (vente du baron de LL., n° 73).

N° 16. A Changobert, 11 juin 1573. Monsieur et bon amy, Vous ayant escrit complétement....

N° 19. A Béroald, 29 décembre 1573. Très-cher frère, Loué soit nostre bon Dieu et père.... C'est la pièce qui a figuré à la vente du 3 février 1845 sous le n° 48 avec la date du 19 novembre. On retrouve, en effet, dans la copie de la Bibliothèque nationale les phrases suivantes que cite le catalogue de la vente : « Hormis que *la trêve est cependant continuée, la plupart des frères retirés par deçà s'escoulent en leurs quartiers pour voir s'ils pourront rassembler les pauvres brebis effarouchées.* »

---

1. M. Jubinal a commis une légère inexactitude en parlant de ces lettres de Bèze. La première des lettres qui restent, et qui est adressée, non pas, comme il le dit, à *Ledet*, mais à *J. Lect*, n'est pas un fragment de lettre, mais une lettre entière. Il aura probablement été induit en erreur par l'S majuscule (abréviation de *Salutem*) placé en tête de la lettre, et qu'il aura prise pour l'indication d'un post-scriptum. — Ce n'est pas non plus, comme il le dit, une lettre du baron de Senecey qui manque dans ce volume, mais deux lettres de Guillaume Postel, adressées l'une à Senecey, l'autre au grand prieur de France. Voyez POSTEL.

2. Voyez l'article DU PUY.

N° 20. A Béroalde, 30 mars 1574. Monsieur et frère, Vous soyez le très-bien et heureusement revenu....

N° 22. A Changobert, 4 mai 1574. Monsieur et bon amy, Je vous mercie de vos nouvelles....

N° 23. A Pithou, 2 février 1573. Monsieur et bon amy, Je suis extrêmement déplaisant de.... (vente J. G., supplément n° 4, et vente du 8 avril 1844, n° 61).

N° 24. A Béroalde, 9 septembre 1574. Monsieur et frère, Je crois qu'aurez reçu mes lettres.... C'est peut-être la pièce qui a figuré à la vente A. Martin (1842), sous le n° 25 avec la date du 29 septembre.

Le volume 268 de la même collection [1] renfermait une lettre de Bèze qui a disparu, et qui est mentionnée à l'inventaire comme adressée au roi le 22 avril 1591. Elle n'a point encore été mise en vente; mais elle serait, en tout cas, facile à reconnaître, car elle est décrite ainsi sur la copie de Du Puy: « Petite lettre de Bèze adressée « au roy Henry le Grand pour le tranquilliser sur les troubles de re- « ligion qui commençoient à s'appaiser. Elle est écrite d'un caractère « si fin qu'il est presque imperceptible, et la feuille n'est pas du tout si « grande que la main. »

Ainsi, en résumé, 21 lettres de Bèze ont disparu de 3 volumes de la Bibliothèque nationale.

BIGNON (Jérôme), érudit, né 1589, m. 1656.

L'inventaire par volumes de la collection Du Puy indique pour le tome 688 une lettre de Bignon. Cette lettre, que l'inventaire par cartes [2] donne comme étant adressée à Peiresc, en date du 27 février 1624, a disparu.

BIGNON (l'abbé J.-P.), académicien, né 1662, m. 1743.

Les cartons 27, 28 et 35 des archives de l'Institut contiennent la correspondance de Bignon, Mairan, etc. Un très-grand nombre de pièces ont été enlevées, et plusieurs d'entre elles ont été retrouvées dans les papiers de M. Libri. On a retrouvé aussi chez le même collecteur une note de Bignon sur l'état des pensions des membres de l'Académie des sciences en 1725 (Voyez Académie des sciences).

BIRON (Charles, maréchal de), né 1561, décapité 1602.

L'inventaire par cartes de la collection Du Puy mentionne pour le tome 573 neuf lettres de Biron à Picardet, procureur général au parlement de Dijon. Il n'en reste plus que 3; les 6 autres, à la place desquelles on voit des traces d'arrachement, ont disparu, savoir :

1597, 29 juillet.

---

1. Voyez l'article Calvin.
2. Sur la carte, on lit l'énoncé suivant des matières qu'elle contenait: *Septénaires. Versus de historicis græcis.*

1599, 1er mars.
1599, 22 octobre.
1600, 23 janvier. Plaintes sur MM. du Parlement.
1600? 19 septembre,
1601? 10 août. Contre MM. du Parlement.

Ces lettres devaient occuper les feuillets 49, 53 à 60. On trouve dans la vente du 15 mai 1843, sous le n° 45 et sans indication de date, une lettre de Biron au procureur général du parlement de Dijon. C'est probablement l'une des pièces que nous venons de mentionner.

BLAEU (J.), géographe. Les tomes 6, 8, 10 et 11 de la correspondance d'Hévélius, à la bibliothèque de l'Observatoire, contenaient 7 lettres de Blaeu à Hévélius; 6 ont disparu, savoir :

1663 (vente Riffet, n° 451).
1666, 12 juin.
1668, 31 mai. T.' Hoest den Heere Prince Cardinal Leopoldo de Medicis... (vente Canazar, n° 1460).
1670, 14 octobre. Ihres Schreiben von 18 junii dieses Jahres....
1674, 23 janvier. Eine Woche oder... (vente du 8 décembre 1845, n° 34).
Sans date (1670 ou 1671). Ich habe meines Hr. Schreiben....

De plus, les deux lettres suivantes du même au même proviennent d'une des liasses du tome 16 :

1682, 2 mai (vente Saint-Julien, n° 268).
1682 (vente du 2 mars 1843, n° 10).

Il en est, nous le croyons, de même de la pièce qui a figuré sans indication de destinataire à la vente Gottlieb W., n° 250, avec la date du 31 janvier 1682.

Dans le tome 31 de Boulliau, il y a aussi des traces d'arrachement après une lettre de Blaeu à Boulliau.

BOCHETEL DE LA FOREST, diplomate. La Bibliothèque nationale possède, sous le nom de manuscrits de S. Germain Harlay, un recueil important où se trouvent des correspondances politiques des XVIe et XVIIe siècles. Cette collection avait été formée par la famille de Harlay et était passée ensuite dans la bibliothèque de Saint-Germain-des-Prés, d'où elle vint à la Bibliothèque nationale. Une partie de ces volumes ont été littéralement ravagés et si, à la vérité, quelques-uns des enlèvements qu'on y remarque paraissent anciens, il y en a d'autres qui certainement sont récents. Le volume coté 222 (t. 1er) en offre la preuve; car, bien qu'il ait été paginé par une main moderne, on y remarque de nombreuses soustractions [1]. Il contient des instructions et dépêches originales de l'ambassade française auprès de Marie Stuart pendant les

---

[1]. Ce volume a été prêté au dehors pendant onze ans, de 1838 à 1849, à la même personne. Nous l'avons examiné au moment même où il venait d'être rendu. Voyez plus haut, p. 25.

années 1565 à 1568, et est numéroté non par pages, mais par pièces; on ne peut pas savoir au juste le nombre de pièces qu'il renfermait, car toute la fin (un ou deux cahiers probablement) a été arrachée et a disparu. La pièce qui est aujourd'hui la dernière porte le n° 111; sur ces 111, il y en a 30 qui ont été coupées au canif, parmi lesquelles nous pouvons, grâce aux cotes et aux adresses laissées dans le volume, signaler les numéros suivants comme ayant dû appartenir à des lettres de Bochetel :

N° 12. Bochetel à Charles IX, 6 août 1566.
N° 14. Bochetel à Charles IX, 12 août 1566.
N°s 25 à 26. Au moins 2 lettres de Bochetel au roi : l'une du 22, l'autre du 28 novembre 1567.
N° 37. Bochetel à la reine (Catherine de Médicis), 25 mars 1568.
N°s 52 à 54. Une lettre au moins de Bochetel au roi; 2 mai 1568.
N° 60. Bochetel à Catherine de Médicis, 8 mai 1568.
N°s 94 à 97. Deux lettres au moins de Bochetel à Catherine de Médicis, écrites dans l'intervalle du 28 juillet au 25 août 1568.
N° 102. Bochetel (au roi ou à la reine), 15 septembre 1568.
N° 106. Bochetel au roi; octobre 1568.

Ce sont donc au moins 11 lettres de Bochetel qu'on peut reconnaître parmi les lacérations commises dans ce volume. Nous n'en retrouvons aucune dans les catalogues de vente; mais celles du 2 et du 8 mai 1568 sont conservées aujourd'hui dans la bibliothèque impériale de Saint-Pétersbourg, où elles figurent dans le manuscrit n° 954 aux f°s 11 et 12.[1]. Il serait extrêmement intéressant de savoir comment elles sont allées si loin et à quelle époque la bibliothèque de Saint-Pétersbourg en a fait l'acquisition.

Il manque (mais anciennement) dans le volume 8504 de la collection Béthune une lettre de Bochetel à Montmorency, lettre qui devait occuper le n° 98.

Dans le volume 726 de la collection Du Puy, il manque une autre lettre du même à l'évêque d'Auxerre, du 11 octobre (1531?). Elle commence ainsi : « Il a pleu au roy donner à un mien frère...: »

BODDÉNS (Abraham). Il manque dans le tome 4 de la correspondance d'Hévélius, n° 565 (biblioth. de l'Observat.), une lettre de Boddéns en date du XIII des calendes de septembre 1659. Elle commence ainsi : *Egregii hujus systematis Saturnii....*

Pour dissimuler cette soustraction, on a remplacé la lettre enlevée par une pièce portant le n° 893 et appartenant au tome 6 du même recueil.

BŒCLER (J.-H.), érudit, né 1611, m. 1692.

Il y a dans le tome 11 de la correspondance de Boulliau des traces

---

1. Voyez Alexandre de Labanoff, *Lettres, instructions et mémoires de Marie Stuart, reine d'Ecosse*. Paris, 1845, in-8°, t. vii, p. 129 et 132.

d'arrachement entre les lettres de Bœcler, qui y sont rangées par ordre chronologique, savoir : 1° entre les lettres de février et de mars 1654; 2° entre celles du 28 avril 1659 et du 6 octobre 1662. On retrouve dans la vente Canazar sous le n° 1457 une lettre de Bœcler du 20 décembre 1659 [1].

BOILEAU-DESPRÉAUX (N.), né 1636, m. 1711.

Il existe à la Bibliothèque nationale un carton connu sous la dénomination de *Carton de Racine*. Il contient des lettres autographes de Racine à différentes personnes, des fragments de l'histoire de Port-Royal, des livres annotés de sa main et d'autres pièces, parmi lesquelles se trouvent des lettres de Boileau à Racine. Ces divers manuscrits et imprimés furent donnés à la Bibliothèque du roi, en 1756, par Louis Racine, lorsqu'il en eut publié une partie à la suite des mémoires sur la vie de son père [2]. Nous démontrerons ailleurs [3], en parlant avec plus de détails de ce carton, que l'on devrait y trouver toutes les lettres éditées par L. Racine; il en manque aujourd'hui plusieurs, et, entre autres, les suivantes, de Boileau à Racine :

1693, 9 juin.

1693, 18 juin. Cette dernière pièce, enlevée à la Bibliothèque nationale de 1806 à 1822 [4], a figuré à la vente du marquis Germain Garnier, et est actuellement à la bibliothèque du Louvre [5].

En outre, et nous appelons d'une manière toute particulière sur ce point l'attention des amateurs et des marchands, on a vu passer dans la vente du 14 mai 1845, sous le n° 31, une lettre de Boileau à Racine datée d'Auteuil, le mercredi.... 1697, et commençant ainsi : *Je crois que vous serez bien aise....*, lettre qui existe en original dans le carton de la Bibliothèque nationale. La pièce mise en vente n'est pas annoncée sur le catalogue comme une minute, et si ce n'en est pas une, comme nous le pensons, il faut en conclure nécessairement que c'est un faux autographe. La personne à qui elle appartient aujourd'hui pourra, du reste, savoir facilement à quoi s'en tenir sur son authenticité en la comparant avec l'autographe de la Bibliothèque [6].

BOISY. L'inventaire placé en tête du tome 261 de la collection Du Puy mentionne une lettre de Boisy [7]. Cette pièce a disparu.

---

1. Une lettre de Bœcler, provenant de ce volume, a été trouvée dans les papiers de M. Libri.
2. Paris, 1747, 2 vol. in-12.
3. Voyez l'article RACINE.
4. Un fac-simile de la fin de cette lettre a été publié au tome 1ᵉʳ des *Œuvres de Louis XIV* (1806, in-8°), et l'original est indiqué comme se trouvant à la *Bibliothèque impériale*.
5. La même bibliothèque possède encore plusieurs autographes de Racine, qui ont figuré à cette vente et qui, nous le croyons, proviennent aussi de la Bibliothèque nationale.
6. Voyez plus haut, p. 22, n° 2 et p. 30.
7. C'est probablement Artus de Gouffier de Boisy, homme d'État, mort en 1519.

BONGARS (J. de), érudit, diplomate, né 1546, m. 1612.

Il manque dans le manuscrit 8585 du fonds latin, et d'après l'inventaire placé en tête du volume, une lettre de Bongars à M. Des Bordes Mercier [1].

BONNIVET (G. Gouffier de), amiral de France, m. 1525.

Une lettre de Bonnivet au cardinal d'York, en date du 8 décembre 1518, commençant ainsi : « En ensuivant ce que dernièrement vous écrivis, ». a été coupée dans le volume 486 de la collection Du Puy ; elle n'a point encore figuré dans une vente.

BORDA (J.-C.), de l'Académie des sciences, né 1733, m. 1799.

On a trouvé dans les papiers de M. Libri deux lettres de Borda portant encore l'estampille de l'ancienne Académie des sciences, estampille que l'on a cherché à faire disparaître au moyen d'un réactif. De ces deux lettres, qui proviennent des archives de l'Institut, l'une est sans date, l'autre est du 30 juin 1752. Elles forment ensemble 41 pages in-4° [2].

BOSCOVICH (R.-J.), astronome, né 1711, m. 1787.

Il manque dans le tome 9 de la correspondance de De l'Isle (biblioth. de l'Observ.) une lettre de Boscovich à ce dernier, en date du 31 juillet 1748. Elle doit être cotée, au bas de la page, 162 *a. b.*

BOSE. Il manque dans le tome 8 de la correspondance de De l'Isle (biblioth. de l'Observat.) les lettres suivantes, adressées à ce dernier par Bose :

N° 98. 1743. Cette lettre doit porter au haut de la première page :
Reçue le 13 décembre (de la main de De l'Isle).

N° 107. 1744, 31 janvier.

N° 116. 1744, 22 mars.

BOSSUET (J.-Bénigne), évêque de Meaux, né 1627, m. 1704.

Suivant une note insérée dans la Biographie Michaud [3], la correspondance de l'abbé Nicaise, conservée à la Bibliothèque nationale sous le n° 1958 [1-8] du Supplément français, devait contenir quatre lettres de Bossuet ; il n'en reste plus que deux aujourd'hui.

Il manque aux Archives nationales, dans la collection dite *des rois*, série K, carton 120 B, une lettre de Bossuet mentionnée ainsi sur l'inventaire : « Paris, 1ᵉʳ mai 1682. Lettre écrite de la main du « célèbre Bossuet à S. A., lui demandant sa protection pour le pré-« sident de Lynoy, son parent. »

BOSSUT (C.), géomètre, né 1730, m. 1814.

La pièce suivante, qui a figuré à la vente du 15 mai 1843, sous

---

1. Un assez grand nombre de lettres de Bongars, qui nous paraissent provenir de la même bibliothèque, ont passé dans les ventes. Nous aurons probablement occasion d'y revenir.
2. Voyez Académie des sciences.
3. Article Nicaise.

le n° 125, provient des archives de l'Institut : « Délibération des com-
« missaires de l'Académie des sciences du 24 mars 1790, relativement
« à des prix décernés et à décerner pour des dissertations sur les pla-
« nètes, signée de Condorcet, Pingré, Bossut, Cassini et Bailly ;
« 1 page 1/2 in-8°. »

BOUGUER (P.), astronome, né 1698, m. 1758.

Il existe à la bibliothèque de l'Observatoire une liasse non inventoriée, sans cote ni estampille ; sur l'enveloppe, on lit écrit de la main de l'astronome Bailly : *Papiers de M. Bouguer qu'il m'a légués pour rester en dépôt.*

D'après les pièces qui restent dans cette liasse, on voit qu'elle devait contenir la correspondance de Bouguer avec La Condamine (minutes de Bouguer, originaux de Lacondamine) au sujet de leur expédition au Pérou et des querelles qui en furent la suite. Nous croyons donc que c'est de cette liasse que proviennent diverses pièces dont nous parlons ailleurs (Voyez BERNOUILLI, LA CONDAMINE, etc.), et la pièce suivante qui a figuré à la vente du 5 février 1844 sous le n° 60 :

« Bouguer. Déclaration autographe signée de son accord avec La
« Condamine sur la grandeur du degré terrestre ; 3 pages in-f°. »

De plus, dans l'article de la *Biographie Michaud*, consacré à Bouguer, M. Biot s'exprime ainsi : « Bouguer se plaint amèrement de La
« Condamine dans des lettres manuscrites que nous possédons à l'Ob-
« servatoire, et qu'il adressait à l'illustre Daniel Bernouilli, son ami. »
Il ne reste plus dans la liasse une seule lettre de Bouguer à Bernouilli
(Voyez DANIEL BERNOUILLI).

A la vente du 8 décembre 1845, sous le n° 55, a figuré une autre pièce écrite et signée de Bouguer et de Bernard de Jussieu, et qui ne peut provenir que des archives de l'Institut. Elle est mentionnée ainsi sur le catalogue :

« Compte rendu à l'Académie du traité de M. Du Hamel sur les
« arbres et arbustes qu'on peut élever dans différentes provinces de
« France. Paris, 16 avril 1755 ; 7 pages in-4°, autogr. »

BOUILLON (le duc DE). Une lettre du duc de Bouillon de l'année....
a disparu du volume 8856 de la collection Béthune.

BOUILLON (E.-T. cardinal DE), né 1644, m. 1715.

La correspondance de ce prélat avec Baluze, qui a fait par ses ordres de grands travaux d'érudition sur l'histoire de la maison de la Tour d'Auvergne se trouve à la Bibliothèque nationale dans la collection Baluze. Cette série de documents a souffert comme tout le reste de la même collection. On en voit la trace dans les catalogues d'autographes par la pièce suivante :

Le cardinal de Bouillon à Baluze. Nancy, 2 septembre 1704 (vente
du 18 mars 1844, n° 47).

BOULLIAU (ISMAEL), géomètre, érudit, né 1605, m. 1694.

Il existe à la Bibliothèque nationale, sous les n⁰ˢ 969 à 997, un recueil en 39 volumes in-f⁰ de la correspondance et des papiers de Boulliau. Cette collection importante renferme des documents historiques et scientifiques du plus haut intérêt, et entre autres la correspondance de Boulliau avec les savants les plus éminents de son temps [1]. Elle a été reliée depuis 1830, et inventoriée seulement en 1850. Mais, comme toutes les collections précieuses de la Bibliothèque, elle a subi de nombreuses mutilations [2].

Les tomes 3, 8, 11, 16, 19, 21, 22, 24, 25, 26, 31, 32 offrent surtout des traces d'arrachement. Nous en reparlerons à divers articles [3]. Quant aux minutes de Boulliau qui y sont contenues, elles ont été plus respectées, car, ainsi qu'on va le voir, la bibliothèque de l'Observatoire en a fourni une mine abondante qui a été largement exploitée. Nous citerons pourtant comme absente la minute d'une lettre de Boulliau à Hévélius écrite en 1669.

Nous signalerons encore quelques lacunes dans le n⁰ 3011 du *Supplément français* à la Bibliothèque nationale, volume in-folio relié en maroquin rouge, portant pour titre, de la main de Jacques Du Puy : *Lettres de M. Bouilliau écrites à M. Du Puy St-Sauveur, de Venise, Florence, Smyrne, CP^le (Constantinople) et d'Allemagne ès années 1645, 1646, 1647, 1651.*

En examinant avec attention ce recueil, dont la première pièce manquait dès l'année 1839, nous avons remarqué que les anciens numéros des pièces, numéros écrits par Du Puy lui-même, avaient été grattés, surchargés et remplacés récemment par de nouveaux chiffres. Malgré la confusion qui résulte de ce changement, nous avons cru reconnaître qu'une ou deux autres lettres avaient encore été enlevées, et nous avons pensé que la nouvelle pagination avait pour but de dissimuler ces soustractions. Ce qui nous a confirmés dans cette opinion, c'est que sur la première pièce, qui jadis était la seconde, on a apposé *postérieurement à la reliure* (1842) l'estampille qui avait été autrefois mise sur le premier et le dernier feuillet du volume, c'est-à-dire une estampille aux fleurs de lis employée sous la Restauration et hors

---

1. Boulliau avait beaucoup voyagé et avait conservé des relations avec les savants de divers pays, comme Aston, Blaeu, Bœcler, Elzevir, Galilée, Fabricius, Grævius, Gronovius, Grotius, Gruter, Heinsius, Hévélius, Huyghens, Justel, Léopold de Médicis, Oldenburg, Viviani, Wallis, etc. Au point de vue historique, nous citerons les tomes 4 à 5, 14, 15, 27 à 30, qui contiennent les lettres de Des Noyers, secrétaire de la reine de Pologne, de Pels et de Bernart, lettres pleines d'intérêt pour l'histoire des Etats du Nord dans la deuxième moitié du xvii⁰ siècle. On y trouve encore, en original ou en copie, des pièces qui ne lui sont point adressées, mais qui ne sont pas moins précieuses. Telles sont les lettres de Th. de Bèze, de Cujas, de Fermat, de François de Sales, de Galilée, de Tycho-Brahé, de Mélanchthon, du peintre Charles Lebrun, de Saumaise, etc.

2. Au sujet de 21 lettres copiées par M. Libri sur les originaux, qui ont disparu, voyez ci-dessus, p. 17.

3. Outre les articles consacrés aux noms que nous venons d'énumérer dans la note précédente, voyez BOURDELOT, CHANUT, DU CANGE, GASSENDI, HUET, MÉNAGE, etc.

d'usage depuis 1830 [1]; supercherie facile à constater, car l'estampille a déteint sur le feuillet voisin, qui est un feuillet blanc ajouté par le relieur. C'est là un fait grave, sur lequel nous appelons l'attention [2]. Aucune des lettres provenant de ce volume n'a passé dans les ventes.

La correspondance d'Hévélius à la bibliothèque de l'Observatoire contenait, il y a quelques années, environ 110 lettres adressées par Boulliau à Hévélius. Sur ces 110 lettres, 78 au moins ont été enlevées. En voici la liste :

1648, III des ides de décembre. Prolixiorem epistolam ad te dirigere...

1650, 18 avril. Quas 18 februarii ad me dedisti....

1651, 15 octobre. Anno superiore, literas ad te scripsi.... (vente Canazar, n° 1452).

1652, 25 avril. In hanc usque diem, vir præclarissime....

1652, 20 septembre. Amplissime vir, epistolam tuam humanissimam....

1652, 25 octobre. Amplissime vir, brevissimam epistolam....

1652, 15 novembre. Accepi heri a Gassendo....

1653, 3 octobre. Nulla diuturnioris et æquo....

1655, 23 juillet. Jam diu literis tuis....

1656, 20 octobre. Fasciculum quem mihi reddendum....

1657, 4 mai. Tamdiu optatas desideratasque....

1659, 6 juin. Post diuturnum silentium....

1659, 29 octobre. Jam diu est, vir amplissime....

1661, 27 juin. Tuas exoptatissimas....

1661, 11 juillet. Literas a clarissimo viro....

1661, 14 novembre. Postquam Amstelodamum dies quinque....

1661, 12 décembre. Interea dum ad omnes epistolas meas....

1661, 26 décembre. Literas tuas, vir amplissime....

1662, 3 avril. Superiori hebdomada literas....

1662, 19 juin. Die hujus mensis 16 Haga Comitis....

1662, 20 juillet. Vehementiori quam antea acerbiorique [3]....

1662, 6 décembre. Quæ nos, vir amplissime, conjungit amicitia....

1663, 6 janvier. Amicitiæ tuæ ex quo literarum [4]....

1663, 9 mars. Die ultima elapsi mensis....

1663, 27 avril. Breviorem epistolam nunc ad te dabo....

1663, 6 juillet. Brevem hanc ad te, vir amplissime, epistolam....

1663, 9 septembre.

1663, 19 octobre. Ad tuam epistolam, vir amplissime....

1663, 23 octobre.

---

1. Le volume cartonné, lorsqu'il fut donné alors à la reliure, en 1842, était in-4°. Le relieur, en collant les pièces sur des onglets, en a fait un volume de format in-f°.
2. Voyez plus haut, p. 23.
3. Une lettre de Boulliau, de l'année 1663, a figuré à la vente Riffet, sous le n° 453.
4. Cette pièce a été retrouvée dans les papiers de M. Libri.

1663, 14 décembre.
1664, 22 février. Post illustrissimi domini Nucerii.... (vente du 16 avril 1846, n° 22).
1664, 29 août. Quanta fuerim lætitia perfusus....
1665, 9 janvier. Epistolam tuam die 20 decembris....
1665, 23 janvier.
1665, 29 mai.
1665, 19 juin.
1665, 17 juillet. Concilio meo te indigere litera....
1665, 6 novembre.
1666, 15 janvier. Lecta epistola tua quam 5 decembris....
1666, 5 mars. Literas tuas februarii 13 ad me datas [1]....
1666, 21 mai.
1666, 16 juillet.
1666, 26 novembre. Cum a multis annis amicitiam....
1667, 18 février. Nomina omnium illorum qui academiæ novæ....
1667, 15 avril. Superiore septimana me literam tuam....
1667, 2 décembre. Longius quam semestre tempus....
1668, 17 août. Die hujus mensis 15, clarissimum....
1668, 8 juin. Interea dum literas a te exspecto....
1668, 15 juin. Literas tandem tuas....
1668, 24 août. Fasciculum librorum quem ad....
1668, 16 novembre. Hacce brevi scheda observationis....
1669, 11 janvier. Postrema, nisi memoria me fallat....
1669, 12 avril. Si hebdomade præterita mihi vacasset....
1669, 3 mai. Hanc tibi literulam scribo [2]....
1669, 5 juillet. Hac tandem septimana, exemplar.... (vente du baron L. L., 1847, n° 40).
1670, 26 août. Interea dum exspecto....
1670, 31 décembre. Amplissime vir, citius respondisse....
1671, 6 octobre. In longiori mora quam decuit....
1672, 31 mars. Quam gratæ mihi fuerint [3]....
1672, 24 mai. Quas per dominos Pelzios....
1672, 23 juin. Clarissimum Capellanum ante triduum.... (vente Van Sloppen, n° 519).
1672, 11 août. Te literas meas, vir amplissime.... (vente feu M. S***, n° 163; vente A. Martin, n° 34).
1672, 9 décembre. Nuntium de liberato... (vente du 5 févr. 1844, n° 62).
1674, 5 janvier. Tres atque amplius effluxerunt....
1674, 25 janvier. Machinam tuam cœlestem....
1674, 12 octobre. Hanc tibi, vir amplissime....

1. Cette pièce a été retrouvée dans les papiers de M. Libri.
2. Cette pièce a été retrouvée dans les papiers de M. Libri.
3. Une lettre, datée seulement de 1672, a figuré à la vente Villenave, sous le n° 126.

1675, 19 avril. Epistolam tuam, vir amplissime....
1676, 11 juin. Apud communem amicum....
1676, 9 juillet. Illustrissimi et doctissimi viri....
1676 (ou 1675?), 21 décembre. Literas tuas die 26 septembris...
1678, 18 août. Nullis apud te, vir amplissime....
1679, 8 octobre. Ad nos tandem, vir amplissime...
1680, 26 mars. Post calamitosi ædium tuarum... (vente Gottlieb W., n° 252).
1680, 21 juin. Die dominica elapsa....
1681, 16 avril. Fasciculus literarum tuarum [1]....
1681, 18 avril. Hesterna die cum vesperi.... (vente du bibliophile Jacob, art. Boulliau).
1682, 5 juin. Epistolam tuam januarii elapsi....
1684, août (vente D*** R***, n° 9).

Une partie de ces lettres se trouve depuis 1847 entre les mains de lord Ashburnham (Voyez Hévélius).

BOURDELOT (P. Michon, dit l'abbé), médecin, né 1610, m. 1685:

Il manque dans la correspondance d'Hévélius (biblioth. de l'Observ.) la lettre suivante de Bourdelot :

1652, 4 juin. Cum nuper viderim in bibliotheca [2].

Au tome 24 de la correspondance de Boulliau, il y avait plusieurs lettres de Bourdelot; il n'en reste plus qu'une; une autre a été trouvée dans les papiers de M. Libri, et est actuellement au greffe de la cour d'appel de Paris [3].

Nous ignorons à qui est adressée la lettre qui a figuré sous le n° 941 à la vente Thiébaut (1850).

BRADLEY (James), astronome, né 1692, m. 1762.

Il manque dans le tome 9 de la correspondance de De l'Isle (biblioth. de l'Observ.) une lettre de Bradley à De l'Isle en date du $\frac{1}{12}$ mai 1746. Cette pièce a figuré sous le n° 64 à la vente du 8 décembre 1845.

BRANDIUS (Nic.). Il manque dans le tome 15 de la correspondance d'Hévélius (biblioth. de l'Observ.) une lettre de Brandius à Hévélius en date du X des calendes d'avril 1682. Elle commence ainsi : Plurimum sine dubio ponderis mihi attulisset....

BRETON (J.). Il manque dans le tome 726 de la collection Du Puy une lettre adressée par Breton à l'évêque d'Auxerre en date du 10 septembre 1533. Elle commence ainsi : « Voyant que René Le Pelletier n'a encore peu.... »

---

1. La copie d'une lettre de Boulliau à Des Noyers, en date du 3 janvier 1681, copie écrite de la main d'Hévélius, a été enlevée du volume 14°.
2. Elle a été retrouvée dans les papiers de M. Libri.
3. Il a été constaté que cette pièce s'adaptait exactement aux déchirures laissées dans le volume. — Voyez l'Acte d'accusation.

BRISSAC (Ch., maréchal DE), né 1505, m. 1563.

Il manque dans le volume de Gaignières coté 327 (Biblioth. nat.) plusieurs feuillets, et entre autres une lettre du maréchal de Brissac au roi, du mois de septembre 1558.

BRUHL (le comte DE). Il manque à la bibliothèque de l'Observatoire, dans les papiers de Cassini, liasse I, paquet 4, intitulé *Angleterre*, plusieurs lettres de Bruhl à Cassini de Thury, datées, d'après un inventaire, des années 1788 et 1789.

BRUNETTO (l'abbé COSIMO). La correspondance d'Hévélius (biblioth. de l'Observ.) contenait 3 lettres de ce personnage; elles ont toutes disparu, savoir :

1654, 30 décembre. Plurimis cumulatus beneficiis....
1659, 20 avril. Le tant de grâces que vous avez eu la bonté....
1660, 6 mai. J'aime mieux ne vous écrire qu'un mot....

Ces 3 lettres sont adressées à Hévélius. Aucune d'elles n'a figuré dans les ventes.

BUFFON. Voyez ACADÉMIE DES SCIENCES.

BURATTINI (TITO LIVIO). La correspondance d'Hévélius (biblioth. de l'Observ.) contenait 9 lettres de Burattini [1]; elles ont toutes disparu, savoir :

1651, 9 janvier. Quod ad suam Dominationem....
1655, 8 juillet. Mandai a V. Dominatione una....
1657, 13 août. Post Suecorum in Poloniam irruptionem....
Sans date. Per il signore Francesco Gratto mandai....
1671, 4 décembre. Quam primum advenit....
1674, 7 septembre. Cum summo animi mei oblectamento....
1679, 6 juillet. Transmissum mihi munus....
1681, 22 août. Non cosi presto come io....

Ces lettres sont adressées à Hévélius. Une autre, sans date, adressée à Des Noyers, secrétaire de la reine de Pologne, a aussi disparu et commence ainsi : *Consideravi literas...*

Aucune de ces pièces n'a encore figuré dans les ventes.

BURMANN (P.), philologue, né 1668, m. 1741.

Ce savant était au nombre des correspondants de Baluze. Une partie des lettres qu'il avait adressées à ce dernier a été enlevée à la Bibliothèque nationale, et figure actuellement dans un recueil que M. Libri a vendu à lord Ashburnham (Voyez l'article BALUZE). Il a passé dans la vente Canazar, n° 1476, une lettre de Burmann avec la date fautive de 1603. Il est possible qu'elle vienne de la collection Baluze.

---

[1]. Le tome 26 de la correspondance de Boulliau (Biblioth. nat.) renferme aussi plusieurs lettres de Burattini.

CAGNOLI (Ant.), astronome, né 1743, m. 1816.

Dans la liasse n° 1 des papiers de Cassini (biblioth. de l'Observ.) il manque une lettre de Cagnoli écrite de Vérone à Cassini de Thury en 1789.

CALLAS. Il manque plusieurs lettres de Callas à Peiresc dans les manuscrits de ce dernier conservés à Carpentras.

CALVIN (J.), né 1509, m. 1564.

Le tome 255 de la collection Godefroy (biblioth. de l'Institut) porte au dos cette mention : *Il y a une lettre de Calvin, d'une belle écriture, dans l'article de Henri II.* Cette pièce a disparu.

Le volume 102 de la collection Du Puy (Biblioth. nat.) contenait 10 lettres ou pièces originales de Calvin ; sept ont disparu, savoir [1] :

1540, 10 janvier. A Guillaume Farel. Gaspar, post longam ac variam.... (vente du 5 février 1844, n° 79).

1545, 14 juillet. Au même. Quid tibi nobisque....

1546, IV des nones de juillet. Au même. Parum abfuit cum ludi nostri....

1558, IV des ides de juillet. Au prince de Wittenberg. Quia me cogit justa.... (vente du 3 février 1845, n° 77) [2].

1558, 31 mai. A d'Andelot. Combien que je suis assez persuadé....

1560, V des ides de mai. A P. Martyr. Diuturno meo silentio dabis.... (vente du 10 mars 1847, n° 90, avec la date du 5 mai).

Réflexions sur les principes de la doctrine. « Quand nous parlons de Dieu, sans rien adjouster.... » .

Il manque, dans le tome 268 de Du Puy, une lettre de Calvin qui devait occuper le n° 10. Pour dissimuler cette soustraction et d'autres encore [3], on a enlevé l'inventaire qui se trouvait placé en tête du volume ; mais heureusement cet inventaire avait été transcrit sur la copie conservée à la Bibliothèque (Voyez Du Puy).

CALVISIUS (Sethus), astronome saxon, né 1556, m. 1617.

Le portefeuille 89 de la collection De l'Isle, à la bibliothèque de l'Observatoire, ne contient plus aujourd'hui qu'une seule lettre de Calvisius, cotée 5. a-b. Comme il manque à la suite de cette pièce 22 lettres, il serait possible que dans le nombre il y en eût au moins une de lui (Voyez l'article Kepler).

---

1. M. Jubinal a parlé des soustractions commises dans ce volume, mais n'ayant pas eu recours à l'inventaire par cartes, ni à la copie de Du Puy, qu'il ne connaissait pas, il n'a pu indiquer quelles étaient les pièces enlevées. — Voyez *Une lettre inédite de Montaigne*, p. 63.

2. Cette pièce indiquée sur le catalogue de vente, comme adressée au comte de Weilburg, a été vendue 286 fr.

3. Voyez l'article Bèze.

CAMDEN (G.), érudit, né 1551, m. 1625.

L'inventaire par cartes indique, à la date du 1er juillet 1606, une lettre de Camden à de Thou, comme devant occuper le feuillet 168 du volume 699 de la collection Du Puy. Cette pièce, qui a disparu, a été remplacée par une autre lettre de Camden, en date du 12 décembre 1618, et adressée non pas à de Thou, mais à Peiresc. Il y a là des traces évidentes de recollement [1], et le n° 168 que porte la pièce substituée est écrit récemment, tandis que les numéros des autres pièces sont anciens.

La lettre enlevée a figuré avec la date fautive de 1506 sur le catalogue de la vente du 16 avril 1846 [2].

De plus, le tome 688 de la même collection devait contenir, suivant l'inventaire par volumes, une ou plusieurs lettres de Camden, qui ont toutes disparu.

L'inventaire de la correspondance de Peiresc (Biblioth. nat.), nous a permis de constater, dans le cinquième volume de ce recueil, la disparition des lettres suivantes de Camden à Peiresc :

N° 59. 1618, 5 novembre.
N° 62. 1619, 12 janvier.
N° 63. 1619, 12 janvier.
N° 67. 1619, juin. Cette pièce a figuré successivement à la vente Canazar (1835), n° 1442, et l'année suivante avec le n° 155, sur le catalogue de la collection d'autographes du libraire anglais Thorp.
N° 69. 1619, 3 octobre (vente du 10 mars 1847, n° 91) [3].

CAMPANELLA (Th.), philosophe, né 1568, m. 1639.

Il manque, dans le tome 6 de la correspondance de Peiresc (Biblioth. nat.), les lettres suivantes de Campanella à Peiresc :

N° 163. 1636, 24 février. Cette lettre, portant encore la trace du numéro 163 qui a été gratté, a été trouvée dans les papiers de M. Libri [4].
N° 164. 1636, 19 juin. Cette lettre a figuré, avec la date du 19 juin 1635, à la vente du 16 avril 1846 (n° 85). Il y a probable-

---

1. Ceci prouve que la soustraction a été commise postérieurement au mois d'octobre 1839; car le tome 699 se trouve au nombre des 23 volumes de la collection Du Puy, qui n'ont été donnés que le 31 août 1839 à la reliure, d'où ils sont revenus le 12 octobre de la même année. — Voyez plus haut, p. 16.
2. N° 84, Camden à Jac. Auguste de Thou, juillet 1506.
3. Cette pièce a été, sur nos indications, rachetée par la Bibliothèque en décembre 1848, à une vente faite à Londres.
On trouve encore, dans divers recueils de la Bibliothèque nationale, des lettres de Camden. Nous signalerons entre autres le volume 8586 du fonds latin, et le volume 490 de la collection Du Puy. C'est à ce dernier volume qu'appartient la lettre dont l'*Isographie* a publié le fac-simile.
4. Ce volume avait été emprunté par M. Libri, qui le cite dans le tome IV de l'*Histoire des sciences mathématiques*.

ment erreur de date, soit sur l'inventaire, soit sur le catalogue de vente, qui indiquent tous deux que cette pièce est relative à la philosophie de Galilée.

N° 165. 1636, 3 octobre.

Pour dissimuler ces soustractions, on a surchargé le numéro de la dernière pièce restée dans le volume.

Sept lettres de Campanella à Peiresc ont été publiées en 1840 par M. Baldachino, à qui M. Libri en avait envoyé une copie [1]. Deux d'entre elles (1634, 29 octobre; 1635, 25 mai) se retrouvent dans ce volume de Peiresc. Les autres [2] viennent probablement des manuscrits de celui-ci, conservés à Carpentras. Nous ne savons si M. Libri possédait ces dernières en original ou en copie.

CAPELLUS (D.). Il manque, dans le tome 14 de la correspondance d'Hévélius, n° 34 (biblioth. de l'Observ.), une lettre (en copie?) de Capellus à P. Wyche, sans date. Elle commence ainsi : *Cum nobilissimus et celeberrimus Dominus Hevelius....*

Cette pièce n'a probablement été enlevée que parce qu'elle offrait des détails curieux sur les pertes qu'avait éprouvées Hévélius dans l'incendie qui détruisit son observatoire, ses instruments et sa bibliothèque, où se trouvaient, entre autres, les manuscrits de Képler [3].

CARAFFA (cardinal). — Il manque dans le volume de Gaignières (Biblioth. nat.), n° 318, les feuillets 255-257, qui devaient renfermer une lettre du cardinal Caraffa à Henri II, écrite de Rome le 14 septembre 1555.

CARCAVI (P. DE), géomètre, m. 1684.

La seule lettre de Carcavi qui existât dans la correspondance d'Hévélius (biblioth. de l'Observ.) a disparu. Elle était adressée au P. Mersenne.

1647, 15 octobre. Quod a me expetiisti....

CARPI. D'après l'inventaire par cartes, il manque dans le tome 261 de la collection Du Puy une lettre de Carpi au légat, en date du 1ᵉʳ novembre (1508?).

CASAUBON (Isaac), érudit, né 1559, m. 1614.

Le tome 708 de la collection Du Puy contient le recueil des lettres adressées par Casaubon à de Thou. Ces lettres étaient au nombre de 96. Un inventaire écrit sur la première page du volume

---

1. *Vita e filosofia di T. Campanella, scritta ed esposta da Michele Baldachino.* Napoli, 1840, 176 pages in-8.
2. Voici la date de ces lettres, qui ont été traduites par Mme Louise Collet, dans sa traduction des Œuvres de Campanella : 9 et 16 mars, 16 avril et 3 mai 1635, 16 novembre 1636.
3. Peut-être cette pièce était-elle un imprimé.

donne le numéro, la date et la première ligne de chaque pièce. Nous avons constaté qu'il manque aujourd'hui 20 lettres dont voici la liste :

1599, 7 décembre. Amoris tui erga nos....
1602, 4 novembre. Quod.... gratissimus mihi....
1606, 4 novembre (*Bulletin Charavay*, 1847, n° 812) [1].
1610, 6 novembre. Quidam Anglus....
1611, 21 avril. Etsi magno.... (vente du 8 avril 1844, n° 96).
1611, 8 août. Etsi.... mearum.... (vente du bibliophile Jacob, art. CASAUBON).
1611, 1ᵉʳ septembre. Heri Londinum redii....
1611, 23 septembre. Heri longas litteras mihi.... (vente du 5 février 1844, n° 87).
1611, 25 octobre. Librum tibi mitto....
1611, 8 novembre. Accepisti jam.... (vente J.-G., n° 9, supplément).
1611, 27 novembre. Nondum scio me libellum.... Cette lettre se trouve actuellement déposée au greffe.
1611, 11 décembre. Tuas hodie accepi....
1612, 31 décembre. Novissimæ tuarum....
1612, 1ᵉʳ janvier. Vir nobilis qui has tibi....
1612, 1ᵉʳ février. Accepi medius quartus....
1612, 26 février. Jussus sum ante paucos dies.... (vente du 16 avril 1846, n° 96).
1612, 1ᵉʳ mars. Quas jussu regis ad te scripsi.... Cette lettre portant encore le n° LIV a été trouvée dans les papiers de M. Libri.
1613, 1ᵉʳ janvier. Etsi verear ne sæpius....
1613, 7 février. Binas tuarum simul....
1643, V des ides de mars. Si quoties cepit me impetus.... Cette lettre, qui avait figuré à Paris à la vente du 16 avril 1846, supplément n° 22, et, avec la date fautive du 5 mars, à la vente du 10 mars 1847, n° 95, a été, d'après les indications fournies par nous, rachetée par la Bibliothèque à une vente faite à Londres, au mois de décembre 1848.

La Bibliothèque de l'Institut possède (sous le n° 292) un volume in-f° intitulé : *Lettres originales écrites à Scévole de Sainte-Marthe*. Un inventaire placé en tête du recueil permet de constater qu'il devait s'y trouver une ou plusieurs lettres de Casaubon qui ont disparu. — On trouve dans la vente du 8 décembre 1845, n° 81, une lettre de Casaubon à Sainte-Marthe en date du 22 mars 1611, et dans la vente du 3 février 1845, une autre adressée au même en date du 22 mars 1607.

CASSINI (Famille des). Au tome 26 de la correspondance de Boul-

---

[1]. Pour dissimuler la soustraction de cette pièce, portant le n° 20, on en a soigneusement biffé la mention sur l'inventaire.

liau (Biblioth. nat.) on a enlevé une lettre de J.-D. Cassini [1], qui, d'après la cote mise sur l'adresse restée dans le volume, devait être écrite de Bologne le 23 novembre 1668.

Les tomes 9 et 11 de la correspondance d'Hévélius (biblioth. de l'Observ.) contenaient les lettres suivantes du même Cassini qui ont toutes disparu :

1669, 23 juillet. Cometographiam tuam, vir clarissime....
1672, 29 octobre. Humanissimas literas tuas....
1674, 2 novembre. Redditum mihi est, vir illustrissime....
(vente feu M. S***, 1841, n° 463).

Le tome 1er de la correspondance de De l'Isle (même bibliothèque) contenait une lettre de J.-D. Cassini ou de son fils Jacques à De l'Isle, datée de 1709. Elle a disparu.

Le tome 8 du même recueil a perdu deux lettres de Jacques Cassini à De l'Isle, l'une (n° 113) de l'année 1744 ou 1745, l'autre (n° 23) du 17 mai 1740 [2].

La correspondance de la famille des Cassini, qui furent pendant un siècle à la tête de l'Observatoire de Paris, était jadis conservée à la bibliothèque de cet établissement ; mais les liasses qui les renfermaient n'étant ni inventoriées, ni cotées, ni estampillées, on ne peut constater les soustractions qui y ont été commises que par le nombre fort restreint de lettres qu'elles contiennent aujourd'hui. En outre, il existe à la même bibliothèque une série de volumes reliés, rangés sous le titre de *Manuscrits*, numérotés de 1 à 27 [3], qui sont pour la plupart des mémoires, dissertations, etc., autographes des Cassini. Il manque dans cette série les ouvrages portant les n°s 5, 13 et 17, et formant au moins trois volumes [4].

CASTELNAU, évêque de Tarbes. Les cartes de la collection Du Puy indiquent le volume 265 comme renfermant 2 lettres écrites par Castelnau, en 1536, au cardinal Du Bellay. Il n'en reste plus qu'une du 4 août 1536. La deuxième est probablement celle qui, adressée au même cardinal, a figuré à la vente du 10 mars 1847 sous le n° 96, et avec la date du 10 septembre.

---

1. Né en 1625, mort en 1712.
2. Ces trois lettres sont mentionnées sur l'inventaire de la correspondance de De l'Isle.
3. Quelques-uns se composent de plusieurs volumes portant le même numéro.
4. Au nombre des manuscrits vendus par M. Libri à lord Ashburnham, se trouvent cinq volumes désignés ainsi :
   1°. *Manuscrit autographe et inédit de J.-D. Cassini*, 2 vol. in-fol.;
   2°. *Recueil d'observations, de dessins et de calculs, relatifs à la carte de France, par Cassini de Thury* (en grande partie autographe), 4 vol. in-fol.;
   3°. *Latitudes et longitudes des villes du monde*, autographe de Cassini de Thury, 1 vol. in-fol.;
   4°. *Recueil de mathématiques*, in-4° (1722). — Quelques pièces sont de l'écriture de Cassini.
   Il y a encore des pièces autographes de J.-D. Cassini dans un autre recueil vendu aussi à lord Ashburnham. Voyez VIVIANI.

CASTILLON. L'inventaire par cartes de la collection Du Puy mentionne pour le tome 53 une lettre de Castillon à Montmorency en date du 6 mars 1553 ; cette pièce a disparu.

On retrouve dans la vente du 2 février 1846 une autre lettre du même au même, en date du 22 mars 1537 et qui peut très-bien provenir de ce volume, où l'on remarque entre les lettres de Castillon des traces d'arrachement et de recollement.

CATHERINE DE MÉDICIS, reine de France, née 1519, m. 1589.

Dans une liasse de la collection Baluze intitulée : « Lettres adressées « à la reine de Navarre et au prince de Navarre par Charles IX et Ca- « therine de Médicis, » il se trouvait 13 lettres de Catherine et 4 de son fils. Il ne reste plus que 3 lettres de ce dernier et la première seulement des lettres de Catherine [1]. Mais on trouve dans les ventes les pièces suivantes :

Vers 1560. *A ma sœur, la royne de Navarre* (vente du bibliophile Jacob.)

Vers 1572. *A la royne de Navarre, ma sœur* (vente du 16 avril 1846, n° 97).

A ma sœur, la royne de Navarre (vente J.-G., supplément, n° 10).

Les lettres suivantes de cette princesse ont encore disparu de la collection Béthune ; savoir :

Volume 8690. 3 ou 4 lettres de 1560 et 1561 à M. de Rennes (feuillets 11, 12, 13, 20).

6 lettres au moins, et peut-être 9, au même, de l'année 1562 (feuillets 21, 22, 24, 25, 31, 32, 34, 35, 37).

Volume 8694. Une ou deux lettres au connétable (Montmorency) de l'année 1561 (feuillets 6 et 7).

CATHERINE DE NAVARRE. L'inventaire par cartes mentionne pour le tome 281 de la collection Du Puy une lettre de cette princesse à François Ier, en date du 25 novembre 1520 ; cette pièce a disparu.

CELLARIUS (CHRIST.), érudit, né 1638, mort 1707.

Une seule lettre de Cellarius se trouvait (tome 6) dans la correspondance d'Hévélius (biblioth. de l'Observ.) ; elle a disparu, et c'est bien probablement celle qui a figuré avec la date de 1662 et sous le n° 450 à la vente Riffet (1837).

CELLARIUS NORIMBERGENSIS (JO.). Il manque une lettre de ce personnage à Sainte-Marthe dans le volume manuscrit coté 292 de la bibliothèque de l'Institut.

---

[1]. Ce fait avait été constaté, dès le mois de septembre 1843, dans le récolement de la collection Baluze, fait à cette époque par M. Claude.

CELSIUS (André), astronome suédois, né 1701, m. 1744.

On a enlevé du tome 8 de la correspondance de De l'Isle (biblioth. de l'Observ.), les lettres suivantes de Celsius à De l'Isle :

N° 28. 1742, 5 janvier.

N° 97 *a*. 1743, 4 novembre. C'est probablement la pièce qui a figuré à la vente Riffet (1857) sous le n° 489 avec la date de 1743.

Un autre volume de la correspondance de De l'Isle, le tome 5, conservé au Dépôt des cartes et plans du ministère de la Marine, a perdu une lettre de Celsius à De l'Isle, mentionnée sur l'inventaire seulement avec la date de 1735.

CHABOT (Ph. de, seigneur de Bryon), amiral de France, m. 1543.

Suivant l'inventaire par cartes, il manque dans le volume 263 de la collection Du Puy une lettre de ce personnage au roi en date du 5 novembre 1535.

CHALLES (Cl.-Fr. Milliet de), géomètre, né 1621, m. 1678.

Il manque dans le tome 12 de la correspondance d'Hévélius (biblioth. de l'Observ.) une lettre de Challes à Hévélius, en date du 4 novembre 1675. Elle commence ainsi : Accepi a domino Ism. Bullialdo....

CHANUT (P.), diplomate, né 1609, m. 1662.

Dans le tome 273 de la collection Godefroy (biblioth. de l'Institut), il manque deux lettres de Chanut.

Au tome 22 de la correspondance de Boulliau (Biblioth. nat.), il y a des traces évidentes d'arrachement après une lettre de Chanut.

Deux des pièces enlevées étaient probablement celles qui, avec la date de 1648, ont figuré à la vente Riffet (1837), n°ˢ 252, 253.

CHAPELAIN (J.), littérateur, né 1595, m. 1674.

La correspondance d'Hévélius (biblioth. de l'Observ.) contenait au moins 24 lettres à lui adressées par Chapelain. Elles ont toutes disparu. En voici la liste :

1663, 28 juin. Ayant conceu une très-haute estime.... (vente Riffet, n° 448).

1663, 18 octobre (vente Descostils, n° 322).

1664, 12 avril. Vous aurez sceu par la relation.... (vente AA, n° 756).

1665, 17 mars (vente Gottlieb W., n° 281 ; — vente 8 avril 1844, n° 108).

1665, 7 avril (vente du 16 avril 1846, n° 102). Sur le catalogue de vente [1], cette lettre a été annoncée par une erreur volontaire ou involontaire comme adressée à Huet.

---

[1]. Voyez p. 28, où nous avons indiqué à tort la vente du 8 décembre 1845.

1665, 18 mai (vente du 9 février 1846, n° 52).

1665, 7 juin. Cette pièce a figuré à la vente du 8 décembre 1845, n° 91, avec la date fautive de janvier. Elle est actuellement déposée au greffe.

1665, 6 novembre.

1665, 12 décembre (*Bulletin Charavay*, 1849, n° 1926)[1].

1666, 16 juillet (vente de novembre 1844).

1666, 20 septembre (ventes feu M. S***, n° 111 ; 5 février 1844, n° 101 ; Clicquot, n° 621 ; *Bulletin du Bibliophile*, 1842, n° 623 ; *Bulletin Charavay*, 1846, n° 415)[2].

1667, 12 janvier (vente Villenave, n° 182). Cette pièce est actuellement déposée au greffe.

1668, 25 mars. La dernière fois que je vis M. Boulliau il me tesmoigna que vous vous estonniez....

1668, 7 janvier. L'occasion du voyage de mons. Gurtmeier en vos quartiers ne se devoit pas....

1668, 20 mai. Je vous dirai, pour vous tirer de peine, que vos lettres à monseigneur Colbert....

1668, 21 juin. J'apprens par vostre lettre du 18 may avec beaucoup de douleur que le paquet....

1668, 23 août. Enfin vos dix exemplaires de la Cométographie que vous m'accusiés par vos précédentes....

1668, 13 octobre. Par votre lettre du 15 septembre je voy le trouble où les avantures....

1669, 14 janvier. La joie se redoublera dans votre âme d'avoir dédié vostre excellente Cométographie.... (vente du bibliophile Jacob, art. CHAPELAIN).

1669, 28 avril. Pour répondre à vos deux lettres du 7 décembre et 23 février suivant....

1670, 28 août. Vous auriés plus tôt receu response à vostre lettre du 5 juillet si vous l'eussiez fait passer.... C'est probablement la pièce qui a figuré à la vente Van Sloppen, n° 521, avec la date du 18 août....

1671, 29 février. Je vous escris rarement parce que je ne crois pas que vous ayés besoin d'aiguillon....

1671, 18 mai. Vous avés accompagné vos remercîmens pour les soins que j'ay pris de la dernière grâce.... (*Bulletin Charavay*, 15 février 1846, n° 173).

1672, 30 novembre. Comme monseigneur Colbert accablé des plus importantes affaires de l'Estat.... (vente Saint-Julien, n° 308).

---

1. C'est probablement la pièce qui a figuré à la vente A. Martin, sous le n° 54, avec la date du 12 décembre 1685, date fausse, puisque Chapelain était mort dès l'année 1674.

2. Avec la date fautive du 10 septembre.

CHARLES VII, roi de France, né 1403, m. 1461.

D'après une note trouvée dans le portefeuille 254 de la collection Godefroy (biblioth. de l'Institut), ce volume devait contenir des pièces signées de Charles VII et de Louis XI. Il n'en reste plus une seule.

CHARLES VIII, roi de France, né 1470, m. 1498.

Le volume 308 (*olim* 1133) de la collection Saint-Germain-Harlay (Biblioth. nat.) est indiqué ainsi sur le catalogue rédigé par Méon : « *Lettres et pièces du temps de Louis XI et Charles VIII, la « plupart originales, et servant à l'histoire de leur règne, com-« mençant en décembre 1465 et finissant en février 1497, 1 vol. in-f°, « de 341 feuillets, y compris 18 pièces détachées.* » Il ne reste plus actuellement que 162 feuillets qui ont été paginés en octobre 1839[1] : 179 feuillets ont donc disparu depuis la rédaction du catalogue[2] jusqu'à cette dernière date.

Un autre volume, le n° 309 (*olim* 1134), intitulé : *Lettres aux rois Louis XI et Charles VIII*, a perdu 177 feuillets sur 312.

Le volume 311 (olim 1137) porte au dos le titre suivant : *Lettres aux rois Charles VIII et Louis XII et desdicts rois, depuis* 1488 *jusqu'en* 1506. — 168 feuillets contenant des pièces du temps de Charles VIII ont été arrachés ; de plus, on a transposé diverses pièces, probablement dans le but de dissimuler un peu ces nombreuses lacunes.

Ainsi, ces trois volumes, appartenant à la même collection, ont perdu 524 feuillets. L'absence d'inventaire ne nous permet pas de préciser quelles étaient les pièces enlevées. Elles sont, du reste, assez faciles à reconnaître, car elles portent en haut, et quelquefois en bas de la première page, des notes ou signes de la main de l'un des Godefroy, et un résumé de la pièce écrit ordinairement d'un caractère fort net et fort lisible par Théodore Godefroy. — On a retrouvé dans les papiers de M. Libri 53 pièces ainsi annotées :

Une liasse du portefeuille 254 de la collection Godefroy (biblioth. de l'Institut) porte cette note : *Lettres du règne de Charles VIII, en original. Il y en a treize signées de la main de ce prince.* Aujourd'hui, il ne reste dans cette liasse que neuf pièces, dont aucune n'est signée par Charles VIII.

CHARLES IX, roi de France, né 1550, m. 1574.

Nous avons parlé plus haut (p. 86) d'une liasse de la collection Baluze, à laquelle ont été soustraites des lettres adressées par Catherine de Médicis à Jeanne d'Albret, reine de Navarre. Dans la même

---

[1]. Ce volume n'a été paginé que sur la demande d'une personne qui avait obtenu l'autorisation de l'emprunter, et qui voulut faire ainsi constater l'état du manuscrit qu'on lui remettait.

[2]. M. Méon est entré au département des manuscrits, à la Bibliothèque nationale, en 1809, et il est mort en 1829.

liasse, il manque également une lettre de Charles IX à la même princesse.

Une autre lettre de Charles IX à M. de Montmorency, de l'année 1561, a été enlevée du volume 8694 de la collection Béthune (Biblioth. nat.).

Le tome $\frac{318}{2}$ (*olim* 1146) de la collection Saint-Germain-Harlay contient uniquement, suivant le catalogue, des lettres et pièces originales de l'année 1567, c'est-à-dire relatives au règne de Charles IX; 53 feuillets ont été arrachés de ce volume.

Enfin, de nombreuses minutes de lettres écrites par le même prince à divers personnages ont certainement disparu de divers manuscrits du fonds de Saint-Germain-Harlay; au moyen de cotes laissées dans les volumes, nous pouvons indiquer les dates de quelques-unes d'entre elles, savoir :

Vol. $\frac{320}{1}$ (*olim* 1148), 1568, 2 janvier.
— 13 février.
Vol. $\frac{320}{2}$ (*olim* 1149), — mars et avril.
Vol. $\frac{343}{1}$ (*olim* 1155), à Cossé, 1569, 30 juin.
Vol. $\frac{323}{2}$ (*olim* 1156), au duc d'Anjou, 1569, octobre (du 12 au 17).
Vol. $\frac{323}{5}$ (*olim* 1157), aux gouverneurs des provinces, 1570, janvier.

CHARLES, duc d'Orléans, fils de François Ier, né 1522, m. 1545.

Il manque au tome 726 de la collection Du Puy (Biblioth. nat.) une lettre de ce prince à d'Inteville, bailli de Troyes, en date du 8 avril 1533. Elle commence ainsi : « Pour ce que je vous avois.... »

Il manque encore, au tome 486 de la même collection, une lettre de ce prince à François Ier, datée du 22 juin. Elle commence ainsi : « Monsieur mon bon père, à vostre bonne grâce me recommande.... » Cette dernière pièce a passé (avec la date du 21 juin) dans la vente Gottlieb W., n° 18.

CHARLES-QUINT, empereur d'Allemagne, né 1500, m. 1558.

Six lettres de ce prince ont disparu du tome 281 de la collection Du Puy (Biblioth. nat.), savoir : trois lettres à Louise de Savoie, dont l'une en date du 19 février, et trois à François Ier.

D'assez nombreuses lettres de Charles-Quint à Louise de Savoie et au roi de France ont passé dans les ventes, et particulièrement dans les ventes Libri; mais les indications des inventaires sont trop incomplètes pour faire reconnaître si, parmi elles, se trouvent les pièces enlevées à la Bibliothèque.

Le volume 688 de la collection Du Puy contient, au commencement, cinq lettres de Charles-Quint, dont quatre sont adressées au prince d'Orange, vice-roi de Naples. Leur nombre devait être plus considérable, car le volume offre en cet endroit des traces évidentes d'arrachement. Nous n'avons pu retrouver sur l'inventaire par cartes que la mention d'une seule de ces lettres, en date du 16 décembre, lettre qui a disparu. — On a vu figurer dans les ventes les pièces suivantes, qui nous semblent provenir de ce volume :

A la princesse d'Orange, s. d. (vente E. de Zurich, 1843, n° 54).
A la même, 1530, 4 août (vente du 3 février 1845, n° 90).
Au prince d'Orange, 1529, 7 octobre (vente du 16 avril 1846, n° 404).
Au même, 26 juillet (*Bulletin Charavay*, 1847, n° 893).

CHARLES Ier, roi d'Angleterre, né 1600, m. 1649[1].

Une lettre entièrement autographe écrite par ce prince au duc Gaston d'Orléans, son beau-frère, a été mise en vente à Londres, par le libraire T. Rodd, en 1838[2]. Il y a lieu de croire, d'après ce qui est dit plus loin, à l'article GASTON, duc d'Orléans, que cette pièce appartenait à la collection Baluze.

Nous citerons encore, comme devant provenir de la même collection, les lettres suivantes de Charles Ier :

A Monsieur, frère du roi, s. d. (vente du 8 avril 1844, n° 120).
— 30 décembre 1625 (vente du 8 décembre 1845, n° 95).
— 28 avril 1630 (vente à Londres, 29 juin 1847, n° 56).
— 13 juillet 1641 (même vente, n° 55).
— 30 août 1642 (ventes à Londres, 29 juin 1847, n° 56 ; 29 avril 1851, n° 77).

CHARLES II, roi d'Espagne. Voyez CHRISTINE.

CHARLES III, duc de Lorraine, né 1543, m. 1608.

Une lettre adressée par ce prince à Catherine de Médicis, en date du 21 janvier 1569, a été coupée dans le volume $\frac{523}{2}$ (*olim* 1155) de la collection Saint-Germain-Harlay (Biblioth. nat.).

Les deux lettres suivantes de Charles manquent de même au volume $\frac{523}{2}$ (*olim* 1156) :

Au roi, 1569, 20 octobre.
— 5 novembre.

---

1. Voyez aussi l'article HENRI, prince de Galles.
2. Voyez le catalogue publié à cette époque par ce libraire, en une brochure de 20 pages in-8° portant ce titre : *Catalogue of books, manuscripts and autograph Letters on sale by T. Rodd, 2, great Newport street, London*. Il n'est point daté, mais il a été distribué aux abonnés du *Gentleman's Magazine* dans la livraison du mois de juillet 1838. Sur 94 articles d'autographes qui y sont annoncés, 65 avaient été expédiés de Paris à T. Rodd par M. Libri. On en retrouvera une partie aux articles CONDÉ, COTTON, ÉLISABETH D'ANGLETERRE, FELL, FLAMSTEED, GALE, HALLEY, HENRIETTE, femme de Charles Ier, HÉVÉLIUS, MARIE DE MÉDICIS, OLDENBURG, ROBERVAL, RUBENS, SCALIGER, J.-A. DE THOU, WALLIS, WARD. Toutes les pièces citées dans le cours de ces articles comme figurant dans ce catalogue, appartenaient à M. Libri ; nous le disons ici une fois pour toutes, afin d'éviter les répétitions.

CHARLES IV, duc de Lorraine, né 1604, m. 1675.

Lorsque l'on fit relier, en 1843 et 1844, la collection Baluze, il ne restait à un grand nombre de lettres qui en avaient fait partie autrefois, que le feuillet d'adresse, la lettre elle-même ayant été déchirée et enlevée. Une lettre du duc Charles IV, adressée à Gaston d'Orléans et dont nous ignorons la date, est de ce nombre. — Voyez les articles FRANÇOIS de Lorraine, GASTON.

CHARLES II, le Mauvais, roi de Navarre, né 1332, m. 1386.

Le *Bulletin du Comité des chartes*, etc., publié par le ministère de l'Instruction publique (juillet 1851), signale l'enlèvement, aux archives municipales de Saint-Jean-Pied-de-Port, de lettres patentes de ce prince, en date du 16 janvier 1367. Il y a quelques années, elles existaient encore dans ce dépôt.

CHARLES LE TÉMÉRAIRE, duc de Bourgogne, né 1433, m. 1477.

Il y a peu d'années encore, un volume de la Bibliothèque nationale (9675 B, manuscrits fonds Baluze) contenait une des pièces les plus intéressantes de notre histoire, l'original du sauf-conduit délivré par Charles le Téméraire à Louis XI, lors de l'entrevue de Péronne. Ce document original, dont M. Michelet avait publié un fragment en 1844[1], a disparu depuis cette époque.

Il manque au tome 596 de la collection Du Puy (Biblioth. nat.) une lettre de Charles aux ministres de son père, en date du 14 juillet 1465. Elle commence ainsi : « Tres chiers et bien amez, nous escripvons présentement.... » Dans le *Bulletin du Bibliophile*, 1837, n° 1174, est annoncée, sans indication de date, une lettre de ce prince aux ambassadeurs de son père.

CHARLES-EMMANUEL, duc de Savoie, né 1562, m. 1630.

Il manque une lettre de ce prince à Henri IV, en date du 1er juillet 1608, dans le tome 281 de la collection Du Puy (Biblioth. nat.). Elle a figuré à la vente du 16 avril 1846, sous le n° 169. — Un inventaire en indique ainsi le contenu : « Lettre de recommandation pour une particulière nommée Mathurine. » Quelques-unes des lacunes du tome 302 des Missions étrangères (Biblioth. nat.) semblent encore se rapporter à des lettres du même prince.

CHARLES DE BOURBON, connétable de France, né 1480, m. 1527.

Il manque dans le volume 263 de la collection Du Puy (Biblioth. nat.) une lettre du connétable au secrétaire d'État Robertet, en date du 6 septembre (1520?); suivant un inventaire, elle est relative à une affaire de messire Gonzague. On l'a remplacée par une lettre de

---

[1]. Dans son *Histoire de France*, tome VI, p. 266. — Voyez plus haut, p. 17.

Claude de Seyssel, évêque de Marseille, écrite le 19 septembre à Robertet, lettre appartenant au volume 262 de la même collection (Voyez Du Puy et Seyssel).

Sur le catalogue de la vente du 16 avril 1846, n° 72, a figuré une lettre du connétable au chancelier, en date du 26 juin : « Il reporte au chancelier, dit le catalogue, les plaintes et doléances des habitants du Bourbonnais. » Or, il manque dans le volume 486 du même recueil de Du Puy une lettre de ce prince au chancelier, en date du 26 juin. Elle commençait ainsi : « Je crois que, averti comme je fus dernièrement en Bourbonnois pour la publication des coutumes dudit pays…. » La lecture du reste de la lettre achève de démontrer que c'est bien la pièce vendue.

CHARLES DE BOURBON, duc de Vendôme, né 1489, m. 1536.

On a enlevé dans le volume 263 de la collection Du Puy (Biblioth. nat.) une lettre de Charles de Bourbon au cardinal Du Bellay; elle est, à ce que nous croyons, du 15 juin 1538.

CHARLES, cardinal de Bourbon, né 1523, m. 1590.

On a enlevé au volume $\frac{529}{2}$ (*olim* 1172) du fonds Saint-Germain-Harlay (Biblioth. nat.) une lettre de ce prélat à la reine en date de janvier 1580.

CHARPENTIER, secrétaire de Richelieu.

Sept liasses (aujourd'hui dix volumes) de la collection Baluze sont consacrées à la correspondance de Charpentier. Elles contiennent encore environ 500 lettres. L'une de ces liasses, d'après le catalogue de Mouchet et Lalande, devait renfermer 44 lettres : il n'en reste plus que 40 [1]; une autre liasse contenait 67 pièces, elle n'en a plus que 66 ; une troisième 89, elle n'en a plus que 84. En outre, le catalogue n'indiquant point le nombre de pièces contenues dans la première et la quatrième liasse, on ne peut pas savoir aujourd'hui combien ces dernières en ont perdu. Quelques-unes des lettres enlevées à cette correspondance se retrouvent dans les ventes (Voyez les articles de Rancé, Rossignol, Saint-Aignan, etc.).

CHARPENTIER (Fr.), de l'Académie française, né 1620, m. 1702.

Deux lettres de Charpentier à Samuel Guichenon, en date du 8 janvier et du 8 décembre 1659, figurent à la vente du 16 avril 1846 (n° 114) et sur le catalogue de la vente Cap…. (février 1852, n° 206). Nous les croyons enlevées à la bibliothèque de l'Institut (Voyez Guichenon).

CHASTILLON (Odet de Coligny, cardinal de), né 1515, m. 1572.

Le volume 263 de la collection Du Puy (Biblioth. nat.) contenait

---

[1]. L'une des quatre pièces qui manquent à cette liasse a été arrachée postérieurement à 1843. — Voyez l'article Rohan.

une lettre du cardinal de Chastillon à M. de Paris (Du Bellay) en date du 10 avril 1545. Cette lettre a disparu.

CHATEAUROUX (MARIE-ANNE, duchesse de), m. 1744.

La Bibliothèque nationale a acheté à la vente du marquis Germain Garnier, en 1822, un volume in-f° contenant des lettres originales et, entre autres, des lettres écrites par la duchesse de Châteauroux au maréchal de Noailles [1]. D'après le catalogue de la vente, le catalogue de la Bibliothèque nationale par noms d'auteurs et l'inventaire placé à la fin du volume, ces lettres devaient être au nombre de 8; deux ont été enlevées, et, pour dissimuler ces soustractions, comme chaque pièce est encastrée dans un feuillet blanc, on a bouché avec du papier le trou fait par l'enlèvement de l'une des lettres, supercherie facile à reconnaître.

CHAULNES (CHARLES, duc de), né 1625, m. 1698.

Une lettre de M. de Chaulnes à Colbert, du 21 février 1670, vendue sous le n° 117 de la vente J. G. (1844), nous paraît avoir été enlevée de la correspondance de Colbert, conservée à la Bibliothèque nationale (Voyez COLBERT).

CHAUMONT (C. D'AMBOISE, seigneur de), maréchal de France, m. 1511.

Le tome 279 de la collection Du Puy (Biblioth. nat.) a perdu une lettre de ce seigneur à son oncle Georges, cardinal d'Amboise.

CHAUVELIN (GERM.-L.), ministre des affaires étrangères, né 1685, m. 1762.

Le catalogue de la vente Gottlieb W. contient, sous le n° 111, une lettre de ce ministre à l'abbé Bignon, en date du 19 février 1730; elle doit provenir du carton 35 des archives de l'Institut (Voyez ACADÉMIE DES SCIENCES).

CHAVIGNY (LÉON LE BOUTHILLIER DE), secrétaire d'État, né né 1608, m. 1652.

Un certain nombre de lettres de Léon de Chavigny au duc Bernard de Saxe-Weimar ont été enlevées de la correspondance de ce prince, faisant partie de la collection Baluze [2]. On retrouve dans la vente (Libri) du 8 décembre 1845, n° 99, une de ces lettres, en date du 19 mars 1638. Une autre lettre du 25 juillet 1638 a été, en outre, saisie chez M. Libri; elle porte au dos une cote et un numéro de la main même de Lalande, employé à la Bibliothèque nationale, l'un des rédacteurs du catalogue de Baluze.

Le catalogue de la vente (Libri) Gottlieb W. contient, sous le n° 109, une lettre de Chavigny à F.-A. de Thou, en date du 2 sep-

---

1. Ce recueil est actuellement classé sous le n° 4134 du supplément français.
2. Voyez les articles ANNE D'AUTRICHE, p. 60, et SAXE-WEIMAR.

tembre 1640. Cette pièce doit provenir de la collection Du Puy (Biblioth. nat.).

Une lettre de Chavigny à Charpentier est indiquée dans le catalogue de la vente A., A. n° 748 ; elle vient probablement de la collection Baluze (Biblioth. nat.) [Voyez ci-dessus CHARPENTIER].

C'est probablement aussi la collection Séguier (Biblioth. nat.) qui a fourni les pièces suivantes :

    Claude Le Bouthillier [1] au chancelier, 18 novembre 1633 (vente Saint-Julien, n° 100, 1°) ;

    Claude Le Bouthillier au chancelier, 26 septembre 1642 (ventes Saint-Julien, n° 106, et du 8 avril 1844, n° 127) ;

    Léon Le Bouthillier au chancelier, 20 avril 1643 (vente Saint-Julien, n° 100, 2°).

CHEVREUSE (MARIE DE ROHAN, duchesse de), née 1600, m. 1679.

Une lettre sans date, adressée à Colbert par madame de Chevreuse, et figurant (sous le n° 118) dans la vente J. G. (1844), a été très-probablement soustraite de la correspondance de Colbert, conservée à la Bibliothèque nationale (Voyez COLBERT).

CHEVRY (le président de). — Il manque au tome 573 de la collection du Puy (Biblioth. nat.) une lettre de ce magistrat à Picardet, en date du 20 juillet 1624.

CHIFFLET (J.-J.), médecin, antiquaire, né 1588, m. 1660.

Le volume 10 de la correspondance de Peiresc (Biblioth. nat.) contenait au moins deux lettres de Chifflet. Ces lettres ont été enlevées ; mais les feuillets sur lesquels étaient les adresses sont restés, et ils portent des notes indiquant qu'ils se rapportaient aux pièces suivantes :

    1631, 20 janvier.

    1632, 2 juin. C'est probablement la pièce qui a figuré à la vente Riffet sous le n° 416, avec la date de 1632.

CHIFFLET (P.-F.), jésuite, érudit, né 1592, m. 1682.

Une lettre de ce savant, en date du 6 décembre 1665, et adressée à A. de Valois, a figuré à la vente du 8 décembre 1845 sous le n° 103. Elle provient de la correspondance de Valois, conservée à la bibliothèque de l'Institut (Voyez VALOIS).

CHIGI (BORGHÈSE). Voyez CHRISTINE.

CHRÉTIEN (FLORENT), poëte, né 1541, m. 1596.

Une lettre latine de cet écrivain à D. Baudius a disparu du tome 490 de la collection Du Puy (Biblioth. nat.). On lui a substitué une lettre de Camden, dont nous avons parlé dans la note 3 de la page 27, comme

---

1. Claude, secrétaire d'État, était le père de Léon.

ayant été lithographiée dans l'Isographie. Depuis la publication de cette note, nous avons reconnu que cette dernière pièce, fort soigneusement rognée, a été intercalée il y a quelques années seulement dans le volume, et qu'elle vient du tome 5 de la collection de Peiresc (Voyez CAMDEN, et à l'article DU PUY, la note consacrée au volume 490).

CHRÉTIENNE DE FRANCE, duchesse de Savoie, née 1606, m. 1663.

Deux lettres de cette princesse à son frère Gaston, duc d'Orléans, en date du 25 juin 1634 et du 10 janvier 1622, ont figuré dans les ventes Donnadieu (Londres, 1851, n° 212) et Châteaugiron (1851, n° 453). Ces pièces nous paraissent avoir été enlevées à la collection Baluze (Voyez GASTON).

Une autre lettre de Chrétienne de France, adressée à son historiographe Guichenon le 25 mars 1657, provient peut-être de la bibliothèque de l'Institut, où elle a pu figurer en tête du second volume de la correspondance de Guichenon. Elle est aujourd'hui en la possession d'un particulier, et elle a été récemment publiée dans l'avant-propos de l'ouvrage intitulé : *Inventaire des titres recueillis par Samuel Guichenon*, Lyon, 1851, in-8°, f° xxxj.

CHRISTINE, reine de Suède, née 1626, m. 1689.

La bibliothèque de la Faculté de médecine de Montpellier possède deux collections des manuscrits de la reine Christine : l'une, formant 7 volumes in-f° et intitulée : *Sentenze della regina Cristina*, ne renferme guère que des copies; l'autre se compose de 15 volumes in-f° reliés, contenant les originaux des lettres adressées à Christine par les personnages les plus illustres de son temps, les minutes des lettres de cette princesse et une partie de ses papiers. Dès 1845, le bibliothécaire, M. Kühnholtz, s'était aperçu que des soustractions nombreuses avaient été commises dans ce recueil, et en avait dressé un relevé que nous avons vérifié par nous-mêmes. Cinq de ces volumes seulement avaient été paginés antérieurement, et le nombre des feuillets dont on y peut constater la disparition s'élève à plus de 170[1]. Dans les autres volumes dont la pagination est moderne, les arrachements entre les feuillets numérotés sont nombreux et manifestes. Malheureusement il n'existait point et, à ce que nous croyons, il n'existe encore aucun inventaire des pièces contenues dans ce précieux recueil; aussi nous nous bornerons à donner le résumé suivant des lacunes que nous y avons constatées[2] :

Tome 1er, intitulé : *Lettere di principi*. Il y a des traces d'arrachement entre les lettres de Louis XIV, de Charles II, roi d'Espagne, de divers doges de Venise antérieurement à 1668, des

---

[1]. Soit environ la neuvième partie des feuillets contenus dans les cinq volumes.

[2]. Aucune de ces lacunes n'a été signalée dans le catalogue des manuscrits de Montpellier, publié par le ministère de l'Instruction publique, et auquel a travaillé M. Libri.

états généraux de Hollande, etc. En outre, entre les feuillets 291 et 292, on a enlevé un cahier entier.

Tomes 2 et 3, intitulés : *Lettere di cardinali.* Il y a dans ces volumes des traces visibles d'arrachement, et particulièrement entre les lettres du cardinal de Médicis (tome 3), de 1672 à 1673.

Tome 4, intitulé : *Lettere di principi d' excellenza, nunzii e ministri alla regina.* Il manque 21 feuillets entre les lettres de Borghèse Chigi, de Lionne, de Montecuculli, du P. Hacki.

Tome 5, intitulé : *Lettere communi.* Les traces d'arrachement sont nombreuses dans ce volume et, entre autres, parmi les lettres du cardinal d'Este.

Tome 6, intitulé : *Lettere a principi d' altezza.* Il y manque 9 feuillets contenant des lettres de Christine à divers et, entre autres, à Montecuculli, et aussi probablement une lettre de l'abbé Santini, son secrétaire.

Tome 7, intitulé : *Lettere della regina a principi.* 21 feuillets ont disparu : c'étaient des lettres de Christine au pape, aux souverains de France, d'Angleterre, de Pologne, de Suède, etc.

Tome 8, intitulé : *Lettere della regina ai suoi ministri.* Sur 248 feuillets que devait contenir ce volume, 100 ont été enlevés, entre autres, parmi les minutes, des lettres adressées par Christine au général Würtz, à Brémont, au chevalier de Terlon, à Court, à Texeira, à Rosenbach. On a retrouvé dans les papiers de M. Libri un petit cahier provenant de ce volume et intitulé : *Medaglioni della regina Cristina.* Les feuillets avaient jadis été numérotés ; mais on avait soigneusement retranché à coups de ciseaux cette numérotation.

Tome 9, intitulé : *Lettere della regina di Suezia.* Les traces d'arrachement sont nombreuses, entre autres parmi les lettres du nonce, archevêque de Corinthe, du P. Hacki, les brefs de Clément IX, les lettres et les instructions de Christine au P. Hacki.

Tome 10, intitulé : *Lettere a diversi.* 22 feuillets ont disparu ; ils contenaient des lettres de Christine à l'évêque de Strasbourg, à l'abbé Santini et à divers littérateurs, et, de plus, des mélanges écrits de la main de la reine.

Les tomes 11, 12, 13, intitulés : *Miscellanea politica* et *Miscellanea,* offrent plusieurs traces d'arrachement. Il en est de même du tome 14, contenant des minutes de lettres écrites par Christine, et intitulé : *Appendice delle lettere della regina Cristina.*

Enfin il y a un cahier enlevé, mais anciennement sans doute, dans le tome 15, qui ne contient qu'une copie de la vie d'Alexandre composée par Christine[1].

---

1. M. Thomas, archiviste du département de l'Hérault, a bien voulu nous assister dans la constatation de toutes ces lacunes.

Depuis 1835, une trentaine de lettres de Christine ont passé dans les ventes; nous signalerons entre autres celles qui ont figuré aux ventes du 5 février 1844, n° 118, et du 25 juin 1846, n° 204 : elles sont toutes deux adressées à Rosenbach.

Il manque dans le tome 273 de la collection de Godefroy (biblioth. de l'Institut) des lettres de Christine de Suède à Mazarin. Les seules lettres de Christine à ce dernier qui aient été vendues aux enchères ont figuré dans deux ventes Libri : la vente Riffet, n° 389, et la vente Gottlieb W., n° 324.

Deux autres lettres de cette princesse au chancelier Séguier ont figuré aussi sur les catalogues de la vente Riffet, n° 388, et de la vente P. Cap. (février 1852), n° 222. Elles viennent probablement de la correspondance de Séguier (Biblioth. nat.).

CICOGNARA (le comte Léopold), antiquaire, né 1767, m. 1834.

Une lettre de cet antiquaire à l'Institut de France (classe des beaux-arts), en date du 1er avril 1818, a figuré à la vente du 5 février 1844, n° 119. Elle provient évidemment des archives de l'Institut.

CINQ-MARS (Henri Coiffier, de), né 1620, décapité en 1642.

Quatre lettres[1], adressées par Cinq-Mars à de Thou, ont figuré dans trois ventes Libri, savoir : Gottlieb W., n° 57, Riffet; n°° 219-220; Saint-Julien, n° 122. Ce sont les seules qui aient passé en vente publique à Paris[2]. La liasse 26 du portefeuille 273 de la collection Godefroy (Biblioth. de l'Institut) est intitulée : *Lettre d'amitié de M. de Cinq-Mars à M. de Thou*. Cette lettre a disparu.

CLAIRAUT (Al.-Cl.), géomètre, né 1713, m. 1765.

Outre les pièces portant la signature de ce savant géomètre, et provenant des archives de l'Institut, que nous avons déjà mentionnées à l'article d'Alembert, nous signalerons encore les pièces suivantes portant aussi la signature de d'Alembert et qui ont figuré dans des ventes Libri, savoir :

Rapport à l'Académie sur un mémoire de M. Ancelot, relatif à la quadrature (vente Gottlieb W., n° 254).
Rapport sur un mémoire de M. Bezout, 16 février 1757 (vente bibliophile Jacob, art. Clairaut).

CLÉMENT IX. Voyez Christine.

CLERMONT (F.-G. de Castelnau, dit le cardinal de), m. 1540.

D'après l'inventaire par cartes, on a enlevé au tome 262 de la collection Du Puy (Biblioth. nat.) une lettre de ce prélat au légat, en date du 20 mai; elle est relative à quelque désordre arrivé dans un prieuré à Rouen.

---

1. Trois de ces lettres sont sans date sur les catalogues.
2. Il y en a quelques-unes dans les catalogues anglais. — Voyez notamment la pièce sans date indiquée sous le n° 21 du catalogue W. Mitchell (Londres, 17 décembre 1849).

CLÈVES (Ph. de), évêque d'Amiens, m. 1505.

D'après l'inventaire par cartes, il manque au tome 281 de la collection Du Puy (Biblioth. nat.) au moins une lettre de ce prélat, en date du 22 août, adressée au légat. Il y demande entre autres la nomination de Roquebertin comme lieutenant du roi à Gênes.

Le tome 262 de la même collection a perdu une lettre du même personnage au roi, en date du 22 août [1]. Elle est relative à certains propos qu'on lui imputait au sujet de l'entreprise sur Milan.

CLÈVES (François de, duc de Nevers), m. 1562.

D'après la copie conservée à la bibliothèque de la ville de Paris, il manque au tome 479 de la collection Du Puy (Biblioth. nat.) une lettre de ce prince à Deschenetz, en date du 25 avril 1558.

COLBERT (J.-B.), né 1619, m. 1683.

Baluze fut, pendant près d'un demi-siècle, bibliothécaire de Colbert et de ses fils. La collection de papiers qu'il a laissée, et qui se trouve actuellement à la Bibliothèque nationale (Voyez l'article Baluze), contient une liasse intitulée : *Correspondance bibliographique très-étendue entre M. Colbert, ministre ; M. Colbert, coadjuteur de Rouen, et M. Baluze, concernant le travail de leurs bibliothèques.* C'est bien en effet de détails relatifs à ces bibliothèques qu'il s'agit dans toutes les lettres échangées par les Colbert avec Baluze qui figurent dans les ventes d'autographes. Les lettres suivantes, toutes adressées à Baluze par le grand Colbert, appartenaient à cette correspondance [2] :

1667, 25 juin (vente feu M. S***, n° 34).
1667, 16 août (vente G***, n° 73).
1668, 9 juin (vente J. G., supplément, n° 13).
1671, 7 octobre (vente du 16 avril 1846, n° 127).
1672, 23 mars (vente du 8 décembre 1845, n° 108).
1672, 14 juin   *Id.*
1675, 12 août (ventes du 4 février 1847, n° 455, et du 22 mars 1847, n° 102).
1676, 30 juin (pièce retrouvée dans les papiers de M. Libri).
1677, 24 janvier (vente du 16 avril 1846, n° 127).
1680, 7 décembre (*Bulletin Charavay*, 1849, n° 1996).
1681, 1er mai (pièce retrouvée dans les papiers de M. Libri).
1681, 15 mai   *Id.*
1681, 14 juillet   *Id.*

Nous signalerons encore comme ayant fait partie de la même liasse

---

1. Le volume 262 contenait encore une lettre de Philippe de Clèves à Robertet en date du 19 février ; elle a été transposée au volume 264, à la place d'une lettre de Turenne qui a disparu.

2. Pour l'autre partie de cette correspondance, c'est-à-dire pour les lettres de Baluze, voyez ci-dessus l'article consacré à ce dernier.

et ayant été de même soustraites à la Bibliothèque nationale les trois lettres suivantes adressées à Baluze, la première par Jacques-Nicolas Colbert, et les deux autres par le marquis de Seignelay :

? 25 avril (vente du 8 décembre 1845, n° 110).

Sans date (vente J. G., supplément, n° 79).

Id. ¹ (vente G***, 2 février 1846, n° 303 ; vente Lacoste, 1846, n° 687).

La correspondance d'Hévélius (tomes 6, 14, 15) contenait 10 lettres adressées à celui-ci par le ministre de Louis XIV ; trois ont été enlevées, savoir :

1664, 15 juillet. Le roi, qui connoît le prix de votre vertu....

1679, 28 décembre. La perte que vous avez faite....

1681, 19 septembre. Il y a longtemps que je vous ai promis....

Enfin une lettre de Colbert à Godefroy, en date du 13 janvier 1663, a figuré, sous le n° 109, dans la vente Saint-Julien. Elle a été probablement soustraite à la bibliothèque de l'Institut.

Nous venons de parler des lettres écrites par Colbert ; quant aux lettres adressées à Colbert par diverses personnes, il en existe à la Bibliothèque nationale un recueil qui forme 75 volumes in-f°, et comprend la correspondance administrative du ministre depuis l'année 1656 jusques et y compris l'année 1677. On peut estimer à 30,000 le nombre de pièces dont se compose cette précieuse collection, où les historiens trouveraient certainement une mine abondante de documents à utiliser pour l'histoire du gouvernement de Louis XIV. Ces 75 volumes sont encore aujourd'hui dans la reliure qu'ils portaient chez Colbert ou chez Seignelay, son fils : ils sont recouverts en parchemin vert, avec les armes de Colbert sur le plat, et n'ont aucune pagination, sauf un très-petit nombre d'entre eux dont on a tout récemment numéroté les pièces. C'est aussi tout récemment que l'on a estampillé la collection ; mais, il y a quelques années, n'offrant aucune de ces garanties, elle était complètement à la discrétion des autographophiles, qui s'y sont largement approvisionnés. On y voit la place d'un certain nombre de pièces dont l'arrachement a laissé trace, et, lorsqu'on rencontre dans le commerce une lettre adressée à Colbert, il est assez facile, au moyen de la date, de constater à quel endroit elle se trouvait dans ce recueil, car il est tout entier soigneusement rangé d'après l'ordre chronologique. Cependant, on a puisé dans la correspondance de Colbert avec plus de ménagement que dans beaucoup d'autres, parce que les lettres dont elle se compose, étant des lettres d'affaires, présentent de l'intérêt par leur ensemble, mais, prises isolément, n'ont pas souvent ce piquant que recherchent les amateurs. Il ne paraît pas qu'on y ait soustrait plus de cinq à six lettres par volume, ce qui ferait toujours quatre cents autographes,

---

1. Elle est antérieure à l'année 1684.

pour le moins, enlevés à ce seul recueil. Nous en retrouvons environ soixante[1] dans les catalogues de vente[2]. Le lecteur en a vu déjà ou en verra le détail aux articles Chaulnes, Chevreuse, Condé, Conti, Estrées, La Ferté, Guise (mademoiselle de), La Feuillade, Lepelletier, Lorraine (Henriette-Marguerite de), Luynes, Mancini (cardinal), Mancini (Marie), Marie de Portugal, Mazarin, Montausier, Montpensier (mademoiselle de), Nemours, Nicolay, Pelisson, Rapin, Retz, Rochechouart, Roquette, Saxe (Bernard de), Saint-Aignan, Saint-Romain, Saint-Simon, Scarron de Longue, Sillery (Brulart de), Turenne, Vaubrun, Vendôme, etc.

COLERUS (CHR.). Il manque au tome 2 de la correspondance d'Hévélius (biblioth. de l'Observ.) une lettre de Colerus à Hévélius, en date du 1er juillet 1650. Elle commence ainsi : *Tuum de selenographia paucis prœcognitum....*

COLIGNY (GASPARD DE), m. 1522.

D'après l'inventaire par cartes, il manque dans le tome 262 de la collection Du Puy (Biblioth. nat.) une lettre sans date, de ce seigneur, à Robertet : elle est relative à ses dettes et à ses procès[3].

COLIGNY (GASPARD DE), amiral de France, né 1517, m. 1572.

Dans une liasse de la collection Baluze, intitulée : « Lettres de divers officiers à la reine de Navarre (Jeanne d'Albret), » il y avait huit lettres de l'amiral Coligny; il n'en reste plus que trois de l'année 1569. Les cinq autres ont disparu. On retrouve dans les ventes celles-ci :

13 janvier 1569 (vente du 8 décembre 1845, n° 111 : 96 fr.).

25 janvier 1569 (vente Gottlieb W., n° 45).

Il a été enlevé au volume $\frac{325}{8}$ (*olim* 1159) du fonds Saint-Germain-Harlay (Biblioth. nat.) une lettre de Gaspard (?) de Coligny au roi, du 16 août 1571.

COLIN (VALÈRE). La Bibliothèque nationale possède (supplément français, n° 2012) un album assez précieux : c'est un petit volume in-4° oblong, relié en soie, sur lequel un personnage fort peu connu, Valère Colin, a fait écrire, dans le cours de ses voyages, par plusieurs personnages illustres de son temps, des sentences, des distiques, des quatrains, etc. Sur le premier feuillet on voit le portrait du propriétaire avec cette épigraphe : *Anno 1583, œtatis suœ 18.* Aux quatre

---

1. Voyez ci-dessus, p. 10, le rapport établi entre le nombre absolu des pièces volées et le chiffre de ces pièces mises en vente publique.

2. La vente J. G. (1844), à elle seule, en fournit 27, parmi lesquelles se trouvent les pièces le plus évidemment volées à la collection de la Bibliothèque nationale, telles que les lettres du prince de Conti et de Sillery (Brulart de). — Voyez ces articles.

3. Cette pièce, sur les inventaires, est seulement indiquée comme signée de Coulligny. D'après nos recherches, nous croyons qu'il s'agit ici de Gaspard de Coligny, premier du nom.

coins sont des armoiries. La première inscription est de 1584. Il y a plusieurs traces d'arrachement dans le volume, entre autres avant l'inscription de Claude Du Puy, à l'année 1586 [1].

COMINES (Phil. de), historien, né 1445, m. 1509.

Plusieurs lettres de Comines et de sa femme, Hélène de Chambes, ont figuré dans les ventes Thomas W., n° 65; feu M. S***, n° 1; M. L., 8 avril 1844, n° 148, etc. Il est à présumer que ces pièces ont été enlevées au volume 308 (*olim* 1133) de la collection Saint-Germain-Harlay (Biblioth. nat.), volume très-précieux qui a été dévasté [2]. Les pièces qui en ont été soustraites se reconnaîtraient aisément, car chacune d'elles doit porter en haut et en bas de la page un résumé de son contenu, écrit de la main de Théodore Godefroy.

CONCINI, maréchal d'Ancre, m. 1617.

D'après une note contenue dans le tome 267 de la collection Godefroy (biblioth. de l'Institut), ce volume devait renfermer un certain nombre de lettres de Concini, et ces lettres étaient probablement adressées à M. de Nérestang. On trouve répandues dans des ventes très-diverses les lettres suivantes, toutes de Concini à ce dernier, et toutes d'une même époque :

1615, 3 août (vente du 8 décembre 1845, n° 115).
1615, 8 septembre (vente du 16 avril 1846, suppl., n° 38).
1615, 9 septembre (vente du 23 novembre 1848, n° 156).
1615, 10 septembre (vente Riffet, n° 177; vente Donnadieu, Londres, 29 juin 1847, n° 69).
1615, 12 septembre (vente Gottlieb W., n° 65).
1615, 13 septembre (vente W. et A. A., n° 74).
1615, 16 septembre (vente du baron de L.-L., n° 23; vente Upcott, Londres, 29 avril 1851, n° 107).
1615, 27 septembre (vente du 16 avril 1846, n° 298).
1615, 2 décembre (vente du baron L.-L., n° 415).
1615, 15 décembre (vente de feu M. S***, n° 25; vente Clicquot, n° 627).
1615, sans date de mois (vente Riffet, n° 176).
1615, sans date de mois (vente Riffet, n° 178) [3].

---

1. L'usage de ces sortes d'albums remonte très-haut. Le premier dont nous ayons trouvé la mention est celui dont parle un chroniqueur du douzième siècle, Guibert de Nogent, au livre II du *De vita sua*. Nous croyons que les plus anciens que l'on connaisse aujourd'hui ne remontent pas au delà du seizième siècle. — Deux recueils de ce genre ont figuré, l'un à la vente Van-Sloppen (1843), sous le n° 475; l'autre à la vente Maunoir (Londres, décembre 1846, n° 381). Ce dernier était du seizième siècle, l'autre du dix-septième.

2. Voyez Charles VII.

3. Ajoutez diverses autres lettres de Concini à Nérestang écrites également en 1615, mais sans date de mois, et indiquées sur les catalogues sans aucun détail, en sorte que nous ne pouvons distinguer si ce sont autant de lettres différentes, ou si ce sont les

1616, 26 janvier (vente du 3 février 1845, n° 110).
1616, 25 février (vente du 8 avril 1844, n° 11).

On voit que les ventes Libri (Riffet, Gottlieb W., feu M. S***) son les premières où aient figuré des lettres de Concini.

CONDÉ (Louis Ier, prince DE), né 1532, m. 1569.

Il manque une lettre de ce prince dans le volume $\frac{320}{4}$ (*olim* 1151) de Saint-Germain-Harlay (Biblioth. nat.). Cette lettre est datée du 12 juillet 1568, et adressée au roi.

CONDÉ (Henri Ier, prince DE), fils du précédent, né 1552, m. 1588.

Dans la même collection Saint-Germain-Harlay, il a été également soustrait plusieurs lettres de Henri de Condé. En voici l'indication :

Au roi, 1568, 25 juin (vol. $\frac{320}{5}$, *olim* 1150[1]).
— 1570, 24 août (vol. $\frac{323}{4}$, *olim* 1158).
A la reine mère,   id.
Au roi, 1571, 13 novembre (vol. $\frac{323}{8}$, *olim* 1159).
A la reine mère, 30 mai,   id.
Au roi, 1580, janvier (vol. $\frac{329}{2}$, *olim* 1172).
— 1581, 30 septembre (vol. $\frac{329}{8}$, *olim* 1175).
A la reine mère, même date,   id.

On a enlevé au volume 304 du fonds des Missions étrangères (Biblioth. nat.), une lettre de la princesse de Condé[2], adressée au roi, en date de 1598. Le feuillet d'adresse est resté dans le volume et porte un résumé de la lettre conçu en ces termes : « Instruit son fils à la dévotion et service du roi. »

CONDÉ (Henri II, prince DE), né 1588, m. 1646.

Un volume de la collection Baluze (papiers des armoires, paquet 8, n° 2, liasse 2) se compose de lettres adressées à Gaston d'Orléans par Henri, père du grand Condé et d'autres membres de la même famille, dans l'intervalle des années 1627 à 1659. Que la liasse formée autrefois par ces papiers ait été ravagée avant la reliure de la collection, c'est ce dont on ne peut douter, car on voit une trace des soustractions qu'elles ont subies dans trois lettres de la princesse de Condé à Gaston (probablement de l'année 1659), qui ont été chacune séparées en deux parties; le feuillet écrit a été enlevé; le feuillet blanc, sur lequel était l'adresse, est resté et a été religieusement conservé par le relieur. Comme nous en ignorons la date exacte, nous ne pouvons en constater l'identité; mais, en outre, depuis que ce volume est relié, c'est-à-dire depuis

---

mêmes lettres figurant successivement dans plusieurs ventes. — Voyez les ventes : Bertin, n° 152; Saint-Julien, n° 74; Van-Sloppen, n° 53; 5 février 1844, n° 127.

1. La pièce doit être signée *marquis de Conti*, nom que porta ce prince avant de devenir prince de Condé par la mort de son père arrivée en 1569.

2. Charlotte Catherine de la Trémouille, née en 1567, morte en 1629.

l'année 1844, on y a coupé ou arraché[1] au moins trois pièces, et l'on a essayé, par des recollages, de dissimuler en partie le vol. Parmi ces dernières pièces, se trouvait une lettre du prince de Condé à Gaston, du 27 avril 1630[2]. On trouve dans les ventes deux autres lettres de Condé à Gaston :

1632, 14 octobre (vente Saint-Julien, n° 32).
1644, 10 septembre (vente du bibliophile Jacob).

CONDÉ (Louis II, prince DE), né 1621, m. 1686.

Trois lettres du grand Condé à Colbert ont figuré dans les ventes d'autographes; l'une de l'année 1665, à la vente J. G. (1844, n° 130); l'autre de l'année 1663, à la vente Maunoir, faite à Londres, en 1846 (n° 106); la troisième, sans date, à la vente Laverdet (juillet 1849, n° 65). Toutes trois proviennent sans aucun doute de la correspondance de Colbert, conservée à la Bibliothèque nationale (Voyez l'article COLBERT).

CONDORCET (M.-J.-A.-N.-C., marquis DE), né 1743, m. 1794.

Les pièces suivantes, signées de Condorcet, ont été enlevées des archives de l'Académie des sciences :

Délibération des commissaires de l'Académie des sciences, du 24 mars 1790, relative à des prix décernés et à décerner pour des dissertations sur les planètes signée de Condorcet, Pingré, Bossut, Cassini et Bailly (ventes du 15 mai 1843, n° 125, et du 3 février 1843, n° 114).

Pièce signée avec 2 lignes autographes. Rapport fait à l'Académie des sciences, en 1778, par Condorcet, Lavoisier et Macquer (vente de l'Alliance des arts, 3 juin 1844, n° 59).

CONTI (ARMAND, prince DE), frère du grand Condé, né 1629, m. 1666.

Dans la correspondance de Colbert, où les lettres, comme on l'a dit plus haut (article COLBERT), sont rangées suivant l'ordre chronologique, il y a une trace d'arrachement parmi celles du 15 septembre 1662, entre une d'elles signée Poulletier, et une autre de Saint-Luc. Cette place nous a paru parfaitement convenir à une lettre annoncée sous le n° 153, dans la vente du 8 février 1844, comme étant du prince de Conti à Colbert, en date du 15 septembre 1662[3]. C'est, en effet, la pièce qui était en cet endroit et dont la soustrac-

---

[1]. Le travail que ce volume a souffert ne peut avoir été fait qu'à loisir. — Voyez ci-dessus, p. 24 et 25.
Le catalogue de la vente du 10 mars 1847 et le *Bulletin de Chararay* de la même année, n° 253, annoncent une lettre de ce prince à de Thou en date du 7 mars 1636. Elle provient de la collection Du Puy (Biblioth. nat.).

[2]. Une lettre de Condé à Gaston, de l'année 1643, a été mise en vente à Londres en 1858 par le libraire T. Rodd. — Voyez ci-dessus l'article CHARLES Ier.

[3]. Cette lettre avait déjà passé, avec la date fautive du 15 décembre, dans la vente du bibliophile Jacob.

tion est certaine, car le cachet qu'elle portait est resté gravé en creux sur la lettre qui venait ensuite (celle de Saint-Luc); il représente un écu aux trois fleurs de lis chargé d'un bâton péri en barre : ce sont les armes de Conti.

Une autre lettre de la femme de ce prince, Anne-Marie de Conti, de la même année (vente J. G., n° 132), a été très-probablement enlevée aussi à la même correspondance. — Parmi les pièces du 10 novembre 1662, entre une lettre de M. de Fortia et une de Colbert de Vandière, se trouve la trace d'un arrachement manifeste et, sur la lettre de Colbert de Vandière, l'empreinte du cachet de la pièce disparue, cachet aux armes de Conti. Cette pièce est peut-être la lettre sans date de Conti à Colbert, qui a figuré à la vente Villenave (1850) sous le n° 228.

On trouve encore dans les ventes d'autographes les deux lettres suivantes, du prince de Conti, qui proviennent de la collection Baluze (Voyez l'article GASTON) :

A Goulas, 1658, 16 janvier (vente Gottlieb W., n° 31).
Au duc d'Orléans, 1659, 4 avril (vente Saint-Julien, n° 35).

Enfin, une lettre du même prince à Séguier, en date du 13 août 1634 (vente A.-A., 2 avril 1839, n° 745) vient probablement de la collection Séguier (Biblioth. nat.) ou du recueil des Godefroy.

CORBINELLI (JACQUES).

D'après l'inventaire par volumes, il manque au tome 712 de la collection Du Puy (Biblioth. nat.), au moins une lettre de Corbinelli, adressée probablement à l'un des Du Puy.

CORINTHE (archevêque de). Voyez CHRISTINE.

COTTON (Sir JOHN).

Une lettre de ce personnage à Baluze et la minute de la réponse de ce dernier, ont été vendues en Angleterre. Elles sont annoncées à la page 16 du catalogue de T. Rodd, de juillet 1838[1].

Toutes deux étaient soustraites à la collection Baluze.

COULOMB (CH.-AUG.), physicien, né 1736, m. 1806.

D'après le catalogue du deuxième paquet de la liasse I des papiers des Cassini (biblioth. de l'Observat.), il manque dans ce paquet une ou plusieurs lettres de Coulomb à Cassini de Thury, en date de 1785.

COURCELLES (MARIE-SIDONIA DE LÉNONCOURT, marquise DE), née 1659.

Dans le volume 104 du fonds Bouhier (Biblioth. nat.), volume paginé anciennement, il manque 17 feuillets (de 306 à 323). La pièce

---

[1]. En ces termes : Letter, in latin, to Baluze respecting a manuscript, with Baluze's draft of his answer, thanking sir John for the present of an ancient ms. of the sixth œcumenic synod.

arrachée est indiquée de la manière suivante sur un catalogue, en tête du volume : « VI° Mémoires de Marie Sidonia de Lenoncourt, mar« quise de Courcelles; la première partie écrite par elle-même, la se« conde par le président Bouhier. » — C'est la première partie qui manque.

CRAMERUS (J.), astronome de Danzig.

Il manque au tome 4 de la correspondance d'Hévélius (Biblioth. de l'Observat.) une lettre de Cramer à Hévélius, en date du 21 mai 1640 (?). Elle commence ainsi : « Cum gaudio recordor.... »

CRAMOISY (Sébastien), imprimeur-libraire, m. 1669.

Les tomes 8 et 9 de la correspondance d'Hévélius contenaient plusieurs lettres à lui adressées par Cramoisy; il n'en reste plus que deux. On a enlevé les suivantes, qui ont toutes passé dans les ventes Libri :

1666, (vente Riffet, n° 459).

1667, 19 août (vente Gottlieb W., n° 274).

1668, 19 octobre. Responsurus literis vestris quas.... (vente Saint-Julien, n° 291).

On trouve, en outre, dans la vente Crapelet (1842), n° 78, une lettre sans date de Cramoisy à Hévélius, lettre qui vient probablement de la même collection, ainsi que deux pièces qui ont été annoncées, sans date, sur le catalogue de la vente Thiébaut (avril, 1850), n° 974.

CROY (Guillaume de), lieutenant général des Pays-Bas, né 1453, m. 1521.

Il manque au tome 263 de la collection Du Puy une lettre de Croy au grand maître Boisy, en date du 19 mars. Elle est écrite de Bruxelles, et relative aux négociations entamées à Cambrai.

CROY (Chrestienne de), princesse de Salm, m. 1664.

Une lettre, sans date, de cette princesse au duc Bernard de Saxe-Weimar, a été trouvée chez M. Libri ; elle vient très-probablement de la correspondance du duc Bernard, correspondance qui faisait partie de la collection Baluze[1], où plusieurs lettres de Chrestienne de Croy existent encore aujourd'hui.

CROWN (G.), de la Société royale de Londres.

Il manque au tome 14 de la correspondance d'Hévélius (biblioth. de l'Observat.) une lettre de Crown à Hévélius, en date du 30 avril 1679. Elle commence ainsi : « Cum vir admodum ingeniosus et eruditus.... »

CRUMWEL (Th.), comte d'Essex, homme d'État, né v. 1490, m. 1540.

---

1. Voyez ANNE D'AUTRICHE, CHAVIGNY, SAXE.

Une lettre de ce personnage, en date du 15 septembre (1535) et adressée à l'ambassadeur de France à Londres, a disparu du tome 726 de la collection Du Puy (Biblioth. nat.). Elle commence ainsi : « Le roy mon maistre a esté adverty.... »

CRUSSOL (JACQUES DE), mort vers 1525.

Il manque au tome 261 de la collection Du Puy (Biblioth. nat.) une lettre de Crussol à Louis XII, en date du 22 mai. Elle est relative à la reddition du château de Bresse (Brescia?).

CUJAS, né 1520, m. 1590.

Les trois lettres suivantes de ce grand jurisconsulte ont été enlevées à la collection Du Puy (Biblioth. nat.); les deux premières, écrites à P. Pithou, appartenaient au volume 700, et la troisième, adressée à Ant. Loisel, au volume 663 :

1566, 17 avril. J'ai receu les libvres que je vous avois baillé en garde.
1566, 15 septembre. J'arrivay à Paris le lendemain du jour que vous en estiés party (vente du 10 mars 1847, n° 137).
1581, 27 décembre. Elle se termine par ces mots : J'ai céans M. de la Scala[1], de qui la doulce compagnie m'a tiré du sépulchre où j'estoie pouvrement tombé, et m'a essuyé une partie de mes piteuses larmes (vente Libri, 8 décembre 1845, n° 125).

Cette dernière phrase de la lettre de 1581 est une allusion à la douleur que Cujas avait eue de perdre son fils unique. La pièce était donc précieuse; aussi n'a-t-elle pas échappé, quoiqu'elle fût la seule de Cujas que contînt le volume 663. Celles du volume 700 se trouvaient au contraire mêlées à un fascicule de 34 autres lettres autographes de Cujas, toutes numérotées. On peut voir dans ce volume un exemple de l'art avec lequel certaines gens (comme nous l'avons dit plus haut, page 27) falsifiaient des chiffres et sophistiquaient un volume pour dissimuler leurs soustractions. Mais les auteurs de cette opération avaient compté sans la publication d'un article sur les lettres de Cujas, inséré par Gustave Hugo dans le *Civilistisches Magazin* (Berlin, 1803), et sans le travail de M. Berriat-Saint-Prix sur la vie du célèbre jurisconsulte, publié en 1821. Toutes les lettres de Cujas existant dans la collection Du Puy à cette date[2] ont été mentionnées par M. Berriat dans son ouvrage[3], et, grâce à la rare exactitude de ce savant, les lacunes du volume 700 et les altérations qu'il a subies peuvent être parfaitement reconnues. Ajoutons qu'elles sont constatées d'une manière

---

1. Joseph Scaliger.
2. Elles n'ont dû être enlevées que longtemps après, car elles figurent sur l'inventaire par cartes de la collection Du Puy, lequel n'a été commencé qu'en 1835, ainsi qu'on le verra plus loin, art. Du Puy, p. 118.
3. *Histoire du droit romain suivie de l'Histoire de Cujas*. Paris, 1821, in-8°. Appendice, p. 575 à 620. M. Berriat comptait donner une édition des lettres de Cujas, et s'occupait encore activement de ce travail en 1834.

d'autant plus sûre que nous avons la copie de ces trois pièces, perdues aujourd'hui dans des collections particulières [1].

DAMPVILLE (FRANÇOIS DE MONTMORENCY, maréchal DE), né 1530, m. 1579.

Plusieurs lettres de ce seigneur ont disparu de différents volumes du fonds Saint-Germain-Harlay (Biblioth. nat.), savoir :

Volume $^{325}_{1}$ (*olim* 1155). Au roi, 1569, 15 ou 16 mai.
Volume $^{325}_{2}$ (*olim* 1156). Au roi, 1569, 10 juillet; 21 septembre.
Ibid.   Au duc d'Anjou, 1569, 13 juillet.
Volume $^{325}_{4}$ (*olim* 1158). Au roi, 1570, 28 juin; 12 septembre (en faveur du capitaine Grille); du 20 au 25 septembre.

DAUBENTON (le P. G.), jésuite, né 1648, m. 1725.

A la vente du bibliophile Jacob a figuré une lettre de ce jésuite à l'abbé Bignon, en date du 9 janvier 1724. Cette pièce, relative au P. Feuillée, doit venir de l'un des cartons des archives de l'Institut (Voyez ACADÉMIE DES SCIENCES et FEUILLÉE).

DE L'ISLE (J.-N.), géographe et astronome, né 1688, m. 1768.

Le savant De l'Isle avait, dans ses divers voyages en Europe, recueilli une curieuse collection de pièces astronomiques et géographiques qui fut achetée par Louis XV et réunie au Dépôt des cartes et plans du ministère de la marine. Lors de la création du Bureau des longitudes, on transporta à la bibliothèque de l'Observatoire les recueils imprimés ou manuscrits qui concernaient plus spécialement l'astronomie. Au nombre de ces manuscrits se trouvaient la correspondance d'Hévélius (Voyez HÉVÉLIUS), de nombreux portefeuilles contenant la correspondance des missionnaires de la Chine avec Fréret, Mairan, etc.; enfin la correspondance de De l'Isle, laquelle, avec un volume de supplément, devait former 16 portefeuilles in-f°. Sur ces 16 portefeuilles, les tomes 3, 4, 5, 6, 7, 14, 15 sont restés au Dépôt des cartes et plans de la marine, et le tome 13 n'a pu être retrouvé nulle part.

Les portefeuilles contenant la correspondance des missionnaires sont divisés en liasses dont les pièces sont cotées de la main même de De l'Isle; il a de plus indiqué sur la couverture de chaque portefeuille et sur la chemise de chaque liasse le nombre des pièces, qui, pour la plupart, portent l'estampille à encre verte du Dépôt des cartes et plans [2].

---

1. Ces copies ont été faites de la main même de feu M. Berriat-Saint-Prix ; nous en devons la communication à l'obligeance de son fils, M. Félix Berriat.
2. M. Libri, qui à diverses reprises a consulté ces manuscrits et n'y a jamais signalé de lacunes, en a parlé ainsi dans les deux éditions du tome Ier de son *Histoire des sciences mathématiques* :

1re édition, 1835, t. 1er, p 148 : « Il existe « à la bibliothèque de l'Observatoire de Pa- « ris la correspondance inédite des mission-

2e édition, 1838, t. 1er, p. 138, note 1 : « Outre tout ce qui a été publié sur ce su- « jet, il existe à la Bibliothèque de l'Obser-

De l'Isle avait fait dresser (en 1 volume in-f°) l'inventaire détaillé des pièces contenues dans ses diverses collections et, entre autres, dans sa correspondance. La partie relative aux lettres des missionnaires manque; mais, dans le catalogue de sa propre correspondance, on trouve mentionnées à la fois, jour par jour, et les lettres qu'il recevait et celles qu'il écrivait[1]. Malheureusement, il a le plus souvent inscrit les premières, non pas avec la date du jour où elles ont été écrites, mais avec la date du jour où elles lui parvenaient. Nous avons pu, du reste, remédier la plupart du temps à cet inconvénient en recherchant dans les réponses de De l'Isle la date exacte de ces lettres.

Voici l'indication sommaire des pièces qui ont disparu de ces différents recueils[2] :

Portefeuille 36. Diverses observations astronomiques. Lettres du P. Du Chastelard.

Portefeuille 89. Lettres de Sethus Calvisius, Képler, P. Crugerus, Flamsteed, Wurzelbauer, Römer, Kirch : environ 46 pièces.

Portefeuille 149. 2 lettres, dont une de Bayer.

Portefeuille 150. Lettres du P. Gaubil, de Fréret, du P. Prémare, de Mailla : 69 pièces.

Portefeuille 151. Diverses cartes chinoises.

Portefeuilles 152, 153, 154. Divers mémoires et traductions relatifs à la Chine des PP. Regis, Gaubil et de la Charme.

Correspondance de De l'Isle. — Tome 1er. Lettres de Cassini, Feuillée, Fréret, Kirch, Maraldi, Réaumur, Teinturier, Wagner : 14 pièces.

« naires les plus distingués, tels que le P. Gaubil, le P. Prémare et autres avec Mairan, Fréret et De l'Isle, sur l'astronomie chinoise. Malheureusement, n'ayant eu connaissance de ces importants manuscrits que lorsque cette feuille était sous presse, il nous a été impossible de profiter des nombreux documents qu'ils renferment. Nous ne pouvons que les signaler à l'attention des savants. Les volumes nos 149, 150 et 151 de la correspondance de De l'Isle méritent surtout d'être étudiés. »

« vatoire de Paris, la correspondance inédite des missionnaires les plus distingués avec Mairan, Fréret et De l'Isle. Ces importants manuscrits méritent d'être étudiés par tous ceux qui veulent s'occuper avec fruit de l'astronomie chinoise. »

On voit que dans la 2e édition, publiée postérieurement à la vente Canazar, où figurent plusieurs pièces provenant des manuscrits mentionnés par M. Libri, l'indication précise des portefeuilles 149, 150, 151 a disparu. Ajoutons qu'il ne reste plus aujourd'hui, dans la correspondance des missionnaires, une seule lettre adressée à Mairan.

1. Les lettres de De l'Isle sont en général non point des minutes, mais des copies.
2. A la vente Buache faite en 1826 (Voyez plus haut, p. 37), on a vendu entre autres, une partie de la correspondance de J.-N. De l'Isle; mais ces papiers ne provenaient point de la collection cédée au roi, car on trouve indiquées sur le catalogue de cette vente des pièces que ne mentionne point l'inventaire de De l'Isle, et de plus, il n'y est aucunement parlé des lettres de Képler, Flamsteed, etc., ni des correspondances de Mairan et de Fréret.

Tome 2. Lettres de Hasius, Struyck, Herstentein, Zumbach, Newton, Wagner, Louville, Laval, Kirch, Doppelmayer, Manfredi, Nicasius Grammatici : 25 pièces.

Tome 3. Lettres de Kirch, Manfredi, Rost, Nicasius Grammatici, Müller, Du Chastelard, Rutti : 18 pièces.

Tome 4. Lettres de Rost, Nicasius Grammatici, Marinoni, Manfredi : 8 pièces.

Tome 5. Lettres de Gaubil, De la Charme, Celsius, Mortimer : 4 pièces.

Tome 6. Lettres de Marinoni, Gaubil, Morris, Kirch, Weidler, Rollet, Du Chastelard, Manfredi, etc. : 15 pièces.

Tome 7. Lettres de Marinoni, Manfredi, Schreyer, Kirch, Du Chastelard, Zanotti, Martini, Zendrini, etc. : 14 pièces.

Tome 8. Lettres de Marinoni, Euler, Cassini, Bernouilli, Celsius, Du Chastelard, Fontenelle, Hans Sloane, Hasius, Weidler, Réaumur, Zanotti, Bose, Vigor, Mairan, Fouchy, Knutzen, Hollmann, etc. : 32 pièces.

Tome 9. Lettres d'Euler, Cassini, Bradley, Wadler, Boscovich : 11 pièces.

Tome 12. Lettres de Hayley, de La Roque, Zanotti, Gaubil, Maire : 6 pièces [1].

En outre, il manque dans les tomes 2, 4, 7, 8 de cette correspondance les minutes des lettres suivantes de De l'Isle, savoir :

A Buache, 1723, 7 novembre.

A Rost, 1731, 31 octobre.

A Mauclerc, 1739, 23 août.

A Bose, 1744, 4 janvier.

A Hollmann, 1744, 4 janvier.

A ....? 1746, 11 janvier.

DELORME (Ch.), médecin, né 1584, m. 1678.

On trouve sur le catalogue de la vente Saint-Julien (Libri), n° 274, une lettre de ce médecin à Du Puy, en date du 10 octobre 1612. Cette pièce vient indubitablement de la collection Du Puy (Biblioth. nat.).

DESCARTES (René), né 1596, m. 1650.

Lorsque M. Cousin publia en 1824 une édition des œuvres de Descartes, il déclara dans sa préface qu'il n'avait pu trouver d'autre autographe de cet illustre philosophe qu'un billet appartenant à M. de Châteaugiron. Avec quelques recherches il aurait été plus heureux, car, en 1828, l'*Isographie* donnait le fac-simile d'une lettre adressée par Descartes au P. Mersenne et dont l'original appartenait aux archives de l'Institut.

Plus tard, M. Cousin, dans le *Journal des Savants*, annonçait l'en-

---

1. Soit en tout 250 pièces.

tière disparition des lettres de Descartes conservées jadis à l'Institut, assertion inexacte, ainsi qu'on va le voir.

Il existe dans le carton 33 des archives de l'Académie des sciences une chemise sur laquelle on lit ces mots écrits par deux mains différentes et biffés actuellement : « *Soixante et cinq lettres* originales de M. Descartes au R. P. Mersenne; — du 26 avril 1647. — *Toutes estampillées.* »

L'enveloppe n'en contient plus une seule; mais, dans le carton 27, nous avons retrouvé une autre enveloppe portant l'intitulé suivant : *Lettres originales de Descartes au P. Mersenne et au chevalier de Cavendish, et quelques autres morceaux détachés de Descartes,* — 1629 *à* 1648.

D'après l'écriture et la nature du papier avec en-tête imprimé sur lequel elle est tracée, cette inscription a été reconnue, au secrétariat de l'Institut, comme devant avoir été écrite vers les années 1806 à 1810.

Il ne reste plus actuellement dans ce carton 27, que trois lettres de Descartes au P. Mersenne, en date du 18 décembre 1629, du 15 avril 1630 et du 26 avril 1647. Les autres pièces, notamment la lettre publiée dans l'*Isographie* et celles adressées à Cavendish, ont disparu.

Depuis la vente Riffet (1837), on a vu passer dans les ventes vingt lettres environ de Descartes, toutes (à l'exception d'une seule à Cavendish[1]) adressées au P. Mersenne. Nous avons pu en examiner quelques-unes, et nous nous sommes convaincus qu'elles avaient appartenu aux archives de l'Institut. M. Libri, qui était le propriétaire, sinon de la totalité, au moins de la plus grande partie de ces lettres, en a reconnu lui-même la provenance[2].

Voici, du reste, les signes auxquels on pourra reconnaître les lettres de Descartes qui ont été enlevées aux archives de l'Institut :

Chaque lettre porte en haut de la première page, et d'une écriture du xviie siècle, le renvoi au volume et à la page de l'édition des lettres de Descartes où elle a été imprimée[3]; à côté, et ordinairement sur la marge, existe, sinon l'estampille de l'ancienne

---

1. Vente du 15 mai 1843, n° 136.
2. Dans sa *Lettre à M. le président de l'Institut de France*, M. Libri a prétendu qu'elles faisaient partie de la collection de manuscrits achetée par lui en 1839 et provenant du géomètre Arbogast qui, par une note autographe, aurait reconnu avoir *trouvé* (le mot est souligné) ces lettres à l'Académie des sciences. A la page 51 de la même brochure, M. Libri a donné, d'après une autre note écrite aussi, dit-il, de la main d'Arbogast, la liste des savants dont cette collection renfermait des lettres ou des manuscrits. Mais avant sa condamnation il n'avait jamais parlé de cette liste qui, sur 50 noms, offre précisément ceux de 40 signataires de pièces dont la soustraction lui a été imputée par l'acte d'accusation. Or, la mort d'Arbogast, arrivée en 1803, est antérieure de plusieurs années à la date de l'inscription conservée dans le carton 27.

Quant à la prétendue correspondance de Descartes avec l'Académie des sciences, correspondance signalée par M. P. Lacroix dans ses *Lettres à M. Haton*, nous nous bornerons à dire que l'Académie n'a été créée qu'en 1666, et que Descartes était mort dès 1650.

3. C'est l'édition de 1666, in-4°.

Académie des sciences, au moins la trace de cette estampille qui, étant simplement marquée à l'encre rouge, a pu facilement être enlevée. La date de la lettre est écrite au crayon et en gros caractères sur la marge, où l'on peut lire aussi quelques signes abréviatifs ; de plus, on doit trouver au haut de la page, tracé en chiffres assez gros renfermés entre parenthèses, l'un des numéros 3, 5 à 65[1]. Enfin, sur quelques pièces au bas de la marge, il y a probablement un chiffre suivi d'une lettre.

Outre les lettres qu'il a écoulées en vente publique, M. Libri a encore vendu à lord Ashburnham un volume intitulé ainsi sur son catalogue : *Correspondance inédite et autographe de Descartes avec le P. Mersenne. — Précieux manuscrit in-f° et in-4°; XVII° siècle; sur papier.*

Les lettres de Descartes soustraites à l'Institut représentent une valeur d'environ 5,000 fr.

DES NOYERS, secrétaire de la reine de Pologne, mort vers 1693[2].

Il manque aux tomes 4, 9 et 11 de la correspondance d'Hévélius (biblioth. de l'Observ.) les lettres suivantes de Des Noyers à Hévélius :

1657, 1er novembre. Votre lettre du 2 septembre....

1660, 22 novembre. Je vous ay promis que tout aussitôt....[3]

1666, 11 juin (vente Donnadieu, Londres, juillet 1851, n° 277)[4].

1666, 11 juillet (vente Gottlieb W., n° 260).

1668, 27 avril. Je vous envoye dans ce paquet....

Sans date, mais probablement de l'année 1675. Eclipse du 11 janvier (1675) à Varsovie.

DENHOFF, ou DONHOFF.

Il a disparu du tome 14 de la correspondance d'Hévélius (biblioth. de l'Observat.) une lettre de Denhoff à Hévélius, en date du 14 avril 1679. Elle commence ainsi : « Ephemerides gallicas.... »

DETHLEVUS CLUVERUS.

On a enlevé aux tomes 14 et 15 de la correspondance d'Hévélius (biblioth. de l'Observat.) les lettres suivantes de Cluverus adressées à Hévélius :

1679, 27 juin. Jam dum certior factus....

---

1. Les trois lettres restées dans le carton portent les numéros 1, 2, 4.

2. La correspondance de Boulliau (Biblioth. nat.) contient 5 volumes de lettres adressées par Des Noyers à Boulliau. Les premières sont de 1635; la dernière est du 17 octobre 1692, et c'est d'après son contenu que nous croyons pouvoir assigner à la mort de Des Noyers la date approximative de 1693.

3. A cette lettre devait être joint le dessin d'une lunette construite par Divinis.

4. Cette pièce est annoncée par erreur sur le catalogue de vente comme étant écrite par Fr. Sublet De Noyers. Quand même ce catalogue n'indiquerait pas qu'elle est adressée à Hévélius, l'analyse qu'il en a donnée ne permettrait aucun doute sur l'auteur de la lettre.

1680, 17 février. Acerrimum illum dolorem....

1681, $\frac{8}{18}$ juin. Jam aliquoties '....

DIODATI (J.), érudit genévois, né 1576, m. 1645.

Il manque dans le registre 41 (vol. 2) des manuscrits de Peiresc, à la bibliothèque de Carpentras, les feuillets 162 à 165, 168 à 171, qui étaient probablement des lettres de Diodati à Gassendi.

Il y a des traces d'arrachement entre les lettres de Diodati à Peiresc, au tome 10 de la correspondance de ce dernier (Biblioth. nat.). Les adresses de deux de ces lettres sont restées dans le volume et sur l'une d'elles on lit la note suivante : *Diodati, 29 décembre* 1634. *De Gassendi et de la profession de véridique.* — Elle a figuré à la vente (Libri) du 16 avril 1846, n° 148. Les deux pièces suivantes qui viennent indubitablement des mêmes collections ont passé dans les ventes Libri, savoir :

1634, à Peiresc (vente Riffet, n° 421).

1634, 15 octobre (vente du 8 décembre 1845, n° 135). C'est peut-être la même que la précédente.

DOLET (Ét.), érudit, né 1509, m. 1546.

D'après l'inventaire par volumes, on a enlevé au tome 712 de la collection Du Puy (Biblioth. nat.) au moins une lettre de Dolet; nous ne savons à qui elle était adressée. Aucune pièce de ce savant imprimeur n'a encore passé dans les ventes.

DONI (J.-P.), poëte italien, né 1594, m. 1647.

D'après l'inventaire par volumes, le tome 688 de la collection Du Puy (Biblioth. nat.) devait contenir une lettre de Doni. Elle a disparu. — On en retrouve une avec la date du 6 juillet 1629, dans la vente (Libri) du 16 avril 1846, n° 149.

DOPPELMAYER (J.-Gab.), mathématicien, né 1671, m. 1750.

On a enlevé dans le tome 2 de la correspondance de De l'Isle (biblioth. de l'Observat.) une lettre de Doppelmayer à De l'Isle, en date du 5 juillet 1724.

DOUSA (Janus), érudit, né 1545, m. 1604.

Une ou plusieurs lettres de Dousa à Sainte-Marthe ont été arrachées du manuscrit 292 de la bibliothèque de l'Institut. On retrouve dans la vente Riffet, n° 396, une lettre de cet érudit, en date de 1592.

DU BARTAS (G. de Saluste), poëte, né 1544, m. 1590.

D'après l'inventaire par volumes, il manque au moins une lettre de Du Bartas, dans le tome 712 de la collection Du Puy (Biblioth. nat.). Nous ignorons la date de cette pièce et le nom du destinataire.

---

1. Une de ces deux dernières lettres a été retrouvée dans les papiers de M. Libri.

DU BELLAY (Jean), cardinal, né 1492, m. 1560.

Il a été soustrait dans le volume 44 de la collection Du Puy (Biblioth. nat.) une lettre de Du Bellay à l'évêque d'Auxerre (d'Inteville), à la date du 17 janvier 1532. Elle commence ainsi : « Ideo nihil est ex omni parte.... »

Sur huit lettres que devait contenir le tome 726 du même recueil, cinq ont disparu. Elles étaient adressées au même prélat.

Trois lettres adressées aussi à l'évêque d'Auxerre ont passé dans les ventes du bibliophile Jacob; Bon de L. L., n° 56; 6 avril 1846, n° 10.

DU BELLAY (René), évêque du Mans, m. 1546.

Une lettre de ce prélat à l'évêque d'Auxerre, en date du 26 juin 1532, a disparu du tome 726 de la collection Du Puy (Biblioth. nat.).

Une autre lettre de René à son frère, l'évêque de Paris, a été arrachée du tome 269 de la même collection.

DU BELLAY (G.), né 1491, m. 1542.

Trois lettres de Guillaume du Bellay ont été enlevées du tome 269 de la collection Du Puy (Biblioth. nat.), savoir :

Au cardinal Jean Du Bellay, 1537, 16 avril.
Au chancelier, 1537, 12 janvier.
Au cardinal de Tournon, 1537, 12 janvier.

Il manque dans le manuscrit 8585 du fonds latin (Biblioth. nat.) une lettre indiquée ainsi sur l'inventaire placé en tête du volume : « Bellaius Carolo Utenhovio.... »

DU BUISSON[1]. Le catalogue de la vente Riffet contient, sous le n° 251, une lettre de ce personnage à Godefroy; elle doit provenir de la collection Godefroy (biblioth. de l'Institut).

DU CANGE (Ch. du Fresne), érudit, né 1610, m. 1688.

Le premier autographe de Du Cange qui ait passé à Paris dans une vente a figuré sur le catalogue de la vente Canazar (Libri), n° 1469. D'après l'analyse qui en est donnée, cette pièce, relative à la famille des de Thou, doit provenir, soit de la collection Du Puy, soit de la correspondance de Boulliau (Biblioth. nat.).

Depuis la vente Canazar, neuf autres lettres de ce savant illustre ont figuré sur des catalogues d'autographes, mais la plupart sans indications précises. Nous nous bornerons à signaler celles des ventes Riffet, n° 446; Gottlieb W., n° 326; bibliophile Jacob, comme enlevées, suivant toute probabilité, à la collection Godefroy (biblioth. de l'Institut).

C'est de la même bibliothèque que proviennent les deux lettres adressées à Guichenon, l'une du 1er janvier 1659, annoncée dans le *Bulletin du Bibliophile* (1837, n° 119) et dans la vente du baron de

---

[1]. C'est peut-être l'avocat au parlement dont il existe une harangue au tome 205 de la collection Du Puy.

L. L., n° 215 ; l'autre du 18 avril 1660, dans le supplément de la vente J. G., n° 19 ¹ (Voyez l'article GUICHENON).

DU CHASTELARD (le P.). Il manque dans le portefeuille 36 de la collection De l'Isle à la bibliothèque de l'Observatoire une lettre de Du Chastelard, en date de juin 1731.

En outre, 5 autres lettres adressées par le même à De l'Isle ont disparu de la correspondance de ce dernier : elles sont datées des 13 février et 31 décembre 1729, de 1738, de 1744 et du 8 mars 1742.

DUCHESNE (ANDRÉ), érudit, né 1584, m. 1640.

Il y a des traces d'arrachement entre les lettres de Duchesne dans les deux collections de Peiresc à Carpentras (registre 78) et à la Bibliothèque nationale (tome 10). On retrouve de lui dans les ventes les lettres suivantes, adressées à Peiresc :

1634, 25 mai (ventes Canazar, n° 1448, Th. W., n° 73).

Sans date (vente J. G., supplément, n° 20).

C'est probablement des mêmes recueils que proviennent aussi les lettres qui ont figuré à la vente de l'Alliance des arts, 1ᵉʳ avril 1844, n° 75, et à la vente du 2 mars 1843, n° 39, avec les dates du 27 janvier 1634 et du 12 février 1627.

DUCHESNE (F.), fils du précédent, né 1616, m 1693.

Les lettres suivantes de F. Duchesne à Guichenon ont passé dans les ventes :

1659, 29 novembre (vente Gottlieb W., n° 285).

1659, 3 janvier (vente baron de L. L., n° 309).

1659, 3 décembre (*Bulletin du Bibliophile*, n° 1191).

Sans date (vente bibliophile Jacob).

Elles proviennent de la correspondance de Guichenon (biblioth. de l'Institut) [Voyez GUICHENON] ².

DU HAILLAN (BERN. DE GIRARD), historien, né 1535, m. 1610.

Il y a plusieurs traces d'arrachement au tome 712 de la collection Du Puy (Biblioth. nat.) entre les lettres de Du Haillan.

DU PLESSIS-MORNAY (PH.), né 1549, m. 1623.

D'après l'inventaire par cartes et la copie conservée à la bibliothèque de la ville de Paris, il manque au tome 349 de la collection Du Puy (Biblioth. nat.) 16 lettres de Du Plessis-Mornay ³, savoir :

Au roi, sans date (1592?).

Au roi, 1594, 22 mars.

---

1. C'est peut-être une troisième lettre adressée aussi à Guichenon (elle est datée seulement de l'année 1659), qui a été vendue à Londres (vente Th. Rodd, 25 février 1850, n° 34). Elle serait alors puisée à la même source.

2. Il en est probablement de même de la lettre qui a figuré sur le catalogue de la vente Riffet, n° 443, avec la date de 1660.

3 Toutes les lettres de ce célèbre personnage sont signées *Du Plessis*.

Au roi, 1596, 16 août. J'espère avoir cest honneur de voir....
Au roi, 1597, 1er avril.
Au roi, 1597, 9 mai. Il me seroit mal séant de discourir....
Au roi, 1597, 22 juin. Mgr d'Armagnac dira à V. M....
Au roi, 1598, sans date.
Au roi, 1598, 27 novembre.
Au roi, 1599, 16 octobre. J'ay estimé estre de mon devoir....
Au roi, 1599 (ou 1602?), 18 décembre. Ce me seroit beaucoup d'honneur....
Au roi, 1603, 10 février. Sur la nouvelle de l'entreprise faillie à Genève.... (vente Villenave, 22 janvier 1850, n° 623, avec la date du 9 février).
Au roi, 1603, 26 janvier. Je me suis toujours asseuré.... (vente Châteaugiron, 1851, n° 652)[1].
Au roi, 1606, 27 (ou 17 novembre). C'est de la bonté de V. M....
A Loménie, 1600, 24 juillet.
A Loménie, 1605, 21 octobre. Vous avez ouï parler....

D'après la copie conservée à la bibliothèque de la ville de Paris, il manque au tome 618 de la même collection 2 lettres de Du Plessis à de Thou, savoir :

3 mai 1597 (vente bibliophile Jacob).
16 novembre 1597.

DU PRAT (Ant.), chancelier de France, né 1463, m. 1535.

On a enlevé, depuis 1835, au tome 263 de Du Puy (Biblioth. nat.) une lettre de Du Prat au roi, en date du 22 novembre : elle est relative au ravitaillement de Tournai. D'après l'*Iconographie*, où elle est lithographiée (tome 1er), cette pièce se trouvait, en 1840, dans la collection de M. F. Feuillet.

DU PUY (Famille des). La volumineuse et riche collection de pièces manuscrites, qui forme actuellement à la Bibliothèque nationale le *Fonds Du Puy*, a été réunie dans la première moitié du XVIIe siècle par les deux frères Pierre et Jacques Du Puy, gardes de la bibliothèque du roi. Après leur mort[2], elle appartint successivement à

---

1. Cette pièce vient d'être restituée à la Bibliothèque nationale.
2. Pierre mourut en 1652 et Jacques en 1657. La plus grande partie des volumes portent au bas de la première page la signature de Pierre.
On lit dans le tome 702, qui contient diverses pièces de F. Pithou, le jugement suivant de ce savant sur les Du Puy :
« Le Gascon (Pierre) est celuy qui me plaist le plus de messieurs Du Puy. Il a bonne
« cervelle et bon jugement. Je ne puis croire que l'aisné (Christophe) soit jésuite, ou il a
« bien changé, car je l'ay veu fort homme de bien; le pénultième (Jacques) me sembloit
« avoir fort bon esprit; j'aimois plus le chanoine de Chartres (Augustin); toute la famille
« est lettrée; mais le Gascon et le pénultième sont des de Thou. »

de Thou, président à la première chambre des enquêtes, à qui Jacques la légua[1], au président de Mesnars, puis à Joly de Fleury. Ce dernier la vendit au roi, en 1754.

Ce recueil peut être considéré comme composé de deux parties : l'une comprend les tomes numérotés 1 à 777, analysés sur les deux inventaires faits par les Du Puy et dont nous parlerons tout à l'heure; mais en réalité elle se compose seulement de 763 volumes, parce que 17 d'entre eux[2] ne purent être retrouvés lors de la vente faite par M. Joly de Fleury, et que trois autres portent des numéros *bis* et *ter*[3]. La deuxième partie (778 à 958) comprend 180 volumes[4], consacrés surtout à la correspondance des familles Du Puy et de Thou, et contenant, en outre, un certain nombre de manuscrits qui provenaient de la bibliothèque de M. de Mesnars[5].

La collection totale se compose donc actuellement de 943 volumes[6]. Au moment de l'acquisition faite par le roi, elle était déjà cartonnée[7], et, de 1828 à 1831 ou 1832, elle reçut la demi-reliure dont elle est revêtue aujourd'hui[8].

Outre la correspondance et les travaux particuliers des Du Puy, cet immense recueil contient une foule de dissertations, de lettres et de papiers divers provenant des Pithou, de Besly, de Peiresc, du président de Thou et de divers membres de sa famille[9], des copies de correspondances diplomatiques, politiques et littéraires, de pièces et de mémoires relatifs à l'histoire, à la littérature, aux antiquités et aux

---

1. Nous avons retrouvé au tome 835 de Du Puy une copie de ce legs qui paraît avoir été inconnu à tous ceux qui ont parlé de la collection.
2. Savoir; les n°s 48, 73, 77, 120, 242, 296, 320, 363, 372, 404, 405, 406, 449, 475, 632, 668, 773. Le volume 404 nous paraît être celui qui a figuré à la vente Dacier en 1833.
3. Ce sont les n°s 394 *bis*, 394 *ter*, 725 *bis*. Peut-être y a-t-il quelques autres doubles parmi les volumes que nous n'avons pas encore eu le temps d'examiner.
4. Le volume 957 n'existe pas. — D'après une note mise sur l'un des catalogues ce numéro fait double emploi avec le numéro 946.
5. Tels sont entre autres les volumes 926, 928, 875, etc. Ce dernier est un manuscrit sur vélin d'Orderic Vital, manuscrit qui a été inconnu au dernier éditeur de cet historien, M. A. Le Prévost.
6. On a réuni, il y a quelques années, sous le titre de *Suite à la collection Du Puy*, cinquante volumes in-fol. qui ont été reconnus plus tard être complétement étrangers au recueil des Du Puy et provenir du maréchal de Noailles.
7. Vingt-quatre volumes n'ont été reliés qu'en 1839. Quelques autres, qui ne sont point des recueils de pièces, mais des manuscrits, ont conservé leur ancienne reliure.
8. Ces renseignements rectifient quelques chiffres donnés dans la *Bibliothèque de l'École des chartes*, t. 11, p. 268, et les diverses inexactitudes commises par M. Jubinal, dans la brochure intitulée : *Une lettre inédite de Montaigne*. Ainsi il avait prétendu que la collection Du Puy se composait de 798 volumes, qu'elle était entrée à la Bibliothèque en 1657 et qu'elle était restée plus de 150 ans en paquets ficelés, sans être reliée, etc.
9. Entre autres de Picardet, procureur général à Dijon et beau-père du dernier président de Thou. — Voyez au sujet d'une fille de Picardet inventée par M. F. Feuillet, la *Réponse de la Bibliothèque nationale*, par M. Naudet, p. 47 et suiv., et l'article MONTAIGNE.

sciences[1]. Les pièces historiques originales, qui sont en très-grand nombre, proviennent, pour la plupart, d'Antoine de Loménie, sieur de la Ville-aux-Clercs, qui, après avoir fait transcrire par les frères Du Puy les originaux qu'il possédait, les leur abandonna plus tard.

Maintenant, quelques mots sur les inventaires de ce recueil.

Les plus anciens de tous ont été dressés par les Du Puy eux-mêmes, ainsi que le constate l'acte de cession à de Thou dont nous avons parlé plus haut. Ils forment 2 volumes in-f° : l'un est un catalogue très-sommaire des pièces que renferme chaque volume[2]; l'autre est un index alphabétique et fort incomplet des matières. Tous deux s'arrêtent au 777° volume.

C'est aussi au 777e volume que s'arrête un autre inventaire, malheureusement bien incomplet, qui a été rédigé dans la seconde moitié du XVIIIe siècle, lorsque la collection était déjà à la bibliothèque du roi. Il est écrit de mains différentes et contient la note détaillée des pièces de 214 volumes compris entre les numéros 1 à 777[3]. Nous pensons que l'inventaire des autres volumes a été aussi rédigé, mais qu'il a été perdu. En tout cas, ces lacunes existent depuis longtemps, car elles sont constatées par une note de La Porte-Du Theil, mort en 1815. C'est seulement vers le milieu du mois de février 1852 que nous avons eu connaissance de ce catalogue, dont les feuilles détachées remplissent deux cartons cotés 1312 A, 1312 B, et qui, nous le croyons, était resté ignoré depuis longues années[4].

En 1835, par ordre de M. Guizot, alors ministre de l'Instruction publique, on commença à relever sur des cartes l'indication de toutes les pièces de la collection, opération qui ne fut terminée que vers 1840. On les rangea ensuite chronologiquement, et elles occupent actuellement neuf boîtes que l'on a bien voulu mettre à notre disposition. Nous avons pu ainsi prendre note de plus de 6,000 pièces originales postérieures à la seconde moitié du XVe siècle, qui sont mentionnées dans ce répertoire. Malheureusement, il a disparu un certain nombre de cartes relatives aux volumes qui ont subi des soustractions[5].

---

1. Ainsi, les volumes 461 et 667 contiennent de nombreuses inscriptions antiques, latines pour la plupart. Le tome 667 renferme des vues de monuments, des empreintes et des dessins de pierres gravées, etc.

2. Nous en avons déjà parlé plusieurs fois sous la désignation d'inventaire par volumes. Il en a été fait au siècle dernier de nombreuses copies. La Bibliothèque nationale en possède plusieurs exemplaires. Il en existe encore dans d'autres bibliothèques à Paris, à Grenoble, etc.

3. Nous devons dire qu'un certain nombre de pièces existant encore dans les volumes ont été omises sur ce catalogue.

4. Nous en avons trouvé l'indication sur un catalogue alphabétique rédigé il y a une quarantaine d'années par le savant M. Hase. Ce catalogue, consacré aux pièces renfermées dans des cartons mentionne encore à l'article Du Puy, sous la cote 1311-12, un carton intitulé : *État présent des manuscrits de Du Puy*. On ne sait ce qu'il est devenu.

5. Ainsi nous n'avons pu en retrouver une seule pour le volume 712 où était l'autographe de Montaigne qu'un arrêt de la cour d'appel a fait restituer à la Bibliothèque. Il en est à peu près de même pour le volume 714, qui a perdu de nombreuses lettres

Enfin, outre ces inventaires, il existe encore deux copies de la collection Du Puy.

Lorsque M. Joly de Fleury vendit cette collection au roi, il stipula qu'on lui ferait faire une copie ou une analyse de toutes les pièces qu'elle renfermait. Cette transcription, commencée en 1783 par un avocat nommé Pitorre[1], qui la continua jusque vers le milieu de l'année 1792, est aujourd'hui à la Bibliothèque nationale. Elle se compose de 35 volumes in-f°, intitulés *Recueil historique de la France*, et comprend la copie entière ou le résumé des 436 premiers volumes[2].

Une autre copie faite plus anciennement, sans aucun doute, nous ne savons par qui ni pour qui, est conservée à la bibliothèque de la ville de Paris[3] : elle forme 48 volumes in-4°, et contient la copie d'une partie des pièces renfermées dans 231 des tomes 17 à 776 du recueil original.

Il n'y a, à ce que nous croyons, aucun recueil manuscrit dont on se soit autant occupé que de la collection Du Puy, puisqu'il existe pour elle quatre inventaires et deux copies, et pourtant il n'en est résulté jusqu'ici rien de complet. Néanmoins, c'est en comparant soigneusement ces copies et ces inventaires avec les pièces restées dans les volumes, c'est en les complétant et en les corrigeant l'un par l'autre[4] que nous sommes, après un long et pénible travail, parvenus à découvrir la plus grande partie des soustractions que ce précieux recueil a subies.

On doit bien penser, en effet, qu'une collection aussi riche et aussi connue a été l'une des premières sur lesquelles se soit portée l'attention des spoliateurs de la Bibliothèque nationale. Elle a pourtant moins souffert qu'on ne pourrait le croire au premier abord : cela tient uniquement à ce que les pièces originales, étant généralement disséminées au milieu de nombreuses copies, il fallait, pour les trouver, des recherches assez longues. On s'est borné aux volumes que les inventaires rédigés par les Du Puy et mis à la disposition du public, signalaient comme contenant presque uniquement des pièces autographes; la récolte était ainsi plus expéditive et plus fructueuse. Ces inven-

---

de Rubens. On voit pourtant en tête de ces volumes un signe (la lettre R tracée au crayon) indiquant que les pièces qu'ils contenaient ont été relevées.

1. On doit encore à ce Pitorre un autre travail fort utile sur les Rouleaux du Parlement de Paris conservés aujourd'hui aux Archives nationales. Voyez la note insérée par M. Beugnot au sujet de ces Rouleaux, à la suite du premier volume des *Olim*, p. 998.

2. Pitorre s'est malheureusement borné trop souvent à reproduire l'inventaire placé en tête de plusieurs volumes et à remplacer la liste des pièces par un résumé écrit d'un style ridicule et prétentieux.

3. Cette bibliothèque l'a achetée au prix de 497 fr. à la vente B. D. G., au mois d'octobre 1824. C'était à cette époque une suite de cahiers non reliés et renfermés dans des cartons.

4. Nous nous sommes servis aussi de quelques ouvrages imprimés où l'on trouve le texte ou la mention de pièces originales appartenant à cette collection. Voyez Cujas, Montaigne, Rubens, de Thou, etc.

taires, ne comprenant que les 777 premiers volumes, les 180 derniers semblent, grâce à cette circonstance, avoir échappé en partie à de dangereuses investigations.

Jusqu'à ce jour, nous avons examiné 715 volumes ; 45 d'entre eux seulement ont été mutilés et en somme ont perdu environ 480 pièces, qui sont, pour la plupart, des documents scientifiques, littéraires ou historiques d'une haute importance. On pourra en juger par différents articles de ce Dictionnaire et par la liste que nous donnons plus loin (Voyez p. 121).

Pour les 777 premiers volumes les lacérations ne sont point anciennes[1] ; elles sont postérieures à la reliure actuelle[2] ; les traces d'arrachement laissées dans les manuscrits, ne permettent aucun doute à cet égard. De plus, la mention de la plupart des pièces enlevées se retrouvant sur les cartes, la date des vols ne peut être reculée au delà de 1835 ; et c'est précisément après cette date que ces pièces commencent à apparaître dans les ventes, circonstance qui, à elle seule, suffirait pour marquer l'époque des soustractions.

Quant aux 180 derniers volumes, les enlèvements qui ont pu y être commis paraissent antérieurs à la reliure, car nous n'y avons remarqué aucune trace bien visible d'arrachement. Tel est, entre autres, le tome 904, dans lequel cependant, d'après l'inventaire remis à la Bibliothèque lors de l'acquisition, devaient se trouver des lettres de Pascal qui n'y sont plus aujourd'hui.

Les auteurs de ces soustractions ont employé pour les dissimuler les supercheries que nous avons indiquées dans notre préface[3]. Les chiffres des feuillets, dans les volumes paginés anciennement, ont été enlevés ou falsifiés[4]. On a biffé, sur les inventaires placés en tête des manuscrits, l'indication de pièces enlevées, quand ces inventaires eux-mêmes n'ont pas été arrachés[5] ; sans parler des recollements, faits en général avec une grande habileté, non-seulement on a transposé des pages dans un même volume, et d'un tome dans un autre, mais on a intercalé des pièces provenant d'une autre collection, supercherie qui, ainsi que nous l'avons déjà dit, avait le double avantage de combler les vides trop apparents dans les volumes mutilés, et d'égarer les investigations. Il est bien probable que ces transpositions n'ont pu être faites à la Bibliothèque même ; et ce qui semble venir à l'appui de cette

---

1. Un seul volume, le tome 250, composé uniquement de copies a été mutilé anciennement.
2. Voyez p. 16, 17.
3. Voyez p. 26 et 27. Les pièces de la collection Du Puy n'ont été estampillées que depuis 1848.
4. Dans tous les volumes paginés par les Du Puy, sauf deux ou trois, les feuillets écrits sont les seuls numérotés. On s'est servi de cette particularité pour dissimuler les lacunes, en mettant sur les feuillets blancs les numéros des pièces enlevées.
5. Voyez CASAUBON, JULES II, etc. Les tables de Du Puy elles-mêmes n'ont pas été épargnées. Voyez l'article MONTAIGNE.

conjecture, c'est le résultat d'un rapprochement que nous avons fait, résultat qu'on ne peut guère attribuer au hasard. Quand un volume, ayant été prêté au dehors, renfermait une pièce qui ne devait point en faire partie, c'est presque toujours dans un des manuscrits qu'on avait aussi laissé sortir de l'établissement que nous sommes parvenus à retrouver celui auquel appartenait la pièce déplacée [1].

Voici, avec la liste des volumes où nous avons constaté des soustractions, l'indication des principales pièces enlevées :

Tome 3. Lettres de Villeroy : 3 pièces [2].

Tome 15. Lettres d'Emmanuel de Portugal et du cardinal de Médicis : 2 pièces.

Tome 16. Lettres de Grotius, Holstenius, Possevinus, Ph. Sidney, Baudius, Raph. Thorius, N. Borbonius : 13 pièces environ. — De plus, une lettre de Daniel Ermite à Casaubon a été transposée au tome 583.

Tome 18. Lettre de Boulliau. Quelques circonstances relatives à ce volume peuvent donner une idée de la manière dont, à la Bibliothèque nationale, on classait les manuscrits avant 1848. Pour former ce que l'on avait appelé la salle des *maroquins rouges*, on avait distrait d'un très-grand nombre de fonds des recueils d'autographes, et on les faisait relier uniformément en maroquin. Le tome 18 de Du Puy a été ainsi distrait de la collection dont il faisait partie, et, non-seulement sur les catalogues aucune note n'a indiqué ce changement, mais on a inscrit ce manuscrit sur le catalogue du Supplément français avec le n° 3011. C'est tout récemment que nous avons découvert cette mutation dont, nous le répétons, il n'y avait aucune trace sur les inventaires [3].

Tome 33. Lettre de Castillon.

Tome 44. Lettre de Jean Du Bellay.

Tome 64. Lettre de Du Vair.

Tome 102. Lettres de Calvin, Farel et Viret : 12 pièces.

Tome 104. Lettres de Bèze et Carraciolo : 9 pièces.

Tome 194. Lettres de L'Hospital, de Henri IV et de Brulart de Sillery : 8 pièces.

Tome 211. Lettres d'Éléonore, de Marguerite de Navarre : 3 pièces.

Tome 261. Lettres de J. a Bentivoliis, Carpi, Crussol, Duras,

---

[1]. Voyez aussi l'article PEIRESC.

[2]. D'après l'un des inventaires de Du Puy, il manquerait dans le tome 3 des pièces de Balzac et de Galilée ; mais l'inventaire rédigé à la fin du siècle dernier n'en fait pas mention. Voyez BALZAC.

[3]. Voyez l'article BOULLIAU. L'un des exemplaires de l'inventaire par volumes de la collection Du Puy donne pour le contenu du n° 18 des indications fautives qui sont rectifiées sur l'exemplaire joint au procès-verbal de l'acquisition du recueil par la Bibliothèque.

Forbin, Lascaris, Ganay : au moins 11 pièces. — De plus, une lettre de Mondragon et une lettre d'Ysabella Fabri ont été transposées au tome 263.

Tome 262. Lettres de Lascaris (évêque de Rieux), Trivulce, Jules II, Seyssel, Gaston de Nemours, Louis d'Orléans, Chabannes, Coulligny, Spinola, Rochechouart, Hallewin, La Trémouille, Ph. de Clèves, Briçonnet, Visconti, Odet de Foix (Lautrec), du Bâtard de Savoie, du cardinal de Clermont : 30 pièces environ. — En outre, plusieurs pièces ont été transposées ailleurs (Voyez 263 et 264). La pagination a été falsifiée, et on a biffé sur l'inventaire placé en tête du volume le nom de Jules II.

Tome 263. Lettres de Charles de Bourbon[1], Charles de Vendôme, Marguerite de France, Louis (cardinal de Bourbon), Charles de Lanoy, Poyet, G. de Croy, Du Prat, La Rochepot, cardinal de Tournon, Bryon, Bonnivet, cardinal de Lorraine : au moins 18 pièces. — La pagination de ce volume a été falsifiée.

Tome 264. Lettres de Turenne et de H. de Nassau. — L'une de ces pièces a été remplacée par une lettre de Ph. de Clèves, provenant du tome 261.

Tome 265. Lettres de Lazare de Baïf, Dodieu (sieur de Vely), Castelnau, François I*er*, Marillac, Montmorency, Selve (évêque de Lavaur), Breton, etc. : 21 pièces au moins.

Tome 268. Lettres de Faber, Calvin, Bullinger, Knox, Bèze, 5 pièces. — L'inventaire placé en tête du volume a été arraché, précaution inutile, car il avait été transcrit sur la copie faite par Pitorre.

Tome 269. Lettres de Guillaume et de René Du Bellay : 4 pièces.

Tome 279. Lettres des deux cardinaux d'Amboise, et de Charles d'Amboise, seigneur de Chaumont : 3 pièces.

Tome 281. Lettres de Henri VII, Maximilien, Henri VIII, Henri (prince de Galles), Jean de Navarre, Catherine de Navarre, Marguerite d'Autriche, Charles-Quint, Ph. de Clèves, F. de Gonzague, Élisabeth d'Espagne, Élisabeth d'Angleterre, Marie-Stuart, Jean (duc de Deux-Ponts), Jacques I*er*, Charles-Emmanuel de Savoie, Sigismond III de Pologne, Philibert de Savoie, Philippe III d'Espagne, Jacques de Savoie, du cardinal de Savoie, etc. : environ 40 pièces.

Tome 349. Lettres de Duplessis-Mornay et de Loménie : au moins 17 pièces.

Tome 357. Lettre du cardinal de Lorraine.

Tome 486. Lettres de François I*er*, Bonnivet, Charles de Bourbon, Anne de France, Semblançay, Marguerite d'Alençon, Robert

---

[1]. On a transposé dans ce volume des lettres de Seyssel, de Mondragon et d'Ysabella Fabri appartenant au tomes 261 et 262.

Stuart, Strozzi, Saint-Chamand, Charles d'Orléans, Jacques d'Écosse, etc. : au moins 17 pièces. — Pour combler quelques-unes des lacunes opérées par ces soustractions, on a intercalé dans ce volume une lettre de Loys Martine et deux lettres de Pierre Filleul, archevêque d'Aix, appartenant toutes trois au tome 573.

Tome 490. Lettres d'Andreas Schottus, Ant. Muret, Janus Lascaris, Juste-Lipse, Besly, Florent Chrétien : au moins 9 pièces. — On a substitué à la lettre de Chrétien une lettre de Camden, enlevée au tome 5 de la correspondance de Peiresc [1].

Tome 491. Pièces écrites par Michel de L'Hospital.

Tome 569. Lettre de Henri, prince de Galles.

Tome 573. Lettres de Marguerite de Navarre, François Ier, Mayenne, Pierre Filleul (archevêque d'Aix), Biron, Gesvres, Jeannin, de Thou, Aumont, Guise, Ribier, Jacques Camus (évêque de Séez), de la Vieuville, Richelieu, Bretignères, Espernon, d'Avaux, Marillac, P. Arnoux, Turenne, Hemery, etc. : environ 30 pièces. — En outre, ainsi que nous l'avons dit plus haut, une lettre de Loys Martine et deux lettres de Filleul, appartenant à ce volume, ont été transportées au tome 486.

Tome 583. Lettres de Saumaise, de Heinsius, L. Allatius, Hubertus Giphanius, vers et lettres de Grotius : 10 ou 12 pièces. Nous avons vu peu de manuscrits aussi *travaillés* que celui-ci. La pagination ancienne a été falsifiée presque à chaque feuillet. Des pièces ont été changées de place dans le volume où l'on a substitué à une lettre d'Allatius une lettre de Daniel Ermite, appartenant au tome 16.

Tome 618. Lettre de Du Plessis-Mornay.

Tome 663. Lettre de Cujas.

Tome 688. Lettres de Charles-Quint, Barclay, Bignon, Holstenius, Camden, N. Heinsius, Rubens, Galilée, Doni, Gassendi, Sully, Godeau : environ 15 pièces [2].

Tome 699. Lettres de Paul Manuce, Scriverius, Camden, Fréd. Borromée, Jean Second : 5 pièces [3].

Tome 700. Lettres de Cujas et de Pithou.

---

1. C'est l'original de la pièce dont l'*Isographie* a donné le fac-simile et dont nous avions signalé la disparition du tome 5 de Peiresc où elle devait occuper le n° 68; nous nous sommes aperçus tout récemment qu'elle n'appartenait point au tome 490 de Du Puy; elle y a été collée postérieurement à la reliure; on l'a soigneusement rognée et l'on a pris, de plus, la précaution de changer en 1609 sa date qui est de 1619. Ces détails rectifieront ceux que nous avons donnés à l'article Camden (Voyez p. 82, note 3).

2. C'est par erreur que dans *Une lettre inédite de Montaigne*, M. Jubinal a indiqué des lettres de Naudé comme ayant disparu de ce volume. Elles y sont encore; ce sont celles qui sont signées *Télamon*.

3. Ce volume n'a été relié qu'en 1839, et comme il porte des traces visibles d'arrachement, on voit que les soustractions sont postérieures à cette date.

Tome 703. Lettres de F.-A. de Thou : 3 pièces.
Tome 704. Lettres de Fulvio Ursino, Carolo Sigonio, Bentivoglio, Barberino : 5 pièces au moins.
Tome 705. Lettres de G. Aleandro, de Pietro della Valle.
Tome 707. Lettres de de Thou : au moins 16 pièces.
Tome 708. Lettres de Casaubon, de Villeroy : 21 pièces.
Tome 709. Lettres du président de Thou : 26 pièces.
Tome 712. Lettres de Ronsard, Henri Estienne, Montaigne, d'Abain, Du Bartas, Corbinelli, Dolet, Pasquier, Wornerus, Plantin, Vinet, d'Aviron, du Haillan, Cl. Du Puy, Paschal, etc. : 15 pièces au moins.
Tome 713. Lettres de Saumaise : au moins 27 pièces.
Tome 714. Lettres de Rubens : 45 pièces au moins.
Tome 726. Lettres de Villiers de l'Isle-Adam, Jean Larchevêque (Soubise), François Ier, Montmorency, Brion (Chabot), Th. Trivulce, Pomp. Trivulce, Marie d'Albret, Charles d'Orléans, cardinal de Gramont, Breton, Lecoutellier, Bochetel : au moins 18 pièces.
Tome 762. Deux lettres de Louis XI.
Tome 904. Lettres de Pascal.

Soit en total 480 pièces représentant une valeur de douze à treize mille francs[1].

Avant la vente Canazar[2] (Libri), aucune lettre des différents membres de la famille Du Puy n'avait passé dans les ventes. Depuis cette époque, une vingtaine d'autographes de Christophe, de Pierre et de Jacques Du Puy ont figuré sur les catalogues. Deux d'entre eux, signés de Christophe et adressés, en 1606, à de Thou[3], proviennent probablement de la collection. Presque toutes les autres lettres, signées de Jacques et de Pierre, sont adressées à Godefroy et ont dû être enlevées au recueil des Godefroy (biblioth. de l'Institut).

En outre, nous avons constaté la disparition des pièces suivantes :

Les feuillets 101 et 102 du tome 10 de la correspondance de Peiresc (Biblioth. nat.), tome paginé seulement il y a quelques années, sont deux adresses de lettres écrites par l'un des Du Puy à Peiresc, lettres qui ont disparu. — Ces adresses portent des cotes donnant pour les pièces les dates suivantes : 11 février 1637, 17 décembre 1633[4].

D'après la copie conservée à la Bibliothèque de la ville de Paris, il manque au tome 712 de la collection Du Puy (Biblioth. nat.) une lettre

---

1. Les noms mentionnés sur cette liste qui ne se trouvent pas dans notre première livraison (A-CH) figureront au *Supplément*.
2. La lettre de Du Puy qui a passé dans cette vente sous le numéro 4446 *bis* doit être adressée à Peiresc et provenir de la correspondance de ce dernier (Biblioth. nat.).
3. Vente Riffet, n° 404, et vente du bibliophile Jacob.
4. Il y a aussi des lacunes entre les lettres des Du Puy à Peiresc dans le registre 2 des manuscrits de Peiresc à Carpentras.

de Clément Du Puy à sa mère (en date de 1560?). Elle commence ainsi : « Mademoiselle ma mère, je croi que vous n'ignorez pas.... »

DUPUY (Henri), érudit, né 1574, m. 1646[1].

Le catalogue du supplément de la vente J. G. contient, sous le n° 21, une lettre de H. Dupuy à Godefroy, en date du 29 novembre 1634. Elle doit provenir de la collection Godefroy (biblioth. de l'Institut).

DURAS (Georges de).

Il manque dans le tome 261 de la collection Du Puy (Biblioth. nat.) une lettre de ce seigneur à Louis XII, en date du 17 janvier. Elle est relative à une levée de troupes.

DU VAIR (G.), garde des sceaux, né 1550, m. 1621.

Il manque au moins une lettre de Du Vair dans le tome 573 de la collection Du Puy (Biblioth. nat.), et c'est peut-être cette pièce qui a figuré à la vente Riffet, sous le n° 107, comme adressée à de Thou[2]. Celle qui a été enlevée du volume que nous signalons, commence ainsi : « Je ne manquerai jamais.... » Le tome 64 de la collection Du Puy a perdu une autre lettre du même personnage, laquelle devait occuper le n° 86. Le feuillet sur lequel était l'adresse est resté dans le volume, et la cote indique que c'était une lettre au roi, en date du 1er janvier 1597.

Une troisième lettre a disparu du tome 175 des Missions étrangères (Biblioth. nat.). Bien qu'il n'y ait point d'inventaire pour ce volume, on ne peut conserver le moindre doute à l'égard du signataire de la pièce, car son cachet a laissé une empreinte sur le feuillet voisin, empreinte où l'on reconnaît facilement les armes de Du Vair[3]. La pièce, adressée au roi, était placée entre les lettres d'août 1602. On retrouve dans la vente Gottlieb W. (Libri), n° 44, une lettre du même personnage au roi, en date du 17 août 1602. Elle a figuré de nouveau à la vente du 7 février 1839, sous le n° 163.

Les tomes 295 et 304 de la même collection offrent aussi de nombreuses lacunes; quelques-unes se rapportent à des lettres de Du Vair à Henri IV, écrites dans le cours des années 1597, 1604, 1605, 1606[4].

ÉLÉONORE D'AUTRICHE, femme de François Ier, née 1498, m. 1558.

Dans le volume 214 de la collection Du Puy (Biblioth. nat.), volume paginé anciennement et en tête duquel se trouve un inventaire,

---

1. Ce Dupuy n'était point parent des précédents. Il était né à Venloo, et son nom flamand latinisé en *Erycius Puteanus* était Van de Putte.
2. Une autre, ou peut-être la même, adressée aussi à de Thou, a figuré à la vente Donnadieu (Londres, 1851), n° 295, avec la date du 18 août 1598.
3. Le même cachet se retrouve dans le volume sur une autre lettre de Du Vair.
4. D'autres lettres adressées à Villeroy ont figuré dans les ventes. Elles doivent venir du recueil des Godefroy ou de la collection Saint-Germain-Harlay (Biblioth. nat.).

on a arraché les feuillets 6 et 7, se rapportant à deux lettres, sans date, d'Éléonore à François Iᵉʳ. Ces pièces, d'après la copie conservée à la bibliothèque de la ville de Paris, commencent ainsi : « An suyvant ce quy vous a pleu.... » (vente du 3 février 1845, n° 154). — « Mon mal me donne plus de poyne.... »

Deux autres lettres seulement de cette princesse ont passé dans les ventes, toutes deux sans date et adressées à François Iᵉʳ, savoir : vente J. G., supplément, n° 23 ; du 8 avril 1844, n° 191.

ÉLISABETH, fille de Henri II, reine d'Espagne, née 1545, m. 1568.

Une lettre de cette princesse à Catherine de Médicis a disparu du tome 281 de la collection Du Puy (Biblioth. nat.) : elle est relative à des chevaux d'Espagne. C'est peut-être la pièce qui a figuré à la vente Canazar sous le n° 1437.

ÉLISABETH, reine d'Angleterre, née 1533, m. 1602.

Il ne reste plus dans le volume 281 de la collection Du Puy (Biblioth. nat.) que 2 lettres d'Élisabeth au roi de France, l'une sans date, l'autre du 9 avril 1591. Il devait y en avoir 10 autres qui ont disparu et qui étaient adressées à Charles IX, à Henri III et à Henri IV[1]. Depuis 1835, une vingtaine de lettres d'Élisabeth, presque toutes adressées aux rois de France, ont passé dans les ventes[2] ; mais les renseignements donnés, d'un côté, par les inventaires, et de l'autre par les catalogues de vente, sont trop incomplets pour que nous puissions désigner celles qui peuvent avoir appartenu à la collection Du Puy.

Le même volume 281 a encore perdu une lettre d'Élisabeth au prince de Condé, en date du 25 novembre 1575. Elle a figuré successivement à la vente A. Martin, n° 98, et à celle du 6 juin 1849, n° 412.

ÉLISABETH D'ORLÉANS, abbesse de Maubuisson. Une lettre de cette princesse à l'un des Godefroy a figuré sur le catalogue de la vente Riffet (n° 266) ; elle doit venir de la collection Godefroy (biblioth. de l'Institut).

ELZEVIER (Daniel), imprimeur, né 1617, m. 1681.

Le catalogue du Supplément français (Biblioth. nat.) indique, au n° 989, qu'une lettre de ce célèbre imprimeur devait se trouver dans le tome 31 de la correspondance de Boulliau ; cette lettre a disparu : c'est sans aucun doute celle qui a figuré à la vente Canazar, n° 1464, avec la date du 29 juin 1677. Le vendeur, M. Libri, avait eu soin d'indiquer, dans la préface du catalogue, qu'elle était unique : c'était en

---

1. L'une d'elles est indiquée sur un inventaire avec la date du 3 octobre.
2. Une de ces lettres s'est vendue 200 francs.

effet la seule qui eût jusqu'alors passé dans une vente ; elle a été adjugée au prix de 222 fr.

EMMANUEL, roi de Portugal, né 1469, m. 1521.

Une lettre de ce prince à Louis XII en date du 1er octobre 1510 a disparu du tome 15 de la collection Du Puy (Biblioth. nat.).

ESPAGNE. C'est seulement sous ce titre général que nous pouvons consigner les faits suivants :

Le volume 252 (*olim* 970) du fonds Saint-Germain-Harlay (Biblioth. nat.) est intitulé sur le catalogue : *Lettres de rois, reines, princes, grands et ministres d'Espagne, la plupart originales*. La première pièce est de 1568, la dernière de 1619. Sur les 314 feuillets qui devaient s'y trouver, 105 ont disparu. Les pièces enlevées sont faciles à reconnaître, car elles portent presque toutes en tête des notes de l'écriture de Théodore Godefroy.

Le volume 302 du fonds des *Missions étrangères* (Biblioth. nat.) est intitulé : *Lettres originales et mémoires des princes étrangers italiens, espagnols et françois, de plusieurs années*, 1596, 1597 *et années suivantes*. La première partie du volume est seule paginée et porte deux paginations différentes : l'une, à la plume, est ancienne ; l'autre, au crayon, paraît très-récente. De ces feuillets numérotés, 12 ont été enlevés ; ils se rapportaient à la partie du volume consacrée aux princes et seigneurs d'Espagne. On remarque encore de nombreuses traces d'arrachement dans le reste du volume.

ESPERNON (Louis de la Valette, duc d'), né 1554, m. 1642.

Le volume 295 du fonds des Missions étrangères (Biblioth. nat.) a subi de nombreuses mutilations ; une partie d'entre elles se rapportent à des lettres de d'Espernon à Henri IV, écrites pendant les années 1604, 1605, 1606 ; mais nous ne pouvons indiquer de date précise que pour une lettre dont la cote est restée dans le volume et qui était du 7 mars 1604.

Le volume 302 de la même collection offre aussi des lacunes qui peuvent se rapporter à des lettres de d'Espernon au même prince.

ESPERNON (H. de Nogaret d'), duc de Candale, né 1591, m. 1639.

Il manque au tome 573 de la collection Du Puy (Biblioth. nat.) 2 lettres de ce seigneur à F.-A. de Thou, savoir :

1628, 8 juillet (avec un post-scriptum de Béthune). J'ay esté en une extrême peine....

1630, 6 mars. Je ne pouvois recevoir....

ESPERNON (L.-Ch.-Gast. de Nogaret d'), duc de Candale, né 1627, m. 1658.

Une lettre de ce seigneur à l'abbé de Thou (?), en date du 31 mars

1645, a disparu du tome 573 de la collection Du Puy (Biblioth. nat.). Elle commence ainsi : Je vous suis très-obligé de l'honneur....

Une autre lettre à Séguier, en date de 1644, a figuré a la vente Riffet sous le n° 243. Elle vient probablement de la correspondance du chancelier (Biblioth. nat.).

EST (cardinal d'). Voyez CHRISTINE.

ESTIENNE (HENRI), imprimeur[1]. D'après l'inventaire par volumes, il manque au tome 712 de la collection Du Puy (Biblioth. nat.) au moins une lettre de H. Estienne ; nous ignorons sa date et le nom du destinataire. Une seule pièce d'Henri Estienne a jusqu'ici passé dans une vente[2].

ESTIENNE (ROBERT). Il manque au moins une pièce de ce savant dans la correspondance de J. Scévole de Sainte-Marthe (biblioth. de l'Institut). Un seul autographe de R. Estienne a jusqu'ici figuré dans une vente[3], et c'est une traduction en vers français d'une pièce latine de Sainte-Marthe[4].

ESTRÉES (GABRIELLE D'), née 1571, m. 1599.

Le tome 1er de l'*Iconographie*, publiée en 1840, renferme le *fac-simile* d'une lettre de Gabrielle d'Estrées à Madame .... Suivant les éditeurs, l'original de cette pièce se trouvait à la Bibliothèque nationale[5].

Le catalogue de la vente faite au mois de février 1847 sous le nom du baron de L. L. contient (n° 241) l'article suivant :

« ESTRÉES (Gabrielle d'), fragment ou fin d'une lettre, 6 lignes au-
« tographes et signées, à Madame ....; une page petit in-f° (pièce de
« l'*Iconographie*)[6]. »

Il ne peut pas y avoir le moindre doute : la lettre de Gabrielle était bien annoncée comme un autographe et comme celui dont l'*Iconographie* avait donné le *fac-simile*. Les rédacteurs de catalogues de vente avaient l'habitude d'indiquer par ces mots : pièce de l'*Isographie*, de l'*Iconographie*, etc., les pièces qui avaient été reproduites dans ces recueils ou dans d'autres du même genre[7].

Pourtant un amateur, dont nous avons eu à prononcer le nom plu-

---

1. Nous croyons, sans pouvoir l'affirmer, que la pièce dont il s'agit ici était signée de Henri Estienne, deuxième du nom, né en 1528, mort en 1598.
2. Vente Crapelet, n° 43. Le catalogue ne contient aucune indication.
3. Vente Thiébaut, avril 1850, n° 1006.
4. Comme nous ignorons la date de la pièce dont nous parlons, et que Sainte-Marthe, auquel elle est adressée, a vécu de 1536 à 1623, nous ne savons si le signataire de la pièce était Robert II, mort en 1571, ou Robert III, mort en 1629.
5. Voyez plus haut, p. 13.
6. Suivant leur coutume, les éditeurs de l'*Iconographie* n'ont pas indiqué à quel volume appartenait l'original qu'ils ont fait lithographier, et comme la pièce n'est mentionnée sur aucun catalogue à la Bibliothèque, nous n'avons pu encore retrouver le manuscrit dont elle faisait partie.
7. Voyez entre autres, dans le même catalogue, l'article HUET.

sieurs fois, M. F. Feuillet (de Conches), a cru devoir, dans un pamphlet déjà cité, prendre fait et cause pour le vendeur et affirmer que la pièce vendue n'était elle-même qu'un exemplaire du *fac-simile* de l'*Iconographie*, tiré sur papier du temps [1].

Mais cette assertion, à l'appui de laquelle il n'existe que le dire de M. Feuillet, n'est pas soutenable; le prix élevé (65 fr.) auquel a été adjugée la pièce le prouve suffisamment [2].

Il n'y aurait qu'un seul cas où la Bibliothèque n'aurait rien à réclamer ici, le cas où la lettre vendue serait un faux autographe.

Terminons en ajoutant que ce n'est point le seul autographe qui, lithographié dans un recueil où il était annoncé comme appartenant à un dépôt public, ait, depuis sa publication, passé dans les collections particulières (Voyez les articles BOILEAU, FABERT, LOUIS XI, MALHERBE, MONTAIGNE, RACINE, etc.) [3].

ESTRÉES (le maréchal duc d'), né 1573, m. 1670.

Une lettre du maréchal d'Estrées à Colbert, du 8 juin 1666, a passé successivement dans les ventes J. G. (1844, n° 159) et G. (2 février 1846, n° 102). Elle a été soustraite à la correspondance de Colbert (Biblioth. nat.), dans laquelle on remarque un arrachement parmi les pièces du 8 juin 1666, entre une lettre du banquier Formont et une de M. Levasseur de Beauplan (Voyez l'article COLBERT).

EULER (LÉONARD), géomètre, né 1707, m. 1783.

Il manque dans les tomes 8 et 9 de la correspondance de De l'Isle (biblioth. de l'Observ.) les lettres suivantes, adressées à ce dernier par Euler :

1741, 12 août (vente du 3 février 1845, n° 51).

---

1. Voici en quels termes M. Feuillet répond au fait en question, que l'un de nous avait signalé en 1850 dans *la Bibliothèque de l'École des chartes* : « Voilà qui est poussé dans « le dernier galant et vaut *la Lune tout entière* du vicomte de Jodelet. Faute d'avoir « suffisamment attaché sur la chose la réflexion de son odorat, l'auteur n'a pas reconnu « que ce prétendu autographe de la belle Gabrielle, si méchamment volé à la Bibliothèque « et livré aux enchères, au soleil du quinquet de la salle Silvestre, par mon digne ami le « baron de Laroche-Lacarel, était en définitive, quoi? Un *fac-simile lithographié* mis « comme tel sur table. L'original n'a pas quitté sa place. Le *fac-simile* avait été imprimé « avec un rare bonheur sur papier du temps par Mme Delpech, non certes pour tromper, « mais pour montrer jusqu'où pouvait aller son talent d'imitation. C'est un fait dont le « procès-verbal du commissaire-priseur ferait foi, si le premier balayeur de la salle ne le « savait de reste. »(*Réponse à une incroyable attaque*, page 54.) — Il est à peu près inutile d'ajouter qu'il a été vérifié que le procès-verbal du commissaire-priseur contenait seulement le nom de l'acheteur et le prix de la pièce.

2. Sans compter l'autographe de l'*Iconographie*, six pièces de Gabrielle d'Estrées ont jusqu'ici passé dans les ventes. Cinq d'entre elles ne portaient que sa signature et ont été vendues de 15 à 27 fr. La sixième, *entièrement de sa main*, a été adjugée à la vente Courcelles (1834) au prix de 410 fr.

3. La lettre de Bossuet, dont nous avons signalé l'enlèvement aux Archives nationales, avait été gravée au tome 1er des *OEuvres de Louis XIV* (Paris, 1806, in-8°), comme appartenant à ce dépôt. Nous avions oublié de mentionner ce fait à l'article BOSSUET.

1743, 26 avril.
1743, 26 novembre.
1744, 21 mars.
1744, 28 mars (vente Gottlieb W., n° 258).
1744, 31 octobre.
1745, 8 mai.
1745, 12 juin.
1746, mars.
1748, 16 (ou 17) janvier.

La même collection nous paraît avoir fourni la lettre qui a figuré à la vente Riffet (Libri) sous le n° 486 *bis*. La date n'est indiquée sur le catalogue que par les trois chiffres 174.

C'est bien probablement des papiers de Bouguer, conservées à la bibliothèque de l'Observatoire (Voyez BOUGUER), que vient la lettre d'Euler à ce dernier, lettre en date du 7 juin 175. et qui est annoncée sur le catalogue de vente du 15 mai 1843, n° 157.

On a retrouvé dans les papiers de M. Libri une pièce qui ne peut venir que des archives de l'Institut : c'est la quittance, rédigée et signée par Euler, pour le prix qu'il remporta à l'Académie des sciences en 1772.

FABER (J.), dominicain, né vers 1470, m. 1541.

Une lettre de Faber à Guillaume Farel, en date du 13 janvier 1524, a disparu du tome 268 de la collection Du Puy (Biblioth. nat.).

FABERT (ABRAHAM), maréchal de France, né 1599, m. 1662.

L'inventaire placé en tête du volume 9476 du fonds latin (Biblioth. nat.) contient la mention de la pièce suivante, qui a disparu : « Caractères et signature de la main de monsieur le mareschal de Fabert, tirés d'un livre de sa bibliothèque[1]. »

L'*Isographie* a donné le *fac-simile* d'une lettre de Fabert à Colbert, en date du 20 novembre 1661, d'après l'original conservé à la Bibliothèque nationale. La même pièce a passé dans la vente Gottlieb W., n° 328.

Une autre lettre à Godefroy, en date du 12 novembre 1659, a figuré à la vente Riffet sous le n° 16; elle vient de la collection Godefroy (biblioth. de l'Institut).

En outre, 6 lettres de Fabert ont disparu des cartons K. 117 et 118 de la collection dite des rois, aux Archives nationales. Ces soustractions paraissent être assez anciennes.

---

[1]. Nous devons dire que la pagination du volume a été faite à une époque assez ancienne et n'offre point d'interruption entre les numéros. La pièce enlevée devait être placée entre les feuillets 44 et 45; les traces de coupure sont visibles. Peut-être y avait-il un feuillet coté *bis*.

FABRI. Dans le manuscrit H. 272 de la bibliothèque de la Faculté de médecine de Montpellier, une lettre de Fabri à Peiresc, son parent, en date de septembre 1612, a été substituée à une lettre de la marquise de Pescaire, qui a disparu[1]. La lettre de Fabri avait été probablement enlevée d'un volume de la collection Peiresc, à Carpentras.

FABRICIUS (J.), érudit, né 1644, m. 1729.

Il manque dans le tome 9 de la correspondance d'Hévélius (biblioth. de l'Observ.) une lettre de Fabricius à Hévélius, en date du 13 juillet 1668 ; elle commence ainsi : « Et in Poloniam perlatam esse.... »

FABRICIUS (Vincent), poëte latin, né 1612, m. 1667.

On a enlevé au tome 11 de la correspondance de Boulliau (Biblioth. nat.) plusieurs lettres de V. Fabricius à ce dernier : l'une d'elles a été retrouvée dans les papiers de M. Libri ; une autre, avec la date de 1664, a passé dans la vente Riffet (Libri), n° 438.

FACARDIN (Fakhr-Eddyn), prince des Druzes, né 1584, m. 1633.

Le catalogue de la vente du 16 avril 1846 contient, sous le n° 176, l'indication de 2 lettres adressées toutes deux à Césy, ambassadeur à Constantinople, l'une, sans date, de Facardin ; l'autre de Jean, prince de Valachie, du 25 octobre 1626. Il est probable que ces deux pièces ont été enlevées à l'un des tomes 258 ou 267 de la collection Godefroy (Biblioth. de l'Institut), où se trouvent encore plusieurs lettres du même genre adressées à Césy.

FAREL (G.), prédicateur de la réforme, né 1489, m. 1565.

D'après l'inventaire par cartes et la copie conservée à la Bibliothèque nationale, il manque dans le tome 102 de la collection Du Puy 2 lettres de Farel à Calvin, savoir :

25 novembre 1550. Si indulgentissimus ille pater....

25 mai 1551. Christophorus, vulnus quod accepimus....

Aucune pièce de Farel n'a encore passé dans les ventes.

FELL (John), évêque d'Oxford. Une lettre de ce prélat, adressée à Baluze et accompagnée de la minute de la réponse de ce dernier, a été soustraite à la collection Baluze (Biblioth. nat.). Elle est annoncée à la page 17 du catalogue d'autographes publié à Londres par le libraire T. Rodd au mois de juillet 1838.

FERMAT (P. de), géomètre, né 1595, m. 1665.

A la suite de la pièce 539 du tome 4 de la correspondance d'Hévélius (biblioth. de l'Observ.) se trouvait la copie de l'énoncé de deux problèmes de Fermat, envoyée à Hévélius par Des Noyers. Cette pièce a disparu[2].

---

1. Voyez Pescaire.
2. Voici d'après la copie de la correspondance d'Hévélius, conservée à la Bibliothèque nationale, le texte peut-être inédit de ces problèmes :
Problema prius. Invenire cubum qui, additis omnibus suis partibus aliquotis, conficiat

FERMAT (Samuel), littérateur, né 1630, m. 1690.

M. Libri, dans un article du *Journal des savants* [1], a annoncé qu'il avait trouvé parmi les manuscrits d'Arbogast [2] une lettre de Samuel Fermat, fils du célèbre géomètre, adressée, dit-il, à Boulliau. Cette lettre provient, sans aucun doute, de la correspondance de ce dernier (Biblioth. nat.) [3], et nous doutons fort qu'elle ait jamais fait partie des manuscrits d'Arbogast.

FERRANTE CARLO. Il existe à la bibliothèque de la Faculté de médecine de Montpellier, sous le n° H. 269, un manuscrit intitulé : *Poesie e lettere d'uomini illustri e pittori celebri a Ferrante Carlo*, 1 volume in-f° de 198 feuillets. La pagination ancienne a permis de constater qu'il manque les feuillets 39, 40, 175.

FERRIER (Sébastien). D'après l'inventaire par cartes, il manque au tome 261 de la collection Du Puy (Biblioth. nat.) une lettre de Ferrier, en date du mois de février, et relative aux affaires d'Italie et de Savoie.

FEUILLÉE (le P. Louis), astronome et naturaliste, né 1660, m. 1732.

Le carton 27 des archives de l'Institut contenait des lettres du P. Feuillée, qui ont disparu. Le carton 35 renferme encore une lettre adressée par lui au duc d'Orléans.

On a trouvé une lettre de ce savant dans les papiers de M. Libri : elle est adressée au duc d'Orléans et datée du 15 avril 1729.

Les lettres du 24 novembre 1726 et du 8 janvier 1729, qui ont passé dans les ventes Saint-Julien, n° 278; Gottlieb W., n° 259, viennent probablement du même carton 27.

Il manque dans le tome 1er de la correspondance de De l'Isle (biblioth. de l'Observ.) une lettre du P. Feuillée à ce dernier, en date du 2 janvier 1718.

FIXMILLNER (Placide), astronome, né 1721, m. 1791.

D'après l'inventaire du cinquième paquet de la liasse n° 1 des papiers des Cassini (biblioth. de l'Observ.), il manque, entre autres pièces, dans ce paquet, une ou plusieurs lettres de Fixmillner à Cassini de Thury, en date de 1789.

---

quadratum : ut numerus 343 est cubus a latere 7, omnes ejus partes aliquotæ sunt 1, 7, 49, quæ adjunctæ ipsi 343, conficiunt numerum 400 qui est quadratus a latere 20. Quæritur alius cubus ejusdem naturæ.

Problema posterius. Quæritur etiam numerus quadratus qui, additis omnibus suis partibus aliquotis, conficiat numerum cubum.

1. Mai 1841, p. 278.
2. Voyez l'article Descartes, p. 111, note 2.
3. Et probablement du tome 22 où il y a de nombreuses traces d'arrachement et où il reste l'extrait d'une lettre de Fermat à Carcavi, copié par Boulliau.

FLAMSTEED (J.), astronome, né 1646, m. 1719.

Il manque dans les tomes 12, 13, 14 et 16 de la correspondance d'Hévélius (biblioth. de l'Observ.) les lettres suivantes de Flamsteed à Hévélius [1] :

1676, 13 mai. Observatio solaris deliquii.... (vente du 8 décembre 1845, n° 160).

1676, $\frac{20}{30}$ juillet. Literis meis nuperis....

1678, 7 mai. Si etiamnum inter vivos....

1678 (ou 1679?), 9 janvier. Quem literis meis....

1679, 22 octobre. Obsecro, vir doctissime....

1681, $\frac{7}{17}$ octobre. Octo jam menses.... (*Bulletin du Bibliophile,* octobre 1839, n° 1860).

1682, 28 mars. Literas tuas humanissimas....

1682, 19 septembre. Cometæ illius qui.... (Vente Canazar, n° 1467).

1682 (c'est-à-dire 1683), 11 février (vente Rodd, Londres, 1838) [2].

Il ne reste plus une seule des lettres de Flamsteed, qui, suivant une note écrite sur l'enveloppe, devaient exister dans la liasse I des papiers des Cassini (biblioth. de l'Observ.) : elles étaient probablement adressées à J.-D. Cassini.

Le portefeuille 89 de la collection de De l'Isle (biblioth. de l'Observ. contenait environ 16 lettres de Flamsteed, adressées à Kirch pendant les années 1687 à 1694 : elles ont toutes disparu.

Les catalogues des ventes R*** (1836), n° 675, et du 16 avril 1846, n° 185, contiennent 2 lettres de Flamsteed, sans date et sans nom de destinataire : elles viennent probablement de l'une des collections dont nous venons de parler.

FLEURY (le cardinal DE), né 1653, m. 1745.

Les catalogues des ventes Gottlieb W., n° 111, et bibliophile Jacob contiennent 2 lettres de Fleury à l'abbé Bignon, en date du 30 octobre 1733 et du 11 janvier 1728. Ces pièces viennent probablement du carton 35 des archives de l'Institut (Voyez ACADÉMIE DES SCIENCES).

FOIX (GASTON DE), duc de Nemours, né 1489, m. 1512.

Le tome 262 de la collection Du Puy (Biblioth. nat.) devait contenir 9 lettres de Gaston au roi et à Robertet ; 3 d'entre elles ont disparu, savoir :

Au roi, 30 septembre.

A Robertet, 17 septembre.

— 30 septembre.

---

1. Il ne reste plus une seule lettre de Flamsteed dans cette collection. Voyez HÉVÉLIUS.

2. C'est de la même correspondance que provient la lettre de Flamsteed à Hévélius qui a été annoncée, sans indication de date, sur le *Bulletin du Bibliophile*, année 1836, n° 755.

FOIX (Odet de). Voyez Lautrec.

FOGELIUS (Mart.). Il manque dans les tomes 10 et 11 de la correspondance d'Hévélius (biblioth. de l'Observ.) les lettres suivantes de Fogelius à Hévélius :

1671, 29 août. Mitto quicquid nuper....
1671, 17 novembre. Literæ tuæ....
1672, 2 mars.
1672, 30 août. Quam jucundum tibi.... [1]

FONTANA. D'après un catalogue écrit sur l'enveloppe de la liasse I des papiers des Cassini (biblioth. de l'Observ.), il manque une lettre de Fontana à D. Cassini, en date de 1699.

FONTENELLE (Bern. de), né 1657, m. 1757.

Il manque dans le tome 8 de la correspondance de De l'Isle (biblioth. de l'Observ.) une lettre de Fontenelle à De l'Isle, en date de 1742. Cette pièce, qui doit porter au haut de la première page, et de la main de ce dernier, *reçue le 20 mai* 1742, est probablement celle qui a figuré aux ventes Canazar (n° 1429) et Soleinne (n° 118), avec la date du 29 avril 1742.

Les deux pièces suivantes doivent provenir des archives de l'Académie :

A l'abbé Bignon, 1717, 3 mai (vente Saint-Julien, n° 517).
Rapport à l'Académie, en date du 7 décembre 1717 (vente baron de L. L., n° 267).

FONTEVRAULD (de Rochechouart-Mortemart, abbesse de), née 1645, m. 1718.

Le catalogue de la vente du 10 mars 1847 contient une lettre de cette abbesse à Mme de Sablé, en date du 29 avril; cette pièce a été enlevée, suivant toute probabilité, à l'un des paquets du résidu Saint-Germain (Biblioth. nat.), qui contiennent la correspondance de Mme de Sablé.

FORBIN (Loïs). Il manque dans le tome 261 de la collection Du Puy (Biblioth. nat.) une lettre de ce personnage à Louis XII, en date du 14 août (?). Elle est relative à la nomination de trois cardinaux qui devront travailler à l'union de l'Eglise.

FOUCHY (J. Grandjean de), astronome, né 1707, m. 1788.

Il manque au tome 8 de la correspondance de De l'Isle (biblioth. de l'Observ.) une lettre adressée en 1744 à ce dernier par Fouchy; c'est probablement l'une des deux pièces sans date qui ont figuré aux ventes (Libri) Canazar et Riffet sous les n°° 1495 et 493.

FOUCQUET (N.), surintendant des finances, né 1615, m. 1680.

---

[1]. Cette pièce a été retrouvée dans les papiers de M. Libri.

Il manque une lettre de Foucquet dans la liasse 25 du portefeuille 275 de la collection Godefroy (Biblioth. de l'Institut).

FOURCROY. Voyez ACADÉMIE DES SCIENCES.

FRANCISCUS (ERASMUS). Il manque dans le tome 1er de la correspondance d'Hévélius (biblioth. de l'Observ.) une lettre de Franciscus à Hévélius, en date du 29 juin 1675. Elle commence ainsi : « Ne vel polares.... »

FRANÇOIS Ier, roi de France, né 1494, m. 1547 [1].

Au dos du portefeuille 255 de la collection Godefroy (biblioth. de l'Institut), on lit: *Il y a une lettre de François Ier, qui recommande Jean Benoise pour être procureur du roi et de la ville*. Cette pièce a disparu.

D'après l'inventaire rédigé sous l'Empire par l'employé Lalande, le paquet coté 15, n° 2, du résidu Saint-Germain (Biblioth. nat.)[2], devait contenir 53 lettres de François Ier, écrites à M. Mesnaige, son ambassadeur auprès de Charles-Quint, savoir : 3 de l'année 1544, 32 de l'année 1545, 18 de l'année 1546. Il ne reste plus qu'une lettre de 1544, 9 de 1545, 3 de 1546. Il en manque donc 40. On retrouve dans les ventes les pièces suivantes adressées à Mesnaige :

1545, 6 mars (vente du 10 mars 1845, n° 94).

1545, 22 décembre (vente du 10 mars 1847, n° 197; *Bulletin Charavay*, 1847, n° 827).

1546, 1er juillet (vente du 22 mars 1847, n° 162).

Le volume 265 de la collection Du Puy (Biblioth. nat.) devait contenir 20 lettres du même prince, savoir : 13 adressées à Du Bellay; 6 à son fils, le duc d'Orléans, et 1 à La Rochepot : 6 ont disparu. Une seule lettre, au duc d'Orléans, a passé dans une vente, celle de Reboul (1843), n° 2059, avec la date du 12 septembre 1542.

Le catalogue de la vente du 3 février 1845 contient, sous le n° 414, une lettre de François Ier, adressée, le 28 avril 1538, à son ambassadeur auprès du pape. Si elle est adressée à Du Bellay, elle vient probablement du volume dont nous venons de parler.

Le tome 573 de la même collection a perdu une pièce désignée ainsi sur l'un des inventaires : « Projet de lettre circulaire du roi

---

[1]. Au nombre des volumes faisant partie de la *Collection des Documents inédits*, publiée par le ministère de l'Instruction publique, figure un recueil de pièces édité en 1847 par M. A. Champollion, et intitulé : *Captivité du roi François Ier*. Nous aurions peut-être pu y trouver quelques renseignements pour le sujet dont nous nous occupons, si l'éditeur avait désigné les manuscrits où il a puisé ses matériaux. Malheureusement, sur 260 pièces environ qu'il a publiées et qui sont presque toutes tirées des dépôts publics, il y en a à peine une quarantaine (et ce sont pour la plupart des copies) dont il ait cru devoir indiquer la source.

[2]. Cinquante-neuf lettres (voyez HENRI II) ont disparu de ce volume, qui, jadis cartonné, a été relié seulement au mois d'octobre 1840. On n'y aperçoit plus aucune trace d'arrachement. Les soustractions sont donc antérieures à cette date.

François Ier aux électeurs de l'Empire et aux autres princes chrétiens pour se liguer, avec le roi d'Angleterre, pour la délivrance du pape, prisonnier des troupes de l'empereur. »

Il manque au tome 726 de la collection Du Puy (Biblioth. nat.) 2 pièces signées de François Ier : l'une est une lettre à d'Inteville, évêque d'Auxerre, en date du 14 novembre 1532 : « J'escris à nostre saint-père le pape....[1] » l'autre est une permission à l'évêque d'Auxerre de communiquer certaines dépêches aux ambassadeurs du roi d'Angleterre avant d'en faire part au saint-père [2].

Il manque au volume 486 de la même collection 4 autres lettres de ce prince, savoir :

Au cardinal d'York, 6 décembre. Monsieur le légat, mon bon amy, connoissant l'affection.... (vente du 16 avril 1846, no 192).

Au chancelier, 23 septembre 1523. J'ay escrit à Madame par deux ou trois fois....

Au chancelier, 3 octobre. Vous savez et entendez mes affaires....

Au chancelier, 10 septembre. J'ay receu vostre lettre....

Enfin le volume 318 (*olim* 1146) du fonds Saint-Germain-Harlay (Biblioth. nat.), contenant des pièces originales qui sont relatives, pour la plupart, au règne de François Ier, a perdu 25 feuillets sur 102.

FRANÇOIS, duc d'Alençon, né 1554, m. 1584.

Il manque au no 9484 [6] du fonds latin (Biblioth. nat.), manuscrit dont les pièces paraissent avoir été paginées assez récemment, les feuillets 137, 138, 139, 140, 141, qui, d'après un inventaire placé en tête du volume, devaient se rapporter à des lettres de François, duc d'Alençon, à Tavannes.

Plusieurs lettres de ce prince ont été enlevées à différents volumes du fonds Saint-Germain-Harlay (Biblioth. nat.), savoir :

Volume $\frac{325}{1}$ (*olim* 1155). Au roi, 1569, 9 et 23 février, 8 mars, 6, 7 et 11 avril [3], 10, 11 et 15 mai.

Volume $\frac{325}{2}$ (*olim* 1156). Au roi, 1569, 17 novembre.

Volume $\frac{325}{3}$ (*olim* 1157). Au duc d'Anjou, 1570, 27 (?) mars, 22 mai.

Volume $\frac{329}{2}$ (*olim* 1172). A la reine mère, 1580, mars (du 18 au 20), 24 mars. Au roi, 1580, mars (du 18 au 20), 21 mars, 24 mars, 8 avril.

---

1. C'est probablement la pièce qui a figuré à la vente du bibliophile Jacob avec la date du 13 novembre 1532.

2. Cette lettre pourrait bien être celle qui a été annoncée sur le catalogue de la vente du 16 avril 1846, no 401, comme adressée à l'évêque d'Auxerre, en date du 26 février 1531. On trouve encore dans le catalogue de Th. Rodd (Londres, 1838) une lettre de François Ier à l'évêque d'Auxerre, de l'année 1531.

3. Les lettres des 6 et 11 avril, du 15 mai, sont peut-être du duc d'Anjou (Henri III).

Volume $^{329}_{3}$ (*olim* 1173). A la reine mère, 1580, 4 juin. Au roi, même date.

Volume $^{329}_{4}$ (*olim* 1174). Au roi, 1581, 12 mars. A la reine mère, 1581, mars (du 17 au 19, 2 lettres); 2, 3 (ou 4 et 8 avril; mai (2 lettres).

FRANÇOIS, duc de Lorraine, né 1610, m. 1670.

Une lettre de ce prince, adressée à Gaston, duc d'Orléans, a été enlevée d'une liasse de la collection Baluze, où l'on n'a laissé de cette lettre que le feuillet d'adresse (Voyez les articles CHARLES IV, duc de Lorraine; GASTON).

FRÉDÉRIC-GUILLAUME, électeur de Brandebourg, né 1620, m. 1688.

Une ou plusieurs lettres de ce prince ont été soustraites du portefeuille 273 de la collection Godefroy (Biblioth. de l'Institut). On en retrouve une, avec la date de 1654, sur le catalogue de la vente Riffet, n° 576.

FRENICLE (DE BESSY), géomètre, membre de l'Académie des sciences, m. 1675.

Une note, renfermée dans le carton 33 des archives de l'Institut, mentionne que ce carton contenait jadis divers ouvrages de Frenicle qui n'y sont plus aujourd'hui. — Au nombre des manuscrits vendus par M. Libri à lord Ashburnham se trouve l'article suivant : *Manuscrits inédits et autographes de Frenicle, célèbre géomètre français du XVIIe siècle (très-important)*, 1 volume in-f°.

FRÉRET (N.), secrétaire perpétuel de l'Académie des inscriptions, né 1688, m. 1749.

Diverses pièces de Fréret ont disparu de la collection de De l'Isle (biblioth. de l'Observ.), savoir :

1° Au tome 1er de la correspondance de De l'Isle, une lettre à De l'Isle datée de 1709 ;

2° 4 liasses dans les portefeuilles 154 et 155, intitulées : *Mémoires de M. Fréret sur l'histoire, l'astronomie et la chronologie chinoises*.

3° Dans la liasse 5 du portefeuille 150, une minute d'une lettre au P. Gollet, en date de 1735.

GALE (THOMAS), savant anglais, né 1636, m. 1702.

On a vu plus haut, à l'article BALUZE, que Th. Gale était un des correspondants du bibliothécaire de Colbert. Dans le catalogue d'autographes publié à Londres, au mois de juillet 1838, par le libraire T. Rodd, figure une lettre de Th. Gale à Baluze de l'année 1686. Inutile d'ajouter que cette lettre provient de la collection Baluze [1].

---

[1]. Cette pièce a reparu le 25 févr. 1850 dans le catalogue de la vente après décès de Th. Rodd (n° 44).

La correspondance d'Hévélius (biblioth. de l'Observ.) contenait 2 lettres de Gale à Hévélius (tomes 14 et 15); elles ont disparu, savoir :

    1680, calendes d'avril. Doluit ex animo Societas regia.... (vente Rodd, Londres, juillet 1838).

    Sans date (1681?). Quas tu, celeberrime Heveli....

GALILÉE, né 1564, m. 1642.

Il a disparu du tome 688 de la collection Du Puy (Biblioth. nat.) une pièce de Galilée. Les inventaires ne nous fournissent sur elle aucun renseignement; elle était peut-être adressée à Peiresc.

10 lettres de Galilée ont jusqu'ici passé dans les ventes. La plupart sont inédites. L'une d'elles, celle de la vente (Libri) du 16 avril 1846, n° 194, a été publiée dans la dernière édition des œuvres de Galilée, tome 6 (Florence, 1848, in-8°), p. 15, avec la note suivante : « L'autografo di questa lettera existeva nel codice 973 della Strozziana, che fu di quelli che passarono alla bibliotheca Magliabechi[1]; ma di presente se ne vede soltanto la indicazione nell' indice del codice stesso, e la lettera manca. »

GALLAND (Ant.), orientaliste, né 1646, m. 1715.

Une lettre de ce savant à Ismaël Boulliau a passé dans la vente du 10 mars 1847 sous le n° 204. Suivant toute probabilité, elle a été enlevée à la correspondance de Boulliau (Biblioth. nat.).

GASSENDI (P.), né 1592, m. 1655.

Il manque dans le tome 2 de la correspondance de Peiresc (Biblioth. nat.) les lettres suivantes de Gassendi à Peiresc :

N° 142. 1629.
N° 169. 1636, 4 septembre.
N° 184. 1635, 10 juillet (vente du 7 février 1839, n° 207).
N° 185. 1637, 2 mai.

Pour dissimuler l'enlèvement des n°s 184 et 185, on a surchargé le n° 186 que portait la dernière pièce du volume, et on l'a changé en 184.

Le tome 688 de la collection Du Puy (Biblioth. nat.) devait contenir au moins 8 lettres de Gassendi à Peiresc; 6 ont disparu, savoir :

1629, 21 juillet (vente du 8 avril 1844, n° 226).
1633, 29 septembre.
1634, 23 juin.
1635, 21 juillet.
1635, septembre. Les cartes indiquent sous cette date plusieurs
    lettres relatives à une éclipse de lune.
1636, 8 septembre.

---

1. A Florence.

L'inventaire par volumes de la collection Du Puy donne, sur le contenu de ces lettres de Gassendi, les indications suivantes : « Éclipse « de 1630; formation des sels de l'ail; isles flottantes; masculæ (*sic*) « solares; vessies de chevaux; eclipsis 1635; du livre *Sidera austriaca* « Malaperti[1]. »

Il manque dans le registre 60 (volume 2) des manuscrits de Peiresc, à Carpentras, 57 feuillets, sur lesquels 26 (de 32 à 162) sont probablement des lettres ou opuscules de Gassendi adressés à Peiresc; de ces 26 feuillets, 4 (les nos 33, 34, 35, 36) ont été retrouvés dans les papiers de M. Libri, et 5 ont été mentionnés par lui sur un cahier de notes (les nos 33, 51, 57, 59, 69), ce qui prouve qu'ils existaient encore dans le volume lorsqu'il a examiné ces manuscrits.

Les lettres suivantes de Gassendi à Peiresc ont passé dans les ventes et ne peuvent provenir que des diverses collections dont nous venons de parler :

1630, 21 juillet (vente du 16 avril 1846, supplément, n° 57).
1630, 15 octobre (vente Canazar, n° 1447).
1630, 13 octobre (vente du 10 mars 1847, n° 208).
1631, 9 juillet (vente Th. W., n° 72).
1633, 2 avril (vente J. G., n° 181).
1633, 6 avril (vente feu M. S***, n° 168; *Bulletin du Bibliophile*, 1842, n° 652; ventes Clicquot, n° 635; *Alliance des arts*, 1er avril 1844, n° 94).
1633, 10 avril (vente du 5 février 1844, n° 192).
1635, 6 juillet (vente du 3 février 1845, n° 198).

Le catalogue de la vente (Libri) du 16 avril 1846 contient, sous le n° 198, l'indication d'une lettre de 59 pages in-f° adressée par Gassendi à Cazreus, en date du 6 décembre 1642. Cette pièce a été enlevée à la bibliothèque de l'Arsenal, où elle était mentionnée sur un inventaire.

Le catalogue de la vente Châteaugiron (1851) indique, sous le n° 781, une lettre de Gassendi à de Thou, en date de 1636. Nous avons vu cette pièce, qui ne porte pas le nom du destinataire, et qui est datée du 2 novembre 1635 : elle vient probablement de la collection Du Puy.

Sur l'enveloppe de la liasse I des papiers des Cassini (biblioth. de l'Observ.) on lit : « Lettres autographes de Flamsteed, Gassendi, etc. » Toutes ces lettres, adressées probablement à D. Cassini, ont disparu ; on en retrouve une de Gassendi, avec la date du 16 février 1654, dans les ventes du 15 mai 1843, n° 187, et du baron de L. L., n° 279.

Il manque au tome 19 de la correspondance de Boulliau (Biblioth. nat.), volume dont toutes les pièces ont été numérotées anciennement,

---

[1]. Au nombre des manuscrits vendus par M. Libri à lord Ashburnham, se trouve un manuscrit autographe de Gassendi, intitulé : *Commentaria de rebus astronomicis*.

les n°ˢ 27, 38 et 43, qui étaient des lettres de Gassendi à Boulliau [1]. On en retrouve une dans la vente du 6 avril 1846, n° 57, avec la date du 20 mai 1657.

La correspondance d'Hévélius (biblioth. de l'Observ.) contenait (tomes 1, 2, 3) 11 lettres de Gassendi à Hévélius ; 10 ont disparu, savoir :

1644, VII des calendes d'avril. Ea sane fuit....
1644, ides d'octobre. Non multum est....
1645, calendes d'avril. Amplius mense est.... (vente Saint-Julien, n° 279).
1646, III des nones de février. Donec pluribus....
1647, VII des calendes de février. Excedebat superior annus....
1647, VIII des calendes de novembre. Accepi nunc donum....
1648, IV des ides de mars. Invisit me ecce juvenis.... (vente Riffet, n° 435).
1652. Postridie eidus aprilis (à Boulliau). Acceperam jam tuas literas....
1652, IV des calendes de novembre. Erat profecto.... (vente A. Martin, n° 114) [2].
1654. Postridie eid. jul. Quantum me tuæ literæ....

En outre, 3 lettres, sans indication de date ni de destinataire, ont été annoncées sur les catalogues des ventes R*** (1836), n° 673, et Riffet, n° 434, et sur le *Bulletin du Bibliophile*, 1836, n° 757.

GALLET (J.-C.), astronome.

La correspondance d'Hévélius (Biblioth. de l'Observ.) contenait (tome 13) 3 lettres de Gallet ; elles ont disparu, savoir :

1677, 21 novembre. Non miror Mercurium....
1679, $\frac{16}{26}$ octobre. Nihil mihi jucundius....
1676, 10 juillet. Curæ, solicitudines et vigiliæ....

Les deux premières sont adressées à Hévélius, et la troisième à Cassini.

GANAY (J. de), chancelier de France, m. 1512.

D'après l'inventaire par cartes, il manque, dans le tome 261 de la collection Du Puy (Biblioth. nat.), les 2 lettres suivantes de ce personnage au légat (cardinal d'Amboise) :

8 juillet (vente du 10 mars 1847, n° 206).
16 mai.

---

1. Pour dissimuler la soustraction de cette pièce, une main moderne a placé le n° 38 sur une observation astronomique qui était jointe à la pièce enlevée. On a agi de même pour le feuillet coté actuellement 43, lequel n'est qu'un petit billet faisant partie de la lettre qui a disparu. L'empreinte du cachet de Gassendi restée sur la pièce 44, ne permet pas de doute au sujet du signataire de la lettre 43.

2. Cette lettre est annoncée comme étant du 4 novembre ; mais nous avons eu occasion de constater que les rédacteurs des catalogues de vente supprimaient fort souvent dans les dates les désignations des ides, des nones et des calendes.

GARASSE (F.), jésuite, né 1585, m. 1631.

Il manque au moins une lettre de ce jésuite à J.-Scévole de Sainte-Marthe dans le manuscrit 292 de la bibliothèque de l'Institut. A la vente du 5 février 1844, n° 190, a figuré une lettre de Garasse, sans indication de date ni de destinataire.

GASTON, duc d'Orléans, né 1608, m. 1660.

Une lettre de ce prince au duc Bernard de Saxe-Weymar, en date du 17 avril 1638, a figuré à la vente Gottlieb W. sous le n° 19 : elle a été enlevée à la correspondance du duc de Saxe-Weymar des années 1636 à 1639, qui se trouve dans la collection Baluze, à la Bibliothèque nationale (Voyez l'article SAXE-WEYMAR).

Sept autres liasses de la collection Baluze contenaient une partie de la correspondance de Gaston, duc d'Orléans; mais, pour plusieurs de ces liasses, le catalogue n'indique pas de combien de lettres elles se composaient, en sorte que les recherches n'offrent point une certitude entière à leur égard; mais il est permis de croire que c'est là la source d'une bonne partie des lettres adressées à Gaston qui ont figuré dans les ventes[1]. Parmi les pièces de cette correspondance, il y en a trois que l'on a déchirées en deux et dont on n'a laissé que l'adresse, qui a été conservée par le relieur : l'une est du duc Charles de Lorraine, l'autre de François de Lorraine, la troisième de Marguerite de Lorraine, princesse de Phalsbourg (Voyez aussi l'article MONTPENSIER [Mlle DE]).

La correspondance d'Hévélius (biblioth. de l'Observ.) contenait (tome 4) 2 lettres de Gaston d'Orléans; elles ont disparu, savoir :

1655, 29 août. Monsieur Hévélius, comme l'on ne sauroit....
(vente feu M. S***, n° 215).

1657, 23 avril. Monsieur Hévélius, les soins que vous avez....

GAUBIL (le P. ANT.), missionnaire jésuite, né 1689, m. 1759.

Les liasses I et II du portefeuille 150 de la collection de De l'Isle, (biblioth. de l'Observ.) contiennent les lettres du P. Gaubil au P. Souciet de 1729 à 1736, et sa correspondance avec Fréret de 1732 à 1741. Dans la première liasse il manque 41 pièces et 6 dans la seconde : les unes sont des lettres ou des mémoires de Gaubil adressés de Chine à Souciet; les autres sont des lettres écrites par lui à Fréret[2], et, parmi celles-ci, l'une était datée du 2 octobre 1741[3]. C'est, nous n'en doutons pas, à ce portefeuille qu'appartenaient les deux lettres de Gaubil annoncées, sans indication de des-

---

1. Voyez les articles CHARLES Ier, CONDÉ.
2. Au nombre des pièces enlevées se trouvent peut-être des lettres (minutes) de Fréret à Gaubil.
3. Toutes les lettres de Gaubil sont écrites sur papier de Chine. Trois lettres seulement de ce missionnaire ont passé dans les ventes.

tinataire, sur les catalogues des ventes (Libri) Canazar, n° 1487, et bibliophile Jacob.

Il manque, en outre, dans les portefeuilles 152 et 153 de la même collection, au moins 5 mémoires du P. Gaubil sur l'histoire, la chronologie et l'astronomie chinoises, mémoires qu'il avait envoyés à Fréret.

De plus, 2 lettres adressées par le même à De l'Isle, l'une en date de juillet 1744, l'autre du mois d'août 1752, ont disparu des tomes 5 et 12 de la correspondance de ce dernier, à la même bibliothèque. La dernière est probablement celle qui a figuré, avec la date de 1752 et sans indication de destinataire, sur le catalogue de la vente Riffet, n° 490.

GEORGES, landgrave de Hesse, né 1547, m. 1569.

On a enlevé au portefeuille 260 de la collection Godefroy (Biblioth. de l'Institut), deux lettres de Georges à F. Hotman.

GÈVRES (L. POTIER, seigneur DE), secrétaire d'État, m. 1650.

Il manque au tome 573 de la collection Du Puy (Biblioth. nat.) une lettre de ce personnage à Picardet, en date du 16 (ou 26) janvier. Elle commence ainsi : Le roy juge le desseing du marquis de La Roche....

GHENLIS. L'un des inventaires de la collection Du Puy (Biblioth. nat). mentionne, pour le tome 261, une lettre de Ghenlis au roi, en date du 24 janvier : c'est une lettre de créance pour un de ses serviteurs, nommé Heidart.

GIFFEN (HUBERT VAN), *Giphanius*, jurisconsulte, né 1534, m. 1604.

Une lettre de ce savant a disparu du tome 583 de la collection Du Puy (Biblioth. nat.). Elle est indiquée ainsi sur l'un des inventaires : « Epistola obsequiosa Huberti Giphanii ad Maillanum, data Ingolstadio, « pridie idus septembris 1594. » On a substitué à cette pièce, qui devait occuper le n° 136, une lettre de Bachet, qui devait être placée au feuillet 145.

GILLOT (JA.), l'un des auteurs de la *Satire Ménippée*, m. 1619.

Il manque une ou plusieurs lettres de cet écrivain à J.-Scévole de Sainte-Marthe dans le manuscrit 292 de la bibliothèque de l'Institut. On en retrouve une avec la date du 6 juillet sur le catalogue de la vente du 8 décembre 1845, n° 178.

Deux autres lettres du même à de Thou ont figuré sur les catalogues des ventes Gottlieb W., n° 136, et du 16 avril 1846, n° 201[1]. Elles doivent provenir de la collection Du Puy.

GIVRY (cardinal DE). D'après la copie conservée à la bibliothèque

---

1. Avec les dates du 16 mars 1594 et du 24 novembre 1596.

de la ville de Paris, il manque au tome 479 de la collection Du Puy (Biblioth. nat.) une lettre de ce cardinal à Des Chenetz, en date du 8 mai 1532.

GOBELIN, conseiller d'État. Une lettre, signée de Gobelin et adressée à Godefroy, a figuré successivement dans les ventes Riffet, n° 422; J. G., supplément, n° 29, et G*** (1846), n° 135. Elle provient de la collection Godefroy (biblioth. de l'Institut), et probablement du tome 335, où se trouvent plusieurs lettres de Théod. Godefroy à ce personnage.

GODEAU (Ant.), évêque de Vence, né 1605, m. 1672.

Il manque, d'après l'inventaire par volumes, au moins une lettre de Godeau dans le tome 688 de Du Puy (Biblioth. nat.).

GODEFROY (Famille des). La bibliothèque de l'Institut possède, sous le titre de : *Manuscrits de Théodore et Denis Godefroy*, une volumineuse collection se composant actuellement de 546 portefeuilles et volumes in-f° et in-4°[1]. Cette collection, commencée par Théodore Godefroy et son fils Denis, historiographes de France, puis continuée par les fils de ce dernier, Denis, troisième du nom, et Jean, fut acquise, après la mort de celui-ci[2], par Antoine Moriau, procureur du roi et de la ville de Paris, qui mourut le 20 mai 1749 et la légua, avec le reste de sa bibliothèque, à la ville de Paris[3]. A l'époque de la révolution, elle passa à la bibliothèque de l'Institut.

Nous avons examiné en détail les 546 volumes ou portefeuilles de ce recueil, consacré presque uniquement à la politique, à l'histoire[4], au commerce, à la jurisprudence de la France et des pays étrangers. La plupart contiennent, outre des copies de pièces et de chroniques, les travaux autographes des Godefroy[5] et leur correspondance (minutes et originaux) disséminée çà et là. Nous n'avons guère compté qu'une soixantaine de volumes contenant des lettres ou pièces originales, et, parmi ces derniers, la partie la plus intéressante est celle qui occupe les n°s 254 à 275 : c'est une suite de lettres rangées par règnes, de-

---

1. Les volumes sont numérotés de 1 à 549, mais d'un côté nous n'avons pu retrouver les numéros 231, 321, 477, 544 et 548, qui n'étaient point des recueils de pièces originales, et de l'autre le n° 265 est triple. Il n'y en a qu'un très-petit nombre in-4°. — Les huit derniers portefeuilles portent au dos : *Manuscrits recueillis par moi, Antoine Moriau*, etc.

2. Théodore mourut en 1649; son fils Denis, deuxième du nom, en 1681. Le fils de ce dernier, Denis, troisième du nom, et Jean, vécurent, le premier jusqu'en 1719, le second jusqu'en 1732.

3. Tous les détails relatifs à cette donation et à la création de la Bibliothèque de la ville qui en fut la conséquence, se trouvent aux Archives nationales, section H, 1868 et 1869, dans les registres cotés xci et xcii, à la date des 29 décembre 1758, 3 mai 1759, 2 septembre 1760.

4. Un seul portefeuille, mais presque vide aujourd'hui, le n° 194, est intitulé : *Sciences et arts*. — Nous signalerons encore le n° 209, manuscrit du roman de la Rose; le n° 282, édition imprimée du journal de L'Estoile, avec des additions et des annotations manuscrites, et le n° 321 *bis*, *Chroniques de Saint-Denis*, manuscrit sur vélin.

5. Ainsi le *Cérémonial* y occupe les n°s 379 à 483.

puis Charles VII jusqu'à Louis XV, lettres que la charge d'historiographe avait mis les Godefroy à même de recueillir. Bien que le nombre en soit singulièrement diminué aujourd'hui, on y trouve encore la correspondance de papes, de rois, reines, princes, princesses; de ministres, ambassadeurs, etc., de la France et des autres contrées de l'Europe. Ces pièces si précieuses, à l'état de feuilles volantes et pour lesquelles il n'existe guère d'autre catalogue que les notes écrites sur le dos des portefeuilles qui les renferment, n'ont reçu d'estampille que depuis 1849 [1]. Aussi ont-elles offert jusque-là une proie facile à la rapacité de certains amateurs. Nous donnons plus loin la liste de quelques-unes des pièces enlevées, dont la mention se trouvait dans les portefeuilles; mais nous n'indiquons là qu'une bien faible partie des soustractions qui ont été commises. C'est surtout par l'examen des catalogues de ventes et de quelques collections particulières que nous nous sommes convaincus des pertes subies par ce recueil. Ainsi, sans parler de celles que nous avons mentionnées plus haut, c'est de ces portefeuilles que viennent, sans aucun doute, la plupart des lettres annoncées sur les catalogues d'autographes [2] comme adressées à Villeroy, à Chavigny, à Nérestang, Richelieu, Césy, Mazarin, etc. Elles sont, du reste, bien faciles à reconnaître : elles doivent porter en tête soit des notes, soit une analyse de la main de l'un des Godefroy, ou de l'un de leurs copistes, et, en outre, on doit trouver sur quelques-unes d'entre elles un petit signe ressemblant à un 2 ou à un 4. Quelques-uns de ces caractères peuvent s'appliquer, il est vrai, aux pièces enlevées à la collection Saint-Germain-Harlay (Biblioth. nat.) qui a été aussi annotée en partie par la même personne; mais il sera toujours facile de les distinguer, car les autographes qui ont appartenu à cette dernière collection faisaient partie de volumes reliés, tandis que ceux de la bibliothèque de l'Institut sont, nous l'avons dit plus haut, des feuilles détachées.

Voici l'indication sommaire des principales soustractions que nous avons remarquées :

Volume 100. Ce volume paginé a perdu les feuillets 113 à 136. D'après une note restée dans le manuscrit, la pièce enlevée était un « Journal (en italien) contenant la relation de la négo- « ciation de Vervins, 1598, par le secrétaire du cardinal de Flo- « rence, légat *à latere* du pape. »

Portefeuille 254, intitulé : « Lettres. Règnes de Philippe Ier, Phi- « lippe III, Philippe IV, Philippe V, Charles VII, Louis XI et « Charles VIII. — Bulles des papes en original. — Le règne dont « il y a le plus de pièces originales est celui de Charles VIII. Il « y a des signatures de Charles VII, Louis XI et Charles VIII. »

---

[1]. Le catalogue de la Bibliothèque de l'Institut se borne à l'énoncé succinct du titre de chacune des séries dont la collection se compose.
[2]. Et principalement celles qui ont figuré dans les premières ventes faites par M. Libri.

La plupart des liasses qui composent ce portefeuille sont complétement vides, sauf celle où se trouvent les bulles des papes. Il ne reste plus une seule pièce signée de Charles VII et de Louis XI.

La liasse relative à Charles VIII a été transportée au portefeuille 255. Nous en avons déjà parlé à l'article Charles VIII (Voyez p. 89).

Portefeuille 255. Il porte au dos : « Lettres. Règnes de Louis XII, « François Ier, Henri II, François II. Lettres originales de l'em- « pereur Charles-Quint, des rois, princes et papes. — Il y a une « lettre originale de Calvin d'une belle écriture dans l'article « Henri II. Il y a une lettre de François Ier qui recommande « Jean Benoise pour être procureur du roi et de la ville. »

Ce portefeuille est dévasté comme le précédent. Les lettres des papes, de Charles-Quint [1], de François Ier [2], de Calvin ont disparu. Il ne reste plus que 4 pièces pour le règne de Louis XII, 13 pour François Ier, 19 pour Henri II, et 2 pour François II.

Portefeuille 258. Il porte au dos : « Lettres. Règne de Charles IX. « Il y a, à la fin, des lettres de la maison de Longueville ; deux « lettres de Renée de France, fille de Louis XII ; une lettre de « Charles IX, où il dit qu'il est devenu bon secrétaire ; une « lettre du maréchal de Montmorency, où il se plaint du maré- « chal de Montluc. »

La lettre de Charles IX a disparu ; il ne reste plus qu'une des deux lettres de Renée de France. Il y a dans le volume un nombre considérable de pièces qui sont postérieures à Charles IX et qui y ont été probablement transportées d'un des volumes suivants.

Portefeuille 260, intitulé : « Lettres. Règne de Henri III. Parmi « ces lettres sont, vers la fin, des lettres de Catherine de Mé- « dicis, 1588, après les barricades. Deux lettres de Georges, « landgrave de Hesse, à F. Hotman.... Lettre du sieur Paschal, « au sujet de la surprise de Genève, manquée en 1584.... « Lettre de don Antoine, roi de Portugal ; des grands de ce « royaume ; des habitants de l'île de Terceire ; de Catherine « de Portugal, duchesse de Bragance. »

Les lettres de Georges, de Paschal, d'Antoine et de Catherine de Bragance ont disparu ; il en est à peu près de même des lettres des Portugais, car il ne reste de ces dernières qu'une lettre d'un habitant de Terceire, et une autre d'un religieux nommé le P. Jean de Saint-Esprit.

Portefeuille 262, intitulé : « Lettres. Règne de Henri IV. Il y a « à la fin deux lettres de.......... de Galles, écrites de France, et

---

[1]. Nous avons omis de mentionner ce fait à l'article Charles-Quint.

[2]. Il ne reste plus que deux lettres de ce prince, et celle qui est relative à Benoise a disparu.

« une lettre de Catherine, duchesse de Bar, sœur de Henri IV,
« à Théodore de Bèze. »

Bien qu'on ait gratté et enlevé les mots que nous avons remplacés par des points, nous croyons qu'il s'agissait de Henri, prince de Galles, fils aîné de Jacques Ier. Ces lettres, du reste, ont disparu, ainsi que celle de Catherine. Nous avons, de plus, trouvé les adresses de deux autres qui ont disparu et qui étaient adressées à Villeroy : l'une de janvier 1608, l'autre du 15 juillet 1605 ; cette dernière était écrite par un prince italien.

Portefeuille 264, intitulé : « Lettres. Règne de Henri IV. » Le reste du titre, qui contenait l'indication de quelques-unes des pièces renfermées dans le portefeuille, a été entièrement arraché ; la déchirure nous paraît assez récente.

Il reste un très-grand nombre de lettres originales de Henri IV, et le feuillet d'adresse d'une lettre enlevée sur lequel on lit : « Le roy, « 14 août 1600, à Villeroy. »

Portefeuille 265 A. Ce portefeuille ne contient plus qu'une liasse intitulée : « Lettres de Henri IV et de la reine Marguerite, sa « première femme[1]. » Toutes ces lettres ont disparu, on les a remplacées par des lettres d'administration des règnes de Henri III et de Henri IV.

Nous avons retrouvé dans cette liasse les feuillets d'adresse de deux lettres qui ont été enlevées : d'après les cotes mises sur ces feuillets, l'une était de Marguerite de Navarre à Catherine de Médicis, l'autre de Bellièvre à Schomberg, en date du 10 juillet 1593.

Portefeuille 265 B, intitulé : « Lettres de Marie de Médicis et du « prince de Condé. » Il n'en reste plus qu'une de ce dernier.

Portefeuille 266. D'après les indications écrites sur le dos de ce volume, il manque des lettres de Valladier, abbé de Saint-Arnoul de Metz ; de d'Aguesseau, premier président à Bordeaux ; de Servin à sa femme ; du chancelier d'Aligre à Chouaine ; de Bailleul, prévôt des marchands, à Richelieu ; d'Alphonse Du Plessis-Richelieu à son frère le cardinal.

Portefeuille 267. Sur le dos on lit l'indication des pièces suivantes qui ont disparu : Lettres de Concini, de Luynes, Balzac, de diverses personnes à M. de Saint-Cyran, du cardinal de Richelieu, d'Arnaud d'Andilly, de Joseph-Marie (Suarez), évêque de Vaison ; de Jacques Du Puy, de Rivet, de Gerotimus, patriarche d'Alexandrie (en grec).

Portefeuille 273. D'après les indications écrites sur les chemises des liasses de ce portefeuille, nous avons constaté l'absence

---

1. Nous avons retrouvé dans le portefeuille 376 une lettre de Marguerite à Henri IV, en date du 9 mai 1594. Elle y a peut-être été transposée du portefeuille 265 A.

des pièces suivantes : Lettres d'Anne d'Autriche à Séguier, de Mlle de Montpensier; d'Arnaud d'Andilly au chancelier, 5 lettres ; de Cinq-Mars à de Thou; de Mazarin; de Foucquet; 5 pièces originales « concernant l'affaire d'un cordelier de Deuze « qui avait joui d'une religieuse de ladite ville, dont celle-ci se « trouva enceinte (1664); » de Chanut; de Christine de Suède;. de Frédéric-Guillaume, électeur de Brandebourg.

Portefeuille 275. La seule liasse contenue dans ce volume mentionne des lettres de Mlle de Montpensier et de Marguerite de Lorraine, seconde femme de Gaston d'Orléans. Ces pièces ont disparu.

Une vingtaine de pièces ou mémoires des différents membres de la famille Godefroy ont jusqu'ici passé dans les ventes, et presque uniquement dans les ventes Libri. Toutes celles qui sont des minutes viennent sans aucun doute du recueil de l'Institut[1]. En outre, M. Libri, dans les papiers duquel on a retrouvé un nombre considérable de pièces puisées à la même source, a vendu à lord Ashburnham un recueil ainsi intitulé sur son catalogue : « *Correspondance et manuscrits « inédits de Th. Godefroy, savant jurisconsulte et historien français, « 2 volumes in-f°, XVIIe siècle. Autographe* [2]. »

Enfin il y a des traces d'arrachement entre les lettres de Godefroy à Peiresc au tome 10 de la correspondance de ce dernier (Biblioth. nat.). On retrouve dans la vente (Libri) Saint-Julien, n° 319, une lettre de Jacques Godefroy à Peiresc, en date du 16 novembre 1627.

GODIN (Louis), membre de l'Académie des sciences, né 1704, m. 1760.

Deux lettres de ce savant, en date de 1726 et 1739, ont passé dans les ventes Saint-Julien, n° 288, Riffet, n° 486, et nous semblent avoir été enlevées soit aux papiers des Cassini, soit aux papiers de Bouguer (biblioth. de l'Observ.). Une troisième, adressée à Bignon et qui a figuré à la vente Gottlieb W., n° 266, avec la date du 3 décembre 1728, doit provenir des archives de l'Académie des sciences.

GOLIUS (J.), orientaliste, né 1593, m. 1667.

Il manque au tome 19 de la correspondance de Boulliau (Biblioth. nat.) la pièce 76, qui devait être une lettre de Golius à Boulliau[3]. On

---

1. Quelques originaux mêmes peuvent aussi en provenir, car nous en avons encore trouvé plusieurs à l'Institut, et entre autres une lettre avec cachet, adressée à Chavigny.

2. M. Libri, dans sa *Réponse à M. Boucly*, prétend avoir acheté à différentes ventes les *manuscrits autographes* et la correspondance des frères Sainte-Marthe et de Godefroy. Mais la seule vente (avant les siennes) où aient passé des pièces de ce dernier est la vente Perrin de Sanson (1836), dans laquelle figurait un recueil de lettres aux frères Sainte-Marthe. Parmi ces pièces se trouvaient quelques lettres de Théodore Godefroy.

3. La pagination est ancienne, et pour dissimuler cette soustraction on a mis le chiffre 76 sur le second feuillet de la pièce 75, qui n'était point numéroté.

retrouve dans la vente Van Sloppen, n° 98, une lettre de Golius à.... en date de juin 1655.

GOLDMANN (Nic.), géomètre, né 1623, m. 1665.

Les tomes 2 et 4 de la correspondance d'Hévélius (Biblioth. de l'Observ.) ont perdu les 3 lettres suivantes de Goldmann :

1650, calendes de novembre. Triennium est....
1656, mai. Fieri potest ut....
1657, XV calend. sextilis. Exiguum officium....

GONZAGUE (Fernand de), m. 1553.

Il manque dans le volume 281 de la collection Du Puy (Biblioth. nat.) une lettre de ce prince à Brissac, en date du 7 avril 1553 : elle est relative à un échange de prisonniers.

GONZAGUE (Louis de), duc de Nevers, m. 1595.

On a enlevé au tome $\frac{320}{2}$ (*olim* 1150) du fonds Saint-Germain-Harlay (Biblioth. nat.) une lettre de ce prince au roi, en date de mai 1568.

GORDES (de). Il a disparu du tome $\frac{326}{2}$ (*olim* 1163) du fonds Saint-Germain-Harlay (Biblioth. nat.) une lettre de ce seigneur au roi, en date du 24 octobre 1572.

GOUPIL (J.), érudit, m. 1564.

D'après l'inventaire placé en tête du manuscrit 8585 du fonds latin (Biblioth. nat.), il manque dans ce volume une lettre de Goupil à l'imprimeur Morel.

GRÆVIUS (J.-Georges), érudit, né 1632, m. 1703.

Grævius, nous l'avons déjà dit, était au nombre des correspondants de Baluze; mais aujourd'hui, dans la collection des papiers de celui-ci, conservée à la Bibliothèque nationale, il ne reste plus que 4 de leurs lettres, une de Grævius et trois minutes de Baluze. Les lettres suivantes du savant Hollandais au bibliothécaire de Colbert se retrouvent dans les ventes :

29 novembre 1686 (vente bibliophile Jacob).
14 janvier 1694 (vente du 5 février 1844, n° 201).
1700 (vente Villenave, 1850, n° 402[1]).
Sans date (vente Lalande, 1844, n° 235).

Il y a au tome 11 de la correspondance de Boulliau (Biblioth. nat.) des traces d'arrachement entre les lettres de Grævius à ce dernier. On retrouve dans la vente du 10 mars 1847, n° 431, une lettre à Boulliau, en date du 17 août 1701. Cette date est fausse, puisque Boulliau était

---

[1]. A cette pièce était jointe une « *Minute autographe*, de la main de Baluze, d'une lettre « adressée à Grævius, » du 13 juillet 1700. C'est un fait que nous avons oublié de mentionner à l'article Baluze, où nous avons également omis de dire que la lettre de Baluze à Grævius du 7 août 1687 est indiquée sur le catalogue de la vente Van Sloppen, n° 518, comme étant aussi une minute. Les trois lettres de Baluze qui ont figuré tout récemment à la vente Châteaugiron (du 15 octobre 1851), sous le n° 98, sont encore trois minutes.

mort dès 1694. Les pièces mentionnées sur les catalogues Canazar, n° 1465, et Riffet, n° 465, avec la date de 1679, doivent être aussi adressées à Boulliau et venir de la même collection.

Les 2 lettres du même à Adrien de Valois, qui ont passé dans les ventes Saint-Julien, n° 325, Gottlieb W., n° 288, avec les dates du 15 mars 1669 et 22 mai 1680, proviennent de la correspondance de Valois (biblioth. de l'Institut).

GRÆVIUS (Nehemias). Les 2 lettres de N. Grævius que contenait le tome 13 de la correspondance d'Hévélius (biblioth. de l'Observ.) ont disparu, savoir :

1678, 31 mars. Cum nobilissimus vir.... (vente Saint-Julien, n° 280).

1678, 16 juillet. Ægerrime fero....

GRAMMATICI (Nic.), astronome, m. 1736.

Les lettres suivantes, adressées par ce savant à De l'Isle, ont disparu des tomes 2, 3 et 4 de la correspondance de ce dernier (biblioth. de l'Observ.) :

1724, 16 août.

1725, 7 février.

1728, 3 septembre.

1732, 16 mai.

GRAMONT (Gabriel, cardinal de), m. 1534.

D'après la copie conservée à la bibliothèque de la ville de Paris, il manque au tome 726 de la collection Du Puy (Biblioth. nat.) une lettre de ce cardinal à l'évêque d'Auxerre, d'Inteville, en date du 21 juillet 1532. Elle commence ainsi : Il y a déjà assez longtemps....

GRAMONT (Antoine II, duc de), m. 1644.

Au nombre des pièces enlevées dans le tome 295 du fonds des Missions étrangères (Biblioth. nat.) se trouve une lettre dont quelques petits fragments sont restés dans le volume. Ces fragments portent encore une partie de la cote qui prouve que c'était une lettre d'Antoine de Gramont au roi, écrite probablement dans le cours de l'année 1606.

GRAMONT (Antoine III, duc de), maréchal de France, né 1604, m. 1678.

Une lettre de ce seigneur à Mazarin a été enlevée à la collection Baluze (Biblioth. nat.).

Une autre lettre (sans date) du même personnage au duc Bernard de Saxe-Weymar, provenant probablement de la même collection, a figuré sur le catalogue de la vente du 5 décembre 1845 (n° 183) [Voyez l'article Saxe-Weymar].

Une troisième lettre, adressée à Colbert, en date du 26 mai, a figuré sur le catalogue de la vente J. G., n° 191. Elle a été probablement enlevée à la correspondance de Colbert (Biblioth. nat.).

GRONOVIUS (J.-Fréd.), né 1613, m. 1671.

Il y a au tome 32 de la correspondance de Boulliau (Biblioth. nat.) des traces d'arrachement après une lettre de Gronovius à Boulliau. On en retrouve une dans la vente Riffet, n° 452, avec la date de 1665.

Il y a des traces d'arrachement entre les lettres de Gronovius à Saumaise dans le volume 8597 du fonds latin (Biblioth. nat.). On en retrouve 2 dans les ventes (Libri) feu M. S***, n° 122, et bibliophile Jacob, avec les dates du VIII des calendes de février, 1647, et du V des nones de juillet, 1645.

La liasse I du paquet 5 (n° 2) de l'armoire 7 de la collection Baluze (Biblioth. nat.) a disparu : elle contenait entre autres, d'après le catalogue de Mouchet et Lalande, « trois lettres originales de Gronovius; « les deux premières, adressées au roi, et la troisième à M. Colbert, « contenant l'expression de sa reconnaissance pour les bienfaits de Sa « Majesté, années 1666-1671; une autre lettre originale du même, sur « un objet d'érudition, à M. Carcavi, datée de 1671. » Cette dernière pièce a figuré à la vente Van Sloppen sous le n° 522.

GROTIUS (Hugo), publiciste, né 1583, m. 1645.

Le volume 16 de la collection Du Puy (Biblioth. nat.) devait contenir 15 lettres écrites par Grotius à Du Puy, de 1601 à 1623 : trois ont disparu; nous ne connaissons que les dates de deux d'entre elles, 21 juillet et 7 août 1623.

Le tome 583 de la même collection a perdu plusieurs pièces de vers latins de Grotius et au moins 4 lettres à Du Puy : 2 sont datées de 1631, 29 mars; 1632, 23 février. Le même volume a perdu encore 2 lettres à de Thou, lettres dont nous ignorons la date. L'une d'elles est relative à la mort de Thumery. On retrouve dans les ventes les pièces suivantes :

A Du Puy, 1632, 23 septembre (vente du 10 mars 1847, n° 220).
A de Thou, vers latins, 1633, 21 août (vente du 3 février 1845, n° 213).
Pièces de vers latins (ventes Canazar, n° 1473; Desgenettes, n° 110).

Une lettre du même, adressée au duc Bernard de Saxe-Weymar, en date du $\frac{19}{29}$ octobre 1637, et vendue sous le n° 289 à la vente Gottlieb.W., a été soustraite dans la collection Baluze (Biblioth. nat.), de la liasse intitulée : « Lettres écrites au duc Bernard de Saxe-Weymar par « plusieurs personnes, de 1636 à 1639. »

Le paquet 2, n° 2, de l'armoire 7 de la même collection devait contenir encore, d'après le catalogue de Mouchet et Lalande, 5 autres lettres autographes de H. Grotius, écrites au duc Bernard pendant l'année 1636. Elles ont disparu.

D'après l'inventaire placé en tête du volume 8594 (Biblioth. nat., fonds latin), il manque dans ce manuscrit 6 lettres de Grotius adressées à Saumaise. On retrouve les suivantes dans les ventes :

1630, 5 octobre (ventes feu M. S***, n° 123 [1], 8 avril 1844, n° 242).
1630, 13 mai (vente Villenave, n° 415).
1630, 23 juin (vente du 16 avril 1846, n° 207).
1631, VI des calendes de mars (vente bibliophile Jacob).

GROTIUS (P. DE GROOT), fils de Hugo Grotius, diplomate.

2 lettres de P. de Groot, adressées toutes deux à son père, ont figuré sur le catalogue de l'*Autographophile*, n° 349, et sur celui de la vente du 7 février 1839, n° 232. Ces pièces doivent provenir de la collection Baluze (armoire 7, paquet 2, n° 2), où il s'en trouve encore deux autres.

Il y a aussi au tome 24 de la correspondance de Boulliau (Biblioth. nat.) des traces d'arrachement entre les lettres de P. de Groot.

GRUTER (ISAAC). Il y a au tome 11 de la correspondance de Boulliau (Biblioth. nat.) des traces d'arrachement après des lettres de Gruter. On retrouve dans les ventes Canazar, n° 1458, et Riffet, n° 457, 2 lettres de Gruter, en date de 1664, qui proviennent certainement de cette collection [2].

GUALDO (PAOLO). Il y a des traces d'arrachement, entre les lettres de Gualdo à Peiresc, dans le tome 9 de la correspondance de ce dernier (Biblioth. nat.).

GUEZ (DU). Il manque au volume 323 (*olim* 1155) du fonds Saint-Germain-Harlay (Biblioth. nat.) une lettre de ce personnage au roi, en date du 16 mai 1569.

GUICHENON (SAMUEL), historiographe de Savoie, né 1607, m. 1664.

La bibliothèque de l'Institut possède 2 volumes intitulés ainsi, de la main même de Guichenon :

Tome 1er. « Amas de plusieurs lettres escrites ou receues de di-
« vers hommes doctes et curieux, tant de France que des pays
« estrangers. »

Tome 2. « Lettres de la cour de Savoye, avec quelques-unes de
« mes responces. »

Ces deux volumes contiennent encore plus de 700 pièces de la correspondance de ce savant, toutes [3] appartenant aux années 1658, 1659, 1660 et 1661. La reliure qui les recouvre est celle que Guichenon lui-même avait fait faire : c'est un cartonnage fort léger, dans lequel

---

1. Cette pièce est indiquée avec la date de 1620, date fautive, à ce que nous croyons.
2. Ces deux lettres n'en forment peut-être qu'une seule; celle de la vente Riffet est annoncée comme étant adressée à Boulliau.
3. Toutes, sauf neuf d'entre elles qui sont de l'année 1657.

les pièces n'ont point été collées par le dos, mais seulement cousues par petits cahiers fort minces, de façon qu'en déchirant les lettres en deux on a pu facilement en soustraire un certain nombre sans laisser des traces d'arrachement bien visibles ; mais, parfois, quelques petits lambeaux de papier sont restés retenus au fil où nous les avons vus, et ont ainsi décelé le vol [1].

On ne doutera pas que ces deux volumes n'aient fourni leur part au commerce des autographes lorsqu'on saura que toutes les lettres adressées à Guichenon, qui, à notre connaissance, ont paru jusqu'à présent dans les ventes, sont des années 1658, 1659 et 1660 (Voyez les articles DU CANGE, CHARPENTIER, CHRÉTIENNE DE FRANCE, DUCHESNE, LABBE, MÉZERAY, MONCONYS).

Ajoutons qu'on a trouvé dans les papiers de M. Libri trois adresses déchirées de lettres adressées à l'historiographe de Savoie.

Le catalogue de la collection Baluze (Biblioth. nat.) contient, pour l'article 2 du paquet 2 de l'armoire 7, la mention suivante : « Recueil « de lettres écrites par M. Guichenon à M. Du Bouchet sur des ma- « tières généalogiques, et spécialement sur la généalogie de la maison « de Coligny, de 1640 à 1650. » Il n'en reste plus que cinq, savoir : une de 1645, deux de 1646, une de 1647 et une de 1649. Les autres ont disparu. Cinq de ces lettres ont passé dans les ventes, savoir :

1640, 14 mai (vente Gottlieb W., n° 290).
1645, 10 mars (vente 16 avril 1846, n° 209).
1645, 8 août (vente 8 décembre 1845, n° 191).
1647, 3 mai (vente du bibliophile Jacob).
1647, 10 novembre (vente baron de L. L., n° 295).

Il ne peut y avoir aucun doute sur la provenance de ces pièces, ou au moins de quatre d'entre elles, car l'analyse qui en est donnée sur les catalogues prouve qu'elles sont bien relatives à des matières généalogiques et à la maison de Coligny.

GUIGNES (DE). Voyez ACADÉMIE DES SCIENCES.

HAAKIUS (ANT. VON HAAKEN). Il manque au tome 4 de la correspondance d'Hévélius (biblioth. de l'Observ.) une lettre de Haakius, en date du 4 février 1656. Elle commence ainsi : Repentino discessu coactatus....

HACKI (MICH.-ANT.)[2]. Les tomes 10 et 15 de la correspondance d'Hévélius (biblioth. de l'Observ.) ont perdu 5 lettres de Hacki, savoir :

1671, 18 août. Transeuntem hac virum....

---

1. Notamment vers l'endroit où sont réunies les lettres du P. Ménestrier.
2. C'est peut-être le même que le précédent, et le même aussi dont nous avons parlé à l'article CHRISTINE, p. 97.

1671, 8 septembre. Minime ambigo quin....

1683, 8 décembre. Quando quidem ita superis....

HALLEWIN (L. DE), seigneur de Piennes. On a enlevé au tome 262 de la collection Du Puy (Biblioth. nat.) une lettre de ce personnage à Louis XII, en date du 5 octobre.

HALLEY (EDM.), astronome, né 1656, m. 1742.

Les 4 lettres de Halley que contenait la correspondance d'Hévélius (tomes 13, 14 et 15, biblioth. de l'Observ.) ont disparu, savoir :

1678, 11 novembre. Nudius tertius est....

1679, $\frac{8}{18}$ juillet. Nuperrime intellexi....

1681, $\frac{5}{18}$ novembre. Heri non sine summo gaudio....

1682, $\frac{7}{17}$ avril. Receptis hisce.... (vente Canazar, n° 145)[1].

Une lettre de Halley à Cassini, en date du 8 juin, a figuré à la vente du 15 mai 1843, n° 216. Elle doit provenir de la correspondance de Cassini (biblioth. de l'Observ.).

HALTON (TIMOTH.). Il manque au tome 14 de la correspondance d'Hévélius (biblioth. de l'Observ.) une lettre de Halton, en date du 20 août 1679. Elle commence ainsi : « Xenia illa quibus.... »

HARLAY. La Bibliothèque nationale possède, sous le nom de fonds Saint-Germain-Harlay, une précieuse collection de manuscrits qui a appartenu à la famille de Harlay, puis à l'abbaye Saint-Germain-des-Prés. Ces manuscrits, rangés sous les n°° 1 à 519, comprennent environ un millier de volumes relatifs aux matières les plus diverses. Une partie d'entre eux sont composés de précieuses correspondances (minutes et originaux) de rois, reines, princes, ministres, ambassadeurs, seigneurs, etc., de la France et des pays étrangers, depuis la deuxième moitié du xv° siècle jusqu'aux premières années du xviii°[2]. Nous n'en avons guère examiné qu'une cinquantaine de volumes, pour lesquels il n'existe aucun inventaire détaillé, et, si la pagination ancienne nous a permis de constater le nombre des feuillets qui y ont été enlevés, c'est uniquement au moyen de cotes ou de feuillets d'adresse laissés dans les volumes que nous sommes parvenus à des renseignements précis sur quelques-unes des lettres qui ont disparu.

Voici le résumé des soustractions que nous avons constatées jusqu'ici; nous désignerons les manuscrits sous leur numéro actuel et sous celui qu'ils portaient anciennement[3] :

Volume $\frac{222}{1}$ (*olim* 750), intitulé : « Lettres des ambassadeurs de

---

[1]. La vente faite à Londres en 1838 par le libraire Rodd, mentionne une lettre écrite par Halley au sujet de la mort d'Hévélius. Il est probable que cette pièce, adressée à un ami du défunt, à Danzig, a fait partie des papiers divers réunis dans la dernière liasse du tome 16 du recueil de la bibliothèque de l'Observatoire.

[2]. Le recueil de ces pièces forme environ 400 volumes.

[3]. Nous donnons les titres d'après les indications qui se trouvent au dos des volumes et sur le catalogue sommaire de la collection, rédigé par Méon.

« France en Angleterre. Année 1568. » Il manque 30 feuillets sur 111, et entre autres des lettres de Bochetel [1].

Volume 252 (*olim* 970), intitulé : « Lettres de rois, reines, prin- « ces, grands et ministres d'Espagne (la plupart originales). » 105 feuillets sur 314 ont disparu.

Volume 308 (*olim* 1133), intitulé : « Lettres et pièces du temps « de Louis XI et Charles VIII, etc., la plupart originales. » 179 feuillets sur 341 ont disparu.

Volume 309 (*olim* 1134), intitulé : « Lettres aux rois Charles VIII « et Louis XII, etc. » 177 feuillets sur 312 ont disparu.

Volume 311 (*olim* 1137), intitulé : « Lettres aux rois Charles VIII « et Louis XII, et des dicts rois depuis 1488 jusqu'en 1506. » 168 feuillets ont été enlevés [2].

Volumes $\frac{318}{1-2}$ (*olim* 1146, 1147), intitulés : « Lettres et pièces, la « plupart originales, écrites de 1514 à 1567. » Le premier volume a perdu 25 feuillets sur 102, le second 53 sur 180.

Volumes $\frac{320}{1-5}$ (*olim* 1148-1152), intitulés : « Lettres servant à l'histoire. Années 1568-1569. » Ces cinq volumes ont perdu 175 feuillets, au nombre desquels étaient des lettres du prince de Condé, du duc de Montpensier, du comte Du Lude, de Cossé, Brienne, du cardinal de Lorraine, du comte de Westerbourg, d'Aumale, de Boville, Charles IX, Montmorency, Montluc, madame de Soissons, L. de Gonzague, Castelnau, Pasquier, Conti, Antraigues, Luxembourg, Henri III, etc.

Volumes $\frac{325}{1-5}$ (*olim* 1155-1159), intitulés : « Lettres servant à l'his- « toire. Années 1569-1571. » Les 5 volumes ont perdu 390 feuillets contenant des lettres de plusieurs personnages mentionnés dans l'article précédent et, en outre, des ducs d'Alençon, de Nevers et de Nemours, de Bochetel, Dampville, de Thou, Catherine de Médicis, Morvilliers, du duc de Lorraine, du comte de Tende, de Lanssac, Barbezieux, Villeroy, La Meilleraye, Urfé, Vialart, cardinal d'Armagnac, Schomberg, Sarlabos, Puygaillart, Henri IV, Biron, Mandelot, Joyeuse, Marguerite de Navarre, Longueville, Bellegarde, Coligny, etc.

Volumes $\frac{326}{1-2}$ (*olim* 1162-1163). « Lettres servant à l'histoire. An- « née 1572. » Ces deux volumes ont perdu, l'un 32 feuillets sur 264, l'autre 58 sur 296. Les pièces enlevées étaient des lettres de Henri III, du duc d'Anjou, du marquis du Maine, de Biron, Joyeuse, du cardinal d'Armagnac, du comte de Tende, du marquis de Vilars, de Gordes, Ant. Vialart, Montluc, etc.

Volumes $\frac{329}{2-5}$ (*olim* 1172, 1173, 1174, 1175). Suite des « Lettres « servant à l'histoire. Années 1580-1581. » Ces 4 volumes ont perdu 511 feuillets contenant des lettres de Henri III, Henri IV,

---

1. Voyez plus bas, p. 156.
2. Pour ces 3 volumes, 308, 309, 311, voyez l'article CHARLES VIII.

Julien de Médicis (évêque d'Albi), Maugiron, Joyeuse, Biron, Villeroy, Marguerite de Navarre, Montmorency, François d'Alençon, Catherine de Médicis; des cardinaux de Bourbon et d'Armagnac, du comte du Lude, de Pompadour, du marquis du Maine, de Nevers, Bellièvre, Montpensier, Condé, etc.

Volumes $\frac{329}{9-10}$ (*olim* 1179-1180). Suite des « Lettres servant à « l'histoire. Année 1585. » Ces deux volumes ont perdu, l'un 74, l'autre 43 feuillets contenant des lettres de Henri III, Henri IV, du maréchal de Joyeuse, du cardinal d'Armagnac, de Condé, Montpensier, Maugiron, Catherine de Médicis, Montmorency, du comte de Tende, etc.

Volume 331 (*olim* 1187). Suite des « Lettres servant à l'histoire. « Années 1590-1594. » 8 feuillets ont disparu; ils contenaient probablement des minutes de lettres de Henri IV à Sillery.

Volumes $\frac{337}{1-2}$ (*olim* 1195-1196). Suite des « Lettres servant à l'his- « toire. Années 1595 à 1602. » Ces volumes, dont les pièces sont numérotées, en ont perdu 15 : c'étaient des lettres de Henri IV, de Thou, Ornano, etc.

Volume 343 (*olim* 1210). Suite des « Lettres servant à l'histoire. « Années 1617-1627. » Ce volume a perdu 16 feuillets, au nombre desquels se trouvaient des lettres de M. de Guise.

Volume 345 (*olim* 1212). Suite des « Lettres servant à l'histoire. « Années 1628-1660. » Ce volume a perdu 18 feuillets et, entre autres, des lettres du prince de Condé, du cardinal de Guise, etc.

Volumes $\frac{362}{1-2}$ (*olim* 1244-1245). « Lettres de cardinaux (1532- « 1639). » Ces lettres sont rangées par ordre alphabétique. Il y a des traces d'arrachement dans le premier volume, avant les lettres du cardinal Barberino; dans le second on a enlevé une lettre du cardinal Pamphile.

En résumé, plus de 1760 feuillets représentant 1,000 à 1,200 pièces ont disparu de 32 volumes; on peut juger par là des pertes subies par les autres volumes de la collection qui contiennent des lettres originales.

Ces soustractions ne datent point toutes de la même époque. L'inspection seule des arrachements et des coupures démontrerait qu'il y a eu deux couches successives de lacérations. La première est ancienne; elle est l'œuvre de gens qui n'ont pris nul souci de faire disparaître les traces de leur passage et ont laissé dans les manuscrits des onglets, des cotes, des adresses au moyen desquels nous avons pu retrouver l'indication précise de 380 pièces environ. Au contraire, des déchirures presque fraîches et pratiquées avec le plus grand soin signalent des mains plus habiles qui ont principalement exercé leurs ravages depuis 1830[1].

---

1. Voyez la preuve de l'époque récente de ces soustractions à l'article CHARLES VIII.

Quant à la date des soustractions anciennes, elle nous est indiquée approximativement par un fait venu récemment à notre connaissance.

A la page 25, nous avions parlé de l'état de mutilation dans lequel se trouve actuellement un volume de cette collection, volume qui était resté onze ans hors de la bibliothèque et pour lequel ni le conservateur ni l'emprunteur n'avaient eu la précaution de constater le nombre des pièces existant au moment du prêt; nous avions été ainsi amenés à croire que les lettres de Bochetel qui en avaient été enlevées (Voyez l'article BOCHETEL) avaient pu disparaître pendant ce long espace de temps où le volume prêté n'était probablement pas resté toujours entre les mêmes mains. Il n'en est rien: la date de la soustraction des lettres de Bochetel est beaucoup plus ancienne, et notre devoir est de rectifier une erreur dont l'évidence nous est démontrée par des renseignements qui nous ont été transmis depuis peu. D'après ces renseignements, la bibliothèque impériale de Saint-Pétersbourg posséderait depuis 1805 les lettres de Bochetel, dont nous avions signalé la disparition. Elle les a trouvées dans une précieuse collection de pièces originales acquise par elle à cette époque, et qui aurait été formée, de 1780 à 1800, par un attaché à la légation russe nommé Doubrowski. Par quels moyens ce dernier était-il parvenu à se les procurer? Nous l'ignorons.

Ainsi donc, la soustraction des lettres de Bochetel est ancienne, et il est maintenant évident pour nous qu'une foule d'autres soustractions commises dans le fonds Harlay doivent remonter à la même époque; mais, ainsi que nous l'avons prouvé, il en est auxquelles on ne peut certainement pas assigner une date aussi reculée.

HARLAY (le président ACHILLE DE), né 1639, m. 1712.

Une lettre de ce magistrat à Godefroy, en date du 11 décembre 1666, a figuré à la vente Saint-Julien sous le n° 147. Elle vient bien probablement de la collection des Godefroy (biblioth. de l'Institut).

HARTLIEB (SAMUEL). Il manque dans le tome 2 de la correspondance d'Hévélius (biblioth. de l'Observ.) une lettre de Hartlieb à Hévélius. Cette lettre, signée aussi par Duræus, est datée du $\frac{11}{21}$ avril 1650, et commence ainsi : Si quid ingenui spiritus....

HASIUS. Il a disparu des tomes 2 et 8 de la correspondance de De l'Isle (biblioth. de l'Observ.) deux lettres adressées à ce dernier par Hasius, en date du 22 février 1724 et de 1742.

HAYLEY. On a enlevé au tome 12 de la correspondance de De l'Isle (biblioth. de l'Observ.) une lettre de Hayley à ce dernier, en date du 5 décembre 1752.

HEINSIUS (Daniel), philologue, né 1580, m. 1665.

Le tome 583 de la collection Du Puy (Biblioth. nat.) a perdu les lettres suivantes de Heinsius à Du Puy :

1631, 14 mai.

1633, 26 septembre.
1638, avril.

Une seule lettre de D. Heinsius à Du Puy, lettre dont la date n'est pas indiquée, a figuré dans une vente (8 avril 1844, sous le n° 260).

HEINSIUS (Nicolas), érudit, né 1620, m. 1681.

Les deux lettres de Nicolas Heinsius, que contenait la correspondance d'Hévélius (tomes 7 et 8, biblioth. de l'Observ.) ont disparu, savoir :

1665, 26 octobre (vente Canazar, n° 1459; — vente du 9 février 1846, n° 112).

1666, 21 (ou 31) mai. Præclarum istud....

Suivant l'inventaire placé en tête du volume 8588 du fonds latin (Biblioth. nat.), ce volume devait contenir quatre lettres de Heinsius à J.-Bapt. Lantinus. Une d'elles a été arrachée.

On a trouvé dans les papiers de M. Libri la copie faite par lui de trois lettres originales de Heinsius à Boulliau, appartenant au tome 11 de la correspondance de ce dernier (Biblioth. nat.)[1]. Ces trois lettres ont disparu, et l'une d'elles, en date du 17 avril 1658, a été annoncée avec le n° 425, sur le catalogue de la vente opérée en 1857, par le même M. Libri, sous le pseudonyme de Riffet. — Une autre lettre de Heinsius à Boulliau, datée du 5 décembre 1657 et enlevée au même volume, a figuré à la vente du 10 mars 1847 sous le n° 233.

Il ne reste plus dans le volume 688 de la collection Du Puy (Biblioth. nat.) une seule des lettres de N. Heinsius indiquées sur l'inventaire par volumes. L'inventaire par cartes n'en mentionne qu'une, adressée à Du Puy, en date du 28 août 1648.

Outre une lettre à Du Puy, sans date, qui a figuré à la vente A.A. (2 avril 1839), n° 777, les catalogues des ventes bibliophile Jacob et Soleinne contiennent encore l'indication d'une lettre au même, en date du 8 des calendes de décembre 1648.

On trouve aussi sur les catalogues des ventes Riffet, Saint-Julien et de l'Alliance des arts (1er avril 1844), l'annonce de trois lettres de Heinsius à Adrien Valois, en date de 1640, du 30 juin 1651 et de septembre 1640. Ces trois pièces viennent probablement de la correspondance de Valois (biblioth. de l'Institut).

Il est possible qu'une autre lettre adressée par Heinsius à Philibert De La Mare, en date du 30 juillet 1656, et qui a figuré successivement aux ventes du 22 mars 1847 et du 23 novembre 1848, ait été enlevée à l'un des manuscrits de ce dernier, réunis aujourd'hui au fonds latin (Biblioth. nat.); mais nous n'avons pu encore découvrir le volume.

HELL (P.) D'après l'inventaire du cinquième paquet de la liasse I

---

[1]. L'indication du manuscrit où était l'original se trouve en haut de la copie, et de la main de M. Libri.

des papiers des Cassini (biblioth. de l'Observ.), il manque une ou plusieurs lettres de Hell à Cassini de Thury, en date de 1788.

HEMERY (M. Particelli d'), surintendant des finances, m. 1650.

Il manque au tome 573 de la collection Du Puy (Biblioth. nat.) une lettre de ce financier au cardinal de La Valette, en date du 12 août 1635. Elle commence ainsi : « En ce peu de temps que j'ay esté.... »

HENRI II, roi de France, né 1518, m. 1559.

D'après l'inventaire du Résidu Saint-Germain (Biblioth. nat.)[1], le paquet coté 15, n° 2, devait contenir vingt-cinq lettres de Henri II à Mesnaige, savoir : 16 écrites en 1548 et 9 en 1549. Il n'en reste plus que 5 de 1548 et 1 de 1549; dix-neuf ont donc disparu. Une seule d'entre elles, en date de janvier 1548, a figuré dans une vente, dans la vente du 2 mars 1843, sous le n° 57.

Il manque au tome 479 de la collection Du Puy (Biblioth. nat.) une lettre de Henri à Des Chenetz, en date du 5 mai 1558.

Il y a aussi des lacunes entre ses lettres à De la Vigne, ambassadeur de France à Constantinople (1557-1558), dans le volume 9291[20] du fonds latin (Biblioth. nat.).

L'absence d'inventaire et de pagination ne nous permet rien autre chose que la constatation de ces déficit.

Des lettres fort nombreuses du même prince ont passé dans les ventes; nous pensons qu'une partie d'entre elles viennent, soit de la collection Godefroy (biblioth. de l'Institut), soit de la collection Saint-Germain-Harlay (Biblioth. nat.); mais, comme il n'existe aucun inventaire détaillé pour ces recueils, nous devons nous borner à des conjectures[2].

HENRI III, roi de France, né 1552, m. 1589.

Plusieurs lettres de ce prince ont été enlevées de divers volumes du fonds Saint-Germain-Harlay (Biblioth. nat.); en voici les dates :

Volume $\frac{320}{2}$ (olim 1149), 1568, mars; avril.

Volume $\frac{325}{1}$ (olim 1155), 1569, 19, 23 et 24 mai; 5 juin.

Volume $\frac{325}{2}$ (olim 1156), au roi, 1569, 17 juillet; 20, 21, 24, 26, 27 et 29 septembre; 7 et 13 octobre; 4 et 10 novembre; 22 décembre. A Catherine de Médicis, 1569, 29 septembre.

HENRI IV, roi de France, né 1553, m. 1610.

Suivant le catalogue rédigé par l'employé Lalande, le paquet 14, n° 6, du Résidu Saint-Germain (Biblioth. nat.), renfermant les lettres de La Rochepot, ambassadeur en Espagne, adressées au roi (Henri IV) et à ses ministres, et les réponses de ceux-ci, devait contenir 100 pièces. Vingt d'entre elles, environ, ont disparu, et il est

---

1. Voyez François Ier.
2. Voyez pour un faux autographe de Henri II la note 1 de la page 51.

— 159 —

possible que les originaux de trois lettres de Henri IV, adressées à ce même ambassadeur, et publiées par M. Berger de Xivrey[1], comme tirées de la collection de M. Feuillet (de Conches), aient jadis appartenu à la Bibliothèque nationale.

Le volume 194 de la collection Du Puy (Biblioth. nat.), renfermait à la page 103 la minute originale, sans date ni signature, d'une lettre de Henri IV à Bellièvre, relative au procès de Biron; cette minute a disparu. Elle commence ainsi : « J'ay veû ce que vous avez escrit à Loménie[2].... »

Un très-grand nombre de lettres de Henri IV, écrites avant ou après son avénement au trône de France, ont été enlevées au fonds Saint-Germain-Harlay (Biblioth. nat.). Voici pour quelques-unes les dates que nous avons pu retrouver :

Volume $\frac{325}{4}$ (*olim* 1158). Au roi; 1570, 5 novembre.

Volume $\frac{325}{3}$ (*olim* 1159). Au roi; 1571, 25 février; 5 et 31 mars; mai (2 lettres); 1er au 3 août (2 lettres). A Catherine de Médicis, 1571, 16 mai.

Volume $\frac{329}{2}$ (*olim* 1172). Au roi, 1580, 10, 13 (ou 14), et 24 janvier; février; 9 avril. A Catherine de Médicis, 1580, 10 et 24 janvier; février.

Volume $\frac{329}{5}$ (*olim* 1175). Au roi, 1581, 15 (ou 16) octobre; décembre.

Les volumes 331, $\frac{337}{1-2}$ (*olim* 1187, 1195, 1196) de la même collection ont perdu 23 feuillets qui, pour la plupart, devaient se rapporter à des minutes de lettres écrites par Henri IV, de 1590 à 1602.

Le volume 175 du fonds des Missions étrangères (Biblioth. nat.) est intitulé : *Lettres originales des gouverneurs des provinces à Henri IV, et lettres de lui, années* 1602, 1603. Dans ce volume, où il y a en différents endroits des traces d'arrachement, il ne reste plus que la copie de trois lettres de Henri IV, écrites dans l'année 1603. Les lettres originales de ce prince ont disparu.

Le tome 265 de la collection Godefroy (Biblioth. de l'Institut) devait contenir la correspondance de Henri IV avec Marguerite, sa première femme. Ces lettres ont toutes disparu[3]; la seule lettre de Henri à sa femme qui ait jusqu'ici passé dans une vente, a figuré à la vente Riffet, n° 95[4].

---

1. *Lettres de Henri IV*, tome v, p. 241, 401, 434. Les autres lettres de ce prince à La Rochepot, renfermées dans ce volume du Résidu Saint-Germain, sont restées inconnues à l'éditeur.

2. Le texte de cette pièce a été publié par M. Berger de Xivrey, à la date du 24 juillet 1602, d'après l'original conservé à la Bibliothèque impériale de Saint-Pétersbourg.

3. Voyez l'article GODEFROY.

4. Ces lettres ne sont certainement pas les seules de Henri IV qui aient été enlevées au recueil des Godefroy. Nous citerons encore la pièce qui a figuré à la vente Riffet (Libri), n° 93, avec la date de 1568, et qui depuis a été publiée par M. Berger de Xivrey comme

Le manuscrit coté 1549 à la bibliothèque Mazarine renferme un certain nombre de lettres de Henri IV, écrites de 1600 à 1602 et relatives aux affaires du domaine royal[1]. A la fin du volume se trouvait un inventaire des pièces, inventaire dont la première page a été arrachée, probablement pour dissimuler la soustraction de la pièce n° 5, qui manque aujourd'hui.

HENRI VII, roi d'Angleterre, né 1455, m. 1509.

Deux lettres de ce prince à Louis XII ont disparu du tome 281 de la collection Du Puy (Biblioth. nat.). L'une d'elles est relative à certains propos qu'on lui prêtait et qu'il nie avoir tenus.

HENRI VIII, roi d'Angleterre, né 1492, m. 1547.

D'après l'inventaire par cartes, il manque dans le tome 281 de la collection Du Puy (Biblioth. nat.) une lettre de Henri VIII à Louis XII, en date du 13 avril (1511?).

HENRI, prince de Galles, fils de Jacques Ier, né 1594, m. 1612.

Le tome 569 de la collection Du Puy a perdu une lettre du prince de Galles[2] à Louis XIII, en date du 16 mai 1612. Elle commence ainsi : « Sire, les asseurances de la continuation de la bonne vo« lonté.... » C'est la pièce qui a figuré avec la date du 6 mai 1612 sur le catalogue de la vente du 8 décembre 1845, n° 198 bis, où elle est résumée ainsi : « Sur les assurances que lui donne M. de Bouillon de la « bonne volonté du Roi dans la continuation de leur mutuelle amitié.... »

On a enlevé au tome 281 de la même collection une autre lettre de ce prince au Dauphin (Louis XIII), en date du 25 octobre 1605. Elle est relative à l'envoi d'une meute de petits chiens.

HENRIETTE-MARIE DE FRANCE, femme de Charles Ier, née 1609, m. 1669.

Les lettres de cette princesse au duc d'Orléans, son frère, qui circulent dans le commerce, proviennent vraisemblablement de la collection Baluze (Voyez à ce sujet l'article GASTON, duc d'Orléans). Cinq d'entre elles ont passé dans les ventes, savoir : ventes Saint-Julien, n° 230 ; bibliophile Jacob ; 3 février 1845, n° 551 ; W. et A.A., n° 84 ; Villenave, n° 424[3]. Dix autres lettres de la même princesse à son

---

tirée de la collection de M. Feuillet. L'éditeur a accompagné le texte de la note suivante :
« La date de l'année a été écrite par Godefroy sur la lettre originale *qui faisait partie de* « *ses papiers.* »

1. Elles ont été pour la plupart publiées par M. Berger de Xivrey d'après une copie que lui avait fournie M. de La Villegille.

2. A la vente Gottlieb W. a figuré, sous le n° 213, avec la date du 30 janvier 1612, une lettre du même prince, lettre que le catalogue attribue à tort à Charles Ier, qui n'avait alors que douze ans, et ne devint prince de Galles qu'après la mort de son frère aîné, arrivée le 6 novembre 1612. Elle vient probablement de la collection Godefroy. Voyez, dans l'article GODEFROY, le § consacré au portefeuille 262.

3. Celle de la vente du bibliophile Jacob est la seule qui soit datée (4 juillet).

frère ont figuré sur divers catalogues anglais, savoir : catalogues Rodd (1838)[1]; Donnadieu (1847), n°s 110-112; 29 avril 1851, n° 194.

HERSCHELL (W.), astronome, né 1738, m. 1822.

D'après le catalogue du quatrième paquet de la première liasse des papiers des Cassini (biblioth. de l'Observ.), il manque entre autres, dans ce paquet, plusieurs lettres de Herschell à Cassini de Thury, écrites pendant les années 1784-87. On en retrouve une, en date du 4 décembre 1784, dans le catalogue du 15 mai 1843, n° 230.

HERSTENSTEIN. Il manque dans le tome 2 de la correspondance de De l'Isle (biblioth. de l'Observ.) deux lettres de Herstenstein adressées à De l'Isle, en date des 8 mars 1723 et 13 janvier 1724.

HÉVÉLIUS (J. Höwel ou Höwelcke, en latin), astronome de Danzig, né 1611, m 1687.

Hévélius, célèbre astronome du XVIIe siècle, avait entretenu pendant environ quarante ans une correspondance active avec les plus illustres savants de l'Europe, et avait formé un recueil qui contenait, rangés par ordre chronologique, les minutes de ses lettres et les originaux de celles qu'il recevait. Ce recueil, composé de seize volumes in-fol., fut acheté à Danzig, en 1726, par J.-N. De l'Isle, et passa, avec les autres collections de ce dernier[2], au Dépôt des cartes et plans du ministère de la Marine; puis, lors de la création du bureau des Longitudes, à la bibliothèque de l'Observatoire où il se trouve actuellement et où nous l'avons examiné.

Dans tous les volumes, à l'exception du dernier, les pièces sont collées sur des onglets. Les neuf premiers contiennent, ou mieux, contenaient 1383 pièces numérotées sans interruption. Dans les trois suivants, la numérotation recommence à chaque volume. Les tomes 13, 14 et 15 sont sans pagination. Les pièces du tome 16 sont détachées et renfermées dans trois liasses dont la première est numérotée au crayon, de la main de De l'Isle. La première et la dernière pièce de chaque volume sont seules estampillées.

Ce recueil, d'un haut intérêt pour l'histoire scientifique du XVIIe siècle[3], a été littéralement dévasté. Sur les 2700 pièces environ qu'il devait renfermer, 570 au moins ont été enlevées. Bien qu'il n'existât avant 1850 aucun inventaire de son contenu[4], nous sommes parvenus à constater de la manière la plus précise l'identité de la plupart des pièces soustraites. Hévélius avait fait faire de son vivant la copie de sa correspondance[5]. Cette copie, qui se compose de trois

---

1. Voyez Charles Ier.
2. Voyez l'article De l'Isle.
3. On pourra en avoir une idée par la liste donnée plus loin des noms des signataires des pièces enlevées.
4. Sauf pour le premier volume, en tête duquel se trouve un inventaire écrit de la main de De l'Isle.
5. On y trouve en différents endroits des notes ou des corrections de son écriture.

gros volumes in-fol., reproduit toutes les pièces des tomes 1, 2, 3, 4, 9, 10, 11, 12, 13, 14, 15, et de la première liasse du tome 16. Le reste, relatif aux tomes 5, 6, 7, 8, a été perdu. Après avoir appartenu successivement à Godin et à Jérôme de Lalande[1], elle a été achetée en 1841 par la Bibliothèque nationale, où elle est classée sous le n° 113[1-5] du Supplément latin.

Grâce à cette copie faite avec soin, il nous a été possible d'indiquer exactement les pièces enlevées dans douze volumes de la correspondance. Pour les autres volumes, nous avons pu y suppléer au moyen de particularités résultant du classement des pièces[2], de leur teneur, et surtout au moyen : 1° de la correspondance manuscrite de Boulliau[3], où sont conservés les originaux des lettres d'Hévélius à Boulliau et les minutes de ce dernier à Hévélius; 2° de la correspondance imprimée de Gassendi[4]; 3° d'un petit volume in-4°, publié avant la mort d'Hévélius, qui contient en totalité ou en extrait environ 180 lettres empruntées à la correspondance du célèbre astronome[5]. Il n'y a donc qu'un petit nombre de pièces enlevées que nous n'ayons pu désigner d'une manière précise.

M. Libri, qui, à diverses reprises, avait emprunté à la bibliothèque de l'Observatoire la correspondance d'Hévélius, et qui n'a jamais signalé une seule des nombreuses lacunes que nous y avons remarquées, est le premier qui ait vendu des autographes provenant de ce recueil. Le catalogue de la vente qu'il a faite en 1835, sous le pseudonyme de Canazar, en contient plusieurs : telles sont les lettres de Boulliau, Halley, Heinsius, Kircher, Mersenne, Perrault, Picard, etc. et on en voit figurer dans toutes les ventes qu'il a faites jusqu'en 1846. En outre, on a trouvé dans ses papiers 90 pièces arrachées à cette collection, et il a vendu à lord Ashburnham un manuscrit ayant la même origine, intitulé : *Correspondance autographe et inédite d'Hévélius, célèbre astronome de Dantzick, avec Wallis, Oldenbourg, Flamsteed, Boulliau, etc., très-important*, 2 vol. in-fol., XVII° siècle[6].

---

1. Sur la garde on lit la note suivante, signée de J. de Lalande : « Acheté en Espagne « après la mort de M. Godin. » Cette copie a figuré sur le catalogue de la vente de la bibliothèque de Lalande (Paris, 1808).
2. Les lettres auxquelles Hévélius répondait sont toujours placées à côté des minutes de ses réponses.
3. Voyez l'article BOULLIAU.
4. Au tome 6 de ses Œuvres.
5. *Excerpta ex literis illustrium et clarissimorum virorum ad.... J. Hevelium*, Danzig, 1683, in-4°.
6. Pour justifier la possession de toutes ces pièces, M. Libri a mis en avant diverses assertions dont il est facile de démontrer la fausseté. Nous en avons déjà réfuté quelques-unes à l'article ACADÉMIE DES SCIENCES, où nous avons prouvé que certaines acquisitions qu'il prétend avoir faites, ayant eu lieu dans le cours des années 1838, 1839, 1841, n'avaient pu lui fournir les 25 ou 30 pièces qui ont figuré dans les ventes Canazar, Riffet, Saint-Julien, etc., antérieures à la première de ces dates. Dans sa *Réponse à M. Boucly* (p. 89, note 2), il prétend encore avoir trouvé une *multitude* de lettres d'Hévélius dans les manuscrits de Huet qu'il a achetés en 1842. A cette allégation s'applique encore le

Voici la liste des signataires des pièces enlevées :

Tome 1. Lettres d'Hévélius, de Gassendi, Müller, Eichstadt, Mersenne, Roberval, Kircher, Valerianus, Carcavi, L. Képler, Boulliau, Wallis : 36 pièces.

Tome 2. Lettres de Kircher, Zucchi, J. Jonstenius, Samuel Hartlieb, Sigism. Ragoczi, Chr. Colerus, Nic. Goldmann, T.-L. Burattini, Boulliau, Roberval, Hévélius, Linemann, Maria Künitz, Wallis, Gassendi, Bourdelot, J. Pomereschius : 22 pièces.

Tome 3. Lettres de Boulliau, Burattini, Gassendi, Hévélius, Kircher, Langius, Riccioli, Mercator : 18 pièces.

Tome 4. Lettres de Baner, Boddens, Boulliau, Brunetti, Burattini, Lobkowitz, Cramerus, Des Noyers, Gaston d'Orléans, Goldmann, Haakius, Hévélius, Huyghens, Langius, Marquard, Mercator, Otterus Ragnetanus : 32 pièces.

Tome 5. Lettres de Boulliau, Hévélius, Huyghens : 19 pièces.

Tome 6. Lettres de Boulliau, Cellarius, Chapelain, Colbert, Hévélius, Longomontanus, Oldenburg, Seth Ward : 38 pièces.

Tome 7. Lettres de Boulliau, Chapelain, Heinsius, Hévélius, Huyghens, Oldenburg, P. Petitus Monlucianus, Des Noyers, Lubieneski : 38 pièces.

Tome 8. Lettres de E. Bartholin, Blaeu, Boulliau, Chapelain, Heinsius, Hévélius, Léopold de Médicis, Michaelis, Müller, Oldenburg, Payen, Piget, Pinocci, Reichelt : 47 pièces.

Tome 9. Lettres d'E. Bartholin, Boulliau, Burattini, Cassini, Chapelain, Cramoisy, Des Noyers, J. Fabricius, Hévélius, Lebesgue, Léopold de Médicis, Michaelis, J. Oiselius, Oldenburg, Payen, Rolisius, Seth Ward, Wallis : 52 pièces.

Tome 10. Lettres de Bartholin, Blaeu, Boulliau, Chapelain, Fogelius, Hacki, Hévélius, Léopold de Médicis, Michaelis, Michel (roi de Pologne), Morstin, Oldenburg, Perrault, Picard : 31 pièces.

Tome 11. Lettres de l'académie de Cambridge, Balduinus, Bartholin, Blaeu, Boulliau, Burattini, Lobkowitz, Cassini, Chapelain, Des Noyers, Fogelius, Franciscus, Janssonius, Hévélius, Kirstenius, Leibnitz, Léopold de Médicis, Michaelis, Montanarius, Nieweski, Oldenburg, Perrault, Picard, Reichelt, Securius, Viviani, Wallis, Wasmuth, Wydsga : 71 pièces.

Tome 12. Lettres de Bartholin, Boulliau, Burattini, Challes,

---

même argument; nous ajouterons de plus que nous n'avons pas rencontré dans les pièces enlevées à la correspondance d'Hévélius ou qui y sont restées, une seule lettre de ce dernier à Huet, ni de Huet à Hévélius. Il n'y en a point dans les ventes, et il n'en est fait aucune mention sur un inventaire détaillé des papiers du savant évêque d'Avranches, inventaire dressé au moment de la vente de ces papiers et que nous avons eu entre les mains.

Flamsteed, Hévélius, Kochanski, Oldenburg, Oswald, Philip, Rembrantz (Dirk), Vinacese, Vooght : 36 pièces.

Tome 13. Lettres de Boulliau, Flamsteed, Gallet, Grævius, Halley, Hévélius, Kochanski, Pastorius, Philip, Vaubreuil, Vinacese : 28 pièces.

Tome 14. Lettres de Akakia, Bartholin, Boulliau, Burattini, Capellus, Dethlevus Cluverus, Denhoff, Gale, Halton, Halley, Hévélius, Heysig, Sobieski, Kochanski, Magliabechi, Müller, Perrault, Philip, Olaüs Rudbeck, Sarnowsky, Schlieben, Schræder, Titius, Wallis, Zamelius : 52 pièces.

Tome 15. Lettres de Aston, Boulliau, Brandius, Burattini, Colbert, Dethlevus Cluverus, Flamsteed, Gale, Halley, Hévélius, Kochanski, Magliabechi, Pfautz, Vinacese, Wallis : 43 pièces.

Tome 16. Lettres de l'académie de Cambridge, Albinus, Baluze, Berend, Flamsteed, Hacki, Hévélius, Pfautz, Wallis, etc., plus un certain nombre de pièces dont nous ne connaissons point les signataires ; 30 pièces au moins.

En résumé, 570 pièces environ ont été enlevées de ce recueil, et, dans ce nombre, plus de cent lettres (minutes) d'Hévélius, dont voici la liste :

A Aston, 1682, solstice d'été. Vix verbis exprimere....
Au même, 1683, 30 septembre. Debita gratiarum [1]....
A Erasme Bartholin, 1671, août. Quod qualecumque.... (vente D*** R***, 1840, n° 52 ; vente W. et AA., n° 85). Sur ces deux catalogues de vente, on a mis seulement : « Hévélius à Erasme. »
A Boulliau, 1659, 9 décembre. Quo variores hactenus....
Au même, 1669, 8 novembre. Variæ ac molestissimæ.... Cette pièce a été retrouvée dans les papiers de M. Libri.
Au même, 1673, 26 août. Supervacaneum prorsus....
Au même, 1674, 24 août. Quanto rarius hactenus.... Cette pièce a été retrouvée dans les papiers de M. Libri.
Au même, 1674, 30 octobre. Ad brevem tuam epistolam....
Au même, 1675, 26 septembre. Iterum iterumque....
Au même, 1679, avril. Tarditatem meæ rescriptionis....
Au même, s. d.? Ad literas tuas binas....
Au même, 1683, 17 juin. Ut ut ab anno 1681....
Au même, 1683, 30 septembre. Cum trium fere annorum....
A Cosimo Brunetti, 1659, 12 juillet. Singularem tuam....
A Carcavi, 1679, 24 avril. Hactenus nunquam....
A Dom. Cassini, 1679, 24 avril. Animum tuum erga me....
Au même, 1669, 7 novembre. Quod adeo humanissime.... Cette pièce a été retrouvée dans les papiers de M. Libri.

---

[1]. Ces deux lettres à Aston ont figuré sur le catalogue de la vente Rodd, à Londres, 1838. Voyez plus haut l'article CHARLES Ier.

A Chapelain, 1664, août (vente J.-G., n° 220. Le catalogue indique cette lettre comme adressée à Jean *Capellano*).
Au même, 1664, 8 septembre (*Bulletin du Bibliophile*, n° 664).
Au même, 1667.
Au même, 1671.
A Colbert, 1679, 24 avril. Debita qua par est animi....
Au même, 1681. 17 octobre. Ea est excelsarum mentium....
A Des Noyers, 1661 ?
Au même, 1665, 3 mars.
Au même, 1680, 31 mai. Molestissimæ et tædiosissimæ occupationes....
Au même, 1682, 15 mai. Ex literis tuis die 27 martii....
Au même, 1683, 20 juin. Debuissem, fateor....
Au même, 1683, 15 octobre. Id quod nuper promisi....
Au même, 1684, 6 avril. Cum nihil prorsus.... (vente Al. Martin, n° 135).
A Dethlevus Cluverus, 1679, 22 juin. Cum studiis atque comtemplationibus....
Au même, *s. d.* Debuissem sane jampridem....
Au même, 1679, 28 juillet. Ad tuas 27 junii....
Au même, 1681. Nullas nisi binas.... (vente bibliophile Jacob).
A Flamsteed, 1676, 24 juin. Non est quod existimes.... Cette pièce devait se composer d'environ 20 pages in-fol.
Au même, 1677, 2 janvier. Quod amicitiam meam.... Cette pièce devait être aussi longue que la précédente.
Au même, 1678, 23 août. Gratissimum profecto mihi....
Au même, 1679, 24 avril. Cum hucusque opere meo....
Au même, 1682, 9 janvier. Literæ tuæ, amice charissime....
Au même, 1682, solstice d'été. Non ita pridem....
A Fogelius, 1672, 5 novembre. Vix verbis exprimere possum.... Cette pièce a été retrouvée dans les papiers de M. Libri.
A Th. Gale, 1681, 17 janvier. Debuissem sane longius....
Au même, 1682, 9 janvier. Tardius quidem aliquanto.... (vente Châteaugiron, 1851, n° 910).
A Gallet, 1679, 24 avril. Quod mihi amicitiam tuam....
A l'abbé Gallois, 1677, 11 novembre. Cum a plurimis jam annis.... Cette pièce a été retrouvée dans les papiers de M. Libri.
A Gassendi[1], 1644, 14 janvier. Jampridem, vir excellentissime....
Au même, 1644, 23 juin. Quantum lætitiæ hauserim....

---

1. M. Libri a acheté, en 1836, à la vente Perrin de Sanson, un recueil de lettres adressées à Gassendi, parmi lesquelles il s'en trouvait, suivant le catalogue, plusieurs d'Hévélius à ce dernier. Ces lettres étaient des originaux, celles dont nous parlons ici sont des minutes.

A Gassendi, 1645 prid. non. januarii. Virorum clarissime, haud....
Au même, 1645, VII des ides de septembre. Literæ tuæ....
Au même, 1646, 15 novembre. Quemadmodum literæ....
A Grævius, 1678, 18 juin. Fateor equidem....
Au même, 1679, 24 avril. Quod adeo tarde....
A Halley, 1682, 9 janvier. Abunde nunc liquet....
Au même, 1682, solstice d'été. Literas tuas breviores....
A Haunoldt, 1684, octobre. Dasz auch derselbe....
A Huyghens, 1656 die solstitii. Non meis sane....
Au même, 1656, 7 septembre. Recte et optime te....
Au même, 1661 (?).
A Kircher, 1652, 7 octobre. Quod aliquanto serius....
A Kirchmaier, 1681, 29 avril. Quod a tot ac tot jam annis.... (vente du 15 mai 1843, n° 232).
A Lambertus, 1671, 7 août. Miraberis quidem....
A Langenmantel, 1683, 7 mai. Est sane cur mihi....
A W. Langius, 1652, 8 novembre. Quanquam tot elogia....
A Léopold de Médicis, 1666.
Au même, 1667.
Au même, 1668, 1er mai. Tanta est serenissimæ tuæ....
Au même, 1669, 13 mars. Præstantissima illa experimenta....
Au même, 1671, 4 décembre. Inter feliciora....
Au même, 1672, 26 août. Viget nunquam....
A Louis XIV, 1681, 17 octobre. Quod sacra regia tua Majestas....
A Magliabechi, 1682, 10 décembre. Mea quidem culpa [1]....
A March, 1665.
A Montanarius, 1673, 31 août. Jampridem, vir celeberrime....
A Oiselius, 1661.
A Oldenburg, 1673, 9 septembre. Cette pièce a été retrouvée dans les papiers de M. Libri.
Au même, 1674, 7 avril. Ut ad ternas tuas....
Au même, 1674, 7 avril. Rarissimum quoddam phænomenum.... (vente du 8 décembre 1845, n° 201).
Au même, 1674, 18 août. Dum ad meas bene longas....
Au même, 1674, 30 octobre. Ad brevem tuam epistolam....
Au même, 1675, équinoxe du printemps. Quod adeo promte....
Au même, 1676, 15 septembre. Quod literis tuis....
Au même, 1677, 2 janvier. Cum nova illa mira stella....
Au même, 1677, 8 décembre. Variæ cogitationes....
A Pastorius, 1663.
A Perrault, 1671, 2 (ou 1er) avril. Nominis tui celebritas.... (vente du 7 février 1859, n° 258).

---

1. On a retrouvé dans les papiers de M. Libri une note écrite de sa main et portant l'indication de cette pièce. Voy. p. 16.

A Perrault, 1679, 24 avril. Nolui ab eo tempore.... (ventes feu M. S***, n° 169; 3 février 1845, n° 234)[1].

Au même, 1680, 1er juin. Tui quoque in me studii....

Au même, 1681, 10 janvier. Nollem profecto....

A Pfautz, 1684, 6 avril. Inter alia sidera.... (vente A. Martin, n° 135).

A Picard, 1671, 28 août. Cette pièce a été retrouvée dans les papiers de M. Libri.

A Riccioli, 1655, 16 avril. Pudorem meum....

Au même, 1656, solstice d'été. Sævissimi tumultus bellici....

A Roberval, 1641, 14 septembre. Noli mirari....

A Olaüs Rudbeck, 1679, 5 septembre. Quod leviusculas meas.... (vente Van Sloppen, n° 523).

A Sardi, 1685, 3 avril (vente Gottlieb W., n° 260).

A Sbaski, 1684, 6 avril. Quoties animo memoria....

A Schaffgotsch, 1684, octobre. So wie Hr. D. Schültz....

A J. Sobieski, sans date. Qui initio hujus anni....

Au même, 1684, 30 mars. Dum post exoptatissimum....

A Wallis, 1649, 21 juin. Cum adeo humanissimis [2]....

Au même, 1679, 24 avril. Nullum prorsus scribendi....

Au même, 1683, 7 août. Non dudum est....

Au même, 1683, 19 octobre. Ex binis tuis.... (vente du 16 avril 1846, n° 224).

A Zamelius, 1665.

Au tome 3 de la correspondance de Boulliau (Biblioth. nat.), entre deux lettres de Des Noyers à Boulliau, l'une du 28 novembre 1681, l'autre du 3 décembre de la même année, on a arraché une lettre adressée par Hévélius à Des Noyers qui l'avait envoyée à Boulliau. Cette pièce est datée du 2 mai 1681 [3]. Elle a figuré à la vente du 10 mars 1847 sous le n° 240, où l'on fait remarquer que « le cachet est un « chef-d'œuvre de gravure. » L'empreinte de ce cachet est restée dans le volume, sur la pièce qui suivait la lettre enlevée [4].

Il a disparu du tome 25 de la même correspondance de Boulliau la pièce n° 19; c'était une lettre d'Hévélius à Boulliau, en date du mois d'avril 1654, lettre dont la copie, faite par M. Libri sur l'original, a été retrouvée dans les papiers de celui-ci.

---

1. Sur le catalogue de la vente du 3 février 1845 elle est indiquée comme écrite de *Cordoue*. Ce mot est probablement une mauvaise lecture de *Gedanum* (Danzig), où Hévélius séjourna presque toute sa vie.

2. Le fac-simile de cette pièce a été donné dans le tome 28 du *Journal für die reine.... Mathematik*, de Crelle, Berlin, 1844, in-4°.

3. La minute de cette lettre est à la bibliothèque de l'Observatoire, au tome 14 de la correspondance d'Hévélius.

4. Le rédacteur du catalogue a commis deux erreurs à propos de cette pièce. Elle n'est point adressée à *De Noyers*, mais bien à Des Noyers (Voyez p. 142, note 4), ni écrite de *Gand*, mais de Gedanum (Danzig).

On a également enlevé au tome 26 deux autres lettres d'Hévélius, copiées toutes deux par M. Libri : l'une est adressée à Oldenburg; l'autre, à Boulliau, est datée du 9 mars 1672[1].

Le catalogue de la vente du 8 avril 1844 annonce une lettre d'Hévélius à Cassini, en date du 7 octobre 1671. Elle a été enlevée aux papiers des Cassini (biblioth. de l'Observ.)[2].

On trouve encore sur les catalogues de la vente Riffet (n°s 455, 456) et des ventes du 1er avril 1844, n° 118, du 5 février 1844, n° 218, quatre autres lettres d'Hévélius, avec les dates de 1664, 19 septembre 1681, 1685, 15 février 1685. Nous ne savons à qui elles sont adressées; mais nous ne doutons pas qu'elles ne viennent des collections dont nous avons parlé dans cet article[3].

HOLLANDE (Etats généraux de). Voyez CHRISTINE.

HOLLMANN. Il manque au tome 8 de la correspondance de De l'Isle (biblioth. de l'Observ.) une lettre adressée en 1744 par Hollmann à De l'Isle.

HOLSTENIUS (L.), érudit, né 1596, m. 1661.

L'inventaire placé en tête du volume 8582 du fonds latin (Biblioth. nat.) porte l'indication suivante : lettre de « Lucas Holstenius Petro Lambecio, nepoti. » La pièce a disparu, et l'on a eu la précaution d'en effacer la mention sur l'inventaire.

Le volume 16 de la collection Du Puy (Biblioth. nat.) a perdu 5 lettres de Holstenius à ce dernier; deux d'entre elles sont datées du 25 juin et du 21 septembre 1627. — Il ne reste plus au tome 688 de ce recueil une seule des lettres du même savant mentionnées sur l'inventaire par volumes[4].

HORNSBY (TH.), astronome anglais, né 1734, m. 1810.

D'après l'inventaire du 4e paquet de la liasse I des papiers des Cassini (biblioth. de l'Observ.), il manque, entre autres, dans ce paquet, au moins une lettre de Hornsby à Cassini de Thury, en date de 1788.

---

1. La minute est à la Bibliothèque de l'Observatoire (correspondance d'Hévélius, tome 11, n° 17).
2. La minute se trouve dans la correspondance d'Hévélius.
3. Il en est de même de la lettre qui a figuré sur le catalogue de la vente Canazar, n° 1456, sans nom de destinataire, avec la date probablement fautive du 15 août 1656.
4. Dans la préface de son excellente édition des lettres de Holstenius (*Lucæ Holstenii Epistolæ ad diversos*, Paris, 1817, in-8°), M. Boissonade rapporte que l'on n'a pu retrouver les manuscrits 16, 490, 667, 688 de la collection Du Puy. *Quos Puteanorum codices*, dit-il, *nunc esse in Regia Bibliotheca non facile crediderim, cum amicus ille meus.... nihil se reperisse mihi affirmavit : sed alii viderint.* M. Boissonade avait été induit en erreur, car les volumes en question sont à la Bibliothèque et les n°s 16, 490, 667 contiennent encore la copie de plusieurs lettres de Holstenius.

HOSPITAL (Michel de l'), chancelier de France, né 1505, m. 1573.

Dans le volume 194 de la collection Du Puy (Biblioth. nat.), il manque les feuillets 13, 14, 15, 16, 17, 18, qui contenaient les lettres suivantes du chancelier à sa fille, madame de Belesbat :

    1571, 13 mars. Ma fille, j'ai receu vostre lettre.... (*Bulletin du Bibliophile*, 1841, n° 467; vente du 8 avril 1844, n° 317).

    1571, 31 mai. Ma fille, j'espère que notre fille se porte bien....

    1571, juillet. Ma fille, outre nos mémoires.... (vente du baron de L. L., n° 314, avec la date du 21 juillet) [1].

    1572, 25 août. Ma fille, j'ay vu ce que m'escrivez....

    1572, 30 août. Ma fille, je ne puis partir si soudain.... (vente (Libri) du bibliophile Jacob).

Une lettre de l'Hospital à sa fille a figuré à la vente W. et A. A., sous le n° 86, avec la date de 1571 ; ce doit être l'une des trois premières pièces mentionnées plus haut.

Le tome 491 du même recueil offre plusieurs traces d'arrachement parmi les minutes de poésies et de harangues du chancelier. C'est probablement de ce volume que proviennent les pièces qui ont figuré dans les ventes du 2 février 1846 n° 157, du 23 novembre 1848 n° 307, et du 15 octobre 1851 n° 1142.

L'inventaire placé en tête du volume 8585 du fonds latin (Biblioth. nat.) mentionne 2 lettres de l'Hospital à M. de Pibrac et à M. le président du Ferrier. Ces pièces ont disparu.

HOZIER (P. d'), généalogiste, né 1592, m. 1660.

Il manque au tome 8 de la correspondance de Peiresc (Biblioth. nat.) une lettre de d'Hozier à Peiresc, lettre dont l'adresse est restée dans le volume et porte les cotes suivantes : « Hozier, 12 avril 1632. « Du livre du sieur Chifflet. Du sien (livre) des chevaliers du Saint-« Esprit. »

HUET (P.-Dan.), évêque d'Avranches, né 1630, m. 1721.

Il manque au tome 19 (anciennement paginé) de la correspondance de Boulliau (Biblioth. nat.) les pièces 101, 103, 104, qui devaient être des lettres de Huet à ce dernier [2]. On retrouve dans deux ventes (Libri) les pièces suivantes sans indication de destinataire, mais qui sont probablement adressées à Boulliau :

    1655, III des ides d'avril (vente Canazar, n° 1453).

    1643, 14 mars (vente Riffet, n° 409) [3].

---

1. C'est probablement la même pièce qui a figuré avec la date du 23 juillet sur le catalogue de la vente Donnadieu, Londres, 1851, n° 472.

2. Pour dissimuler cette soustraction, on a mis récemment le n° 101 sur un feuillet d'observations astronomiques, feuillet qui ne portait pas de numéro.

3. Dans la même vente Riffet a figuré une lettre de Huet au chancelier, indiquée avec la date de 1625, date fautive, car Huet est né en 1630.

Il est bon de faire remarquer que les papiers de Huet n'ont été achetés par M. Libri

HUYGHENS (Christian), géomètre et astronome, né 1629, m. 1695.

Toutes les lettres de Huyghens à Hévélius qui se trouvaient dans la correspondance de ce dernier (biblioth. de l'Observ.) ont été enlevées, savoir :

1656, 8 mars. Tam bene de re astronomica.... (vente Canazar, (Libri) n° 1455).

1656, 25 juillet. Litteras tuas humanissimas....

1658, 16 septembre. Novi orologii nostri [1]....

1659, 17 octobre. Ante mensem unum.... (vente Riffet (Libri), n° 442; vente (Feuillet) du 10 mars 1847, n° 245, avec la date fausse de 1769) [2].

1660, 16 février. Legisse te librum meum [3]....

1661, 22 août (vente (Libri) du 16 avril 1846, n° 223) [4].

1661, 20 octobre (ventes (Libri) Saint-Julien, n° 281 ; bibliophile Jacob).

1661, 24 novembre. Dominum Bullialdum....

1665, mai (vente Villenave, 1850, n° 441).

Plus, deux ou trois autres lettres dont nous ignorons la date précise, mais qui sont probablement de l'année 1661.

On a trouvé dans les papiers de M. Libri la copie de 10 lettres de Huyghens faite sur les originaux conservés au tome 11 de la correspondance de Boulliau (Biblioth. nat.). Ces lettres ont disparu, et, à la place qu'elles devaient occuper, on remarque de nombreuses traces d'arrachement.

On retrouve dans les ventes les lettres suivantes de Huyghens à Boulliau :

1659, 19 juin (vente du 7 février 1839, n° 263; vente du 5 février 1844, n° 224) [5].

1659, 25 septembre (vente du 8 avril 1844, n° 268). Pièce copiée par M. Libri.

1659 (vente (Libri) Riffet, n° 442).

D'après l'inventaire de la collection Baluze (Biblioth. nat.), il manque dans cette collection la liasse I du paquet 2, n° 5, de l'armoire 7, liasse où devait se trouver « une lettre originale de remercîments

---

qu'en 1843, c'est-à-dire longtemps après les ventes Canazar (1835) et Riffet (1837). Voyez plus haut l'article Hévélius, p. 162, note 6.

1. Un fac-simile de cette pièce a été donné dans le tome 21 du *Journal für die reine Mathematik*. Voy. plus haut, p. 167, note 2.

2. Le rédacteur du catalogue de cette dernière vente, dans l'analyse qu'il a donnée de la pièce, a traduit les mots *comitem Saturni* par *comète* de Saturne.

3. A ces deux dernières lettres était joint un duplicata écrit de la main de Huyghens.

4. Cette pièce est actuellement au greffe de la Cour d'appel de Paris.

5. On a retrouvé dans les papiers de M. Libri l'original et une copie qu'il en avait faite lorsque la pièce était encore dans le manuscrit.

« pour le bienfait du roi, écrite à M. Colbert par le sieur Huyghens,
« année 1664. »

ISABELLE ou ÉLISABETH de Hongrie, femme de Jean Zapoly.

Il y a dans le tome 9291²⁰ du fonds français (Biblioth. nat.) des traces d'arrachement parmi les lettres de cette princesse à de la Vigne, ambassadeur de France à Constantinople (1557-1558). On voit, entre autres, une pièce sur laquelle existe la marque du large cachet appartenant à la lettre voisine et enlevé avec elle.

IVERGNY (Ph. d'). D'après la copie conservée à la bibliothèque de la ville de Paris, il manque au tome 479 de la collection Du Puy (Biblioth. nat.) une lettre de ce personnage au chancelier, en date du 7 mai 1464. Elle commence ainsi : « Mon très grant, hounouré et doubté seigneur.... »

JACQUES II, roi d'Écosse, né 1430, m. 1460.

Le paquet 16 n° 7 du résidu Saint-Germain (Biblioth. nat.) devait contenir une « cédule écrite de la main de Jacques, roi d'Écosse, « adressée au roi de France, au sujet du mariage projeté de la du- « chesse de Bretagne, en 1451. » Cette pièce a disparu. Un *fac-simile* d'une autre lettre a été donné dans l'*Isographie*; et à ce sujet nous avons reçu de Londres, le 11 juillet 1852, une lettre dont voici la teneur [1] :
« Le tome 2 de l'*Isographie des hommes célèbres* contient le *fac-simile*
« d'une lettre de Jacques II, roi d'Écosse, dont l'original était alors
« conservé à la *Bibliothèque du roi*. Elle commence ainsi : *Carissime*
« *frater, confederateque amatissime*. Cette lettre est actuellement
« entre les mains de M. H. B. Ray, de Londres, amateur d'autogra-
« phes assez connu. Il l'avait achetée de feu M. Thomas Rodd, de
« Londres, *qui l'avait acquise de M. Libri.* »

JACQUES Iᵉʳ, roi d'Angleterre, né 1566, m. 1625.

D'après les inventaires, il manque au tome 281 de la collection Du Puy (Biblioth. nat.), deux lettres de ce prince : l'une est adressée à Henri IV; l'autre est écrite à Louis XIII, au sujet de son avènement au trône et de l'assassinat de son père par Ravaillac.

JACQUES II, roi d'Angleterre, né 1633, m. 1701.

On conservait jadis au collège des Écossais des mémoires autographes de ce prince. On lit à ce sujet dans une notice « sur l'état actuel « des archives françoises, » datée du 21 septembre 1805 : « c'est aussi dans ces temps malheureux (de 1792 à 1794) que des étrangers ont trouvé beaucoup de moyens de se procurer des titres ou des manuscrits échappés au vandalisme ou livrés par la cupidité, et que les

---

[1] Cette lettre n'est pas signée, mais nous prions l'auteur de recevoir ici nos remerciments pour son obligeante communication.

papiers publics ont annoncé avoir été vendus en Russie ou en Angleterre, tels que la collection autographe des mémoires de Jacques II, roi d'Angleterre, qui était déposée au collége des Écossais, à Paris. »

JACQUES, bâtard de Savoie.

Il manque au tome 281 de la collection Du Puy (Biblioth. nat.) une lettre de ce prince au roi de France en date de 1610 (?), lettre où il lui recommande un capitaine.

JANSÉNIUS (Corn.), évêque d'Ypres, né 1585, mort 1638.

Il y a des traces d'arrachement parmi les lettres de Jansénius conservées dans le volume 8599 du fonds latin (Biblioth. nat.)

Six lettres de ce prélat ont passé dans les ventes, savoir, 4 dans des ventes Libri (Saint-Julien, n° 27, Gothlieb, W. n° 293, bibliophile Jacob, feu M. S***, n° 126), et deux dans les ventes du baron de L. L., n° 323, et Villenave, n° 444.

JANSSONIUS (J. Van Waesberge). Une lettre de ce savant à Hévélius, en date du 4 mars 1674, a été enlevée au tome 11 de la correspondance d'Hévélius (biblioth. de l'Observ.). Elle commence ainsi : Also voor desen.... Cette pièce a figuré sur le catalogue de la vente Gottlieb W. (Libri) n° 250.

JEAN d'Albret, roi de Navarre, né 1476, m. 1516.

Une lettre de ce prince à François Ier, en date du 6 novembre, a disparu du tome 281 de la collection Du Puy (Biblioth. nat.). Elle est relative à la prise d'un château par les Espagnols et au siége de Pampelune.

JEAN, duc de Deux-Ponts, mort 1635.

Il manque dans le tome 281 de la collection Du Puy (Biblioth. nat.) plusieurs lettres de ce prince, savoir :

Au roi, 2 avril 1600.

Au roi, 15 avril 1601, pour le féliciter de son mariage.

A Du Perron, 2 novembre 1600, 5 mars 1604, 20 avril 1609.

JEAN V, roi de Portugal, né 1689, m. 1750.

On a soustrait dans le tome 9 de la correspondance des Noailles (Biblioth. du Louvre) une lettre de ce prince et de sa femme au cardinal de Noailles, en date du 6 janvier 1710.

JEANNE D'ALBRET, reine de Navarre, née 1528, m. 1572.

Le volume 323 (*olim* 1159) du fonds de Saint-Germain Harlay (Biblioth. nat.) a perdu les lettres suivantes de cette princesse :

Au roi, 1571, 5 août.

A Monsieur (Henri III), 11 mai. En faveur du sieur d'Aubeterre.

A ...? juin.

Une autre lettre de cette princesse à madame *** a disparu du tome 8676 de la collection Béthune (Biblioth. nat.), où elle occupait les feuillets 105-106.

JEANNIN (le président P.), né 1540, m. 1622.

Il manque au tome 573 de la collection Du Puy les lettres suivantes de Jeannin :

A monseigneur? 1607, 9 décembre. Encor que fussiez fort utile à Rome....

A Picardet, 1621, 11 mars. Je repondrai par celle-cy....

JODELLE (Étienne), auteur dramatique, né 1552, m. 1573.

D'après l'inventaire placé en tête du manuscrit 8589 du fonds latin (Biblioth. nat.), il manque dans ce volume au moins une lettre d'Étienne Jodelle à J. de Morel.

JONSTENIUS (J.), naturaliste polonais, né 1603, m. 1675.

Deux lettres de ce savant, adressées à Hévélius, ont été enlevées dans le tome 2 de la correspondance de ce dernier (biblioth. de l'Observ.), savoir :

1650, 17 février. Advenit tandem exoptata....

— 17 mars. Quod pro libello de cometis....

JOYEUSE (Guillaume de), maréchal de France, m. 1592.

De nombreuses lettres de ce personnage ont disparu des divers volumes de la collection Saint-Germain Harlay, savoir :

Volume $^{318}_{\ }$ (*olim* 1145).... 1566 (2 lettres).

Volume $^{325}_{\ }$ (*olim* 1159). Au roi, 1571, 24 mai.

Volume $^{326}_{1}$ (*olim* 1162). A monseigneur, 1572, 11 juin. Au roi, 1572, juin (2 lettres).

Volume $^{326}_{2}$ (*olim* 1163). Au roi, 1572, juillet (3 lettres); 12 août

Volume $^{329}_{2}$ (*olim* 1172). Au roi et à la reine mère, 1580, 5 février, 16 avril.

Volume $^{329}_{3}$ (*olim* 1173). Au roi et à la reine mère, 2 lettres du 25 mai au 5 juin 1580.

Volume $^{329}_{5}$ (*olim* 1175). Au roi, 1581, 16 et 25 août.

Une lettre du duc de Joyeuse au roi manque aussi dans le tome 362 de la collection Gaignières (Biblioth. nat.).

JULES II, pape, né 1442, m. 1513.

Un inventaire placé en tête du tome 262 de la collection Du Puy (Biblioth. nat.) mentionnait une lettre de Jules, cardinal de Saint-Pierre-aux-liens, titre que portait Jules II avant son élévation à la papauté. L'indication de cette pièce, qui a disparu aujourd'hui, a été si soigneusement grattée, qu'il est difficile d'en apercevoir quelque trace; mais le voleur a pris là une précaution inutile, car cette indication se retrouve en entier sur la copie de la collection Du Puy, conservée dans la même bibliothèque[1]. De plus, l'inventaire par cartes fait

---

[1]. Suivant l'inventaire de la copie, elle est adressée à un marquis.

en 1835, époque où la pièce existait encore dans le volume, donne cette lettre comme étant du 25 juillet 1496. — Elle était relative au passage des troupes du roi de France à travers le comtat Venaissin.

JUSSIEU (Bernard de), botaniste, né 1699, m. 1777.

Le catalogue de la vente (Libri) du 16 avril 1846 contient, sous le n° 244, l'annonce d'un compte rendu autographe de Jussieu à l'Académie des sciences. Cette pièce provient des archives de l'Institut. Il en est de même d'un autre compte rendu signé par Antoine-Laurent de Jussieu, et qui a figuré à la vente du 15 mai 1843 sous le n° 249 (Voyez ACADÉMIE DES SCIENCES).

JUSTEL (Henri), érudit.

Il y a au tome 22 de la correspondance de Boulliau (Biblioth. nat.) des traces d'arrachement entre des lettres adressées à Boulliau par Justel. On trouve dans le catalogue de la vente du 10 mars 1847, n° 452, une lettre de Justel à Boulliau, en date du mois d'août 1682 [1].

KÉPLER (J.), astronome, né 1571, m. 1630.

D'après un inventaire, le portefeuille 89 de la collection de De l'Isle (Voyez ce nom), à la bibliothèque de l'Observatoire, devait contenir une vingtaine de lettres de Képler écrites à J. Seussius, en 1622, et à Ph. Müller, de 1629 à 1630. Toutes ces lettres ont disparu et l'on a eu la précaution de gratter sur le dos du volume l'indication du nom de Képler. Voici à quels signes on pourrait reconnaître l'identité de ces pièces. Sur chacune d'elles, en haut, à gauche, on doit trouver la date de la lettre écrite en français, de la main de De l'Isle; en bas de la page, et de la même main, les cotes 89. 6; 89. 7; 89. 8; et à droite de ces cotes, mais un peu plus haut, l'un des chiffres 2 à 23, d'une écriture du XVIIe siècle. Enfin ces pièces doivent porter, sinon l'estampille, au moins la trace de l'estampille du Dépôt des cartes et plans de la marine, estampille à encre verte.

Cinq lettres de Képler ont jusqu'ici passé dans les ventes : trois d'entre elles ont été vendues par M. Libri, qui le premier en a mis en circulation, et a eu soin, sur ses catalogues, de faire remarquer leur extrême rareté [2].

Voici la liste de celles qui proviennent de la collection de De l'Isle :

A .... 1630, 4 janvier (vente Canazar (Libri), n° 1446).
A Ph. Milles (lisez Müller), 1629 (vente Riffet (Libri), n° 410) [3].
A Ph. Müller, 16 janvier 1630 (vente Libri, 16 avril 1846, n° 247, vente Donnadieu, Londres, 1851, n° 517).

---

1. Cette lettre, sur le catalogue, est indiquée par erreur comme étant de Christophe Justel, qui était mort en 1649.
2. Voyez ci-dessus, p. 8 et 9.
3. Ces deux pièces, vendues par M. Libri, ont été adjugées, l'une à 71 francs, l'autre à 65 francs.

A Ph. Meller (lisez Müller), 23 novembre 1629 (vente du 3 février 1845, 249)[1].

Une lettre de Louis Képler, fils du précédent, a disparu du tome 1 de la correspondance d'Hévélius (biblioth. de l'Observ.) auquel elle était adressée. Cette lettre, en date du 5 des ides de septembre 1648, était relative aux manuscrits de Jean Képler.

M. Libri a vendu à lord Ashburnham un manuscrit qu'il a décrit lui-même, en ces termes sur son catalogue : « *Johannis et Ludo-vici Kepleri epistolæ. Autographe; précieux manuscrit. In-fol.*, « XVII° *siècle.* »

KIRCH (Christfried), astronome, né 1694, m. 1740.

Il manque dans les tomes 1, 2, 3, 6 de la correspondance de De l'Isle (biblioth. de l'Observ.), les lettres suivantes, adressées à ce dernier par Kirch :

1720, 25 juin; 5 octobre; 7 décembre.
1724, 23 juin.
1725 (11 novembre?); décembre.
1726, 5 août.
1727, 30 janvier, 13 mai, 9 septembre, 3 octobre, 30 décembre.
1729, 3 novembre; — plus une lettre dont nous ignorons la vraie date, mais qui doit porter au haut de la première page et de la main de De l'Isle, ces mots : *Reçue le* 9 *octobre* 1738 [2].

KIRCHER (Athanase), physicien, érudit, né 1602, m. 1680.

Le tome 4 de la correspondance de Peiresc (Biblioth. nat.) renfermait plusieurs lettres de Kircher à Peiresc.

Trois d'entre elles ont disparu, savoir :

N° 130. 1633, 9 septembre.
N° 132. 1633, 6 septembre.
N° 135. Un billet dont l'inventaire ne donne pas la date.

L'une de ces trois pièces est certainement celle qui a figuré à la vente Riffet (Libri) sous le n° 418, avec la date de 1633.

La correspondance d'Hévélius (biblioth. de l'Observ.) contenait (tomes 1, 2, 3) cinq lettres de Kircher à Hévélius. Elles ont toutes disparu, savoir :

1648, 14 février. Literas quas ad me.... (vente Canazar (Libri), n° 1430).
1649, 20 juin. Literas suas manus meas....
1652, 30 avril. Accepi per manus....
— 17 février. Discedente ab urbe....

---

1. La cinquième lettre a figuré à la vente du 16 avril 1846, sous le n° 71. C'est un billet indiqué seulement sur le catalogue avec la date de 1603.
2. On a enlevé aussi dans les tomes 6 et 7 du même recueil des extraits de lettres de Kirch à Heinsius.

1653, 22 février. Accepi desideratas.... (vente Gottlieb W. (Libri), n° 261) [1].

1655, 30 janvier. Donum tuum (vente Riffet (Libri), n° 419).

KIRSTENIUS (M.), philologue, né 1620, m. 1678.

Une lettre de ce savant, en date du 1er mai 1674, a disparu du tome 11 de la correspondance d'Hévélius (biblioth. de l'Observ.) auquel elle était adressée. Elle commence ainsi : Machinæ cœlestis librum....

KNOX (Jean), prédicateur de la réforme, né 1505, m. 1572.

Il manque dans le volume 268 de la collection Du Puy (Biblioth. nat.) une lettre de Knox à Calvin. Elle devait occuper le feuillet 71, qui a été enlevé. Cette lettre, datée d'Édimbourg, le 24 octobre 1561, est relative à l'arrivée de Marie Stuart en Écosse, et au rétablissement du catholicisme dans ce royaume. Elle est imprimée en entier dans l'ouvrage intitulé *Papiers d'État, pièces et documents relatifs à l'histoire de l'Écosse au* XVIe *siècle*. Paris, 1852 (t. II, p. 12). L'éditeur de ce recueil, M. Teulet, a joint à sa publication un *fac-simile* de la pièce, et il annonce que l'original est aujourd'hui dans la collection de M. Feuillet (de Conches).

KNUTZEN (Mart.), géomètre, né 1715, m. 1751.

On a enlevé au tome 8 de la correspondance de De l'Isle (biblioth. de l'Observ.) une lettre de Knutzen à ce dernier, en date de 1744.

KO' HANSKI (Adamandus). Neuf lettres de ce personnage ont été arrachées des tomes 12, 13, 14 et 15 de la correspondance d'Hévélius (biblioth. de l'Observ.), à qui elles étaient adressées, savoir :

1677, 10 juillet. Dici vix potest....
1678, 11 septembre. Præsentem scribendi....
— 9 novembre. Dederam litteras....
1679, 26 avril. Cum in procinctu [2]....
1679, 15 décembre. Mora mea diuturnior....
1680, 20 octobre. Anni veterescentis....
1681, 10 janvier. Necessaria non erat....
— 24 janvier. Perlata est ad me....
1682, 8 cal. mai. Tuo, clarissime domine, desiderio....

KULPIS (J. George). Une lettre de Kulpis à Baluze, datée de Strasbourg, 30 août 1683, et provenant de la Bibliothèque nationale (collection Baluze), a été trouvée au domicile de M. Libri.

LABBE (Le p Ph.), érudit, né 1607, m. 1667.

Deux lettres adressées à Guichenon, historiographe de Savoie,

---

1. Voyez au sujet de cette pièce ce qui est dit p. 28.
2. Cette pièce, et celle du 10 juillet 1677, ont été retrouvées dans les papiers de M. Libri.

par le P. Labbe, ont passé dans les ventes d'autographes. L'une du 2 janvier 1660, dans la vente J.-G. (suppl. n° 38) ; l'autre du 2 juin[1] de la même année dans la vente (Libri) Gottlieb W., n° 294. Elles proviennent l'une et l'autre de la correspondance de Guichenon conservée à la bibliothèque de l'Institut (Voyez GUICHENON).

LA CHARME (Le P. DE), missionnaire en Chine.

Une lettre de ce missionnaire à De l'Isle a disparu du tome 5 de la correspondance de ce dernier (biblioth. de l'Observ.). Nous en ignorons la date précise, mais elle doit porter au haut de la première page ces mots de la main de De l'Isle : *Reçue le 10 janvier* 1735.

LA CONDAMINE (CH. M. DE), voyageur, astronome, né 1701, m. 1774.

Nous avons parlé à l'article BOUGUER des pièces enlevées à la correspondance de ce dernier avec La Condamine (biblioth. de l'Observ.). C'est évidemment du même recueil que proviennent les lettres suivantes de La Condamine adressées à Bouguer.

1742-1746 (vente Riffet (Libri), n°ˢ 487, 488).
1745, 23 septembre (vente Monmerqué, n° 313).
S. d. (vente du 8 avril 1844, n° 288).
S. d. (vente Villenave, 1850, n° 462).

Nous croyons aussi que les 5 pièces suivantes ont la même origine. Elles ont appartenu à M. Libri, qui n'a pas indiqué le nom du destinataire sur les catalogues.

1731, 8 novembre (vente Gottlieb W., n° 255).
1734, 19 décembre (vente Saint-Julien, n° 272).
1740, 22 décembre (vente du 8 décembre 1845, n° 213).
1741, 24 janvier (vente du 15 mai 1843, n° 259).
1749, 17 août (vente Canazar, n° 1492).

LACROIX[2]. D'après l'inventaire du deuxième paquet de la liasse I des papiers de Cassini (biblioth. de l'Observat.), il manque dans ce paquet une lettre de Lacroix à Cassini de Thury, en date de 1787.

LA FAYETTE (de). Il manque dans le registre 58 (vol. 3) des manuscrits de Peiresc à Carpentras, les feuillets 188 à 191, qui étaient probablement des lettres de La Fayette, datées de 1625 et relatives aux combats livrés aux Espagnols sur les côtes de Provence.

LA FAYETTE (Marie-Madel., comtesse de), femme auteur, née 1632, m. 1693.

Le paquet 4 n° 6 du résidu Saint-Germain (Biblioth. nat.) contenait encore en 1842, une lettre de cette femme célèbre à madame de Sablé, lettre que M. Sainte-Beuve a publiée en 1842, comme inédite,

---

1. 2 janvier, 2 juin. — Il serait possible que dans l'un des deux catalogues de vente on eût mal lu le nom du mois, et qu'il n'y eût là qu'une seule lettre au lieu de deux.
2. Nous ignorons si cette lettre est du géomètre Lacroix, né en 1765, mort en 1843.

dans la *Revue des Deux-Mondes*[1]. Cette pièce, qui a disparu, commence ainsi : Ce lundy soir. — Je ne pus hier respondre à vostre billet....

Il est probable que c'est de la même collection que provient une autre lettre (sans date), adressée à madame de Sablé, et qui a figuré à la vente du 14 mai 1845, sous le n° 179.

LA FERTÉ Senecterre (Henri de), maréchal de France, né 1600, m. 1681.

Une lettre de ce personnage à Colbert, en date du 15 octobre 1665, a figuré à la vente J. G. sous le n° 243. Elle vient probablement de la correspondance de Colbert (Biblioth. nat.).

LAFEUILLADE (F. d'Aubusson de), maréchal de France, né 1628, m. 1691.

Le catalogue de la vente du 10 mars 1847 contient, sous le n° 265, une lettre de La Feuillade à Colbert, en date du 6 août 1675. Elle provient sans doute de la même source que la précédente : correspondance de Colbert (Biblioth. nat.).

LA HIRE (Ph. de), géomètre, né 1640, m. 1719.

Les lettres suivantes de ce savant à Hévélius et à Cassini ont été enlevées de la correspondance et des papiers de ces derniers (biblioth. de l'Observ.).

A Hévélius, 1685, septembre (vente, Londres, 19 avril 1849, n° 222). C'est probablement la pièce qui avait figuré à la vente Canazar (Libri) sous le n° 1471 avec la date des nones de septembre 1685.

A Cassini, 1682, septembre (vente (Libri) du 8 décembre 1845, n° 217)

LALANDE (Jérôme de), astronome, né 1732, m. 1807.

Le catalogue de la vente (Libri) du 16 avril 1846 contient, sous le n° 256, l'indication d'une pièce enlevée aux archives de l'Académie des sciences, et dont voici la description : « Compte rendu à l'Académie, aut. sig., d'un traité de trigonométrie rectiligne et sphérique, composé par M. Cagnoli, de Vérone, et traduit en Français par Chompré, en date du 11 février 1786, 4 p. in-4°. »

D'autres pièces ayant la même origine ont été trouvées dans les papiers de M. Libri (Voyez Académie des sciences).

LAMBECIUS (P.), érudit, né 1628, m. 1680.

Le volume 688 de la collection Du Puy (Biblioth. nat.) devait contenir plusieurs lettres de ce savant, adressées probablement à l'un des Du Puy. Il n'en reste plus qu'une seule.

---

1. Elle avait déjà été publiée par Delort, dans l'ouvrage intitulé : *Mes Voyages aux environs de Paris* (tome 1, page 222).

LA MEILLERAYE. Le volume $\frac{323}{2}$ (*olim* 1157), du fonds Saint-Germain Harlay (Biblioth. nat.) a perdu les lettres suivantes de La Meilleraye :

Au roi, 1570, 9 mars.
A la reine, » 27 mars.
A ? » avril.

LA MONNOYE (B. DE), érudit et littérateur, né 1641, m. 1728.

La correspondance de l'abbé Nicaise (Biblioth. nat.) renferme encore un certain nombre de lettres adressées à ce dernier par La Monnoye. Nous croyons que c'est de ce recueil que provient la pièce qui a figuré, sans nom de destinataire, sur le catalogue de la vente (Feuillet) du 10 mars 1847, avec la date du 16 octobre 1693.

LANGIUS (W.), mathématicien danois, né 1622, m. 1682.

Deux lettres de ce savant à Hévélius ont disparu des tomes 3 et 4 de la correspondance de ce dernier (biblioth. de l'Observat.).

1652, nones d'octobre.
1653, 7 cal. avril. Accepi literas tuas....

LANOY (CHARLES DE), vice-roi de Naples, né v. 1470, m. 1527.

Il manque dans le tome 263 de la collection Du Puy (Biblioth. nat.) au moins une lettre de Lanoy à François Ier.

LANSSAC, ambassadeur au concile de Trente....

Le volume $\frac{323}{2}$ (*olim* 1156) du fonds Saint-Germain Harlay (Biblioth. nat.) a perdu deux lettres de ce seigneur, savoir :

Au duc d'Anjou, 1569, 15 novembre.
Au roi, 1569, 1er décembre.

LA PALICE (J. CHABANNES DE), maréchal de France, m. 1527.

Il manque dans le tome 262 de la collection Du Puy (Bibliot..nat.) une lettre de La Palice au roi, en date du 7 août. Elle est relative à l'invasion des Espagnols auxquels le roi de Navarre a livré passage.

LA PLACE (P. SIM., marquis de), géomètre, né 1749, m. 1827.

Les pièces suivantes, vendues aux enchères, proviennent des archives de l'Académie des sciences :

Mémoire aut. lu à l'Académie, le 25 novembre 1816, sur l'action réciproque du pendule, etc., 4 p. in-4° (vente du 15 mai 1843, n° 270).

Rapport sur un mémoire de géométrie de l'abbé Rose, 17 janvier 1775 (vente feu M. S*** (Libri), n° 170. — *Bulletin du Bibliophile*, 1842, n° 671).

Compte rendu aut. de l'examen d'un mémoire de Deluc (vente Libri, du 8 décembre 1845, n° 227).

Au nombre des manuscrits vendus par M. Libri à lord Ashburnham se trouve un article ainsi décrit sur son catalogue : *Rapports et mémoires de mathématiques*, XVIII° *et* XIX° *siècles, autographes de La Place,* 1 vol. in-4° (Voyez encore ACADÉMIE DES SCIENCES).

LARCHEVÊQUE (JEAN), seigneur de Soubise, m. 1566 [1].

D'après la copie conservée à la bibliothèque de la ville de Paris, il manque au tome 726 de la collection Du Puy (Biblioth. nat.) une lettre de ce personnage à d'Inteville, évêque d'Auxerre, en date du 22 juillet 1552 et commençant par ces mots : Afin que la longue absence....

On a enlevé dans le même volume une autre lettre signée *Jean*, adressée aussi à l'évêque d'Auxerre, en date du 20 janvier 1531. Elle est probablement du même personnage et commence ainsi : J'ai reçu trois lettres de vous....

LA ROCHEFOUCAULD (F. duc de), littérateur, né 1613, m. 1680.

Le paquet 3 n° 2 (6° portefeuille de Vallant) du résidu Saint-Germain (Biblioth. nat.) contenait des pensées du duc de La Rochefoucauld qui ont été imprimées pour la première fois dans l'édition des *Maximes* donnée en 1818 par M. Depping. Les feuillets 204 et 205 où elles se trouvaient ont été enlevés. En voici les premiers mots : La confiance fournit plus à la conversation que l'esprit....

LA ROCHEPOT. Il manque au tome 263 de la collection Du Puy (Biblioth. nat.) une lettre de La Rochepot au cardinal Du Bellay en date du 3 (ou 4?) novembre.

LA ROQUE (le P.), missionnaire en Chine.

On a enlevé au tome 12 de la correspondance de De l'Isle (biblioth. de l'Observ.) une lettre de La Roque au P. Lagrange, en date du 22 avril 1753.

LASCARIS (ANT. DE), évêque de Riez, de 1490 à 1523, et de 1532 à 1546.

D'après l'inventaire par cartes, il a été soustrait du tome 262 de la collection Du Puy (Biblioth. nat.) une lettre de ce prélat au roi de France en date du 31 janvier.

LASCARIS (AND. JANUS), helléniste, diplomate, m. 1535.

Le tome 261 de la collection Du Puy (Biblioth. nat.) a perdu deux lettres de ce personnage :

Au roi, 16 août.

A Robertet, 2 novembre.

Une lettre du même au légat, en date du 10 août, et relative aux affaires d'Italie, a disparu du tome 490 de la même collection.

On retrouve dans les ventes du 8 avril 1844 (n° 296), du 3 février

---

[1]. Une vie manuscrite de ce seigneur se trouve dans le tome 742 de la collection Du Puy.

1845 (n° 273), du 16 avril 1846 (n° 261), trois lettres sans date [1] qui sont adressées par Lascaris à Robertet.

LA TRÉMOUILLE (Louis II, DE), né 1460, m. 1525.

D'après l'inventaire par cartes, on a enlevé au tome 262 de la collection Du Puy (Biblioth. nat.) une lettre de ce seigneur au duc de Savoie, sans date, et trois autres lettres à Robertet, datées des 6 avril, 24 juin et 10 juillet.

LA TRÉMOUILLE (cardinal DE). Une lettre de ce prélat à la maréchale de Noailles, en date du 22 mars 1710, a été enlevée au tome 3 (2ᵉ série) de la correspondance de la famille de Noailles (biblioth. du Louvre).

LAUTREC (ODET DE FOIX), maréchal de France, m. 1528.

D'après l'inventaire par cartes, il a disparu du tome 262 de la collection Du Puy (Biblioth. nat.) une lettre de ce seigneur à Louis XII, en date du 31 décembre. Elle est relative à l'arrivée des ennemis à Saint-Jean-de-Luz.

LAVAL (le P.), missionnaire en Chine.

On a soustrait du tome 2 de la correspondance de De l'Isle (biblioth. de l'Observ.) une lettre de Laval à De l'Isle, en date du 26 mai 1724.

LAVALETTE (BERNARD DE NOGARET de), duc d'Épernon, m. 1661.

La vente de Saint-Julien (Libri) contient sous le n° 76 une lettre de ce personnage à F.-A. de Thou, en date du 3 décembre 1638. Cette lettre, qui vient probablement de la collection Du Puy, a figuré aussi dans la vente Donnadieu, Londres, 1851, n° 541.

LAVOISIER (A.-L.), membre de l'Académie des sciences, né 1743, m. 1794.

On a retrouvé dans les papiers de M. Libri une chemise vide sur laquelle on lit : *Procès-verbal des expériences de M. Lavoisier.... déposé à l'Académie le 7 décembre* 1773. Le mémoire que cette chemise renfermait et qui provenait des archives de l'Institut a été vendu par M. Libri à la vente du 16 avril 1846 sous le n° 265. Ce travail était, suivant le catalogue, « des plus importants pour la science de la « chimie, et se composait de 20 pages in-4° ». (Voyez ACADÉMIE DES SCIENCES).

LE BEAU (CH.), secrétaire perpétuel de l'Académie des inscriptions, né 1701, m. 1778.

Deux rapports de Lebeau à l'Académie ont figuré aux ventes du 5 février 1844, n° 266, et du 3 février 1845, n° 278. Ces pièces ont

---

1. Sans date; par conséquent, il s'agit peut-être d'une seule et même lettre.

été soustraites aux archives de l'Institut (Voyez ACADÉMIE DES SCIENCES).

LEBESGUE[1]. Une lettre de ce personnage, en date du 22 janvier 1669, et adressée à Hévélius, a disparu du tome 9 de la correspondance de ce dernier (biblioth. de l'Observ.). Elle commence ainsi : J'ay eu beaucoup de joye....

LEBRUN-DESMARETTES (J.-B.), écrivain janséniste, né 1650, m. 1731.

Une lettre de Lebrun-Desmarettes à Baluze, en date du 25 octobre 1715, et sans doute enlevée de la collection Baluze (Biblioth. nat.), a figuré, sous le n° 1090, à la vente Chateaugiron (1851).

LECOUSTELLIER. D'après la copie conservée à la bibliothèque de la ville de Paris, il manque au tome 726 de la collection Du Puy une lettre de ce personnage à d'Inteville, évêque d'Auxerre, en date du 3 mai 1533. « Du 4 de ce moys vous ay escript.... »

LEIBNITZ (GOD.-GUIL.), né 1646, m. 1716.

Une lettre de Leibnitz à Hévélius, en date du 3 mai 1671, a été enlevée au tome 11 de la correspondance de ce dernier[2] (biblioth. de l'Observ.). Elle a été retrouvée dans les papiers de M. Libri, et commence ainsi : Si cultum quo te prosequar....

Suivant un catalogue sommaire rédigé il y a quelques années[3], la correspondance de l'abbé Nicaise (Biblioth. nat.) contenait, à cette époque, plusieurs lettres originales de Leibnitz. Il n'en reste plus une seule aujourd'hui[4]. Cette soustraction a été opérée avant la reliure fort récente de la collection et n'a laissé, par conséquent, aucune trace d'arrachement dans les volumes; la pagination, mise après la reliure, se suit maintenant sans lacunes.

Au nombre des manuscrits légués par Huet, évêque d'Avranches, aux jésuites de la rue Saint-Antoine, et qui, après l'expulsion de l'Ordre, passèrent à la bibliothèque du roi, se trouvait un recueil de lettres adressées par Leibnitz à l'un des membres de la Compagnie de Jésus, le R. P. Des Fossés; recueil classé aujourd'hui sous le n° 202 du supplément latin. Ces lettres, suivant Le Prince[5], et suivant le titre que le volume porte encore aujourd'hui, devaient être au nombre de 75; il n'en reste plus que 70.

Enfin, d'après un catalogue rédigé par M. Hase, le carton coté 1294 bis du *Supplément* fr. (Biblioth. nat.), devait aussi contenir une liasse de lettres autographes de Leibnitz. La liasse entière a disparu.

---

1. Lebesgue était, d'après les renseignements que nous fournit la correspondance d'Hévélius, le financier chargé de faire payer les gratifications pécuniaires que le célèbre astronome recevait de la générosité de Louis XIV.
2. C'était la seule que contînt cette correspondance.
3. Voyez aussi la *Biographie Michaud*, art. NICAISE.
4. Il ne reste plus dans ce recueil que deux extraits ou copies de lettres de Leibnitz.
5. *Essai historique sur la Bibliothèque du Roi*, 1782, in-12, p. 216.

M. Libri a vendu à lord Ashburnham un recueil manuscrit intitulé sur son catalogue : *Lettres autographes de Leibnitz, avec les réponses du P. Lelong, etc. In-4° sur papier.* XVIIe *et* XVIIIe *siècles.*

LELONG (Le P.), né 1665, m. 1721.

D'après l'inventaire placé en tête du manuscrit 514 de la bibliothèque de Carpentras, il manque plusieurs lettres du P. Lelong à M. de Mazaugues, lettres qui occupaient les feuillets 78 à 89 inclusivement. C'est de ce recueil que provient la lettre qui a figuré à la vente J. G. (supplément), n° 43, avec la date du 16 octobre 1708.

LÉOPOLD DE MÉDICIS (Le cardinal). Les tomes 8, 9, 10 et 11 de la correspondance d'Hévélius (biblioth. de l'Observ.) contenaient jadis un assez grand nombre de lettres italiennes adressées à celui-ci par Léopold de Médicis, qui avait eu le soin de joindre presque toujours à chacune de ses lettres un duplicata, en latin, également autographe et signé. Parmi ces pièces, les suivantes ont disparu :

1666, 18 mai, 13 octobre, 18 décembre (2 lettres).
1667, 16 juillet.
— 20 août.
— 15 novembre. Sig. Giovanni, carissimi mi sono....
1668 (?) février. Ecce tandem in lucem....
1669, 10 mai. Il dono che V. S.
— 21 juillet. La lettera cortese....
1671, 29 septembre. Mancando al mio desiderio....
1672, 27 août. Sempre singolarmente....
1674, 14 juillet. Come non và disgiunta....

Plusieurs lettres du même cardinal, adressées à Boulliau, ont aussi disparu du tome 21 de la correspondance de ce dernier (Biblioth. nat.).

LESDIGUIÈRES (F. duc DE), connétable de France, né 1543, m. 1626.

Parmi les nombreuses traces d'arrachement qu'on remarque au tome 295 du fonds des *Missions étrangères* (Biblioth. nat.), plusieurs se rapportent à des lettres écrites par Lesdiguières au roi, pendant les années 1603-1606.

LIBERTAT (BARTH. DE). Il y a au tome 304 du fonds des *Missions étrangères* (Biblioth. nat.) des traces d'arrachement parmi les lettres écrites par ce personnage pendant l'année 1597.

LICETI (FORTUNIO), philosophe et antiquaire génois, né 1577, m. 1657.

Le tome 5 de la correspondance de Peiresc (Biblioth. nat.) a perdu une lettre de Liceti à Peiresc, en date du 29 décembre 1635. Elle portait le n° 115.

LINEMANN (ALB.). Une lettre de cet astronome à Hévélius, en date du 4 septembre 1651, a disparu du tome 2 (n° 252) de la corres-

pondance de ce dernier (biblioth. de l'Observ.). Elle commence ainsi :
Amplissime simul et ingeniosissime vir....

LINNÉE (L.), naturaliste, né 1707, m. 1778.

On a enlevé au tome 9 de la correspondance de De l'Isle (biblioth. de l'Observ.) une pièce indiquée sur l'inventaire comme étant de Linnée et portant la date de 1743. Nous ne savons si c'est un imprimé ou un document autographe.

LIONNE (Hugues de), homme d'État, né 1611, m. 1671.

Une lettre de ce ministre à Godefroy, en date du 4 mai 1664, a figuré sur le catalogue de la vente Saint-Julien (Libri), n° 107. Elle vient probablement du recueil des Godefroy (biblioth. de l'Institut).— (Voyez aussi Christine.)

LIPSE (Juste), philologue, né 1547, m. 1606.

Il manque dans le volume 8586 du fonds latin (Biblioth. nat.), volume paginé anciennement, les feuillets 178,179, qui, d'après un inventaire, se rapportent à des lettres de Juste-Lipse. C'est probablement à ce volume qu'appartenait la lettre qui a figuré à la vente Thiébaut, comme adressée à Baudoin, en date de janvier 1599.

Une autre lettre de Juste-Lipse à Jacques Lect, savant Génevois, a été enlevée au volume 8588.

Le tome 490 de la collection Du Puy (Biblioth. nat.) a perdu deux lettres de Juste-Lipse au président de Thou, en date du 7 des ides de novembre 1600 et du 6 des calendes de septembre 1602. Celle du 7 des ides de novembre a figuré dans la vente Chateaugiron (15 oct. 1851), n° 1152.

Une autre lettre, en date de 1604, adressée à Du Puy, et qui a figuré à une vente faite à Londres, le 17 décembre 1849 (n° 63), vient évidemment de la même collection.

LOBKOWITZ (J. Caramuel). Deux lettres de ce savant ont disparu des tomes 4 et 11 de la correspondance d'Hévélius (biblioth. de l'Observ.), auquel elles étaient adressées, savoir :

1658, 6 août. Novi horologii nostri....
1673, 13 août. Dum leges præscribis....

LOMÉNIE (Ant. de) homme d'État, m. 1638.

D'après l'inventaire par cartes, il manque au tome 349 de la collection Du Puy (Biblioth. nat.), une lettre de Loménie à Henri IV, en date du 18 juillet 1601.

LONGOMONTANUS (Chr.), astronome jutlandais.

Une lettre de ce savant adressée à Hévélius, en date du 6 des calendes d'août 1664, a disparu du tome 6 de la correspondance de ce dernier (biblioth. de l'Observ.).

LONGUEVILLE (Léonor ou Henri? duc de).

Le volume $\frac{325}{8}$ (*olim* 1159) du fonds Saint-Germain-Harlay (Biblioth. nat.) a perdu les lettres suivantes de ce prince :

Au roi, 1571, 24, 25 et 26 juillet; 23 août.

A monseigneur?.... 1571, 14 juillet.

LONGUEVILLE (Henri II, duc de), m. 1663.

Une lettre de Longueville au duc Bernard de Saxe-Weymar, en date du 25 novembre 1636, a été soustraite de la collection Baluze (Voyez l'article Saxe-Weymar).

LORAT. D'après l'inventaire placé en tête du manuscrit coté 514 à la bibliothèque de Carpentras, il manque dans ce volume une ou plusieurs lettres de Lorat à Mazaugues, lettres qui devaient occuper quelques-uns des feuillets 154 à 161 aujourd'hui enlevés.

LORRAINE (Claude de) duc de Guise, né 1496, m. 1550.

D'après l'inventaire par cartes et la copie conservée à la bibliothèque de la ville de Paris, il manque au tome 573 de la collection Du Puy (Biblioth. nat.) une lettre de ce prince au chancelier Duprat, et au tome 479 de la même collection une autre lettre adressée par le même à Des Chenetz, en date du 26 mai 1543.

Dans ce volume 479 a été également soustraite une lettre d'Antoinette de Guise, femme de Claude, adressée par elle au vicaire de Montmorency, en date du 23 juillet.

LORRAINE (François de), duc de Guise, m. 1563.

Il manque dans le volume 479 de la collection Du Puy (Biblioth. nat.), une lettre du duc François de Guise à Des Chenetz en date du 6 novembre 1557.

LORRAINE (Louis de), cardinal de Guise, né 1527, m. 1578.

On a soustrait du volume 263 de la collection Du Puy (Biblioth. nat.) une lettre du cardinal de Guise à Du Bellay, en date du 26 septembre 1535.

Dans le volume 9291[20] du fonds français, *olim* de La Mare (Biblioth. nat.), il y a des traces d'arrachement entre les lettres du cardinal de Lorraine à De la Vigne, ambassadeur à Constantinople (1557-1558).

Il manque au tome 357 de la collection Du Puy (Biblioth. nat.) une lettre de ce prélat à Catherine de Médicis, en date du 14 novembre 1563.

Le volume $\frac{320}{1}$ (*olim* 1148) du fonds Saint-Germain-Harlay (Biblioth. nat.) a perdu au moins 3 lettres du cardinal de Lorraine. La date de ces lettres nous est donnée par les cotes mises sur les adresses laissées dans le volume, savoir :

1568, 1er et 3 janvier, 7 février.

Toutes trois sont probablement adressées au roi.

Enfin une lettre du même prélat au roi en date du 5 (?) mars 1569 a disparu du volume ³⁷⁵ (olim 1153) du fonds Saint-Germain-Harlay (Biblioth. nat.).

LORRAINE (Charles de), duc de Mayenne, né 1554, m. 1611.

Il manque au tome 573 de la collection Du Puy (Biblioth. nat.), d'après l'inventaire par cartes et la copie conservée à la Bibliothèque de la ville de Paris, deux lettres adressées par ce prince au procureur général Picardet, savoir :

1596, 25 mars. Oultre le commandement que le roy m'a fait....
1596, 25 avril.

LORRAINE (Marguerite de), princesse de Phalzbourg. Une lettre de cette princesse à Gaston d'Orléans a été enlevée de la collection Baluze; on a déchiré la lettre et laissé le feuillet d'adresse qui a été conservé par le relieur (Voyez Charles IV et François, ducs de Lorraine, etc.).

LOUIS XI, roi de France, né 1423, m. 1483.

Il y avait dans le portefeuille 254 de la collection Godefroy (biblioth. de l'Institut) des pièces signées de Louis XI. Elles ont toutes disparu (Voyez Charles VIII).

Les feuillets 241 et 242 du volume 762 de la collection Du Puy (Biblioth. nat.) ont été arrachés. C'étaient, d'après l'inventaire par cartes et l'inventaire par volumes, des lettres originales de Louis XI, alors Dauphin, toutes deux datées du 27 juillet 1459 et adressées, l'une aux Tourangeaux, l'autre aux habitants de Bourges. Elles commencent ainsi toutes les deux : « De par le Daulphin de Viennois, trèschers et bien amez, quant aucunes bonnes et joieuses nouvelles nous surviennent.... »

Suivant l'inventaire du *Résidu Saint-Germain* (Biblioth. nat.), le paquet coté 16, n° 7, devait contenir, en diverses liasses, 30 lettres de Louis XI, savoir :

- 1re liasse. 5 lettres « au roi Charles VII, écrites du Dauphiné, « où il s'était retiré dans le cours de l'année 1459. » Il en manque 2.
- 6e liasse. *13 lettres, ou missives, adressées à son chancelier.* Il en manque 9.
- 9e liasse. *10 lettres, ou missives, adressées par Louis XI à plusieurs de ses principaux officiers.* Il en manque 6.
- 10e liasse. 2 lettres adressées, « l'une à son compère le général « de Languedoc, l'autre à son compère le général de Beaune. » Ces deux pièces ont disparu.

Il manque donc dans ce volume 19 lettres de Louis XI. On retrouve dans les ventes :

- 1468, 4 avril. A Claude Got, trésorier du Dauphiné (vente Saint-Julien (Libri), n° 1).
- 1468, 18 avril. Au même (vente du 8 avril 1844, n° 325).

1468. Aux conseillers des finances du Languedoc (vente J. G., n° 283).

? 8 octobre. A M. du Lude (vente du 16 avril 1846, n° 283).

? 30 juillet. Au chancelier (vente du 14 mai 1845, n° 207).

? 27 février. A Charles VII (vente du 10 mars 1847, n° 302).

? 20 septembre. Au bailly de Constantin (vente du 22 mars 1845, n° 269).

? 15 juillet. Au comte de Dunois (vente Audiffret, 25 février 1850, n° 50).

? 8 mai. Au duc d'Orléans (vente du 9 février 1846, n° 148).

Sans date. Lettre signée avec deux lignes autographes (vente AA, 1849, n° 788).

C'est probablement de la 9e liasse que provient la lettre de Louis XI, dont nous avons parlé p. 18, lettre publiée par l'*Isographie* comme appartenant à la Bibliothèque royale, et qui fait aujourd'hui partie de la collection de M. Feuillet.

Les tomes 302, 303, 304, 312 de la collection Gaignières (Biblioth. nat.) ont subi des lacérations, qui se rapportent pour la plupart à des lettres de Louis XI ou à lui adressées (Voyez aussi CHARLES VIII).

LOUIS XII. Voyez CHARLES VIII; GODEFROY; HARLAY.

LOUIS XIV, roi de France, né 1638, m. 1715.

Plusieurs lettres de ce prince au duc de Vendôme ont disparu du carton coté 1296 du supplément français (Biblioth. nat.). — *Voy.* aussi CHRISTINE.

LOUIS, dit *le Grand-Dauphin*, né 1661, m. 1711.

Une lettre de ce prince à la maréchale de Noailles a été arrachée du tome 2 (2e série) de la correspondance de la famille de Noailles (biblioth. du Louvre).

LOUIS, duc de Bourgogne, père de Louis XV, né 1682, m. 1712.

Une lettre de ce prince au cardinal de Noailles, en date du 5 octobre 1708, a été enlevée au tome 9 (2e série) de la correspondance de la famille de Noailles (biblioth. du Louvre).

LOUIS D'ORLÉANS, comte d'Angoulême, père de François Ier.

Le tome 262 de la collection Du Puy (Biblioth. nat.) a perdu une lettre de ce prince à Robertet, en date du 30 septembre.

LOUVILLE (le chevalier JACQUES-EUGÈNE DE), astronome, né 1671, m. 1732.

Il manque dans le tome 2 de la correspondance de De l'Isle (biblioth. de l'Observ.) une lettre adressée par Louville à De l'Isle, en date du 23 mai 1724.

LUDDE (L. DAILLON, comte DU). Les lettres suivantes de ce seigneur ont disparu des volumes $\frac{520}{4}$, $\frac{523}{2}$, $\frac{529}{2-3}$ (*olim* 1151, 1156, 1172, 1175) de la collection Saint-Germain-Harlay (Biblioth. nat.).

A ... 1568, 26 juillet.
A Mgr. 1569, 17 septembre.
Au roi, 1580, 12 février, 27 mai.
» 1581, 7 (ou 8) avril, 9 avril, 2 novembre.

LUXEMBOURG (Sébastien de), prince de Martigues.

Les lettres suivantes de ce personnage ont disparu des volumes $^{320}_{3}$, $^{323}_{1}$ (*olim* 1152, 1155) du fonds Saint-Germain-Harlay (Biblioth. nat.).

Au roi? 1568, 17 septembre; 2 ou 3 novembre?
» 1569, 14 janvier.

LUXEMBOURG (Louis de). Voyez Saint-Pol.

LUYNES (C. d'Albert, duc de), connétable de France, né 1571, m. 1621.

Il manque plusieurs lettres du connétable de Luynes dans le portefeuille 267 de la collection Godefroy (biblioth. de l'Institut).

MABILLON (J.), bénédictin, né 1632, m. 1707.

Un certain nombre de lettres de Mabillon ont été soustraites de la collection Baluze (Biblioth. nat.). On retrouve dans les ventes :

A Baluze, Besançon, 10 juillet 1683 (vente du 5 février 1844, n° 295).
Au même, Rome, 10 juillet 1685 (vente Thiébaut, n° 1223).
Au même, Rome, 9 octobre 1685 (vente Gottlieb W. (Libri), n° 295).
Au cardinal de Bouillon, 20 octobre 1697 (vente Châteaugiron, 15 octobre 1851, n° 1201).
A S. A. Mgr (le cardinal de Bouillon), 12 décembre 1700 (vente de Trémont, 9 décembre 1852, n° 906).
Au cardinal de Bouillon, 7 avril 1706 (vente du 4 novembre 1844, n° 142).
A S. A. (*eid.*), sans date (vente du baron de L. L., n° 231 *bis*).

Une lettre de Mabillon à Adrien de Valois, sans date, a figuré à la vente du bibliophile Jacob (Libri); elle provient de la correspondance des Valois, conservée à la bibliothèque de l'Institut.

Plusieurs lettres de Mabillon, et d'autres qui lui étaient adressées, ont disparu du résidu Saint-Germain (Biblioth. nat.)[1].

MADELAINE DE SAVOIE. D'après l'inventaire du résidu Saint-Germain (Biblioth. nat.), la liasse 11 du paquet coté 16, n° 7, devait contenir « douze lettres adressées à la chambre des comptes de Paris, « signées Anne de France, Charles, bâtard d'Orléans, Beaujolais, « Madelaine de Savoie. » Il ne reste plus que deux lettres d'Anne et une du bâtard d'Orléans; les neuf autres pièces ont disparu.

---

1. Voyez l'article Magliabechi.

MAGLIABECHI (Ant.), savant florentin, né 1633, m. 1714.

La correspondance d'Hévélius (biblioth. de l'Observ.) contenait 5 lettres de Magliabechi à celui-ci ; 4 ont disparu, savoir :

1680, 13 mai. Non iscrivo questi due versi....
1682, 7 octobre. Ho scritto a V. S....
1682, 7 octobre. Traduction latine de la pièce précédente.
1682, 24 octobre. Ho scritto molte littere....

On trouve dans les ventes plusieurs lettres de Magliabechi, soustraites de la collection Baluze (Biblioth. nat.):

A Baluze, 26 décembre 1681 (vente (Libri) bibliophile Jacob).
Au même, 1681 (vente Châteaugiron, n° 1208).
Au même, 18 janvier 1683 (vente du 5 février 1844, n° 298).
Au même, 16 mai 1684 (vente du 8 décembre 1845, n° 261).

La vente Châteaugiron, n° 1208, contient aussi une lettre de Magliabechi à Mabillon. Cette pièce vient du résidu Saint-Germain (Biblioth. nat.). En effet, le 138e paquet, n° 4, contenait une liasse ainsi intitulée : *Lettres de M. Ant. Magliabechi et de plusieurs prélats et savants distingués d'Italie à plusieurs religieux de la congrégation de S. Maur.* — Il ne reste plus dans cette liasse que quelques lettres à dom Germain, à dom Cerf et à Mabillon. Pas une n'est de Magliabechi.

MAIGRET (L.), ambassadeur en Suisse. Une lettre de ce personnage à François Ier, en date de 1532, a disparu du tome 8621 de la collection Béthune (Biblioth. nat.).

Une autre lettre du même, en date de 1532, et adressée à l'évêque d'Auxerre, a figuré à la vente Riffet (Libri), sous le n° 25. Elle doit venir, soit de la collection Du Puy (Biblioth. nat.), soit de la collection Godefroy (biblioth. de l'Institut).

MAILLA (le P. A. M. de), missionnaire en Chine, né 1679, m. 1748.

Il manque dans la liasse 9 du portefeuille 150 de la collection de De l'Isle (biblioth. de l'Observ.) une lettre de Mailla au P. Et. Souciet, sur un livre syrio-chaldaïque. C'est probablement la pièce qui a figuré à la vente Canazar (Libri), sous le n° 1485, avec la date de 1732.

MAINE (le marquis, puis duc du). Les lettres suivantes de ce seigneur à Charles IX et à Henri III ont disparu des volumes $\frac{326}{1}$ (*olim* 1162) et $\frac{329}{3}$ (*olim* 1175) du fonds Saint-Germain-Harlay (Biblioth. nat.). Elles sont datées du 7 avril 1572, des 18 et 22 octobre 1581, du 3 (ou 4) novembre 1581 et de décembre 1581.

MAIRAN (J.-J. Dortous de), physicien, né 1678, m. 1771.

Il manque dans le tome 8 de la correspondance de De l'Isle (biblioth. de l'Observ.) une lettre adressée, en 1744, à ce dernier par Mairan (Voyez Bignon).

MAIRE (le P. Christ.), astronome, m. 1760.

Il manque au tome 12 de la correspondance de De l'Isle (biblioth.

de l'Observ.) une lettre, en date du 12 septembre 1755, adressée par Maire à De l'Isle.

MALASPINA (ALBERT CYBO-), prince de Massa, né 1527, m. 1623.

On trouve dans le portefeuille 256 de la collection Godefroy (biblioth. de l'Institut) l'analyse d'une lettre d'Albert Cybo, datée de Massa, le 24 juin 1573, et dans laquelle il complimentait Henri III de son élection au trône de Pologne. L'analyse est restée, mais la pièce a disparu.

MALHERBE (F. DE), poëte, né 1555, m. 1628.

Le libraire Blaise a publié, en 1822, un recueil de lettres de Malherbe, d'après les originaux conservés à la Bibliothèque nationale, dans les tomes 1 et 2 de la correspondance de Peiresc, à qui elles étaient adressées. Depuis 1830, un certain nombre de ces lettres ont été enlevées; en voici l'indication :

1608, 25 mai. Je vous ai dit que je me remettrai..... (vente du 10 mars 1847, n° 312).

1608, 28 juin. Il y a trois ou quatre jours..... (*Bulletin du Bibliophile*, 1839, n° 1905).

1614, 4 juillet. Ce n'est point ici pour vous donner..... Cette pièce a été donnée dans l'*Iconographie* comme appartenant à M. Feuillet (de Conches). Elle a figuré à la vente Châteaugiron (1851) sous le n° 1218, et a été restituée à la Bibliothèque nationale.

1615, 17 mai. Je vous écrivis, il y a huit ou dix jours.....

1615, 10 août. Depuis mon autre lettre.... (vente Canazar (Libri), n° 1440).

1615, 19 août. Ce petit mot est seulement.... (ventes : *Alliance des arts*, 1er avril 1844, n° 165; Laverdet, 25 novembre 1848, n° 408). Cette pièce a été restituée à la Bibliothèque nationale.

1621, 12 novembre. Vous aurez vu par la date....[1].

Une liasse entière de lettres de Malherbe adressées à M. de Bullion, un de ses parents, a été (de 1830 à 1843) dérobée à la collection Baluze (Biblioth. nat.). Cette liasse était indiquée sous ce titre, dans le catalogue de Mouchet et Lalande : « Liasse composée de pièces ori-« ginales écrites par M. de Malherbe à M. de Bullion, son parent. » On retrouve dans les ventes les lettres suivantes de Malherbe à Bullion :

1614, 13 mars. (Gottlieb W. (Libri), n° 298.)

1614, 6 avril (*Bulletin du Bibliophile*, 1839, n° 1904).

1618, 2 août (vente du 5 février 1844, n° 304).

1620, 10 novembre (vente du 8 décembre 1845 (Libri), n° 264)[2].

---

1. C'est probablement l'une de ces pièces qui a été annoncée, mais sans indication de date, sur le catalogue de la vente Libri, du 7 février 1859, n° 328.

2. Cette pièce est maintenant au greffe de la cour d'appel de Paris.

1625, 20 mai (vente Thiébaut, n° 1086).
1627, 22 décembre (*Bulletin du Bibliophile*, 1839, n° 1906).
S. d. (Feu M. S*** (Libri), n° 133).
S. d. (vente Clicquot, n° 651).
S. d. (vente Donnadieu, Londres, 1851, n° 803).

On a retrouvé en 1850, à la Bibliothèque nationale, une liasse de lettres de Malherbe. Ces pièces, qui avaient servi en partie à l'édition publiée en 1723, avaient dû autrefois être beaucoup plus nombreuses, et c'est probablement à ce paquet qu'ont été enlevées les lettres de Malherbe qui, adressées à diverses personnes autres que Peiresc et Bullion, notamment à Racan, ont figuré dans les ventes faites depuis une quinzaine d'années.

MANCINI. Plusieurs lettres de différents membres de la famille Mancini, et entre autres de Marie Mancini et du cardinal Mancini, adressées à Colbert, ont figuré dans les ventes du bibliophile Jacob (Libri); J. G., n°° 300 et 301; 8 avril 1844, n° 352. Elles ont été enlevées à la correspondance de Colbert (Biblioth. nat.).

MANDELOT. Les lettres suivantes de ce seigneur ont disparu des volumes $^{323}_{2}$ et $^{323}_{3}$ (*olim* 1156 et 1159) de la collection Saint-Germain-Harlay (Biblioth. nat.) :

Au roi, 1569, août (ou septembre).
A Mgr...., 1571, 16 avril.
A la reine mère, 1571, 19 mai[1].

MANFREDI (EUSTACHIO), astronome, né 1664, m. 1739.

Les lettres suivantes, adressées à De l'Isle, ont disparu de la correspondance de celui-ci (biblioth. de l'Observ.) :

1724, 17 juillet.
1728, 24 mars.
1734.
1738, 12 août.

De plus, de nombreuses lettres de Manfredi ont été enlevées des papiers de Cassini et de Maraldi (même biblioth.). On retrouve dans les ventes :

A Cassini, 1700, 7 avril (vente Libri, du 15 mai 1843, n° 320).
A Maraldi, 1734, 10 mai (vente Villenave, n° 546).

C'est probablement de la même source que provient la lettre du 17 juin 1727, qui a figuré sans l'indication du nom du destinataire à la vente Libri du 16 avril 1846, sous le n° 22.

MANSART (J. HARDOUIN), architecte, né 1645, m. 1708.

Delort, au tome 3 de ses *Voyages*, page 98, a publié, d'après l'original conservé à la Bibliothèque nationale, une lettre de Mansart à

---

[1]. Peut-être retrouverait-on la copie de ces pièces dans le volume 64 du fonds Lancelot, énorme in-folio qui contient la correspondance de Mandelot.

Colbert, en date du 10 septembre 1677. Cette lettre a figuré à la vente Pixerécourt, sous le n° 621.

Une lettre du même au cardinal de Bouillon, en date du 17 septembre 1699, avec deux lettres du cardinal, a passé dans la vente J. G., n° 304. Ces pièces sont probablement enlevées à la collection Baluze (Biblioth. nat.).

MANTOUE (HERCULE, cardinal DE). Une lettre de ce prélat a été coupée dans le volume 8606 de la collection Béthune (Biblioth. nat.).

MANTOUE (VINCENT, duc DE), né 1562, m. 1612.

Le volume 9520 de la collection Béthune (Biblioth. nat.) a perdu une lettre de ce prince au duc de Nevers, en date de 1590.

MANUCE (PAUL), savant imprimeur, né 1512, m. 1574.

Dans le volume 699 de la collection Du Puy, volume paginé anciennement et en tête duquel est un catalogue de la main de Du Puy, il manque le feuillet 16, se rapportant à une lettre de Paul Manuce, décrite ainsi sur l'un des inventaires : « Pauli Manutii ac Manutii Ma- « nutii epistola ad Dominam Aloysiam, relictam Domini Joannis Petri « de Varadeis, de rebus quibusdam familiaribus. » Aucune lettre de Manuce n'a encore passé dans les ventes.

MARALDI (J.-PH.), astronome, né 1665, m. 1729.

Il manque dans le tome 1er de la correspondance de De l'Isle (biblioth. de l'Observ.) les lettres suivantes à lui adressées par Maraldi :

1709, 23 novembre.
1710, 25 janvier.
1720, 7 juillet.

MARCA (PIERRE DE), archevêque de Toulouse, né 1594, m. 1662.

Avant de devenir bibliothécaire de Colbert, Baluze avait été le secrétaire et le collaborateur de Pierre de Marca. Celui-ci lui laissa en mourant tous ses papiers, qui passèrent ainsi dans la riche collection formée par Baluze[1], puis entrèrent avec elle à la bibliothèque du roi. Ainsi, Baluze avait en sa possession les minutes (elles sont en petit nombre) de la correspondance de M. de Marca, sans compter que pour les lettres politiques, il avait aussi une partie des originaux provenant de Colbert, et par Colbert de Mazarin. Le catalogue de Mouchet contient, entre autres indications à ce sujet, l'article suivant : « Quatre liasses contenant une correspondance politique de M. de « Marca avec les ministres Le Tellier, Mazarin, etc., pendant les an- « nées 1644 à 1651, relativement aux affaires de la Catalogne. » De ces quatre liasses[2] sont tirées les pièces suivantes :

---

1. An non præterea existimas, Sorberi, alicujus esse momenti quod omnem schedarum ac lucubrationum suarum suppellectilem mihi uni vivens (Marca) commisit ac moriens reliquit? (Baluze, *de Vita Petri Marcæ*, 1663.)

2. Elles ont été visitées par M. Libri, dans la salle Fréret, à la Bibliothèque.

A Mazarin, 23 mars 1648 (vente (Libri) du 16 avril 1846, n° 298) [1].

Au même, 29 avril 1660 (vente du 10 mars 1847, n° 314, *Bulletin Charavay*, 1847, n° 931).

D'autres lettres, qui, sans indication de destinataires, ont figuré dans les ventes Libri (Saint-Julien, n° 332; Riffet, n° 468; 7 février 1839, n°s 331 et 332), dans la vente J. G., *suppl.* n° 49, et dans celle du 4 février 1847, n° 122, proviennent de la même collection, ainsi que la lettre adressée au chancelier, en date du 17 avril 1644 (vente du 5 février 1844, n° 307).

L'inventaire placé en tête du volume 8585 du fonds latin (Biblioth. nat.) mentionne une lettre de Marca au R. P. François de la Vie. Cette pièce a disparu. C'est peut-être celle qui, adressée au R. P..., en date du 13 août 1661, a figuré à la vente de l'*Alliance des arts*, du 1er avril 1844, sous le n° 167.

MARGUERITE D'ANGOULÊME, sœur de François Ier, née 1492, m. 1549.

La collection Du Puy (Biblioth. nat.) a perdu plusieurs lettres de cette princesse, savoir :

(Tome 211.) A Chiverny, 23 novembre. Monsieur le général (des finances), ce porteur....

(Tome 486.) Au chancelier d'Alençon, 26 octobre. La joye que par vostre lettre....

(Tome 486.) Au duc d'Albany, s. d. J'ay veu ce que vous m'avez mandé.... [2].

(Tome 573.) A Du Prat, 10 juin 1530. Mon cousin, le vicomte de Dieppe, ce porteur.... (vente Châteaugiron, n° 1232).

Deux autres lettres de cette princesse à Montmorency ont disparu des tomes 8546 (folio 49) et 8577 (folio 34) de la collection Béthune.

MARGUERITE DE FRANCE, fille de François Ier, duchesse de Savoie, née 1523, m. 1574.

Dans le volume 9291[20] du fonds français (Biblioth. nat.), il y a des lacunes parmi les lettres de cette princesse à De la Vigne, ambassadeur de France à Constantinople (1557-1558).

Il manque dans le tome 263 de la collection Du Puy (Biblioth. nat.) quatre lettres de Marguerite à Du Bellay. L'une est sans date; les trois autres sont indiquées sur les inventaires comme datées des 2 mai, 5 novembre et 28 décembre.

Pour dissimuler ces soustractions, on a falsifié l'ancienne pagina-

---

1. D'après le catalogue, P. de Marca, dans cette lettre, se plaint à Mazarin de différents personnages importants de la Catalogne.

2. Cette lettre et la précédente n'ont été enlevées que depuis quelques années, car le texte en a été donné en 1841, dans le tome Ier des *Lettres de Marguerite*, publiées par M. Génin.

tion et on a intercalé dans le volume une lettre de doña Isabella Fabri au roi, lettre qui appartenait au volume 264.

MARGUERITE DE FRANCE, première femme de Henri IV, née 1552, m. 1615.

Une correspondance tout entière de Marguerite avec Henri IV a été soustraite, du portefeuille 265 A de la collection Godefroy (biblioth. de l'Institut). On retrouve dans les ventes les pièces suivantes adressées à Henri IV :

 1598, 20 mai (vente (Libri) bibliophile Jacob).
 S. d. (vente Th. W. (Libri), n° 37).
 1598 (vente Riffet (Libri), n° 99).
 1599, avril (vente Trémont, 1852, n° 930).
 S. d. (vente Charon, 14 mai 1845, n° 225).

Nous avons, de plus, retrouvé dans ce portefeuille le feuillet d'adresse d'une lettre de Marguerite à sa mère Catherine de Médicis; la lettre elle-même a disparu.

On a encore enlevé trois lettres de cette princesse dans les tomes $\frac{259}{2}$ et $\frac{259}{3}$ (*olim* 1172 et 1173) de la collection Saint-Germain-Harlay. Elles sont datées des mois de mars et mai 1580.

MARGUERITE D'AUTRICHE, tante de Charles-Quint, née 1480, m. 1530.

Une lettre sans date de cette princesse à François Ier a disparu du tome 281 de la collection Du Puy (Biblioth. nat.).

MARGUERITE DE LORRAINE, seconde femme de Gaston d'Orléans. On trouve sur une liasse du portefeuille 275 de la collection Godefroy (biblioth. de l'Institut) la mention de lettres de cette princesse qui ont disparu. La lettre qui, adressée à Colbert, a figuré à la vente Trémont (1852) sous le n° 931, et avec la date de 1667, vient probablement de la correspondance de Colbert (Biblioth. nat.).

MARIE-ÉLÉONORE D'AUTRICHE, femme de Michel, roi de Pologne. La correspondance de cette princesse avec Léopold d'Autriche, son frère, et divers autres personnages, occupait à la Bibliothèque nationale (galerie Mazarine) les cartons 1321 A, B, C, D, E, H. Il n'en reste aujourd'hui que 119 lettres, formant environ la sixième partie du carton E.

MARIE STUART, reine d'Écosse, née 1542, décapitée 1587.

Le volume 281 de la collection Du Puy (Biblioth. nat.) contenait deux lettres de Marie Stuart au roi de France Henri III; il les a perdues toutes les deux. L'une, en date de Sheffield, le 3 décembre (1581), et relative au douaire de Marie, a figuré dans la vente du 3 février 1845, sous le n° 320, et elle appartenait antérieurement à M. Feuillet (de Conches)[1]. La seconde lettre, écrite par la reine d'Écosse, la veille de sa mort (8 février 1587), et dans laquelle elle adresse ses adieux au roi de France, en lui recommandant ses serviteurs, a passé, sous le n° 348, dans la vente faite le 10 mars 1847, par M. Feuillet.

M. Labanoff, dans son excellente édition des *Lettres de Marie Stuart*, a indiqué comme appartenant à un volume du *Supplément français* (Biblioth. nat.), une lettre de Marie Stuart à Catherine de Médicis, en date du 12 mars, et commençant ainsi : « Madame, s'en retournant « Lusgerie.... » Cette pièce, dont le *fac-simile* avait été donné dans l'*Iconographie,* sans indication de source, figura depuis à la vente J. G. sous le n° 316, et M. Labanoff, dans une rectification peu intelligible (t. I, p. 27), prévient le lecteur qu'elle se trouve *actuellement* (1845) non dans le *Suppl. français,* mais dans la collection de M. d'Hunolstein[2].

A la même page, M. Labanoff corrige aussi une erreur par lui commise dans l'indication de la source où il avait puisé une lettre de Marie Stuart au duc de Châtellerault, en date du 16 juillet 1559, et commençant par ces mots : Mon cousin, en l'ennuy et desplaisir.... « Cette « lettre, dit-il, n'est point conservée aux archives de Reims, comme « je l'ai indiqué ; mais elle se trouvait au château de Villebon, lorsque « M. Louis Pâris la publia dans le volume des négociations relatives « à François II. » C'est encore une méprise singulière, surtout de la part d'un éditeur aussi soigneux et aussi bien informé que l'est M. Labanoff[3].

D'après l'inventaire placé en tête du manuscrit 8589 du fonds latin (Biblioth. nat.), il manque une lettre de Marie à Henri, bâtard d'Angoulême. On ne reconnaîtrait pas cette pièce dans le n° 91 de la vente W. et A. A. (11 mars 1841), où elle est intitulée : « Lettre de « Marie Stuart à *son cousin* l'abbé de La Caye-Dieu, 1564, » si l'on ne savait que le bâtard d'Angoulême, grand prieur de France, fut abbé de la Chaise-Dieu[4].

Le manuscrit 8690 de la collection Béthune (Biblioth. nat.) a perdu

---

1. Voyez l'ouvrage de M. le prince Labanoff, intitulé : *Lettres, instructions et mémoires de Marie Stuart*, tome V, page 275.

2. Malheureusement, M. Labanoff, dont les indications bibliographiques sont ordinairement très-précises, a oublié pour cette pièce et pour plusieurs autres de mentionner le numéro des volumes du *Supplément français* d'où il les avait tirées. Nous n'avons donc pu faire sur ces manuscrits aucune vérification.

3. Voyez ci-dessus, page 41, ce que nous avons dit des archives du château de Villebon.

4. Cette pièce n'a pas été publiée par M. Labanoff; elle est du nombre de celles qu'il a été obligé, malgré quatorze ans des recherches les plus éclairées faites dans toute l'Europe, de placer parmi ses *desiderata,* parce qu'elles étaient, et sont probablement encore, cachées dans les collections particulières d'amateurs d'autographes. Le catalogue de la seconde vente Trémont (16 févr. 1853, n° 814) contient l'indication d'une lettre sans date, dans laquelle Marie Stuart parle au duc de Guise de l'envoi que la reine d'Angleterre va faire au roi de l'Ordre de la Jarretière. C'est une pièce dont M. Labanoff n'a point eu connaissance.

24 feuillets qui, pour la plupart, doivent se rapporter à des lettres de Marie Stuart à La Mauvissière ou à Henri III.

La *Galerie française* a donné le *fac-simile* d'une lettre de Marie Stuart à MM. de La Mauvissière et Châteauneuf, en date du 6 septembre 1585, en indiquant que l'original se trouvait dans le tome 8690 de la collection Béthune (Biblioth. nat.). Cette pièce qui est encore dans le manuscrit, n'est qu'un post-scriptum ajouté par Marie au bas de la 6e et dernière page d'une lettre adressée aux ambassadeurs du roi de France. La lettre est bien un original, car elle porte encore l'adresse et le cachet. Nous avons donc été fort surpris de voir qu'à la vente faite le 23 novembre 1848, par le libraire Laverdet, on ait annoncé comme un original sous le n° 419, et adjugé au prix de 86 fr., le même post-scriptum lithographié dans la *Galerie française*. Nous ignorons le nom de l'acheteur de cette pièce, mais nous devons le prévenir qu'il n'a entre les mains qu'un faux autographe; il peut aller faire la vérification à la Bibliothèque [1]

Ajoutons enfin que M. Libri a vendu un très-grand nombre de lettres de Marie Stuart, lettres qui ont très-probablement été enlevées à la collection Godefroy (biblioth. de l'Institut) et à la collection Saint-Germain-Harlay (Biblioth. nat.).

MARIE, reine de Portugal. Deux lettres de cette princesse à Colbert, en date, l'une du 18 juin 1670, l'autre du 11 mars 1675, ont figuré dans les ventes Collier de Beaubois, n° 169, et J. G., n° 508. Elles ont probablement été enlevées à la correspondance de Colbert (Biblioth. nat.).

MARIE D'ALBRET. D'après la copie conservée à la bibliothèque de la ville de Paris, il manque au tome 726 de la collection Du Puy une lettre de cette princesse à d'Inteville, évêque d'Auxerre, en date du 15 mai 1533.

MARIE DE MÉDICIS, reine de France, née 1573, m. 1642.

Nous avons parlé ci-dessus (page 59) d'une liasse de lettres de Marie de Médicis et d'Anne d'Autriche à Gaston d'Orléans, soustraite de la collection Baluze (Biblioth. nat.). Voici celles de ces lettres qui sont de Marie de Médicis, et qui se retrouvent, à notre connaissance, dans le commerce des autographes :

1621, 26 septembre (vente du 7 février 1839, n° 342).
1623 (Catalogue Rodd (Libri), Londres, 1858).
1624, 25 novembre (vente J. G., n° 51).
1625, 18 juin (vente (Libri) du 16 avril 1845, n° 361).
1626, 20 août (vente (Libri) du 8 décembre 1845, n° 268).

---

[1]. Le prix des lettres de Marie Stuart a varié de 50 à 480 francs. Celle qui a passé dans la vente du 16 avril 1846 (Libri), sous le n° 305, a été adjugée à ce dernier prix.

1627, 6 ou 7 septembre (ventes J. G., n° 312; 22 mars 1847, n° 309).

1627, 30 septembre (vente (Libri) feu S***, n° 20).

1627, 26 octobre (vente Saint-Julien (Libri), n° 10).

1628, 13 octobre (vente Gottlieb W. (Libri), n° 13).

1638, 28 juin (vente Donnadieu, Londres, 1851, n° 643).

1638 (Retrouvée dans les papiers de M. Libri).

S. d. (vente du 15 mai 1843, n° 328, catalogue Rodd (Libri), Londres, 1838).

Le portefeuille 265 B de la collection Godefroy (biblioth. de l'Institut) est intitulé : « Lettres de Marie de Médicis et du prince de Condé. » Il n'y reste plus qu'une lettre de Condé.

MARIE-LOUISE, reine d'Espagne, femme de Philippe V, née 1688, m. 1744.

Une lettre de cette princesse à la maréchale de Noailles a disparu du tome 2 de la correspondance de la famille de Noailles (biblioth. du Louvre).

Deux autres lettres adressées par elle au cardinal de Noailles, en date du 22 janvier et du 28 octobre 1708, ont été enlevées au tome 9 du même recueil.

MARILLAC, ambassadeur en Allemagne. Le volume 265 de la collection Du Puy (Biblioth. nat.) devait renfermer deux lettres de Marillac à Du Bellay; l'une d'elles, en date du 14 octobre 1550, a disparu.

MARILLAC (MICHEL DE), garde des sceaux, né 1563, m. 1632.

On a enlevé du tome 573 de la collection Du Puy (Biblioth. nat.) deux lettres de ce personnage au procureur général Picardet, savoir :

1629, 10 mars. J'ay reçu hors de Dijon deux plaintes....

1629, 13 mars. Je vous remercye de la peine.... (vente du 10 mars 1847, n° 327).

Une lettre de Marillac à Godefroy, en date du 22 octobre 1628, a figuré successivement à la vente (Libri) du 8 décembre 1845, n° 72, et à celle du baron de L.-L., n° 430. Elle vient, sans aucun doute, de la collection Godefroy (biblioth. de l'Institut).

MARINONI (J.-J.), mathématicien, né 1676, m. 1755.

De nombreuses lettres de ce savant ont disparu des tomes 4, 6, 7, 8 de la correspondance de De l'Isle (biblioth. de l'Observ.), savoir :

1734, 17 mars, 11 mai, 31 juillet, plus une lettre entre le 11 mai et le 31 juillet.

1737, 20 janvier, 11 juillet.

1738, 1739, 1740.

1741, 22 août.

1743, 21 septembre.

MARQUARD (And.). Une lettre de Marquard à Hévélius, en date du 15 mai 1660, a disparu du tome 4 de la correspondance de ce dernier (biblioth. de l'Observ.). Elle commence ainsi : Seit den 12 may.

MARTINI. Une lettre de ce savant, en date du 13 septembre 1740, a disparu du tome 7 de la correspondance de De l'Isle (biblioth. de l'Observ.).

MARTINOZZI (Anne-Marie). Une lettre de cette princesse à Colbert, en date du 16 juin 1662, a été publiée par Delort, au tome 2 de ses *Voyages*; l'éditeur l'avait tirée de la correspondance de Colbert, d'où elle a disparu aujourd'hui. On voit des traces d'arrachement à la place qu'elle devait occuper.

MASKELYNE (Névil), astronome anglais, né 1732, m. 1811.

D'après un inventaire du 4º paquet de la liasse I des papiers des Cassini (biblioth. de l'Observ.), il manque, entre autres pièces, plusieurs lettres de Maskelyne à Cassini de Thury, datées des années 1788 à 1789.

MAUGIRON. Les volumes $\frac{329}{2}$, $\frac{329}{3}$ (*olim* 1172, 1173) de la collection Saint-Germain-Harlay (Biblioth. nat.) ont perdu deux lettres de Maugiron, l'une à la reine mère, du 23 janvier 1580, l'autre au roi, du 5 juin 1581.

MAUREPAS (comte de), ministre d'État, né 1701, m. 1781.

Le catalogue de la vente Gottlieb W. (Libri), contient, sous le nº 111, une lettre de ce ministre à l'abbé Bignon, en date du 15 mai 1732. Cette pièce provient du carton 35 des archives de l'Institut (Voyez Académie) ou de la correspondance de Bignon (Biblioth. nat.).

MAUVISSIÈRE (Castelnau de La), homme d'état, né 1518, m. 1592.

On a enlevé aux tomes $\frac{320}{3}$, $\frac{323}{3}$ (*olim* 1150, 1157) de la collection Saint-Germain-Harlay (Biblioth. nat.) trois lettres de La Mauvissière adressées à Monseigneur (Henri III?), et en date, l'une du 20 mai 1568, et les deux autres du 12 et du 15 mars 1570.

MAXIMILIEN Ier, empereur d'Allemagne, né 1459, m. 1519.

Plusieurs lettres de ce prince ont disparu du tome 281 de la collection Du Puy (Biblioth. nat.), savoir :

1510, 9 janvier. A Louis XII.
1516, 5 février. A Boisy.

MAXIMILIEN II, empereur d'Allemagne, né 1527, m. 1576.

On a enlevé au tome 281 de la collection Du Puy (Biblioth. nat.) une lettre de ce prince au roi de France.

MAZARIN (le cardinal), né 1602, m. 1661.

Le tome 3 de la correspondance de Peiresc (Biblioth. nat.) renferme plusieurs lettres de Mazarin à Peiresc. Il en manque deux, savoir :

N° 102. 1634, 24 octobre.
N° 103. 1634, 20 juillet.

De nombreuses lettres du cardinal ont aussi disparu du portefeuille 273 de la collection Godefroy (biblioth. de l'Institut) et de la collection Baluze (Biblioth. nat.).

MAZARIN (La Meilleraye, duc de), maréchal de France, né 1602, m. 1664.

Une lettre de ce seigneur à Colbert, datée du 29 juillet 1662, a figuré sous le n° 638 dans la vente Donnadieu (Londres, 1851). Elle provient sans doute de la correspondance de Colbert (Biblioth. nat.).

MAZAUGUES. La bibliothèque de Carpentras renferme, en deux volumes in-4°, un recueil des lettres originales adressées au président de Mazaugues, recueil qui a été paginé anciennement et en tête duquel se trouve un inventaire. Le premier volume seul a subi des soustractions, qui sont fort nombreuses; puisque 74 feuillets en ont été arrachés. Ils se rapportaient, entre autres, à des lettres de Montfaucon, Jacob Spon, Lelong, Thomassin, Lorat, Barat, Pagi, etc. Le feuillet d'adresse d'une lettre de Spon, feuillet portant encore le n° 46, a été retrouvé dans les papiers de M. Libri.

MÉDICIS (Julien de), évêque d'Albi. Deux lettres de ce prélat, l'une au roi, en date du 11 janvier 1580, l'autre à Catherine de Médicis, en date du mois de mai de la même année, ont disparu des tomes $\frac{329}{2}$, $\frac{329}{3}$ (*olim* 1172, 1173) de la collection Saint-Germain-Harlay (Biblioth. nat.).

MÉDICIS (François, cardinal de). D'après divers inventaires, le tome 15 de la collection Du Puy (Biblioth. nat.) devait contenir une lettre de ce cardinal au pape Jules III, en date du mois d'octobre 1551. Cette pièce a disparu; elle était relative au payement des troupes.

MÉDICIS, Voyez Catherine, Christine, Léopold, Marie.

MEIBOMIUS (H.), *le jeune*, érudit, né 1638, m. 1700.

La vente Saint-Julien (Libri) contient, sous le n° 336, une lettre de Meibomius à Baluze, en date du 7 avril 1698. Cette pièce a été enlevée aux papiers de ce dernier (Biblioth. nat.).

MÉLANCHTHON (Ph.), réformateur, né 1497, m. 1560.

L'inventaire placé en tête du volume 8583 du fonds latin (Biblioth. nat.) porte à la fin, l'indication suivante d'une main assez moderne : *Melanchthonis (Ph.) autographon*, p. 241. Les feuillets 241, 242, que formait cette pièce, ont disparu.

Une autre lettre de Mélanchthon à Calvin, en date du 10 novembre 1545, manque au tome 268 de la collection Du Puy (Biblioth. nat.).

MÉNAGE (Gilles), érudit, né 1613, m. 1692.

Il y a au tome 32 de la correspondance de Boulliau (Biblioth. nat.) des traces d'arrachement après une lettre de Ménage à Boulliau. La pièce enlevée est peut-être celle qui a passé à la vente Canazar (Libri), sous le n° 1474.

La lettre en date du 18 juillet 1681, qui, adressée par Ménage à l'abbé Nicaise, a figuré à la vente du 5 février 1844, sous le n° 329, a été enlevée à la correspondance de ce dernier, *Supplément français* (Biblioth. nat.), n° 1958.

Un billet de Ménage à Valois a passé successivement dans la vente Riffet (Libri) n° 481 et dans la vente du 10 mars 1845, n° 169. Il provient de la correspondance des Valois (biblioth. de l'Institut).

MERCATOR (N. Kaufmann, *en latin*), géomètre allemand, m. 1687.

On a trouvé dans les papiers de M. Libri deux pièces contenant, l'une divers opuscules de mathématiques de Mercator, l'autre la copie de lettres du même à Samuel Hartlieb. Ces pièces ont été enlevées aux tomes 3 et 4 de la correspondance d'Hévélius (biblioth. de l'Observ.).

MERSENNE (Marin, dit le P.), géomètre et théologien, né 1588, m. 1648.

Les lettres suivantes de ce savant à Hévélius ont disparu du tome 1 de la correspondance de ce dernier (biblioth. de l'Observ.).

1645, 25 novembre. Felicem illum diem....
1647, 1ᵉʳ janvier. Cum meis literis....
1647, 25 octobre.
1648, 20 janvier. Dum legimus et admiramur....
1648, calendes de mars. Cum nullum tui nuntium....
1648, s. d. Statim atque volumus....
1648, 14 mars.
1648, calendes de juin. Non possum satis admirari....
1648, 28 juin (vente (Libri) du bibliophile Jacob).
1648, 27 juillet. Cum mihi Saladinus mercator... [1].

On remarque de nombreuses traces d'arrachement entre les lettres de Mersenne à Peiresc, conservées au tome 9 de la correspondance de ce dernier (Biblioth. nat.). Les adresses de trois des pièces enlevées ont été laissées dans le volume portant les cotes qui donnent les dates suivantes :

1635, 20 octobre, 22 novembre.
1635, 15 septembre (vente Gottlieb W. (Libri), n° 264).

Nous avons eu entre les mains une épreuve du catalogue de cette

---

[1]. L'une de ces pièces, en date de 1648, a figuré à la vente Riffet (Libri), sous le n° 433.

vente, où la lettre était annoncée comme adressée à Peiresc. Les mots *à Peiresc* ont été, par précaution, supprimés sur le catalogue tel qu'il a été publié [1].

C'est probablement du même volume que provient la lettre qui a figuré sans indication de nom du destinataire, avec la date du 7 octobre 1635, sur le catalogue de la vente L., du 8 avril 1844.

On a trouvé dans les papiers de M. Libri une pièce non signée et portant encore les traces de l'estampille à moitié effacée de l'ancienne Académie des sciences. Elle est intitulée : *Démonstration d'une proposition de géométrie*; et sur la première page : *Au R. P. Mersenne, religieux minime, à Paris.*

C'est probablement aussi aux archives de l'Institut qu'a été enlevée la lettre de Mersenne à Descartes qui a figuré à la vente du 3 février 1845, sous le n° 336.

MÉZERAY (F.-E.), historien, né 1610, m. 1683.

M. Libri a fait passer dans les ventes Th. W., n° 76, Riffet, n°* 444 et 445, trois lettres de Mézeray, toutes trois de 1660. Pour l'une d'elles, seulement, il a indiqué le nom du destinataire, Guichenon; mais, malgré son silence, il est plus que probable que les deux autres lettres sont adressées au même personnage et ont été, aussi bien que la première, enlevées au recueil de Guichenon (biblioth. de l'Institut). Voyez GUICHENON.

La lettre de Mézeray à Colbert (31 janvier 1669), appartenant à madame de Castellane, et dont le *fac-simile* a été donné dans l'*Isographie*, provient, soit de la correspondance de Colbert, soit de la collection Baluze (Biblioth. nat.).

Un catalogue rédigé sous l'empire par M. Hase mentionne des lettres originales de Mézeray qui devaient être à la Biblioth. nat. (cartons cotés 1334. 7; 1339; 1341). Ces lettres ont disparu. De plus, la Bibliothèque possède en 29 volumes in-f° un recueil de papiers de Mézeray. Il serait possible que les lettres et les pièces qui ont passé dans les ventes du 3 février 1845 (n° 338), Pixerécourt (n° 670), 22 mars 1847 (n° 324); M. de C., 20 mars 1851 (n° 596); M. Cap., 26 juin 1852 (n° 586) provinssent de ces collections.

MICHAELIS (ULR.-CLÉM.). On a enlevé aux tomes 9, 10 et 11 de la correspondance d'Hévélius (biblioth. de l'Observ.), plusieurs lettres de Michaëlis à celui-ci, savoir :

1668, $\frac{27 \text{ janvier}}{6 \text{ février}}$. Dessen voriges Schreiben....
1668, 11 juillet. Dasz mein hochgeehrtes....
1670, 27 janvier. Nechtz offerirung stets geflessener....
1671, $\frac{14}{24}$ août. Dessen Antvort schreiben....
1672, 5 juin. Nechtz offerirung stets williger....

---

1. Voyez ci-dessus, page 28.

1673, $\frac{11}{21}$ janvier. Gleich mir ich....
S. d. Dessen Schreiben....

MICHEL, roi de Pologne, m. 1673.

Le tome 10 de la correspondance d'Hévélius (biblioth. de l'Observ.) a perdu une lettre adressée à Hévélius par le roi Michel, en date du 6 septembre 1670. Cette pièce, qui a figuré à la vente (Libri) du 16 avril 1846, n° 436, commence ainsi : « Nobilis et spectabilis.... [1]. »

MISSIONNAIRES. La liasse 7 du portefeuille 150 de la collection De l'Isle (biblioth. de l'Observ.) est intitulée : *Lettres de différents missionnaires et autres au P. Ét. Souciet, depuis* 1722 *jusqu'en* 1737. Il manque dans cette liasse 19 pièces, et, entre autres, les 13 premières, appartenant aux années 1722 à 1730. Les autres lacunes portent sur les années 1735 et 1736.

MISSIONS ÉTRANGÈRES. La collection de manuscrits provenant du couvent des Missions étrangères, et conservée aujourd'hui à la Bibliothèque nationale, contient plusieurs volumes remplis de correspondances originales. Nous en avons examiné quelques-uns qui nous ont présenté des traces évidentes de lacération. Malheureusement, l'absence d'inventaires, et, la plupart du temps, de pagination, ne nous a pas toujours permis de reconnaître avec certitude quelles étaient les pièces enlevées. Nous nous bornerons donc à signaler les volumes 175, 215, 295, 302, 304, 316, comme ayant subi de nombreuses mutilations.

MOLÉ (Mathieu), garde des sceaux, né 1584, m. 1656.

Le catalogue de la vente Saint-Julien (Libri) contient, sous le n° 144, une lettre de Molé à Godefroy, en date du 31 janvier 1635. Cette pièce vient de la collection Godefroy (biblioth. de l'Institut). De nombreuses lettres adressées à Richelieu, Brezé, Bouthillier, Mazarin, etc., qui ont figuré dans diverses ventes, ont appartenu au même recueil ou à la collection Baluze (Biblioth. nat.).

MOLIÈRE (J.-B. Poquelin), né 1620, m. 1673.

Le catalogue de la vente L., faite le 8 avril 1844, par le libraire Charon, contenait, sous le n° 396, l'annonce d'une quittance signée par Molière. Peu de temps après l'apparition de ce catalogue, M. Naudet forma opposition à la vente de cette pièce, qui avait été plusieurs années auparavant publiée par M. Taschereau, comme appartenant à la Bibliothèque du roi. Un procès s'engagea : l'administration de la Bibliothèque, après avoir vu d'abord sa demande repoussée par le tribunal civil de la Seine, gagna sa cause le 3 janvier 1845, devant la cour royale, qui prononça « que les manuscrits et autographes de la « Bibliothèque royale sont inaliénables et imprescriptibles, comme

---

1. C'est par erreur que le catalogue de la vente donne à Michel le nom de Fœderowitz et le titre de czar de Russie.

« faisant partie du domaine public; que la vente de tels manuscrits et
« autographes est nulle, et que le détenteur ne peut exciper de sa
« bonne foi. »

Le précieux autographe fut, en conséquence, restitué à l'établissement auquel il appartenait [1].

MONCONYS (Balthazar), voyageur, né 1611, m. 1665.

Une lettre de Monconys à l'historien Guichenon, en date du 7 juin 1658, a été soustraite à la correspondance de Guichenon (biblioth. de l'Institut) et vendue à la vente J. G. (*Suppl.*, n° 54). Voyez Guichenon.

MONDRAGON. Il manque dans le tome 261 de la collection Du Puy (Biblioth. nat.) une lettre de Mondragon au roi, en date du 8 septembre (1512?).

MONTAIGNE. Au mois de février 1850, un défenseur officieux de M. Libri, M. A. Jubinal, publia en faveur de son client, sous le titre de : *Une lettre inédite de Montaigne,* une brochure dont le but était de prouver que de nombreuses soustractions ayant été commises anciennement à la Bibliothèque nationale [2], M. Libri était innocent de celles qu'on lui imputait. Il signala, entre autres, la disparition d'une lettre de Montaigne qui avait été publiée dans la *Galerie française,* comme faisant partie du tome 712 de la collection Du Puy, et qui se trouvait depuis quelques années en la possession de M. Félix Feuillet (de Conches). M. Jubinal ajoutait que la mention de ce précieux autographe avait été effacée sur l'un des inventaires de la collection Du Puy, et il donna à la suite de sa brochure le *fac-simile* du singulier pâté d'encre qui avait servi pendant longtemps à cacher le vol. L'administration de la Bibliothèque s'émut de cette publication et intenta à M. Feuillet un procès dont les débats eurent un certain éclat, et par l'importance du sujet et par le nom des deux avocats, MM. Marie et Chaix d'Est-Ange, qui défendaient, le premier la Bibliothèque, le second M. Feuillet. Après avoir perdu en première instance, comme dans l'affaire de l'autographe de Molière, dont nous avons parlé plus haut, la Bibliothèque gagna sa cause devant la cour d'appel, qui, par un arrêt en date du 17 août 1851, ordonna la restitution de la lettre de Montaigne à l'établissement d'où il avait été enlevé, à peine par son détenteur de payer 10,000 francs de dommages et intérêts.

Outre la brochure de M. Jubinal et les plaidoiries des avocats [3], on peut consulter sur cette affaire le pamphlet publié par M. Feuillet, sous le titre de *Réponse à une incroyable attaque de la Bibliothèque*

---

1. Voyez à ce sujet la préface du catalogue de la vente du 16 avril 1846.
2. Cf., sur les inexactitudes que contient cette brochure, un article de *la Bibliothèque de l'École des chartes*, année 1850, tome XI, page 267.
3. Voyez *le Droit* et *la Gazette des tribunaux*, des 26 et 27 février, 5, 6 et 18 août 1851.

nationale et la réfutation qui a été faite par M. Naudet[1] des nombreuses erreurs, volontaires ou involontaires, contenues dans cet écrit[2].

MONTANARI (GERMINIANO), astronome, né 1632, m. 1697.

Le tome 11 de la correspondance d'Hévélius (biblioth. de l'Observ.) a perdu une lettre adressée à celui-ci par Montanari. Elle commence ainsi : « Dudum est, vir celeberrime, quod te.... »

MONTAUSIER (CH., duc DE), né 1610, m. 1690.

Une lettre de ce seigneur à Colbert, en date du 16 novembre 1665, a figuré sur le catalogue de la vente J. G., n° 242. Elle a probablement été enlevée à la correspondance de Colbert (Biblioth. nat.).

MONTECUCULLI. Voyez CHRISTINE.

MONTESPAN (F.-ATH. DE ROCHECHOUART, marquise DE), née 1641, m. 1707.

Une lettre de cette maîtresse de Louis XIV à Colbert a figuré à la vente Gottlieb W (Libri), n° 130. Elle vient de la collection Colbert (Biblioth. nat.).

Une autre lettre adressée à la maréchale de Noailles, en date du 16 octobre 1699, a disparu du tome 3 de la correspondance des Noailles (biblioth. du Louvre).

MONTFAUCON (BERN. DE), bénédictin, né 1655, m. 1741.

D'après l'inventaire placé en tête du *Recueil des lettres écrites par divers savants à M. de Mazaugues*, recueil conservé à la bibliothèque de Carpentras, sous le n° 514, il manque plusieurs lettres de Montfaucon adressées à Thomassin de Mazaugues. On retrouve les suivantes dans les ventes :

1720, 21 juillet (vente J. G., *Suppl.*, n° 56).
1732, 6 mars (ventes G***, n° 241, et Lacoste, n° 541).
1733, 13 septembre (vente du 5 février 1844, n° 342).
1736, 26 juillet (vente du 14 mai 1843, n° 254).
S. d. (vente du 15 mai 1843, n° 359).

Le catalogue de la vente Villenave contient, sous le n° 413, l'annonce d'une lettre sans date de Montfaucon au président Bouhier. Cette pièce doit avoir été enlevée à la correspondance de celui-ci, conservée à la Bibliothèque nationale.

---

1. Dans la brochure intitulée : *Réponse de la Bibliothèque nationale à M. Feuillet de Conches*, Paris, Panckoucke, 1851, 72 pages in-8°.
2. M. Naudet a donné, p. 58, note, de sa brochure, un résumé des principales de ces erreurs. L'une des plus curieuses est celle qui consiste à faire descendre Lémontey (de qui M. Feuillet tenait, disait-il, l'autographe en question) d'une beurrière de Lyon descendant elle-même de la *seconde* fille de Hugues Picardet, procureur général au parlement de Dijon. M. Naudet a prouvé (p. 17), et le testament de Picardet que nous avons retrouvé au tome 835 de la collection Du Puy, le montre de la manière la plus évidente que Picardet n'a jamais eu qu'*une seule* fille, mariée à l'un des membres de la famille de Thou.

C'est de la collection Baluze que provient, sans aucun doute, la lettre de Montfaucon à Baluze, en date du 23 avril 1713, dont le *fac-simile* a été donné dans l'*Iconographie*, d'après l'original appartenant à M. Trémisot.

De la même collection Baluze provient aussi la lettre suivante, très-probablement de Montfaucon, qui se trouve annoncée de cette manière sur le catalogue publié par T. Rodd, libraire de Londres, au mois de juillet 1838 : « Bernard (   ) Letter, in latin, to Baluzius, thank-« ing him for the loan of manuscripts. »

MONTLUC (J. DE), ambassadeur. Il y a des traces d'arrachement entre les lettres écrites par ce personnage à Du Bellay, en date de 1538, dans le tome 265 de la collection Du Puy (Biblioth. nat.).

MONTLUC (BLAISE DE), maréchal de France, né 1500, m. 1577.

De nombreuses lettres du maréchal de Montluc ont été enlevées aux volumes $\frac{520}{2}$, $\frac{520}{3}$, $\frac{323}{1-2}$, $\frac{323}{4}$, $\frac{326}{2}$ du fonds Saint-Germain-Harlay (Biblioth. nat.). Voici celles dont nous avons pu retrouver les dates [1] :

Au roi, 1568, 29 mars, 9 octobre, 9 novembre ; 1569, 4 février, 16 juin, 4 et 5 septembre, 18 octobre, 12 novembre; 1570, 7, 18 (ou 19) juin, 9 juillet; 1572, 23 décembre.

A Mgr, 1570, 17 juin.

MONTMORENCY (ANNE DE), connétable de France, né 1483, m. 1567.

D'après la copie conservée à la bibliothèque de la ville de Paris, il manque dans le tome 726 de la collection Du Puy (Biblioth. nat.) les lettres suivantes de Montmorency à d'Inteville, évêque d'Auxerre :

(1531 ?) 11 novembre. Je vous ay par cy devant....

1532, 1er novembre. J'ay receu toutes les lettres....

1533, 10 janvier. Le roy envoye un long pouvoir.... (vente (Libri) du 16 avril 1846, n° 344).

1533, 10 avril. Au bailli de Troyes (d'Inteville). J'ay présentemen receu vos lettres....

1533, 17 (ou 27) septembre. Vous verrez ce que présentement....

Le volume 265 de la collection Du Puy (Biblioth. nat.) devait contenir 17 lettres de Montmorency au roi, au duc d'Orléans et au cardinal Du Bellay ; 3 d'entre elles ont disparu.

La lettre de Montmorency à Mesnaige, ambassadeur de France près des Ligues, lettre qui a figuré à la vente du 10 mars 1847, sous le n° 362, a été enlevée au paquet 14, n° 1 du résidu Saint-Germain (Biblioth. nat.), où se trouve la négociation de Mesnaige en Suisse.

C'est probablement le fils aîné d'Anne de Montmorency, c'est-à-dire François, né en 1530 et mort maréchal de France en 1579, qui était

---

[1]. Il a disparu, en outre, du volume $\frac{323}{1}$ une pièce intitulée : *Mémoires et instructions envoyés par* (ou *pour*) *le sieur de Montluc*.

le signataire de nombreuses lettres enlevées aux volumes $\frac{320}{2}$, $\frac{320}{3}$, $\frac{320}{5}$, $\frac{323}{1-3}$, $\frac{329}{2-4}$, $\frac{329}{5}$ (*olim* 1149, 1150, 1152, 1155, 1172, 1174) du fonds Saint-Germain-Harlay (Biblioth. nat.). Voici l'indication de celles dont nous avons pu retrouver les dates :

- Au roi, 1568, 13 février, 9, 12 et 14 mai; 6, 8, 16, et 27 novembre; 1569, 12 janvier; 1580, 13 mars; 1581, 1er et 3 juin.
- A la reine mère, 1581, juin.

Voyez encore l'article DAMPVILLE[1].

MONTPENSIER (FRANÇOIS DE BOURBON, duc DE), né 1539, m. 1592.

Plusieurs lettres de ce prince, désigné sous le nom de *Prince Dauphin*, ont été enlevées aux volumes $\frac{320}{1-3}$, $\frac{323}{2-4}$, $\frac{320}{5}$ (*olim* 1148-1152, 1156-1158, 1175) du fonds Saint-Germain-Harlay (Biblioth. nat.). Voici celles dont nous avons pu retrouver les dates sur les onglets ou les adresses restés dans les manuscrits. Elles sont adressées au roi, à la reine mère, ou au duc d'Anjou :

1568, 7 février; 6, 8 et 28 mars; 12, 23 et 25 avril; 5, 9, 14 et 17 juin (2 lettres); 17, 22, 27 et 28 juillet; 1er et 7 août; 14 septembre; 1er et 12 octobre.

1569, 30 et 31 décembre.

1570, 25 janvier; 10 avril; 7 et 11 juillet (2 lettres).

1581, 31 juillet (2 lettres).

On a encore enlevé dans le manuscrit n° 292 de la bibliothèque de l'Institut une ou plusieurs lettres de ce prince (ou de son fils Henri) à J. Scévole de Sainte-Marthe.

MONTPENSIER (ANNE-MARIE D'ORLÉANS, duchesse DE), née 1627, m. 1693.

La seconde liasse de la correspondance de Gaston d'Orléans, conservée dans la collection Baluze, à la Bibliothèque nationale, est intitulée sur le catalogue de Mouchet : « Lettres de Mademoiselle à M. le « duc d'Orléans. » Le nombre des lettres n'est pas indiqué; mais il n'en reste plus que 9, ce qui paraît bien peu pour avoir formé, dans les armoires de Baluze, une liasse entière. Aussi trouve-t-on dans les ventes les lettres suivantes de Mademoiselle à son père :

1647, 22 avril (ventes Th. W. (Libri), n° 64; bibliophile Jacob (Libri), art. ORLÉANS; *Bulletin du Bibliophile*, 1839, n° 1954; 1852 (M. Cap.), n° 645).

1657, 1er janvier (ventes officier général étranger (Libri), n° 16; feu M. S*** (Libri), n° 51).

1658, 1er janvier (vente du 30 juillet 1859, n° 162; du 26 février.

? 18 décembre (vente Donnadieu, Londres, 29 juin 1847, n° 200).

---

1. Les indications biographiques que nous avons données à l'article DAMPVILLE sont fautives. Il faut lire : DAMPVILLE (HENRI DE MONTMORENCY), né 1534, m. 1614.

C'est de la volumineuse correspondance de Colbert et de la collection Baluze (Biblioth. nat.) que sont tirées les lettres suivantes de la duchesse de Montpensier à Colbert et à Goulas, secrétaire de Gaston :

A Colbert, 1664, 13 février (vente Lacoste, n°ˢ 562, 563).
Au même, 1664, 25 août (*Bulletin du Bibliophile*, 1841, n° 1295).
Au même, 1664, 28 octobre (*Bulletin Charavay*, 1846, n° 219).
Au même, 1665, 19 décembre (vente du 9 février 1846, n° 187)
Au même, 1665, 20 décembre (vente du 10 mars 1845, n° 179).
Au même, 1669, 21 juillet (vente du 14 mai 1845, n° 287).
Au même, 1669, 17 août (vente Libri du 8 déc. 1845, n° 302).
Au même, ? 2 septembre (vente W. et A. A., n° 93).
Au même, s. d. (vente Clocquet, n° 662).
Au même, s. d. (*Bulletin du Bibliophile*, 1842, n° 693).
A Goulas, s. a., 8 avril (vente Van Sloppen, n° 526).
Au même, s. d. (vente du 2 mars 1843, n° 91).
Au même, s. d. (vente du 6 juin 1849, n° 832).

Il manque aussi plusieurs lettres de mademoiselle de Montpensier au chancelier Séguier dans le portefeuille 273 de la collection Godefroy (biblioth. de l'Institut); ce sont probablement quelques-unes de ces pièces, qui, sans indication de date ni de destinataire, ont figuré sur les catalogues des ventes (Libri) faites sous les noms de Riffet et Gottlieb W., n°ˢ 169 et 322.

MORIN (J.), oratorien, né 1591, m. 1659.

Deux lettres (qui, peut-être, n'en forment qu'une) de ce savant à Peiresc ont passé dans les ventes Riffet (Libri), n° 411, et du baron de L. L., n° 473, toutes deux datées de 1630. Elles ont dû être enlevées soit à la collection conservée à la bibliothèque de Carpentras (Voyez Peiresc), soit au tome 9 ou au tome 10 de la correspondance de Peiresc (Biblioth. nat.), manuscrits où l'on remarque de nombreuses traces d'arrachements.

MORISOT (Cl.-Bart.), poëte latin, né 1592, m. 1661.

Une lettre de cet écrivain à Godefroy a figuré à la vente Riffet (Libri), n° 412. Elle provient de la collection Godefroy (biblioth. de l'Institut).

MORRIS (G.). Il manque dans le tome 6 de la correspondance de De l'Isle (biblioth. de l'Observ.) une lettre adressée à celui-ci par Morris, en date du 4 août 1737.

MORSTIN. Un billet, sans date, de ce personnage a été enlevé au tome 10 de la correspondance d'Hévélius (biblioth. de l'Observ.), auquel il était adressé.

MORVILLIERS (J. de), garde des sceaux, né 1506, m. 1577.

Deux lettres de Morvilliers à Catherine de Médicis, en date du

24 septembre et du mois d'octobre 1569, ont disparu du volume $\frac{325}{2}$ (*olim* 1156) de la collection Saint-Germain-Harlay (Biblioth. nat.).

MULLER (J.-H.), astronome, né 1671, m. 1731.

Une lettre de Müller à De l'Isle, en date du 22 novembre 1728, a été soustraite du tome 3 de la correspondance de celui-ci (biblioth. de l'Observ.).

MULLERUS (And. Greiffenhagius). Une lettre de ce savant en date du 28 avril 1679, et commençant ainsi : « Impendio gavisus « sum..., » a disparu du tome 14 de la correspondance d'Hévélius (biblioth. de l'Observ.)[1].

MURATORI (L.-Ant.), érudit, né 1672, m. 1750.

Une lettre de ce savant à Th. de Mazaugues a figuré à la vente du 5 février 1844, n° 353, avec la date du 17 octobre 1742. Elle vient probablement de la correspondance de celui-ci, conservée à la bibliothèque de Carpentras.

MURET (Marc.-Ant.), érudit et poëte latin, né 1526, m. 1585.

Le tome 490 de la collection Du Puy (Biblioth. nat.) devait contenir huit lettres de Muret à Cl. Du Puy; il n'en reste plus que cinq. Celles qui manquent sont, d'après un inventaire, de 1571, du mois d'avril 1572 et du 26 janvier 1573. L'ancienne pagination du volume a été falsifiée, et l'on a mis les numéros des pièces enlevées sur les feuillets blancs qui suivaient ces pièces, afin de dissimuler la soustraction. — Le supplément de l'*Isographie*, publié en 1843, a donné le *fac-simile* d'une lettre de Muret en date du 7 avril 1572, lettre dont l'original, est-il dit, appartenait à M. Feuillet (de Conches). Le *fac-simile* a reproduit la date de 1572, mise au haut de la lettre par Pierre Du Puy. Cet autographe, qui provient évidemment du manuscrit de la Bibliothèque, commence ainsi : « Lorsque je reçeus le commentaire.... »

NANCELIUS (N.), médecin, littérateur, né 1539, m. 1610.

Il manque au moins une lettre de ce personnage à J.-Sc. de Sainte-Marthe, dans le manuscrit coté 292 à la bibliothèque de l'Institut.

NASSAU (H., comte de), né 1483, m. 1538.

On a enlevé au tome 264 de la collection Du Puy (Biblioth. nat.) une lettre de ce prince à François Ier, datée de Grenade, le 8 juin.

NAUDÉ (Gabriel), bibliothécaire de Mazarin, né 1600, m. 1653.

Le tome 10 de la correspondance de Peiresc (Biblioth. nat.) contient encore quatre lettres adressées à celui-ci par Naudé; mais le

---

[1]. Une lettre écrite par un Müller, qui est peut-être le même que celui-ci, a été enlevée au tome 1er de la même collection; elle est datée du 3 des calendes d'octobre 1645.

manuscrit offre des traces évidentes d'arrachement avant la lettre du 16 juin 1633, entre les lettres du 20 juillet 1634 et du 30 juin 1636, et après la dernière, qui est du 13 décembre 1636. On retrouve dans les ventes :

1636, 27 janvier (ventes du 10 mars 1847, n° 380; du 6 juin 1849, n° 850). Cette pièce, revendiquée à cette dernière vente par la Bibliothèque nationale, lui a été restituée. Elle avait été lithographiée en 1843 dans le supplément de l'Isographie, où l'on indiquait que l'original appartenait à M. Feuillet (de Conches).

1636, 3 mars (vente Canazar (Libri), n° 1449). C'est probablement la même qui a été annoncée de nouveau sur le catalogue d'une autre vente Libri, celle de Th. W., n° 75, avec la date fautive du 3 mars 1656.

1637, 27 août, relative à la mort de Peiresc (vente *Alliance des arts,* 1er avril 1844, n° 189).

M. Jubinal, dans sa *Lettre inédite de Montaigne*, a prétendu que des lettres de Naudé avaient disparu du tome 688 de la collection Du Puy (Biblioth. nat.); c'est une erreur, ainsi que nous l'avons dit plus haut (p. 123). Les lettres s'y trouvent encore, seulement Naudé les a signées du pseudonyme *Télamon*.

NEER-CASSEL (J. DE), théologien, né 1623, m. 1686.

Il y a des lacunes parmi les lettres de Neer-Cassel, au tome 22 de la correspondance de Boulliau (Biblioth. nat.).

NEMOURS (JACQUES DE SAVOIE, duc DE), né 1531, m. 1585.

On a enlevé des volumes $\frac{323}{1-2}$ (*olim* 1155, 1156) du fonds Saint-Germain-Harlay (Biblioth. nat.) plusieurs lettres de ce prince, savoir :

Au roi, 1569, 25 février; 7, 8, 16, 25 avril; 18, 26 mai; 26 juin; 23 octobre.

A Mgr..., 1570, 25 mars.

NEMOURS (M.-F. DE SAVOIE, duchesse DE). Une lettre de cette princesse à Colbert, en date de juin 1666, a figuré à la vente J. G., sous le n° 344. Elle vient probablement de la correspondance de Colbert (Biblioth. nat.).

NEVERS (LOUIS DE GONZAGUE, duc DE), né 1546, m. 1595.

Plusieurs lettres de ce prince ont disparu des volumes $\frac{323}{1}$, $\frac{323}{3}$, $\frac{329}{4}$ (*olim* 1155, 1157, 1174) du fonds Saint-Germain-Harlay (Biblioth. nat.), savoir :

A Catherine de Médicis, 1569, 20 février (?).

Au roi, 1570, 18 mai.

Au même, 1581, mars.

NEWTON (ISAAC), né 1643, m. 1727.

On a enlevé au tome 2 de la correspondance de De l'Isle (biblioth.

de l'Observ.) une lettre de Newton à De l'Isle, en date du 3 avril 1724. Cette pièce a figuré à la vente (Libri) du 8 décembre 1845, sous le n° 311. Elle a été adjugée au prix de 500 fr.

NICAISE (l'abbé Cl.), antiquaire, né 1623, m. 1701.

La Bibliothèque nationale possède (en 5 volumes in-folio cotés $\frac{1958}{1-5}$ du *Supplément français*) un recueil précieux, celui des lettres que l'abbé Nicaise avait reçues d'une foule de personnages célèbres du XVIIe siècle, au nombre desquels nous citerons les cardinaux : Barbarigo, Barberino, Bona, Albani, Noris et Le Camus; puis Suarez, Bossuet, Huet, Arnauld d'Andilly, Grævius, Rancé, La Monnoie, Ménage, Saumaise, le P. Lamy, Bayle, Mademoiselle de Vertus, Spon, Bourdelot, Leclerc, Galland, Quesnel, Mabillon, Pezron, Chifflet, Bouhier, Retz, Régnier Desmarais, Leibnitz, Bellori, Duglet, Poussin, Ch. Patin, Berruyer, Spanheim, etc.[1]

Cette importante collection a subi le sort de la plupart de celles du même genre conservées à la bibliothèque. Elle a été l'objet de nombreuses soustractions avant d'être revêtue de sa reliure actuelle, qui est toute récente. Ces soustractions ne remontent pas au delà d'une quinzaine d'années, ainsi que le prouve un inventaire fort sommaire[2] de cette collection rédigé par un employé. On y trouve la mention des lettres de Leibnitz, de Poussin, du cardinal de Retz, de Madeleine de Scudéri, qui ont disparu aujourd'hui. De plus, une note insérée dans la *Biographie Michaud* (article *Nicaise*) mentionne quatre lettres de Bossuet, sur lesquelles deux seulement sont restées dans le manuscrit. Il est en outre évident que cette correspondance a perdu des pièces écrites par quelques-unes des personnes dont plusieurs lettres figurent encore dans la collection.

NICOLE (l'abbé P.), né 1625, m. 1695.

Une lettre de ce célèbre théologien à M. Vallant, en date du 22 janvier 1683, a figuré sur le catalogue de la vente du 10 mars 1847, n° 381, et plus tard, sur le *Bulletin Charavay* de la même année, n° 875 *bis*. Elle a été enlevée aux portefeuilles Vallant, conservés dans le résidu Saint-Germain (Biblioth. nat.). Voyez l'article VALLANT.

---

1. La Monnoie, dans une épitaphe qu'il composa pour Nicaise, son compatriote et son ami, s'exprime ainsi :

>C'était le facteur du Parnasse.
>Or gît-il ; et cette disgrâce
>Fait perdre aux Huet, aux Noris,
>Aux Toinard, Cuper et Leibnitz,
>A Basnage le journaliste,
>A Bayle le vocabuliste,
>Aux commentateurs Grævius,
>Kuhnius, Perizonius,
>Mainte curieuse riposte.
>Mais nul n'y perd plus que la poste.

2. Et fort extraordinaire. On y lit *Armand* d'Andilly pour *Arnauld* d'Andilly, *Benigné* de Meaux pour Bossuet, Regnier *de Suirrai* pour Regnier Desmarais, etc. Voy. p. 20, n [to] 1.

NIEWESKI (STAN.). Le tome 11 de la correspondance d'Hévélius (biblioth. de l'Observ.) a perdu une lettre de Nieweski, en date du 6 septembre 1674. Elle commence ainsi : « Hactenus de meo.... »

NOSTRADAME (CÉSAR), poëte et historien, né 1555, m. 1629.

Il manque dans le tome 4 de la correspondance de Peiresc (Biblioth. nat.) les lettres suivantes adressées à celui-ci par Nostradame :

1629, 1er avril (vente de l'*Alliance des arts*, 1er avril 1844, n° 194).
1629, 8 avril (vente Canazar (Libri), avec la date du 18 avril).
1629, 26 avril.

Pour dissimuler l'enlèvement de cette dernière pièce, cotée n° 96, on l'a remplacée par un feuillet qui faisait partie d'une autre lettre placée dans le même volume, sous le n° 108.

OISELIUS (J.). Une lettre de ce savant, en date du 20 juin 1666, et enlevée au tome 9 de la correspondance d'Hévélius (biblioth. de l'Observ.), a été trouvée dans les papiers de M. Libri.

OLDENBURG (H.), physicien, m. 1678.

La correspondance d'Hévélius (biblioth. de l'Observ.) contenait, il y a quelques années, 52 lettres d'Oldenburg à celui-ci. Sur ce nombre 36 ont disparu, savoir :

1663 (4 lettres).
1664, 11 mai. Cum gratissimæ tuæ....
1665, 5 août (vente (Libri) bibliophile Jacob).
1665, 24 novembre.
1666, 24 janvier, 24 mars, 24 août, plus une lettre dont nous ignorons la date.
1667, 27 février. Quæ societatem nostram....
1667, 11 octobre. Nescio, vir amplissime....
1668, 31 janvier. Quæ in mandatis....
1668, 11 mai[1].
1668, 11 décembre. Accepi nunc omnes....
1669, 23 janvier. Ex eo tempore....
1669, 4 août. Tradidi hesterno die.... (Cette pièce a été retrouvée dans les papiers de M. Libri.)
1670, 21 novembre. Ex novissimis tuis....
1671, 18 janvier. Ut verum fateor....
1671, 9 novembre. Impense doleo....
1672, 18 mars. En tibi, vir clarissime....
1672, 5 juillet. Cum patescat....
1672, 16 août. Accepi tandem, vir clarissime....
1673, 7 août. Cum anno superiori.... (Cette pièce a été retrouvée dans les papiers de M. Libri.)

---

[1]. C'est probablement l'original d'une pièce dont la copie est restée dans le recueil.

1673, 26 mars. Mitto tibi, vir clarissime....
1673, 5 septembre. Accepi, vir amplissime....
1673, 16 septembre. Multum tibi, vir celeberrime....
1674, 9 janvier. Exhibui tibi, vir illustrissime....
1674, 29 août. Cum nullum ad binas meas....[1]
S. d. (1674). Ut gratissimis tuis....
1677, 27 janvier. Occupationes continuæ....
1677, 9 avril. Spero te literas meas....
1677, 22 mai. Literas hic junctas....
1677, 13 juin. Ut fidem meam....
1677, 14 juin. Commisi hesterna die....

Il y a au tome 16 de la correspondance de Boulliau (Biblioth. nat.) des traces d'arrachement dans la série des lettres d'Oldenburg à Boulliau, et particulièrement entre les lettres des années 1674, 1675 et 1676.

C'est de ce recueil que proviennent la lettre qui a figuré à la vente du 10 mars 1847, sous le n° 432, avec la date du 22 février 1676, et celles qui ont été annoncées sur les catalogues (Libri) Canazar, Riffet, n°s 462, 464, et de l'*Alliance des arts* (1er avril 1844, n° 195), avec les dates du 15 janvier 1672, de 1675 et du 4 août 1676.

OLIVA (le P.), général des Jésuites. D'après l'inventaire de Mouchet et Lalande, il manque dans la collection Baluze (Biblioth. nat.), armoire 7, page 2, n° 5, liasse I, deux lettres originales du P. Oliva à Colbert, années 1662 et 1671.

OPORINUS (J. Herbst, ou), imprimeur, né 1507, m. 1568.

Il manque dans le manuscrit 8588 du fonds latin (Biblioth. nat.) une lettre de ce savant indiquée sur l'inventaire placé en tête du volume, comme étant adressée au bénédictin Joachim Perion.

ORLÉANS (Madame d'), grande duchesse de Toscane. Une lettre de cette princesse à Colbert, annoncée sans date sur le catalogue de la vente J. G., n° 349, a été probablement enlevée à la correspondance de Colbert (Biblioth. nat.).

ORNANO (Alph. d'), maréchal de France, m. 1610.

On remarque au tome 304 du fonds des Missions étrangères (Bibliot. nat.) des traces d'arrachement entre les lettres d'Ornano au roi, en date d'octobre 1596.

Une lettre de ce seigneur adressée à Villeroy, en date du 20 juillet 1602, a disparu du tome $\frac{337}{2}$ (*olim* 1196) de la collection Saint-Germain-Harlay (biblioth. nat.).

---

[1]. Deux lettres d'Oldenburg à Hévélius, en date de 1672 et 1674, ont été annoncées sur le catalogue de Rodd, joint au numéro du *Gentleman's magazine* de juillet 1838. Elles avaient été envoyées à ce libraire par M. Libri. De plus, trois autres lettres adressées aussi à Hévélius ont encore figuré sur le catalogue du même libraire, en date du 25 février 1850 (Londres), n° 88.

OSSAT (Antoine, cardinal d'), né 1536, m. 1604.

D'après l'inventaire placé en tête du manuscrit 8585 du fonds latin (Biblioth. nat.), il manque dans ce volume une lettre du cardinal d'Ossat à M. Chouaysne.

OSWALD (Ph.-J.), mathématicien. Une lettre de ce savant à Hévélius, en date du $\frac{10}{20}$ novembre 1676, a figuré sur le catalogue de la vente (Libri) du 8 décembre 1845, n° 322. Elle a été enlevée au tome 12 de la correspondance d'Hévélius (bibl¡oth. de l'Observ.), et commence ainsi : « Tanta est nos penes.... »

OTTERUS RAGNETANUS (Chr). Le tome 4 de la correspondance d'Hévélius (biblioth. de l'Observ.) a perdu une lettre d'Otterus à celui-ci, en date du 6 janvier 1657. Elle commence ainsi : « Ich habe vor meinem.... »

PAGI (le P. François ou Antoine?). D'après l'inventaire placé en tête du manuscrit coté 514, à la bibliothèque de Carpentras, il manque plusieurs lettres de Pagi à M. de Mazaugues, lettres devant occuper les feuillets 300 à 316, qui ont disparu.

PAPILLON (l'abbé Philibert), érudit, né 1666, m. 1738.

Le catalogue de la vente du baron de L. L., sous le n° 508, et le *Bulletin Charavay*, 1847, n° 935, contiennent l'annonce d'une lettre de Papillon à Bouhier, en date du 6 octobre 1728. Cette pièce doit avoir été enlevée à la correspondance de Bouhier (Biblioth. nat., *Supplément français*).

PARTHENAY (Anne de). Il manque dans le volume 8900 de la collection Béthune (Biblioth. nat.) une lettre d'Anne de Parthenay. Cette pièce a été enlevée postérieurement à un récolement fait en 1845.

PASCAL (Blaise), né 1623, m. 1662.

Un supplément au catalogue de la collection Du Puy (Biblioth. nat.) contient l'indication suivante, pour le volume 904 : *Quelques lettres de M. Pascal, et autres pièces fugitives*. Il ne reste plus une *seule* lettre de Pascal, mais seulement quelques pièces sur la régale et une lettre des réformés à Louis XIV, en date de 1685.

Le portefeuille de la collection du médecin Vallant, coté paquet 3, n° 2, du résidu Saint-Germain (Biblioth. nat.), contenait, d'après l'inventaire de Lalande, des lettres de Pascal à madame de Sablé. Ces pièces ont été enlevées.

Il en est de même d'une pièce autographe qui, conservée jadis à la bibliothèque de l'Arsenal, et publiée en 1828 par M. Monmerqué, a disparu depuis cette époque[1].

---

1. Voyez ci-dessus pages 14-15.

PASCHAL, ambassadeur en Suisse. D'après la copie conservée à la bibliothèque de la ville de Paris, il manque au tome 712 de la collection Du Puy (Biblioth. nat.) une lettre de ce personnage à...., en date du 22 février 1609. Elle commence ainsi : « C'est moi qui suis « grandement tenu.... »

PASQUALIUS (Lelius). On a soustrait du tome 5 de la correspondance de Peiresc (Biblioth. nat.) une lettre de ce savant italien à Peiresc, en date du 14 juillet 1601; elle devait porter le n° 158. Elle a figuré dans la vente Desgenettes (10 novembre 1846, n° 179), avec la date du 13 juillet.

PASQUIER (Étienne), avocat, né 1529, m. 1615.

Il manque au moins une lettre de cet érudit à J.-Sc. de Sainte-Marthe dans le manuscrit 292 de la bibliothèque de l'Institut. On en retrouve deux dans les ventes Soleinne, n° 206, et du baron de L. L., n° 512; il est probable que c'est l'une de ces deux pièces qui a figuré à la vente Th. W. (Libri), sous le n° 70, sans indication de date ni de destinataire.

Une autre lettre de Pasquier, publiée dans la *Galerie française*, a été enlevée du tome 712 de la collection Du Puy (Biblioth. nat.). Elle est adressée au procureur général Picardet.

Deux lettres, au moins, du même personnage ont encore disparu du volume $\frac{520}{3}$ (*olim* 1150) du fonds Saint-Germain-Harlay (Biblioth. nat.); elles étaient adressées au roi, en date du 6 et du 26 mai 1568.

PASTORIUS AB HIRTENBERG (Joachim), historien, né 1610, m. 1681.

Une lettre de ce savant à Hévélius, en date du 11 décembre 1676, a été enlevée du tome 12 de la correspondance de celui-ci (biblioth. de l'Observ.), ainsi qu'un quatrain latin (tome 13) sur la *Machina cœlestis* d'Hévélius.

PATIN (Guy), médecin, né 1601, m. 1671.

Le catalogue du *Supplément français* (Biblioth. nat.) contient sous les n°s 2054 et 2054 *bis* les indications suivantes, écrites de la main de M. Champollion-Figeac :

> 2054. *Lettres originales de Guy-Patin, au nombre de 247, dans un carton in-fol. maximo.*
>
> 2054 bis. *Lettres originales de Guy-Patin, au nombre de 197, 1 vol. in-fol. (acquis à Lyon).*

Ces lettres sont adressées à Jacob Spon et à Belin. Le premier recueil, qui a été relié il y a quelques années, n'en contient plus que 228, c'est-à-dire que 19 ont été enlevées. Le deuxième recueil, revêtu d'une reliure ancienne et paginé anciennement, a perdu les n°s 71, 190, 191, qui appartenaient à des lettres écrites entre le 5 mars et le 25 mai 1623, et entre le 5 juin et le 12 novembre 1663.

PATRIZI (Francesco), philosophe, littérateur, né 1529, m. 1597.

Il manque dans le manuscrit H 272 de la bibliothèque de la Faculté de médecine de Montpellier les feuillets 153, 154, qui, suivant un inventaire, devaient contenir une lettre, soit de Patrizi à Alde-Manuce (le jeune), soit de Cornelio Frangipano à Francesco Melchiori.

PAYEN (A.-F.), avocat au parlement de Paris. Deux lettres de ce personnage ont disparu des tomes 8 et 9 de la correspondance d'Hévélius (biblioth. de l'Observ.), à qui elles étaient adressées, savoir :

1666, 5 juillet.

1666, 16 décembre. Dum especto ferias natalitias....

PEIRESC (Fabri de), antiquaire, naturaliste, né 1580, m. 1637.

Peiresc, conseiller au parlement de Provence, avait employé sa fortune et passé sa vie à recueillir d'importants matériaux relatifs aux sciences, aux antiquités, à la philologie et à l'histoire. Il entretenait une correspondance active avec les savants et les hommes les plus illustres de son temps, entre autres avec Galilée, Gassendi, Mersenne, Diodati, Malherbe, Rubens, Nostradame, Du Puy, Duchesne, Du Cange, Godefroy, Saumaise, etc. Après sa mort, quelques-uns de ses manuscrits et de ses papiers furent dispersés; mais la plus grande partie resta en collection, et Montfaucon, dans le tome 2 du *Bibliotheca bibliothecarum* (pages 1181-1189), donna la liste de ceux dont il avait eu connaissance et qui se trouvaient en ce moment, pour la plupart, en la possession de M. Thomassin de Mazaugues. Ceux-ci furent acquis, vers le milieu du siècle dernier, par l'évêque de Carpentras, Malachie d'Inguimbert, fondateur de la bibliothèque de cette ville, à laquelle il les légua avec le reste de ses livres. Cette précieuse collection se compose aujourd'hui de 115 volumes in-fol. reliés, et d'après une note insérée au tome 11 du *Magasin encyclopédique*, année 1797, il ne s'y trouvait, à cette époque, de lacunes que dans *deux ou trois* volumes auxquels il manquait *quelques feuillets*[1]. En 1841, M. Libri, qui l'avait déjà consultée à diverses reprises, en dressa un catalogue sommaire qu'il envoya au ministre de l'Instruction publique, et où il ne signalait aussi que trois volumes comme incomplets. Depuis cette époque, en 1849, l'un de nous a examiné ce recueil page par page et a constaté que, sans parler des manuscrits privés de pagination, plus de *dix-sept cents* feuillets avaient disparu de 149 tomes anciennement paginés. Sur ce nombre de feuillets distraits, 296 ont été retrouvés au domicile de M. Libri, et on a pu, grâce aux chiffres qu'ils portaient, retrouver la place qu'ils occupaient dans les volumes d'où ils avaient été arrachés[2].

Voici la liste des feuillets enlevés à ces volumes :

---

[1]. Voyez la *Réponse à M. Mérimée*, 2e édition; Paris, 1852, pages 21-22.

[2]. Quelques-unes de ces pièces avaient été copiées ou analysées par M. Libri, d'après les originaux. Voyez l'*Acte d'accusation*, chapitre des *autographes*.

Registre II, intitulé : *Catalogues de manuscrits*, 15 feuillets; lettres de Du Puy et d'Allatius.

Registre IV, tome 1. *Angleterre*, 11 feuillets.

Registre V. *Auctores antiqui de ponderibus et mensuris, calendaria varia; des miroirs, lunettes, observations sur les yeux,* 6 feuillets, dont 4 ont été trouvés chez M. Libri.

Registre VII. *Inscriptions et suscriptions de lettres; Elogia; Epitaphia,* 10 feuillets.

Registre VIII. *Turcs; Voyages;* mélanges de divers papiers, 10 feuillets.

Registre X. *Mémoires pour la vie de saint Louis; Reims; la Pucelle d'Orléans,* 19 feuillets, dont 8 ont été retrouvés chez M. Libri.

Registre XII. *Chanceliers, gardes des sceaux, maison du roi,* 2 feuillets.

Registre XVI. *Sceaux et portraits,* 2 feuillets.

Registre XX. *Libertés de l'Église gallicane,* 4 feuillets.

Registre XXII. *Harangues et discours,* 2 feuillets.

Registre XXIII, tome 1. *Antiquités françaises; Mémoires pour l'histoire ancienne de France,* 155 feuillets, dont 64 retrouvés chez M. Libri.

Même registre, tome 2. *Généalogies des rois de France; Chroniques et histoires,* 39 feuillets retrouvés tous chez M. Libri.

Registre XXV. *Ordres de chevalerie,* 3 feuillets.

Registre XXVI. *Relations de cérémonies,* 1 feuillet.

Même registre, tome 2. *Relations de cérémonies, de mariages, enterrements, etc.,* 9 feuillets.

Registre XXXII. *Généalogies,* 17 feuillets.

Registre XXXIV, tome 1er. *Relations italiennes,* 2 feuillets.

Registre XXXVII. *Varia poemata; Poésies françaises; Pasquils,* 17 feuillets, parmi lesquels se trouvaient probablement quelques pièces imprimées.

Registre XXXVIII. *Contrats de mariages et testaments des maisons de France,* 4 feuillets.

Registre XLI, tome 1er. *Lettres de Saumaise, de Peiresc; Lettres italiennes de divers grands personnages,* 117 feuillets, se rapportant à des lettres de Saumaise, Peiresc, Du Puy, Rubens, Aleandro, Scaliger, Callas, etc. 15 de ces feuillets ont été retrouvés chez M. Libri, ainsi que la copie de 8 d'entre eux.

Même registre, tome 2. *Lettres à Peiresc,* 17 feuillets, se rapportant à des lettres du cardinal Barberino, de Diodati (à Gassendi), de Besly. L'une de ces pièces avait été copiée par M. Libri.

Registre XLIV, tome 2. *Dauphiné, Guienne, Bretagne,* 13 feuillets.

Registre XLVI. *Lorraine et Bar,* 2 feuillets.

Registre XLVIII. *Moines, jésuites, chevaliers de Malte,* 42 feuillets.

Registre XLIX. *Duels et combats à outrance, tournois,* 6 feuillets.
Registre L, tome 1. *Theologica,* 53 feuillets.
Registre LI. *Abbaye de Guistres,* 29 feuillets dont 28 retrouvés chez M. Libri.
Registre LIII. *Observations de diverses merveilles de la nature; Merveilles curieuses; Instructions pour curiosités,* 69 feuillets, sur lesquels 38 ont été retrouvés dans les papiers de M. Libri, qui, anciennement, avait copié 6 d'entre eux à Carpentras.
Registre LVII, tome 1. *Titres et actes depuis Hugues Capet jusqu'en* 1399, 39 feuillets.
Registre LVII, tome 2. *Titres, lettres et actes, depuis* 1400 *jusqu'en* 1570, 11 feuillets.
Registre LVIII, tome 1. *Titres, lettres et actes, depuis* 1615 *jusqu'en* 1626, 39 feuillets.
Même registre, tome 3. *Lettres, titres et actes, depuis* 1632 *jusqu'en* 1644, 4 feuillets.
Registre LX, tome 1. *Epistolæ eruditorum; Observationes in varios auctores,* 31 feuillets, sur lesquels 12 ont été retrouvés dans les papiers de M. Libri.
Même registre, tome 2. *Petri Gassendi epistolæ; Joannis Gualterii et Peireschii observationes mathematicæ,* 58 feuillets, se rapportant, pour la plupart, à des lettres ou opuscules de Gassendi, sur lesquels 10 ont été retrouvés dans les papiers de M. Libri.
Registre LXIX, tomes 2 et 3. *Généalogies.* Il manque dans ces volumes de nombreux feuillets dont nous ne pouvons indiquer le chiffre exact.
Registre LXXIII, tome 2. *Marseille,* 78 feuillets.
Registre LXXIV, tome 1. *Arles,* 22 feuillets.
Même registre, tome 2. *Evéchés de Provence,* 6 feuillets dont 4 ont été retrouvés dans les papiers de M. Libri.
Registre LXXV, tome 2. *Abbaye et prieuré de Lérins,* 173 feuillets dont 25 ont été retrouvés chez M. Libri.
Registre LXXVI, tome 1. *Abbaye de Saint-Victor de Marseille; saint Maximin,* 96 feuillets.
Registre LXXVII. *Avignon; Lettres de Clément IV,* 160 feuillets.
Registre LXXVIII. *Orange,* 50 feuillets dont quelques-uns se rapportent à des lettres des Sainte-Marthe et de Duchesne. 20 ont été retrouvés dans les papiers de M. Libri.

Outre ce recueil des manuscrits de Peiresc, la bibliothèque de Carpentras possède encore 8 registres in-fol. reliés en parchemin, comme le reste de la collection, et contenant une suite de lettres écrites par Peiresc. En tête de chaque registre se trouve, avec le renvoi aux feuillets, la liste des personnes à qui ces lettres sont adressées. Nous y avons constaté les lacunes suivantes :

Registre I. Lettres à Aleandro, 7 feuillets.

Registre II. Lettres à Beringhem et à Aleandro, 2 feuillets.

Registre III. Lettres à Diodati, Dormalius, Fabrot, Fraisse, Grotius, 20 feuillets.

Registre IV. Lettres à Magi, Marchand, Delamarche, Mersenne, 15 feuillets.

Registre V. Lettres à Naudé, M. de Paris, Angelo Piani, Lorenzo Pignoria, Rigault, Rubens, 60 feuillets.

Registre VI. Lettres à Saumaise, Schickard, Spelman, cardinal de Sainte-Suzanne, Tavernier, de Thou, l'archevêque de Toulouse, Valois, Vandelen, de Winghe, 57 feuillets.

Registre VIII. Lettres à Du Puy, 34 feuillets.

A la suite de ce recueil sont placés deux volumes contenant une série de lettres adressées par diverses personnes à Peiresc. Le premier seul offre des traces de soustractions et a perdu 34 feuillets se rapportant à des lettres de Callas et de Vallavez. De ces 34 feuillets, 24 ont été saisis au domicile de M. Libri [1].

Pour expliquer comment 343 feuillets appartenant à la bibliothèque de Carpentras avaient pu être retrouvés dans ses papiers, M. Libri s'est exprimé ainsi dans sa *Lettre à M. Barthélemy Saint-Hilaire*[2] :

« Quant aux feuillets qu'on a pu rencontrer chez moi, voici un paragraphe d'une lettre qui est entre mes mains, et qui m'a été adressée, en 1843, par M. Laurans, bibliothécaire de Carpentras. Après l'avoir lu, on sera moins étonné que l'on ait découvert ces feuillets chez moi :

« Ne croyant pas, m'écrivait ce bibliothécaire, que personne puisse
« faire ici les extraits que vous me demandiez, j'ai pris le parti de
« vous envoyer les feuillets que vous désiriez faire copier dans les ma-
« nuscrits de Peiresc. Je n'ai pas trouvé tous ceux que vous m'aviez
« indiqués ; mais, comme dans ces volumes beaucoup de feuillets
« manquent, ou sont hors de leur place, j'ai pris le parti de vous en-
« voyer tous les feuillets séparés *que j'ai pu ramasser*. Peut-être y
« trouverez-vous des passages que vous aviez l'intention de faire co-
« pier. Je sais que vous en aurez soin, et, d'ailleurs, *ce sera autant*
« *d'enlevé aux souris*[3]. »

Cette lettre, prêtée à un homme mort depuis plusieurs années, nous ayant paru d'une authenticité douteuse, nous nous sommes adressés au bibliothécaire actuel de Carpentras, M. Lambert, collègue et successeur de l'abbé Laurans, pour obtenir son avis à cet égard. Voici ce que M. Lambert a bien voulu écrire à l'un de nous[4] :

---

1. La bibliothèque d'Aix possède la copie d'une partie des lettres de Peiresc.

2. Londres, août 1850, page 17.

3. M. Libri ajoute en note : « Cette importante lettre contient d'autres faits fort curieux, et je me réserve de la publier en entier, avec d'autres pièces non moins intéressantes, lorsque l'acte d'accusation aura paru. » La publication annoncée ici par M. Libri n'a point encore eu lieu.

4. La lettre porte le timbre de la poste daté du 1ᵉʳ septembre 1850.

« Monsieur, j'ai reçu, dans le temps, la plupart des mémoires pu-
« bliés pour ou contre M. Libri, mais je ne connais encore que par
« votre lettre sa brochure en réponse à l'acte d'accusation. Au sujet de
« la lettre de M. l'abbé Laurans, insérée dans cette brochure, je vous
« dirai, monsieur, que, depuis le jour de mon entrée à la bibliothèque[1],
« *la clef des manuscrits n'est jamais sortie de mes mains.* M. l'abbé
« Laurans, principal du collége, avait reçu le titre de bibliothécaire,
« mais il n'en faisait point les fonctions. C'est une place qu'il s'était
« ménagée d'avance pour l'occuper deux ou trois ans après, lorsqu'il
« aurait obtenu sa retraite. Pendant l'année 1843, et jusqu'à sa mort (en
« janvier 1844), il est venu quatre ou cinq fois pour affaires à la biblio-
« thèque. *Jamais il n'est entré dans le cabinet des manuscrits,* dont il
« n'a pas ouvert un seul volume. Tous ces manuscrits, reliés et *d'une
« conservation parfaite,* étaient alors rangés sur des rayons. Il n'y a ja-
« mais eu, comme le prétend M. Libri, de feuillets séparés et épars,
« qu'il fallait ramasser à terre et disputer aux souris. Le fait pourrait
« vous être attesté, au besoin, par tous les membres de la commission
« qui, au mois d'août 1842, fit l'inventaire de la bibliothèque. Si M. Li-
« bri eût écrit à M. Laurans, pour demander quelques extraits des re-
« cueils de Peiresc, c'est à moi, nécessairement, que la lettre eût été
« envoyée, et je me serais empressé de lui adresser gratuitement les co-
« pies ou extraits de toutes les pièces qu'il aurait voulu me désigner.
« Supposer d'ailleurs que M. l'abbé Laurans eût arraché lui-même des
« manuscrits de Peiresc les quatre ou cinq cents feuillets retrouvés chez
« M. Libri, c'est outrager sa mémoire et lui imputer un acte de vanda-
« lisme dont il était certainement incapable. La lettre de M. Laurans ci-
« tée dans la brochure de M. Libri *est évidemment supposée,* ou, comme
« vous le dites, fabriquée dans l'intérêt de sa défense.... Je ne vous
« empêche point de faire usage de ces renseignements, et suis prêt à
« soutenir toutes mes déclarations. Agréez, monsieur, etc. »

Nous ne croyons point qu'après la lecture de cette lettre il puisse rester dans l'esprit du lecteur le moindre doute sur la fraude à laquelle M. Libri a eu recours, en cette circonstance, pour se disculper.

La Bibliothèque nationale possède aussi un certain nombre de manuscrits et de pièces ayant fait partie de la collection de Peiresc. Nous citerons, entre autres, le n° 6012 du fonds latin[2], les n°s 942, 943 du *Supplément français*[3], et le n° 102 du *Supplément latin*[4]. La reliure récente de ces trois derniers volumes a fait disparaître les traces des

---

1. C'est en 1843 que M. d'Olivier-Vitalis résigna ses fonctions de bibliothécaire de la ville de Carpentras, et qu'on nomma pour le remplacer : bibliothécaire, M. l'abbé Laurans, et sous-bibliothécaire, M. Lambert.

2. C'est un recueil de monuments figurés et d'inscriptions; il contient une lettre et de nombreuses notes de Peiresc.

3. Le premier volume est un recueil d'antiquités, où se trouvent des lettres du P. Menestrier, de Gassendi, Suarez, Du Puy, etc. Le second, relatif aux mathématiques, renferme des lettres du rabbin Salomon Azubi, de Schickard, de Nostradame, etc.

4. Il est intitulé : *Varia ad linguas orientales;* in-fol.

soustractions qui auraient pu y être commises antérieurement. Nous dirons pourtant que l'on a trouvé dans les papiers de M. Libri une lettre italienne de Pietro della Valle, accompagnée d'un alphabet samaritain; et nous ne doutons pas que cette pièce, qui porte des notes de la main de Peiresc, ne provienne du volume n° 102, où l'on voit des pièces du même genre annotées de la même écriture et portant, comme l'alphabet, des marques au crayon rouge. Ce manuscrit, avant d'être revêtu de sa nouvelle reliure, avait été prêté à M. Libri, qui l'a cité au tome 1 (page 111) de son *Histoire des sciences mathématiques*.

Ce n'est pas tout, outre divers volumes de la collection Du Puy [1], qui contiennent des lettres écrites par Peiresc ou à lui adressées, le même établissement possède, en 10 volumes in-fol., cotés 998-1007 du *Supplément français*, une suite de lettres originales presque toutes adressées à Peiresc. Il existe pour ce recueil un inventaire rédigé avec grand soin par l'employé Lalande, mais ne comprenant malheureusement que les six premiers volumes [2]. Toutefois, comme la collection a été reliée depuis 1830, et que les soustractions postérieures à cette époque ont laissé des traces de lacérations, il nous a été possible de constater celles qui ont été commises même dans les volumes non inventoriés. En voici la liste :

Tome 1. Lettres de Malherbe.
Tome 2. Lettres de Malherbe, Du Plessis-Richelieu, Bentivoglio, Gassendi.
Tome 3. Lettres de Barberino, Sourdis, Mazarin, Suarez, de Thou, et enfin une lettre de Peiresc à ce dernier, en date du 10 janvier 1617 [3].
Tome 4. Lettres de Nostradame, Barclay, Kircher, Pignoria.
Tome 5. Lettres de Camden, Fortunio Liceti, Vignon, Lelius Pasqualius.
Tome 6. Lettres de Campanella.
Tome 7. Probablement une lettre de L. Pacius.
Tome 8. Lettres de d'Hozier.
Tome 9 [4]. Lettres de Mersenne, Gualdo, et peut-être quelques poésies de Malherbe.

1. Entre autres les tomes 488, 569, 668, 669, 691, 716, 717, 718. — La copie des lettres du tome 717 se trouve au manuscrit 129 de la bibliothèque de la Faculté de Médecine de Montpellier, où l'on trouve encore, sous le n° 271, deux volumes de lettres originales de Peiresc.

2. Du moins on n'a pu retrouver jusqu'ici, et fort récemment, que cette partie de l'inventaire qui, peut-être, a été rédigé en entier.

M. Libri, dans sa lettre à M. Barthélemy-Saint-Hilaire, prétend que ce recueil « est sorti, on ne sait comment, de la bibliothèque de Carpentras. » C'est une erreur. Jamais il n'a fait partie des manuscrits conservés dans cet établissement.

3. Pour dissimuler l'enlèvement de cette pièce, qui portait le n° 200, on lui a substitué une lettre de Rabaud, tirée du même volume, et qui portait le n° 221 *bis*, chiffre que l'on a gratté et remplacé par le n° 200.

4. Dans ce volume se trouvent plusieurs pièces adressées à l'un des de Thou et postérieures à la mort de Peiresc.

Tome 10. Lettres de Saumaise, Rigault, Du Puy, Duvair[1], Chifflet, Holstenius, Diodati, Duchesne, Godefroy.

Enfin, l'examen des catalogues des ventes Riffet (Libri) et Saint-Julien (Libri) montre que les lettres de Peiresc, qui se trouvaient à la bibliothèque de l'Institut, disséminées dans les recueils manuscrits de Théodore et Denis Godefroy, n'ont pas été plus respectées que les autres. — Le portefeuille 156 du fonds S. Magloire (Biblioth. nat.) contenait une *Généalogie de la maison de Fabri en Provence dressée par M. de Peiresc*. Il n'en reste plus que le premier cahier.

Dans sa *Lettre à M. Barthélemy-Saint-Hilaire*, page 17, M. Libri, qui prétend (sans toutefois alléguer aucune preuve à l'appui de son assertion) *avoir acheté dans vingt circonstances* des manuscrits de Peiresc, ajoute qu'il en a trouvé sur le quai dont il a fait présent à la Bibliothèque royale. En effet, M. Libri a donné à la Bibliothèque une *Copie de pièces concernant le parlement de Paris, de 1527 à 1622* (*Supplément français*, n° 2369), copie dans laquelle l'intitulé seul de quelques chapitres est de la main de Peiresc, et qui n'a, du reste, aucune valeur. On voit qu'un volume de ce genre n'a point de rapport avec les autographes arrachés des manuscrits de Paris et de Carpentras, et retrouvés en partie en la possession de M. Libri.

On ne rencontre sur les catalogues d'autographes que l'indication d'un bien petit nombre des pièces enlevées, savoir :

Aux frères Sainte-Marthe, 1619, 6 septembre (ventes (Libri), Riffet n° 406 et du bibliophile Jacob[2]).

A Godefroy, 1624, 28 avril et 28 décembre (vente Saint-Julien (Libri), n°s 338 et 339).

Au même, 1635 (vente Riffet (Libri), n° 407).

A Vallavez, 1625, 17 septembre (vente du 5 février 1844, n° 371).

A Du Puy, 1627, 18 juillet (vente (Libri) du 8 déc. 1845, n° 329).

Au même, 1629, 30 juin (ventes Gottlieb W. (Libri), n° 301; du 2 mars 1843, n° 97; du baron de L. L., n° 521).

Au même, 1630, 16 juin (vente du 8 avril 1844, n° 444).

A Duchesne, 1635, 1er mai (vente du 22 mars 1847, n° 367).

A Holstenius, 1630, 12 mai et 15 novembre (ventes à Londres, du 27 avril (n° 482) et du 29 juin (n° 217) 1847).

A Gaillard, 1635, 14 mars (vente feu M. S*** (Libri), n° 143, et *Bulletin du Bibliophile*, 1842, n° 700[3]).

A Sirmond, s. d. (vente J. G., *Supplément*, n° 63).

Relation de la mort du maréchal d'Ancre, 1617, 60 pages in-fol. (vente (Libri) du 16 avril 1846, n° 359).

---

1. C'est probablement la lettre dont nous avons parlé plus haut comme ayant figuré à la vente Riffet. Voyez l'article DUVAIR.

2. Dans cette dernière vente, la pièce est indiquée comme étant de 1649, date fausse, puisque Peiresc est mort en 1637.

3. Probablement la pièce qui a figuré à la vente Clicquot, n° 666, datée de 1643.

En outre, M. Libri a vendu à lord Ashburnham cinq volumes manuscrits intitulés : *Correspondance, manuscrits inédits et autographes de Peiresc, célèbre érudit français du* XVIIe *siècle, 3 volumes in-fol. sur papier,* XVIIe *siècle.* — *Lettres autographes de Peiresc, in-fol. sur papier,* XVIIe *siècle.* — *Chartes et généalogies relatives à l'histoire de France. Ce volume est en partie autographe et de la main de Peiresc. In-fol.,* XVIe *et* XVIIe *siècles, papier.*

PELLISSON-FONTANIER (PAUL), académicien, né 1624, m. 1693.

Deux lettres de Pellisson à Godefroy, en date de 1660 et du 15 décembre 1667, ont figuré dans les ventes (Libri) Riffet, n° 447, Saint-Julien, n° 28. Elles doivent avoir été enlevées à la collection Godefroy (biblioth. de l'Institut).

Les lettres de Pellisson adressées à Colbert qui ont figuré dans les ventes du 5 février 1844, n° 372, et Pixerécourt, n° 746, proviennent de la correspondance de Colbert (Biblioth. nat.).

PEREZ (ANTONIO), homme d'État, mort 1611.

Le volume 9141 de la collection Béthune (Biblioth. nat.) contient uniquement des lettres de Perez. Bien que la pagination ancienne de ce volume n'offre pas de lacune[1], on peut constater par des déchirures et par l'empreinte d'un cachet appartenant à une lettre qui a disparu, qu'on a enlevé une pièce entre les feuillets 16 et 17, probablement un feuillet portant un n° *bis*. En outre, il nous a semblé qu'à la fin du manuscrit plusieurs pièces avaient été arrachées. Ce qui nous a confirmés dans cette opinion, c'est que le feuillet qui se trouve actuellement le dernier porte une estampille différente de celle qui est appliquée sur la première page du manuscrit.

L'une des pièces enlevées était peut-être la lettre qui a figuré à la vente du bibliophile Jacob (Libri). Elle est adressée à Henri IV et porte la date du 30 octobre 1594.

PERRAULT (CH.), architecte, littérateur, né 1628, m. 1703.

La correspondance d'Hévélius (Biblioth. nat.) contenait 5 lettres de Perrault à celui-ci. Elles ont toutes disparu, savoir :

S d. (1671). A l'advantage qu'il y a.... (vente Gottlieb W. (Libri), n° 271)[2].

1674, 30 octobre. Il y a bien quinze jours....

1675, 19 avril. M. Bouillaud m'a remis.... (ventes (Libri) Canazar, n° 1463; Th. W., n° 77).

1679, 28 septembre. J'ay receu des mains de M. Formont....

1680, 9 juillet. Le même jour que M. Bouillaud.... (vente Saint-Julien (Libri), n° 294).

1. Cette pagination contient quelques erreurs. Ainsi, elle saute de 39 à 60, de 69 à 90, sans qu'il y ait aucune trace d'arrachement.
2. Voyez page 28.

PESCAIRE (Vittoria-Colonna, marquise de), poëte, née 1490, m. 1547.

Le manuscrit H 272 de la bibliothèque de la Faculté de médecine de Montpellier contenait, suivant un inventaire placé en tête du volume, une lettre de la marquise de Pescaire au cardinal de Trivulce. Cette lettre, qui occupait les pages 5, 6, 7, 8, a disparu et a figuré dans la vente du 16 avril 1846, n° 464, avec la date du 3 octobre 1538.

Pour dissimuler cette soustraction, on a substitué aux feuillets 7 et 8 une lettre de Fabri à Peiresc, datée de septembre 1612. Mais il est facile de s'apercevoir de cette supercherie, car cette pièce n'a été intercalée qu'après la reliure; les numéros (7 et 9) qu'on y a mis ne sont point de la main qui a paginé le reste du volume; d'ailleurs, les pièces que contenait le manuscrit sont toutes des lettres italiennes du xvi° siècle [1]; enfin, l'inventaire ne mentionne aucune lettre de Fabri.

PETAU (P.), érudit, né 1568, m. 1614.

L'inventaire placé en tête du volume 8600 du fonds latin (Biblioth. nat.) mentionne deux lettres de Petau au jésuite Jacques de Billy. Il n'en reste plus qu'une; et, pour dissimuler la soustraction, comme le nombre des lettres était indiqué en chiffres romains (II), on a gratté le second chiffre [2]. Aucune lettre de Petau n'a encore figuré sur les catalogues de ventes d'autographes.

PETIT (Samuel), érudit, né 1594, m. 1643.

Une lettre de ce savant à Godefroy a passé dans la vente du 22 mars 1847, n° 369. Elle vient de la collection Godefroy (biblioth. de l'Institut).

PETIT de Montluçon (P.), mathématicien, né 1594, m. 1677.

Une lettre de Petit à Hévélius, probablement de l'année 1665, a disparu du tome 7 de la correspondance de ce dernier (biblioth. de l'Observ.).

PFAUTZ (Christ.). Quatre lettres de ce savant allemand à Hévélius ont disparu des tomes 15 et 16 de la correspondance de celui-ci (biblioth. de l'Observ.), savoir:

1682, 19 avril. Insignis et memorabilis....
1682, 6 juillet. Dudum ad postremas tuas....
1683, 11 mai. Ex animo doleo....
1684, 24 avril. Respondi ad nuperrimas tuas....

PHILIBERT, marquis de Bade. On a enlevé au tome $^{320}_{5}$ (olim 1152) du fonds Saint-Germain-Harlay (Biblioth. nat.) une lettre de ce seigneur au roi, en date du 23 novembre 1568.

---

1. Le volume est intitulé: *Lettere autografe a Paulo e ad Aldo Manuzio e ad altri, di varii uomini celebri*, etc.
2. Ce volume a été prêté à M. Libri.

PHILIP (CHRIST.). On a enlevé aux tomes 12, 13 et 14 de la correspondance d'Hévélius quatre lettres à lui adressées par Philip :

1678, $\frac{13}{23}$ août. Dasz derselbe....
1679, 24 mars. Ich kan nicht....
1679, $\frac{18}{28}$ juillet. Dasz.... mir in seinem....
1679, $\frac{13}{23}$ décembre. Ausz dessen geehrten....

PHILIPPE III, roi d'Espagne, né 1578, m. 1621.

Il manque au tome 281 de la collection Du Puy (Biblioth. nat.) au moins une lettre de ce prince à Henri IV.

PHILIPPE V, roi d'Espagne, né 1683, m. 1746.

Trois lettres de ce prince ont été enlevées aux tomes 2 et 9 de la correspondance des Noailles (biblioth. du Louvre). La première, sans date, à madame de Noailles ; les deux autres au cardinal de Noailles, en date du 12 janvier 1702 et du 28 décembre 1708.

PICARD (J.), astronome, né 1629, m. vers 1682.

La correspondance d'Hévélius (biblioth. de l'Observ.) a perdu trois lettres de Picard, savoir :

1671, $\frac{8}{18}$ août. Cum rem astronomicam....
1671, $\frac{24}{31}$ août. Ex litteris domini Cassini.... (vente Canazar (Libri), n° 1461).
1674, 16 novembre. Machinam cœlestem....

M. Libri a encore mis en vente, le 8 décembre 1845, une lettre de Picard à Cassini, qui doit avoir été enlevée aux papiers de ce dernier (biblioth. de l'Observ.).

PIERRE II, roi de Portugal, né 1648, m. 1704.

Le tome 9 de la correspondance de Noailles (Biblioth. nat.) a perdu une lettre de ce prince au cardinal de Noailles, en date de janvier 1701.

PIGET. Une lettre de ce personnage à Hévélius, en date du 28 juin 1666, a disparu du tome 8 de la correspondance de ce dernier (biblioth. de l'Observ.)

PIGNORIA (LORENZO), antiquaire, né 1571, m. 1631.

Il manque dans le tome 4 de la correspondance de Peiresc (Biblioth. nat.) une lettre de Pignoria à Peiresc, en date du 11 janvier 1602.

PINOCCI. On a enlevé à la correspondance d'Hévélius (biblioth. de l'Observ.) une lettre de l'année 1666 à lui adressée par Pinocci.

PISSELEU (ANNE DE), duchesse d'Étampes, née 1508, m. 1576.

Il y a des traces d'arrachement, parmi les lettres de cette célèbre maîtresse de Henri II, au tome 8593 A du fonds latin (Biblioth. nat.).

PITHOU (P.), érudit, né 1539, m. 1596.

Il manque plusieurs lettres de Pithou à J. Scév. de Sainte-Marthe dans le manuscrit 292 de la bibliothèque de l'Institut. Deux lettres seulement de Pithou ont passé dans les ventes : l'une, sans indication de date, a figuré sur le catalogue de la vente Riffet (Libri), n° 401 ; l'autre sur celui de la vente du baron de L. L., n° 532, avec la date du 25 septembre 1580. Toutes deux sont adressées à Sainte-Marthe.

Une autre lettre de P. Pithou à Du Puy, datée de Troyes, le dimanche 10 novembre, a disparu du tome 700 de la collection Du Puy (Biblioth. nat.) ; elle est relative à la mère de celui-ci.

PLANTIN (Christ.), imprimeur, né 1514, m. 1589.

On a enlevé au moins une lettre de ce célèbre imprimeur dans le tome 712 de la collection Du Puy (Biblioth. nat.).

PLUES (de). Le tome 12 de la correspondance d'Hévélius (biblioth. de l'Observ.) a perdu une lettre de ce personnage datée seulement de l'année 1677. Elle commence ainsi : « Ne pouvant moi-même vous aller.... »

POMERESCHIUS (J.), de Leyde. Il a disparu du tome 2 de la correspondance d'Hévélius (biblioth. de l'Observ.) une lettre de Pomereschius à celui-ci, en date des ides d'avril 1650. Elle commence ainsi : « Non fama solum tua.... »

POSSEVIN (Ant.), jurisconsulte, né 1534, m. 1611.

Il manque au tome 16 de la collection Du Puy (Biblioth. nat.) trois lettres de Possevin à Du Puy, datées de 1620, 8 mai, 18 juillet, 20 décembre.

POSTEL (Guillaume), voyageur, érudit, né 1510, m. 1581.

D'après l'inventaire placé en tête du volume 8585 du fonds latin (Biblioth. nat.), on a enlevé dans ce manuscrit deux lettres de Guillaume Postel, l'une au baron de Senecey[1], l'autre au grand prieur de France.

POUSSIN (Nicolas), né 1594, m. 1665.

On trouve dans le manuscrit coté 244 de la bibliothèque de l'Institut, et intitulé : *Copie des lettres du Poussin à M. de Chanteloup*, la note suivante, écrite par l'académicien Dufourny, mort en 1818 : « A la bibliothèque des manuscrits (Biblioth. nat.), il y a *trois* lettres du Poussin à l'abbé Nicaise[2]. » — Plus tard (1822), une note insérée dans la *Biographie universelle* de Michaud[3] ne mentionne plus que deux lettres du Poussin à Nicaise, comme conservées dans la correspondance de ce dernier[4] (Biblioth. nat.). Il y a quelques années, M. Champollion-Figeac, alors conservateur au département des ma-

---

1. Voyez page 69, note 1.
2. Dufourny a ajouté entre parenthèses que cette indication lui avait été donnée par le jeune Duchesne (aujourd'hui M. Duchesne aîné, conservateur au département des estampes).
3. Article Nicaise, tome 31, page 206.
4. Voyez ci-dessus, article Nicaise, page 210.

nuscrits, en fit mention sur le catalogue du *Supplément français*, n° 1958, en ajoutant que ces pièces avaient été mises *aux autographes*, c'est-à-dire dans l'un des cartons où sont rangés par ordre alphabétique une série d'autographes plus ou moins précieux. Toutes ces lettres du Poussin ont actuellement disparu.

En 1843, les éditeurs du *Supplément* de l'*Isographie* et M. Raoul Rochette [1] ont reproduit le *fac-simile* de l'une de ces lettres, en date du 10 février 1664 [2], en indiquant que l'original se trouvait à la Bibliothèque royale. Huit ans plus tard M. Charles Blanc a publié dans l'*Histoire des peintres de toutes les écoles*, à l'article Poussin [3], le *fac-simile* de 8 lignes appartenant, non pas au commencement, mais au milieu de cette même pièce; l'auteur ajoute qu'il doit la communication de la lettre originale à M. Feuillet (de Conches), en la possession duquel elle est aujourd'hui.

POYET (G.), chancelier de France, né 1474, m. 1548.

Le tome 263 de la collection Du Puy (Bibliot. nat.) a perdu une lettre de ce chancelier à M. de Paris (du Bellay), datée du lendemain de Pâques. Elle est en partie relative à un crime commis dans une église de la Trinité. C'est la pièce qui, adressée à Du Bellay, et datée du 8 avril, a figuré sur le catalogue des ventes du baron de L. L., n° 539, et du 23 novembre 1848, n° 530.

PRASLIN (César Duplessis-), maréchal de France, né 1598, m. 1675.

Le catalogue de la vente J. G. contient, sous le n° 153, une lettre du maréchal de Praslin à Colbert, en date du 20 novembre 1668. Cette pièce provient de la correspondance de Colbert (Biblioth. nat.).

PRÉMARE (le P. Joseph-Henri), jésuite, missionnaire, mort vers 1735.

Il manque dans la liasse 4 du portefeuille 150 de la collection de De l'Isle (biblioth. de l'Observ.) une lettre de Prémare à Fréret, en date du 14 octobre 1733. Cette pièce a figuré à la vente Canazar (Libri), n° 1486, avec la date du 15 octobre et à la vente Soleinne, n° 222.

QUESNEL (le P.), théologien, né 1634, m. 1719.

Une lettre du P. Quesnel à l'abbé Nicaise, du 6 janvier 1677, a figuré à la vente du 5 février 1844, n° 590. Elle provient de la collection Nicaise (Biblioth. nat.). Voyez l'article Nicaise.

La collection Baluze contient des lettres adressées à Baluze par le P. Quesnel. C'est de là qu'est tirée celle du 29 mars 1680, qui a fi-

---

1. Voyez *Discours sur Nicolas Poussin*, Paris, Didot, 34 pages in-8°.
2. Elle commence ainsi : « Monsieur, j'ai tardé jusques à présent.... »
3. Paris, Renouard et Cie, 1851, page 24.

guré d'abord aux ventes (Libri) Gottlieb W., n° 295; feu M. S***, n° 145 ; puis dans le *Bulletin du Bibliophile*, 1842, n° 703.

RABELAIS (François), né 1485, m. 1553.

Au mois d'octobre 1839, le *Bulletin du Bibliophile* annonça (sous le n° 1944 *bis*), en la cotant au prix de 600 francs, une lettre autographe de Rabelais, que l'éditeur de ce recueil, le libraire Techener, avait achetée de M. Libri, le 28 septembre précédent, moyennant 450 francs. Elle était, en 1847, entre les mains de M. Feuillet, après avoir passé dans la collection de M. Aimé Martin, lorsqu'elle devint l'objet d'une discussion fort vive, soutenue par la *Bibliothèque de l'École des chartes*, qui niait l'authenticité de la pièce, contre le directeur de l'Alliance des arts[1], qui l'affirmait. Cette pièce n'était pas de la main de Rabelais, et elle n'était pas non plus de la main d'un fabricateur ; c'était une copie du temps, et nous la croyons enlevée au manuscrit 8584 du fonds latin (*olim* De La Mare, Biblioth. nat.).

Le haut prix que cette pièce avait atteint excita la cupidité des faussaires ; et, bien que l'on ne connût encore de l'écriture de Rabelais que quelques lignes et quelques signatures[2], quatre grandes lettres de l'auteur de *Pantagruel* apparurent tout à coup sur le marché.

L'histoire de ces quatre pièces, à partir du moment où elles entrèrent dans le commerce, vient d'être tout récemment racontée, avec le plus grand détail, en tête du catalogue de la deuxième vente de la collection Trémont (février 1853). Le rédacteur de ce catalogue, M. Laverdet, expose, dans la préface, que c'est au mois d'août 1846 qu'apparurent pour la première fois, en compagnie d'une centaine d'autres[3], ces lettres inconnues jusque-là et qui provenaient du cabinet généalogique de M. Letellier[4]. Il donne, pour défendre l'authen-

---

1. M. Paul Lacroix, bibliophile Jacob. Voyez le *Bulletin de l'Alliance des arts*, du 10 juin 1847, et la *Bibliothèque de l'École des chartes*, tome VIII, pages 353, 465, 536. Voyez aussi le *Journal des Débats* des 13, 19, 21 et 26 mars 1847.
2. Sur le registre de la Faculté de médecine de Montpellier, lorsque Rabelais y reçut le grade de docteur, et sur plusieurs livres qui lui avaient appartenu et dont quelques-uns sont aujourd'hui au département des imprimés de la Bibliothèque nationale.
3. Cent trois, en tout, qui furent acquises, moyennant 5500 francs, par M. Charon, marchand d'autographes, prédécesseur de M. Laverdet. Il n'est pas sans intérêt de connaître les personnages de qui ces lettres étaient émanées. M. Laverdet nous le fait savoir, en transcrivant le reçu suivant : « Je déclare et atteste que les pièces autographes ci-après énoncées, provenant de mon cabinet généalogique, ont été vendues par moi à M. Charon, savoir : Bayard, Charles V, Louis XII, François Ier, Henri II, François II, Charles-Quint, Charles d'Orléans, Dunois, Duguesclin, Jacques Cœur, Agnès Sorel, Marie Stuart, Rabelais, Luther, Michel-Ange, Ambroise Paré, Cujas, Sully, Charles de Bourgogne, Anne de Bretagne, Diane de Poitiers, etc., etc., lesquelles pièces autographes je lui garantis d'une bonne et parfaite authenticité. Paris, 1er octobre 1846, *signé* Letellier. »
4. M. Letellier les avait trouvées, dit-on, dans le cabinet de feu M. d'Hozier qu'il venait d'acheter. Le cabinet généalogique de MM. Courtois et Letellier est le même d'où étaient sorties quelques années auparavant, lorsque le roi Louis-Philippe fit peindre dans

ticité de ces autographes, des explications et des pièces justificatives qui établissent sa propre bonne foi de la manière la plus péremptoire, mais qui ne sont pas de nature à convaincre le lecteur.

Quant à ce qui regarde en particulier les quatre lettres de Rabelais, la première dont le public eut connaissance figura dans la vente Laroche-Lacarelle (4 février 1847, n° 555). Dès qu'elle parut, on fut frappé de la différence absolue qu'elle présentait, pour l'écriture, avec la lettre ou plutôt avec la copie que possédait M. Feuillet, et M. P. Lacroix prit la plume pour en démontrer la fausseté [1]. Dans la discussion qu'il entama sur ce sujet, si tous les arguments qu'il employa ne sont pas également bons [2], cependant il en est qui nous paraissent concluants. Rabelais fut secrétaire du cardinal Du Bellay pendant l'ambassade de ce prélat à Rome; la lettre est datée de Rome et adressée à Du Bellay. Malheureusement elle est datée du 23 mars (1538), et Rabelais, revenu de Rome l'année précédente, enseignait en 1538, à la Faculté de Montpellier. Les nouvelles politiques renfermées dans sa lettre se trouvent être en partie traduites d'ouvrages historiques postérieurs d'un demi-siècle; Rabelais y appelle *Vincène* la ville de Vicence et *Brundezy*, le cardinal de Brindes, J. Aleander; enfin, la fausseté s'y décèle par la servilité même avec laquelle l'industrieux calligraphe a reproduit les caractères de l'inscription mise par Rabelais sur le registre de la Faculté de médecine de Montpellier [3].

Une seconde de ces lettres a passé entre nos mains lors de l'instruction de l'affaire Libri; elle présente les mêmes caractères. La troisième a paru dans la vente de Trémont [4]. Toutes deux sont, comme la première, relatives aux affaires politiques de l'Italie, et elles sont datées, l'une du 13, l'autre du 27 avril 1538. La quatrième nous est encore inconnue, mais il y a à parier qu'elle ne renferme, comme les autres, que des faits politiques faciles à trouver dans les chroniques du temps, et qu'elle est également datée de mars ou d'avril 1538.

RACINE (J.), né 1639, m. 1699.

En 1747 [5], Louis Racine publia, sur la vie de son père, des mémoires qu'il fit suivre de la correspondance de celui-ci avec J.-B. Ra-

---

les galeries de Versailles les armoiries des Croisés, une foule de chartes dont l'authenticité excita de la part des savants des doutes qui ne se sont pas dissipés depuis. (Voyez l'*Histoire de Chypre* par M. de Mas Latrie, t. II, p. 64).

1. *Bulletin de l'Alliance des arts*, 10 mars 1847 : « On nous présente avec impudence « des lettres ridiculement fabriquées de Diane de Poitiers, de Bayard, de Rabelais, de « Charles V, de Molière, etc.... »

2. Ainsi les objections qu'il veut tirer de certaines expressions contenues dans la lettre sont d'un homme peu familiarisé avec le style épistolaire du 16e siècle.

3. Le *fac-simile* de cette inscription a été publié dans l'*Isographie*.

4. N° 4214. La lettre de la vente Laroche-Lacarelle avait été adjugée au prix de 421 fr.; celle-ci n'a été vendue que 210 fr.

5. C'est-à-dire quelque temps après la mort de J.-B. Racine (mort le 31 janvier 1747), qui, comme fils aîné de l'auteur d'*Athalie*, avait dû hériter d'abord des papiers de son père.

cine, fils aîné du grand poëte, avec Boileau, l'abbé Levasseur et d'autres personnes. Quelques années plus tard, en 1756, il fit don à la bibliothèque du roi, non-seulement des originaux qui avaient servi à cette publication, tronquée et incomplète, mais encore de tous les autographes qu'il avait pu retrouver de son père, entre autres de fragments historiques, de mémoires sur Port-Royal, d'extraits et de traductions d'auteurs grecs et latins, enfin de dix volumes imprimés chargés de notes. Ces manuscrits et ces livres sont aujourd'hui renfermés dans un carton de la Bibliothèque nationale connu sous le nom de *Carton de Racine*.

Ce précieux dépôt a de bonne heure attiré l'attention des déprédateurs. Dès 1822, on vit figurer à la vente du marquis Germain Garnier un recueil manuscrit, acquis alors par le roi Louis XVIII et faisant actuellement partie de la bibliothèque du Louvre, recueil où se trouvaient plusieurs pièces autographes de Boileau et de Racine qui proviennent évidemment du carton en question[1]. Depuis cette époque, mais beaucoup plus récemment, d'autres soustractions[2] furent encore commises. Nous allons en donner la liste que nous avons pu établir, soit au moyen des inventaires sommaires rédigés par Louis Racine et les employés de la Bibliothèque, soit au moyen des indications fournies par quelques ouvrages imprimés et par les différents éditeurs des œuvres de Racine et de Boileau, entre autres par Germain Garnier, Geoffroy, Aignan, Berryat-Saint-Prix, Aimé Martin, etc., qui, pour rétablir le texte que Louis Racine avait mutilé, ont eu recours aux originaux.

§ 1. MANUSCRITS.

Les manuscrits forment seize liasses, dont chacune porte un intitulé de la main de Louis Racine. Ils se composent en partie d'extraits et de traductions d'auteurs grecs et latins, de remarques sur Virgile, sur l'*Odyssée*, sur la version de Quinte-Curce par Vaugelas, d'extraits d'un ouvrage de Huet, de fragments historiques, et comprennent, en outre, des pièces relatives à Port-Royal, des brouillons de divers écrits, deux testaments, etc. Nous avons constaté dans ces liasses les lacunes suivantes :

Liasse 9, intitulée : « Projet d'un premier acte d'une Iphigénie en «Tauride, écrite par J. Racine, avec la *Scène qu'il a retranchée de Britannicus,* un de ses Discours à l'Académie, et un *Cantique spirituel à la louange de la charité.* Les mots en italiques ont été raturés par deux mains différentes; le *Cantique spirituel* existe, mais la *Scène de Britannicus* a disparu, et peut-être fort anciennement.

---

1. Voyez l'article BOILEAU.
2. On peut fixer approximativement leur date d'après l'époque où les pièces volées apparaissent dans les ventes.

Liasse 12 (numérotée par La Porte du Theil[1]). « Extraits de la Bible faite par J. Racine, lorsqu'il travaillait à la tragédie d'*A-thalie*. » Il manque dans cette liasse les pages 5, 6, 7, 8 et 9.

Liasse 13, intitulée : « Fragments historiques écrits de la main de « J. Racine, dont plusieurs ont été imprimés à la fin des *Mé-« moires* sur sa vie : 99 feuillets, tant écrits que blancs. » Il ne reste plus que 88 feuillets, 11 ont disparu.

Liasse 15 : « Mémoires écrits par J. Racine sur Port-Royal. » Ces feuillets ont été cotés (1 à 22) par La Porte du Theil, et il manque les n°s 13 et 14. Ce sont certainement les quatre pages qui se trouvent actuellement à la bibliothèque du Louvre, dans le manuscrit coté F 328, acquis à la vente du marquis Germain Garnier. De plus, il se pourrait que quelques pages suivant le feuillet 22 aient encore été enlevées, mais nous ne pouvons rien affirmer à cet égard.

Liasse 16, intitulée : « Ce qui s'est trouvé de l'histoire de Port-« Royal dans les papiers de J. Racine. Le tout est écrit de sa « main, excepté les feuillets 1, 2, 3 et 4, qui sont écrits de la « main de Boileau. Tout ce morceau est de la 2ᵉ partie; on ne « trouva rien dans ses papiers de la 1ʳᵉ partie de cette histoire. »

L'éditeur des Œuvres de Racine, imprimées en 1807[2], a consulté, pour cette publication, le carton de la Bibliothèque, et, dans l'avertissement qui précède l'*Histoire de Port-Royal*, on lit ce qui suit [3] :

« Le manuscrit de la Bibliothèque se compose :

« 1°. De 25 pages in-fol. et de 6 pages in-4°, ces dernières écrites « de la main de Boileau. » — Ce cahier est complet.

« 2°. De 19 pages in-fol. et de 4 pages in-4° écrites de la main de « Racine, toutes couvertes de ratures, qui sont chargées de « corrections de la même main. » — Il reste seulement 15 pages écrites, et les 4 pages in-4° ont disparu. Il manque donc en tout 8 pages.

Le recueil de la bibliothèque du Louvre, dont nous venons de parler, contenait deux fragments de la 2ᵉ partie de l'*Histoire de Port-Royal*, formant 4 pages in-4° et provenant du carton en question. L'un d'eux a été enlevé, il y a quelques années. Il commençait ainsi : « Sa première entrée dans cette maison fut fort pacifique.... »

On retrouve, en outre, dans les ventes les pièces suivantes de la main de Racine :

Fragment d'un brouillon de l'*Histoire de Port-Royal* (vente Auger, 1829, n° 1668).

---

1. Conservateur au département des manuscrits, mort en 1815.
2. A Paris, veuve Agasse, 7 volumes in-8°. Suivant Quérard (*France littéraire*, article RACINE), cette édition « fut dirigée par M. Germain Garnier, qui y a joint ses notes et et ses observations. »
3. Tome VI, page 250.

29 lignes du manuscrit de l'*Histoire de Port-Royal* (vente Monmerqué, n° 1065).

Fragment autographe de l'*Histoire de Port-Royal*, 2 demi-pages in-4° (vente du 15 mai 1843, n° 434).

Ce dernier autographe nous paraît être celui qui a été soustrait à la bibliothèque du Louvre.

§ 2. LETTRES.

Les lettres que Louis Racine a publiées en 1747, et dont les originaux furent déposés par lui à la Bibliothèque, sont divisées en trois recueils distincts.

Le premier comprend les lettres écrites par Racine à quelques amis[1], lorsqu'il était âgé de 21 à 24 ans. Nous avons constaté dans ce recueil la disparition des pièces suivantes :

A l'abbé Levasseur, 1661, 3 juin. « M. l'Avocat vient de m'apporter.... » Les quatre premières pages de cette lettre se trouvent dans le recueil de M. Germain Garnier, actuellement à la bibliothèque du Louvre.

A Vitart, 1662, 17 janvier. Les plus beaux jours....

Au même, 1662 (fragment). Je ne saurais écrire....

Le second recueil comprend les lettres échangées, de 1687 à 1698, entre Boileau et Racine. Ces lettres sont au nombre de 47 dans l'édition donnée par Louis Racine, et dans les diverses éditions qui ont été publiées jusqu'en 1820, époque où Aimé Martin les porta au nombre de 50, en y joignant trois lettres de Boileau à Racine, imprimées en 1770, et que l'on avait jusqu'alors négligé de reproduire[2]. Les originaux de ces trois pièces, dont l'un a été donné dans l'*Iconographie*, comme appartenant à madame de Castellane, ont-ils été retrouvés plus tard par Louis Racine et déposés ensuite à la Bibliothèque, avec les autres papiers de son père? Cela est douteux et nous ne pouvons rien affirmer à ce sujet[3].

Quoi qu'il en soit, les 47 lettres publiées par Louis Racine existaient toutes à la Bibliothèque, en 1807, lorsque Germain Garnier en donna pour la première fois une édition complète d'après ces originaux, qui furent depuis souvent consultés par d'autres éditeurs. Aujourd'hui, il en manque 8, savoir :

1°. 4 lettres de Boileau :

1687, 21 juillet. Depuis ma dernière lettre....

---

1. Ces lettres sont datées de 1660 à 1663. Elles avaient été rendues à Louis Racine par l'abbé Dupin, qui les avait recueillies. L'écriture en est fort petite, et diffère en tout point de l'écriture des autres lettres conservées à la bibliothèque.

2. Elles avaient été, à cette époque, publiées par Cizeron-Rival.

3. Il faut pourtant remarquer que les pièces de la bibliothèque sont numérotées au crayon et qu'il manque, entre autres, les n°ˢ 1, 3, 35, qui, d'après l'édition d'Aimé Martin, se rapportent précisément à ces trois lettres de Boileau.

1687, 2 septembre. Ne vous étonnez pas....

1693, 9 juin. Je vous écrivis hier....

1693, 18 juin. (Cette lettre est actuellement à la bibliothèque du Louvre[1].)

2°. 4 Lettres de Racine :

1692, 11 avril. Je vous renvoie vos deux lettres avec mes remarques.... (vente (Libri) du 7 février 1859, n° 433; vente Soleinne, n° 224).

1694, 28 septembre. Je suppose que vous êtes de retour....

1696, 4 avril. Je suis très-obligé au P. Bouhours....

1698, 20 janvier. J'ai reçu une lettre de la mère abbesse....—Cette pièce, gravée au tome 1er des *OEuvres de Louis XIV* (1806), et indiquée par l'éditeur comme se trouvant à la Bibliothèque, a figuré à la vente de feu M. S*** (Libri) sous le n° 146.

Les autres recueils, qui se composent de lettres écrites par Racine à son fils Jean-Baptiste, à sa femme et à d'autres personnes, et de pièces diverses, soit de lui, soit de Le Maistre, d'Arnauld, d'Angélique Arnauld, etc., nous ont paru complets[2].

§ 3. FAUX AUTOGRAPHES DE BOILEAU ET DE RACINE.

Les pièces que nous venons de signaler comme ayant disparu du carton, ne sont pas les seules de Boileau et de Racine qui aient été mises en vente. Il en est d'autres qui n'ont paru sur le marché que depuis 1845, et sur lesquelles nous devons appeler spécialement l'attention, car les originaux sont à la Bibliothèque; ce sont les suivantes :

1°. Vente du 14 mai 1845 :

N° 31 du catalogue. Lettre autographe *signée* de Boileau à Racine, en date de mercredi (1697).

N° 299. Lettre autographe *signée* de Racine à Boileau, en date du 5 octobre (1692).

2°. Vente (Feuillet) du 10 mars 1847 :

N° 404. Lettre autographe *signée* de Racine à Boileau, en date du 30 octobre (1694).

N° 405. Lettre autographe *signée* de Racine à Boileau, en date du 6 août (1693).

---

1. Voyez l'article BOILEAU, où nous n'avons indiqué que la soustraction des deux lettres de l'année 1693.

2. Geoffroy, dans son édition, indique que la traduction du psaume *Diligam te* et l'ode *sur la Convalescence du roi*, par Racine, lui ont été communiquées par M. Capperonnier, conservateur au département des manuscrits de la bibliothèque. Celui-ci les avait-il tirées du carton de Racine, où elles ne sont plus actuellement? Nous l'ignorons.

3°. Vente du 6 juin 1849.

N° 945. Lettre autographe *signée* de Racine à son fils, en date du 16 mars (1698).

4°. Vente Lalande et de C.... (avril 1850) :

N° 687. Discours de J. Racine pour la réception de M. Colbert, superbe pièce entièrement autographe.

Ces pièces sont de faux autographes. Voici comment nous le prouvons :

D'abord, les lettres ne peuvent être des originaux. En effet, bien que le faussaire, qui a dû nécessairement consulter les autographes du carton de la Bibliothèque, ait eu la prudence d'enlever et d'arracher à quelques-uns de ceux-ci la page blanche où se trouvait l'adresse[1], la plupart ont conservé, soit le cachet ou les traces de cachet, soit le feuillet portant la suscription; ces circonstances réunies à l'aspect de la lettre, à la nature de ses plis, ne laissent subsister aucun doute sur ce point que ce sont bien les originaux[2] dont la Bibliothèque nationale est en possession.

Maintenant les lettres vendues, qui ne peuvent être des originaux, pourraient-elles être des minutes? Mais il est impossible de supposer que Boileau et Racine, s'écrivant des lettres intimes et sans prétention littéraire, aient songé à en conserver des copies, et que Racine, envoyant une lettre d'amitié à son fils âgé de vingt ans, ait eu besoin d'en faire un brouillon. Enfin, le faussaire, si habile qu'il soit, s'est trahi lui-même en prenant une précaution qui, pour un acheteur confiant, a dû paraître une garantie d'authenticité. Toutes les pièces vendues et mentionnées plus haut sont annoncées sur les catalogues comme *signées*. Or, comment les minutes seraient elles signées, lorsque des 94 lettres restées à la Bibliothèque et écrites soit par Racine à son fils et à Boileau, soit par Boileau à Racine, il n'y en a qu'*une seule* qui porte une signature[3]? Le motif de cette ruse du faussaire est facile à concevoir. Parmi les nombreux acheteurs d'autographes, il en est bien peu qui soient en état de juger, par l'écriture seule, de l'authenticité d'une pièce. La plupart ne connaissant pas, ou pouvant ne pas connaître l'écriture de Boileau et de Racine, une lettre non signée était de nature à leur inspirer une méfiance qu'il fallait avant tout prévenir, même au prix d'une absurdité.

En proclamant la fausseté de ces pièces nous savons fort bien qu'ici, comme pour les autographes de Gabrielle d'Estrées et de Rabelais,

---

1. Ainsi, Aimé Martin a donné le texte de l'adresse de deux lettres; les deux adresses ont disparu. D'autres pièces portent des traces évidentes de déchirures.

2. Sauf une seule, au bas de laquelle on lit : *minute à recopier*. C'est celle du 5 octobre 1694, qui a été vendue le 10 mars 1847. On comprend que Racine ait fait une minute pour cette lettre où il consulte son ami sur des vers qu'il lui envoie.

3. De plus, aucune des lettres écrites par Racine, dans sa jeunesse, ne porte de signature.

nous différons complétement d'opinion avec M. Feuillet; car s'il faut s'en rapporter à la préface du catalogue de la vente du 10 mai 1847, c'est lui qui « aurait découvert *les admirables pièces de Boileau, de Racine, de La Fontaine, etc., répandues aujourd'hui dans toutes les collections.* »

Il paraît toutefois que, pendant un certain temps, il a eu, comme nous, des doutes sur l'authenticité des autographes qu'il possédait. On voit, en effet, d'après la liste qui en a été publiée [1], que du 22 mai 1844 au 18 août 1847, il a obtenu l'autorisation d'emporter chez lui et de garder pendant des mois, et même des années, 17 des originaux de Boileau et de Racine, appartenant à la Bibliothèque nationale. Au nombre de ces pièces se trouvent précisément celles que nous venons d'énumérer, et il faut avouer qu'en les acceptant comme authentiques après un si long et si minutieux examen, sa sagacité a été singulièrement mise en défaut.

Pour nous résumer, nous considérons comme fausses les lettres en question [2]. Il en est de même du *Discours* prononcé à l'Académie, auquel, il est vrai, ne peuvent s'appliquer les raisonnements mis en avant pour les lettres ; mais nous l'avons examiné lorsqu'il a été mis en vente, en 1850, et nous pouvons, à son égard, prononcer *de visu*.

Enfin, comme de toutes les pièces du carton de Racine empruntées par M. Feuillet, et sur lesquelles ont dû porter ses vérifications, six seulement ont jusqu'à présent passé en vente, et qu'il est probable que, tôt ou tard, les autres, si elles ne le sont déjà, seront mises en circulation, nous croyons devoir en donner la liste, comme avertissement aux amateurs :

Boileau à Racine (1693), 4 juin. Je vous écrivis hier soir....
Boileau au même (1687), 9 août. Je vous demande pardon....
Boileau au même, Auteuil, mecredi (*sic*). Je crois que vous serez bien aise....
Racine à Boileau (1691), 5 avril. On nous avoit trop tôt...[3].
Racine au même (1692), 21 mai. Il faut que j'aime M. Vigan....
Racine au même (1692), 22 mars. Comme j'étais fort interrompu....
Racine au même (1692), 5 juin. J'ai été si troublé....
Racine au même (1692), 15 juin. Je ne vous ai point écrit....
Racine au même (1692), 24 juin. Je laisse à M. de Valincourt....
Racine à son fils (1698), 24 juillet. M. de Bonac vous dira plus de nouvelles....

---

1. Voyez la *Réponse de la Bibliothèque nationale* par M. Naudet, page 68.
2. A l'exception de la lettre du 30 octobre dont nous venons de parler et sur laquelle il peut y avoir quelque doute.
3. Le dernier feuillet de cette pièce a été emprunté par M. Feuillet, du 10 juillet au 4 octobre 1844. Les premières pages lui avaient été prêtées du 7 au 10 juillet de la même année.

Racine à M. de Bonrepaux (1693), 28 juillet (fragment). Mon absence hors de cette ville....

Nous ajouterons que l'habile calligraphe, qui s'est assez bien familiarisé avec l'écriture de Boileau et de Racine, pour tromper « le premier des autographophiles français[1], » a dû en tromper bien d'autres, et que pouvant dans une journée gagner facilement une fort grosse somme[2], il a dû répandre et répandra peut-être encore dans le commerce plus d'un faux autographe de ces deux illustres poëtes. Aussi, nous considérons comme suspectes les dédicaces et les vers de Racine qui ont figuré dans plusieurs ventes, et nous n'avons pas le moindre doute sur la fausseté 1° d'une lettre écrite par lui à son fils, en date du 5 octobre 1692, lettre vendue le 16 avril 1846, sous le n° 389[3]; 2° d'une *Dissertation sur Isis*, annoncée sur le *Bulletin Charavay* (année 1847, n° 1674), pièce dont le double est à la Bibliothèque.

Nous terminerons en disant qu'il y a un moyen bien simple d'éclaircir toutes ces questions : que le premier vendeur indique, ainsi que nous l'avons demandé si souvent, la manière dont les pièces sont venues entre ses mains.

RAGOCZI (SIGISMOND). Une lettre de ce seigneur à Hévélius a été enlevée au tome 2 de la correspondance de ce dernier (biblioth. de l'Observ.). Elle est datée du 21 novembre 1650, et commence ainsi : « Singulari divino favore.... »

RANCÉ (DENIS LE BOUTHILLIER DE), m. 1643.

Une lettre de Denis de Rancé à Charpentier, secrétaire de Richelieu, en date du 4 décembre 1639, a passé dans la vente du 3 février 1845, sous le n° 401. Elle vient, très-probablement, de la collection Baluze (Biblioth. nat.). Voyez CHARPENTIER.

RANCÉ (ARMAND-J. LE BOUTHILLIER DE), abbé de la Trappe, né 1626, m. 1700.

Le catalogue des manuscrits provenant de la *Grande-Chartreuse*, conservés à la bibliothèque de Grenoble, contient (n° 366) l'indication de la pièce suivante : *Lettre de l'abbé de la Trappe au maréchal de Bellefons, sur le jansénisme*. Cette pièce a disparu. — A la vente Donnadieu, faite à Londres, le 29 juillet 1851, a figuré, sous le n° 811, une lettre de Rancé à Bellefons, en date du 22 septembre 1692.

RAPIN (NICOLAS), poëte latin, m. 1608.

5 lettres ou pièces de vers adressées à J.-Sc. de Sainte-Marthe par N. Rapin ont passé dans les ventes (Libri) Riflet, n° 395, du 8 décembre 1845, n°˚ 351 et 352, et dans les ventes J. G. (*Supplément*),

---

1. Voyez page 12.
2. Le prix moyen des autographes de Racine et de Boileau est d'environ 80 francs.
3. Ce ne peut être une minute; Racine le fils avait alors quatorze ans. L'original est à la Bibliothèque nationale.

n° 68, et Thiébaut, n° 1142. Elles ont été enlevées au volume contenant la correspondance de Sainte-Marthe (biblioth. de l'Institut), où l'on remarque des traces d'arrachement avant et après les lettres de Rapin.

RÉAUMUR (R.-A. DE), naturaliste, né 1683, m. 1737.

Il manque dans les tomes 1 et 8 de la correspondance de De l'Isle (biblioth. de l'Observ.) les lettres suivantes écrites à celui-ci par Réaumur :

1716, 8 octobre (vente Canazar (Libri), n° 1484).

S. d. (1716?)[1].

1717, 2 octobre (vente (Libri) du 8 décembre 1845, n° 353).

Plus une lettre qui a été reçue par De l'Isle, le 6 juin 1743, seule date donnée sur l'inventaire.

REICHELT (J.), doyen à Strasbourg. Deux lettres de ce savant à Hévélius, en date de 1666 et de 1672, ont disparu de la correspondance de ce dernier (biblioth. de l'Observ.).

REMBRANTZ (DIRK). Une lettre de ce personnage à Hévélius, en date du 7 mai 1677, a disparu de la correspondance de ce dernier (biblioth. de l'Observ.) ; elle commence ainsi : « Eer waerde Heer Johannes Hevelius.... » Nous croyons que cette lettre a figuré à la vente Gottlieb W. (Libri), sous le n° 332, avec cette vague indication, qui pouvait la faire croire du grand peintre : « Rembrandt, L. A. S. (en allemand), une page. »

RENALDINI. On a trouvé dans les papiers de M. Libri une lettre de Renaldini à Roberval, en date du 7 novembre 1667. Cette pièce, actuellement au greffe de la cour d'appel, porte encore les traces de l'estampille à moitié effacée de l'ancienne Académie des sciences. Elle a été enlevée aux Archives de l'Institut.

RENÉ (Bâtard de Savoie), grand maître de France, m. 1526.

D'après l'inventaire par cartes, il manque au tome 262 de la collection Du Puy (Biblioth. nat.) une lettre de René à sa sœur Louise de Savoie, en date du 2 septembre. C'est peut-être la pièce qui a figuré dans la vente Gottlieb W. (Libri), sous le n° 168.

RENÉE DE FRANCE, fille de Louis XII, duchesse de Ferrare, née 1510, m. 1575.

Une lettre de cette princesse a été soustraite du portefeuille 258 de la collection Godefroy (biblioth. de l'Institut)[2].

De plus, le portefeuille 232 du même recueil renferme une chemise sur laquelle on lit : *Lettres de Renée de France, duchesse de Ferrare.* La chemise est vide : les pièces qu'elle contenait ont disparu.

---

1. C'est probablement celle qui a passé dans la vente Riffet (Libri), n° 492.
2. Voyez l'article GODEFROY, page 145.

RETZ (P. DE GONDI, cardinal DE), né 1614, m. 1679.

D'après le catalogue de Mouchet et Lalande, il manque dans la liasse 2 du paquet 2 de l'armoire-7 de la collection Baluze (Biblioth. nat.) une lettre de ce cardinal au Sacré Collége, datée de Commercy, le 7 des calendes de février de l'année 1663.

S'il fallait s'en rapporter à l'inventaire de la correspondance de Nicaise[1] (Biblioth. nat.), ce recueil contenait encore, il y a quelques années, une ou plusieurs lettres du cardinal de Retz au savant abbé, lettres qui ont disparu aujourd'hui. Mais il se pourrait que le rédacteur eût confondu le cardinal avec un abbé de Gondi, dont il reste encore des lettres dans le manuscrit.

RIBIER (G.), conseiller d'Etat, historien, né 1575, m. 1663.

Il manque au tome 573 de la collection Du Puy (Biblioth. nat.) une lettre de Ribier à Picardet, sans date. Elle commence ainsi : « Je m'obligé lorsque vous me donnastes.... »

RICCIOLI (J.-B.), astronome, érudit, né 1578, m. 1671.

La correspondance d'Hévélius (biblioth. de l'Observ.) renfermait trois lettres de Riccioli à celui-ci; elles ont disparu, savoir :

1655, 24 février. Honoris splendor....
1655, 17 avril. Post responsionem meam....
1655, 8 juin. Equidem credo....

RICHELIEU (le cardinal DE), né 1585, m. 1642.

Le portefeuille 271 de la collection Godefroy (biblioth. de l'Institut) renferme encore plusieurs adresses de lettres écrites à Richelieu, mais les lettres elles-mêmes ont disparu, et le défaut d'inventaire nous empêche de savoir quelles étaient ces pièces. Une faible partie de la correspondance du cardinal existe aussi dans la collection Baluze (Biblioth. nat.), où l'on aura pu puiser sans danger avant qu'elle fût reliée (Voyez BALUZE), car les lettres dont elle se compose n'étaient pas inventoriées en détail et ne portent ni numéros ni cotes.

Il manque au tome 573 de la collection Du Puy (Biblioth. nat.) une lettre de Richelieu à Picardet en date du 14 novembre 1623. Elle commence ainsi : « La cognoissance particulière que vous prendrez.... »

Ce ne sont probablement pas les seules sources d'où proviennent la foule de lettres adressées à Richelieu, ou de minutes de sa main, qui se trouvent dans les ventes d'autographes, au nombre de près de deux cents. Les principaux noms de correspondants du cardinal que les ventes font connaître sont les suivants : D'Aligre, duc d'Angoulême, Anne d'Autriche, de l'Aubespine, d'Avaux, Bassompierre, Bautru, Beaufort, Bellegarde, Bérulle, Béthune, Buckingham, Caumont de la Force, Charles Ier, Charnacé, Chaulnes, Chrestienne de Savoie, duchesse de Chevreuse, Concini, Condé, princesse de

---

1. Voyez l'article NICAISE.

Conti, P. Coton, St-Cyran, d'Elbeuf, d'Espernon, d'Estrées, Fabert, Gonzague, Charles de Guise, Guébriant, Harlay, Harcourt, Henriette d'Angleterre, lord Holland, Jacques Ier, Laubardemont, cardinal La Valette, Louis XIII, de Luynes, Marillac, Mazarin, Mayenne, La Meilleraye, Molé, Montmorency, Montbazon, de Novion, Parthenay, Pont-Chartrain, Picardet, Alph. de Richelieu, Rohan, B. de Saxe-Weimar, Schomberg, Séguier, St-Simon, St-Luc, Sourdis, Suffren, Sully, Thémines, La Trémouille, Vendôme, Viète, Villars, Vitry, La Vrillière, Wicquefort.

RICHELIEU (Alph.-L. Duplessis), cardinal, archevêque de Lyon, né 1582, m. 1653.

On a enlevé au tome 2 de la correspondance de Peiresc (Biblioth. nat.) une lettre de ce prélat, frère du ministre, à Peiresc, en date du 24 avril 1631.

RIGAULT (N.), érudit, né 1577, m. 1654.

D'après l'inventaire par cartes, il manque au tome 583 de la collection Du Puy (Biblioth. nat.) deux lettres de Rigault à Du Puy, l'une de l'année 1630 (?), l'autre du 4 novembre 1627.

Il y a aussi, à ce qu'il nous semble, des traces d'arrachement, entre les lettres de Rigault à de Thou et à Grotius, conservées dans le volume 16 du même recueil, et dans le tome 10 de la correspondance de Peiresc, à la Bibliothèque nationale. C'est probablement de ces divers manuscrits que proviennent les lettres en date du 18 juillet et du 23 août 1635, qui ont été annoncées sur le catalogue des deux ventes (Libri) Gottlieb W., n° 286, St-Julien, n° 342, et la lettre du 16 août 1631, qui a passé dans la vente Techener, du 22 novembre 1852, n° 450.

Il manque une ou plusieurs lettres de Rigault à J. Sc. de Sainte-Marthe dans le manuscrit 292 de la bibliothèque de l'Institut. L'une de ces pièces est probablement celle qui a figuré à la vente Riffet (Libri), n° 598, avec la date de 1596.

RIVET (André), controversiste calviniste, né 1572, m. 1651.

Les manuscrits $\frac{8069}{2-4}$ du fonds français (Biblioth. nat.) renferment le recueil des lettres adressées au jurisconsulte Sarrau par Rivet, de 1645 à 1647. La pagination offre des lacunes dans le volume 2 entre les lettres de 1641, de 1642 et 1643.

ROBERVAL (Gilles-Personne de), géomètre, né 1602, m. 1675.

La correspondance d'Hévélius (biblioth. de l'Observ.) ne contenait que deux lettres de Roberval. Elles ont disparu, savoir :

> 1647, calendes de septembre. Equidem nobili ac generoso.... A cette lettre était joint un mémoire de Roberval autographe et signé, de 12 pages in-fol., relatif à ses travaux. Cette dernière pièce a passé, sous le n° 597, dans la vente (Libri) du 16 avril 1846. Quant à la lettre, après avoir figuré sur le catalogue de la

vente Riffet (Libri), n° 434, elle fut annoncée l'année suivante (1838) sur le catalogue du libraire anglais Rodd.

1649, 12 des calendes d'octobre.

ROCHECHOUART. Il manque au tome 262 de la collection Du Puy (Biblioth. nat.) une lettre de Rochechouart au roi (Louis XII?), en date du 15 octobre.

RŒMER (Olaüs), astronome, né 1644, m. 1710.

Le portefeuille 89 de la correspondance de De l'Isle (biblioth. de l'Observ.) contenait plusieurs lettres de Rœmer à Leibnitz ou à Kirch, entre autres une qui, cotée de la main de De l'Isle 89.17.B, et portant encore quelques vestiges de l'estampille du dépôt des cartes et plans, estampille que l'on avait enlevée incomplétement avec des ciseaux, a été retrouvée dans les papiers de M. Libri.

ROHAN (Henri, duc de), né 1579, m. 1638.

La collection Baluze (Biblioth. nat.) a été reliée en 1843 et 1844. L'un des volumes consacrés à la correspondance de Charpentier, secrétaire de Richelieu (le volume coté : Papiers des armoires, lettres, paquet 5, liasse 2), après avoir été estampillé et paginé avec le plus grand soin, a perdu la pièce n° 124, qui en a été arrachée. Grâce à l'obligeance de M. Avenel et au travail qu'il a fait en 1844 et 1845, sur ce volume, pour l'édition qu'il prépare des lettres du cardinal de Richelieu, nous avons pu savoir que cette pièce était une lettre du duc de Rohan écrite à Charpentier.

ROLISIUS. Une lettre de ce savant à Hévélius, en date du 19 juin 1668, a disparu du tome 9 de la correspondance de ce dernier (biblioth. de l'Observ.). Elle commence ainsi : « Ante triduum.... »

ROLLET. Il manque dans le tome 6 de la correspondance de De l'Isle (biblioth. de l'Observ.) deux lettres adressées à celui-ci par Rollet, en date de 1738.

RONSARD (P. de), poëte, né 1524, m. 1586.

Suivant l'inventaire placé en tête du manuscrit n° 292 de la bibliothèque de l'Institut, il manque à ce volume une ou plusieurs lettres de Ronsard adressées à J. Scévole de Sainte-Marthe. On trouve dans le catalogue de la vente Saint-Julien (Libri), n° 344, la pièce suivante : « Ronsard à de Sainte-Marthe, L. A. S. Belle pièce d'une grande page dans laquelle il parle de ses poésies. » Une autre lettre du même a figuré aussi dans une vente Libri, la vente Thomas W., n° 344.

D'après les inventaires placés en tête des volumes 8585 et 8589 du fonds latin (Biblioth. nat.), on a arraché dans le premier manuscrit deux lettres de Ronsard, et dans le second une autre lettre adressée « à J. de Morel, maréchal des logis de Marguerite, duchesse de Bar[1]. »

---

[1]. C'est le même Morel dont il a été question plus haut, à l'article Jodelle; il était aussi gouverneur de Henri, bâtard d'Angoulême.

ROSSIGNOL (Ant.), maître des comptes, habile lecteur de chiffres employé par Richelieu. Une lettre écrite par lui à Charpentier, le 1er janvier 1641, dans laquelle il parle de ses travaux de déchiffrements et demande le titre de conseiller d'État, a figuré, sous le n° 1631, dans la vente Châteaugiron. C'est une pièce enlevée sans aucun doute à la collection Baluze. Voyez l'article CHARPENTIER.

ROST. Deux lettres de ce savant, adressées à De l'Isle, ont disparu de la collection de celui-ci (biblioth. de l'Observ.), savoir :

1728, 1er juillet.

1731. Cette lettre doit porter au haut de la première page, écrits de la main de De l'Isle, ces mots : *Reçue le 19 août*.

ROUMOUSKY, ou **ROUMOSKII** (Et.), astronome, né 1734, m. 1812.

D'après l'inventaire du cinquième paquet de la liasse I des papiers de Cassini (biblioth. de l'Observ.), il manque dans ce paquet une ou plusieurs lettres de Roumousky à Cassini de Thury, en date de 1787.

RUBENS (P.-P.), né 1577, m. 1640.

En 1840, M. Emile Gachet, attaché à la commission royale d'histoire de Belgique, publia un *Recueil de lettres inédites de Rubens*[1]. Cette publication offrait d'autant plus d'intérêt qu'un petit nombre seulement des lettres de ce grand peintre avait été imprimé jusqu'alors. Ainsi, on en trouve une, moitié en latin, moitié en flamand, et du mois d'août 1637, en tête du traité *De pictura veterum*, de François Junius, 1694, in-fol.; une seconde dans le tome II des *Mélanges* de Chardon de la Rochette[2]. Le *fac-simile* d'une autre a été donné dans l'*Isographie*[3]. Le recueil de M. Gachet renferme 85 lettres dont 13 seulement ne sont point de Rubens[4]. Les autres sont toutes écrites par lui à divers personnages : à Peiresc (11 lettres), à Valavès, beau-frère de Peiresc (10 lettres), etc., enfin à Pierre et à Jacques Du Puy, gardes de la Bibliothèque du roi. Ces dernières sont au nombre de 45.

Les lettres de Rubens à Peiresc et à Valavès ont été publiées d'après la copie de la correspondance de Peiresc, conservée à la bibliothèque d'Aix[5]. Les originaux (ce que M. Gachet paraît avoir ignoré) existaient encore, il y a une quinzaine d'années, à la bibliothèque de Carpentras, où se trouve la plus grande partie des manuscrits de Pei-

---

1. *Lettres inédites de Pierre-Paul Rubens*, publiées d'après ses autographes. Bruxelles, 1840, in-8°. Les lettres en italien et en flamand sont accompagnées d'une traduction française.

2. L'original est au cabinet des estampes de la Bibliothèque nationale.

3. L'original fait partie du tome 744 de la collection Du Puy, à la Bibliothèque nationale ; cette lettre est en français.

4. Ce sont des lettres adressées à Gevaert par Peiresc, J. Du Puy, etc.

5. Cette copie, que le président Mazaugues avait fait faire dans l'intention de la publier, se compose de 15 volumes in-fol.

resc[1] ; malheureusement ils ont disparu de cet établissement, et, depuis cette disparition, quelques-uns d'entre eux ont passé dans les ventes d'autographes faites à Paris[2].

Les lettres adressées à Du Puy ont été communiquées à M. Gachet par M. Gachard, archiviste général de Belgique[3], qui les avait copiées, en 1838, à la Bibliothèque nationale, sur les autographes contenus au tome 714 de la collection Du Puy[4].

Mais avant la transcription faite par M. Gachard, de déplorables soustractions avaient déjà été commises dans ce recueil. Le nombre des lettres de Rubens à Du Puy, qui, depuis 1837[5], ont tout à coup apparu dans les ventes, où jusqu'alors on n'en avait vu figurer aucune, les traces évidentes de mutilation et d'arrachement que l'on aperçoit dans le volume, dont la reliure actuelle remonte seulement à 1830, ne permettent pas le moindre doute sur la réalité, ni sur l'époque de ces premières soustractions[6]. Elles n'ont pas été les seules, car 18 des lettres copiées en 1838 par M. Gachard et publiées en 1840 par M. Gachet avaient disparu avant 1848.

De l'examen du recueil de Peiresc et de la collection Du Puy, il est résulté pour nous la conviction que *tous les autographes* de Rubens mis en vente à Paris depuis 1837, ont été dérobés à des dépôts publics.

— Les lettres adressées à Peiresc proviennent, soit de la bibliothèque de Carpentras, soit du tome 688 de la collection Du Puy. Celles qui sont adressées aux Du Puy proviennent du tome 714 de cette dernière collection.

En voici la liste :

§ 1. LETTRES A PEIRESC.

1617 (vente d'un officier général étranger (Libri), n° 96).
1624, 23 avril (vente G***, n° 289).
1650, 10 août (vente (Libri) du 16 avril 1846, n° 409). Cette lettre a été publiée par M. Gachet, d'après une copie de la bibliothèque d'Aix.
1631, 27 mars (vente J. G., *Supplément* (1844), n° 71).

1. Voyez l'article PEIRESC.
2. C'est par erreur que M. Gachet donne, comme étant autographe, la lettre de Peiresc à Rubens, en date du 9 août 1629, conservée au tome 714 de Du Puy. Ce n'est qu'une copie, ainsi qu'il est facile de le reconnaître à la première vue.
3. Voyez l'avertissement du livre de M. Gachet.
4. Ce volume porte le titre suivant, écrit de la main de Du Puy : *Lettres du sieur Pierre-Paul Rubens, des années* 1626, 1627, 1628. Ce titre est inexact, car le volume renferme encore des lettres datées de 1629 et de 1630.
5. La première lettre de Rubens vendue à Paris, a figuré à la vente faite par M. Libri, sous le pseudonyme de Riffet.
6. Toutes ces lettres avaient été inventoriées sur des cartes, de 1835 à 1840 (Voyez l'article Du Puy); mais ces cartes elles-mêmes ont disparu, à l'exception de deux, se rapportant à deux pièces qui ont été enlevées ; l'une est du 24 août 1626, l'autre de l'année 1630.

1634, 18 décembre (vente (Libri) du 8 décembre 1845, n° 365).
Cette lettre, de 7 pages in-fol., et qui doit porter la date de
1635, et non de 1634, comme l'indique le catalogue, a été enlevée au tome 688 de la collection Du Puy; elle est ainsi indiquée sur l'inventaire : *Inscrip. autogr. de Rubens; manière exacte de peser.* — Nous avons pu examiner cette pièce, qui, saisie chez un libraire, au mois de mars 1849, est actuellement au greffe de la cour d'appel de Paris. C'est évidemment la lettre du volume 688; elle porte en haut de la première page ces mots, écrits de la main de Du Puy : *Maniera exactissima da pesare.* On voit, de plus, qu'on a cherché, par des raccommodages, à faire disparaître les traces de déchirures causées par l'arrachement opéré dans le manuscrit.

§ 2. LETTRES A PIERRE OU A JACQUES DU PUY.

1626, 24 août. La mention de cette pièce se trouve sur l'inventaire par cartes. Voyez la note 6 de la page 241.
1626, 8 octobre (*Bulletin du Bibliophile*, 1839, n° 1954; vente W. et A. A., n° 97).
1626, 19 novembre (vente Feuillet, du 10 mars 1847, n° 423; *Bulletin Charavay*, 1847, n° 879). Cette lettre a été soustraite postérieurement à 1838, car elle a été publiée par M. Gachet.
1627, 4 mars (ventes, à Londres, du 21 juin 1850, n° 207, et du 29 avril 1851, n° 375).
1627, 25 mars (*Catalogue de Thorpe*, Londres, 1839, n° 1374).
— 13 mai (ventes G***, n° 290; Trémont (1852), n° 1284). Cette pièce a été, lors de cette dernière vente, revendiquée par la Bibliothèque nationale.
1627, 10 juin (vente Donnadieu, Londres, juillet 1851, n° 829).
— 28 juin (vente du baron de L. L., n° 584). Cette lettre a été publiée par M. Gachet, avec la date du 25 juin.
1627, 7 juillet (vente Donnadieu, Londres, juin 1847, n° 236).
— 19 juillet (vente Hodge, Londres, décembre 1848, n° 681). Cette pièce a été rachetée par la Bibliothèque nationale.
1627, 21 octobre (ventes Saint-Julien (Libri), n° 295; du 3 février 1845, n° 421). Cette lettre et la suivante ont été publiées par M. J. Merlo, dans l'ouvrage intitulé : *Nachrichten von dem Leben und den Werken kölnischer Künstler*, Köln, 1850, in-8, p. 390, 391.
1627, 28 octobre.
— 3 novembre (vente Donnadieu, Londres, 1851, n° 850).
— 19 novembre (vente (Libri) du 15 mai 1843, n° 158)[1].

---

[1]. Une autre lettre, non cataloguée et dont nous ignorons la date, a figuré à la même vente. Voyez la table de l'*Isographie*, article RUBENS.

1627, 16 décembre (vente Christison, Londres, décembre 1850, n° 562).

— (vente Riffet (Libri), n° 409 *bis*). C'est probablement l'une des 11 pièces précédentes.

1628, 27 janvier (vente du 23 novembre 1848, n° 575). Cette pièce a été restituée à la Bibliothèque nationale.

— 25 février (vente Saint-Vincent, 30 avril 1852, n° 181).

— 4 mars (vente A. Martin, n° 258).

— 9 mars (vente Châteaugiron, n° 1642). Cette pièce, publiée par M. Gachet, a été restituée à la Bibliothèque [1].

— 23 mars (vente Gottlieb W. (Libri), n° 273) [2].

— 4 mai (vente du 6 juin 1849, n° 1003).

— 11 mai (vente du 5 février 1844, n° 413).

— 30 mai (vente Libri, du 8 décembre 1845, n° 366). Cette pièce est indiquée, par erreur, sur le catalogue comme étant de l'année 1625 [3].

1628, 29 juin (vente Donnadieu, Londres, 1851, n° 831). Cette pièce a figuré, avec la date fautive du 29 juin 1640, sur le catalogue de la vente feu M. S*** (Libri), n° 161. Rubens était mort dès le mois de mars de l'année 1640.

1628, 6 juillet (*Bulletin du Bibliophile*, 1841, n° 1324).

— 2 décembre (vente du 8 avril 1844, n° 494).

1629, 25 février (vente du bibliophile Jacob (Libri), article RUBENS).

— 22 avril (*Catalogue de Rodd*. Ce catalogue est joint à la livr. de juillet 1858 du *Gentleman's Magazine*, voyez page 91, note 2).

1629, 26 août (vente du 14 mai 1845, n° 315).

Pour compléter ces renseignements, nous allons donner la date et la première ligne des lettres originales qui, copiées par M. Gachard, en 1838, ont, depuis cette époque, été enlevées au même volume 714, et n'ont point encore passé dans les ventes. Elles sont toutes adressées à P. Du Puy.

1626, 15 juillet. V. S. fa bene di rimettermi....

— 17 septembre. Mi pare che finalmente....

— 31 (*sic*) septembre. Mi dispiace di non aver....

— 29 octobre. Ho letto con più attentione....

— 5 novembre. V. S. mi ha obligato grandemente....

— 12 novembre. La mi obbliga troppo....

1627, 28 janvier. Diedi a V. S. parte....

— 18 février. Non potetti scrivere a V. S....

---

1. Il n'est pas inutile de faire remarquer que, sur le catalogue de la vente, on a changé la date de la lettre et mis 1624 au lieu de 1628.

2. Voyez, au sujet de cette lettre, la préface, page 28.

3. Voyez notre *Réponse à M. Mérimée*, page 23.

1627, 22 avril. Io sono debitore di riposta....
— 1ᵉʳ juillet. Certo che il re ha monstrato....
— 23 septembre. Non potetti scrivere a V. S. par causa....
— 14 octobre. Sono duoi ordinari....
1628, 13 avril. Spero che V. S. avera....
— 27 avril. V. S. mi favorisce sempre....
— 1ᵉʳ juin. Il successo del soccorso degli Inglesi....

Ainsi, en résumé, 49 lettres environ de Rubens ont été soustraites des bibliothèques publiques. En les évaluant à 70 francs, prix moyen des ventes, c'est une perte matérielle de plus de *trois mille francs* que ces établissements ont subie[1], pour les autographes d'un seul personnage.

Terminons cette longue énumération en disant que l'on a enlevé au manuscrit 1041 du fonds Saint-Germain français (Biblioth. nat.) une liste des tableaux trouvés chez Rubens après sa mort.

RUDBECK (Olaüs), médecin, né 1603, m. 1702.

Deux lettres de cet érudit à Hévélius ont été enlevées de la correspondance de celui-ci (biblioth. de l'Observ.), savoir :

S. d. (1679). Nisi nobis singularis....
1680, 30 juin. Quam tibi in tam gravi....

RUTTI. Une lettre de ce personnage à De l'Isle, en date du 26 mai 1729, a disparu du tome 3 de la correspondance de celui-ci (biblioth. de l'Observ.).

SAINT-AIGNAN (F. de Beauvilliers, duc de), né 1610, m. 1687.

Une lettre en date du 24 mai, adressée par le duc de Saint-Aignan à Charpentier, secrétaire de Richelieu, a passé dans la vente (Feuillet) du 10 mars 1847, n° 208. Elle vient très-probablement de la collection Baluze (Biblioth. nat.). Voyez l'article Charpentier.

SAINT-BLANCARD, amiral des mers du Levant. On a enlevé au tome 486 de la collection Du Puy (Biblioth. nat.) une lettre de ce personnage au chancelier Du Prat, en date du 16 novembre 1525. Elle commence ainsi : « Monseigneur, attendant la résolution du roy.... »

SAINT-CHAMAND. Il manque au tome 486 de la collection Du Puy (Biblioth. nat.) une lettre de ce seigneur à Du Prat, en date du 20 novembre 1533. Elle commence ainsi : « Monseigneur, de la Chesnaye m'a escrit.... »

---

1. Voyez dans les *Archives de l'art français*, livraison du 15 mars 1851, le texte des deux lettres de Rubens, du 19 juillet 1627 et du 27 janvier 1628, qui ont été restituées à la Bibliothèque nationale.

SAINTE-MARTHE (J. Scévole de), poëte latin, né 1536, m. 1623.

La bibliothèque de l'Institut possède un recueil de lettres originales adressées à Scévole de Sainte-Marthe; ce manuscrit, coté n° 292, a été dévasté. Un inventaire sur feuille volante, placé en tête du volume, nous a permis de constater une partie des soustractions. Nous disons une partie, car l'inventaire ne contient que les noms des signataires des pièces et n'indique pas le nombre des lettres de chacun d'eux. Voici la liste de ceux dont les autographes ont entièrement disparu :

Belleau (Remy), Casaubon, J. Cellarius, Dousa, Gillot, F. Garasse, Estienne (Robert), N. de Montpensier, N. Nancel, Et. Pasquier, P. Pithou, N. Rigault, Ronsard, Scudéry, G. Tuningius. De plus, on voit des traces d'arrachement parmi les lettres de divers autres personnages, et, entre autres, de 3e Thou, Rapin, etc.

SAINTE-MARTHE (P.-G. de), érudit, né 1618, m. 1690.

Un lettre de ce savant à Godefroy, en date du 4 octobre 1657, a figuré dans la vente Saint-Julien (Libri), *Supplément*, n° 30. Elle a été enlevée aux manuscrits Godefroy (biblioth. de l'Institut). Une autre, adressée à Théodore Godefroy (vente Saint-Julien (Libri), n° 347), vient de la même source.

Il manque aussi, probablement, quelques lettres de Sainte-Marthe au registre 78 des manuscrits de Peiresc, à Carpentras.

SAINT-POL (Louis de Luxembourg, comte de), né 1418, décapité 1475.

D'après l'inventaire du résidu Saint-Germain (Biblioth. nat.), le paquet coté 16, n° 17, devait contenir (liasse n° 7) 9 lettres adressées par ce personnage à Charles VII, en 1451 ; 2 ont disparu.

SAINT-SIMON (Claude, duc de), né 1607, m. 1693.

Deux lettres adressées par le premier duc de Saint-Simon à Colbert, en date de juillet 1664 et de juillet 1669, ont passé dans les ventes G***, n° 295, et J.-G., n° 399. Elles ont été probablement enlevées à la correspondance de Colbert (Biblioth. nat.).

SANCY (N. Harlay de), homme d'État, né 1546, m. 1629.

Il y a des traces d'arrachement entre les lettres de Sancy à Henri IV, renfermées dans le volume 304 du fonds des Missions étrangères (Biblioth. nat.). On trouve une lettre de Sancy au roi, datée de 1595, dans la vente Riffet (Libri), n° 102.

SANTA MARIA IN PORTICU (le cardinal de)[1]. Il manque dans

---

[1]. Plusieurs hommes célèbres du XVIe et du XVIIe siècle ont porté ce titre : entre autres Ferdinand de Gonzague, depuis duc de Mantoue, et le cardinal-infant fils du roi Philippe III ; mais l'inventaire n'indiquant pas la date de la lettre, nous ne saurions désigner le cardinal qui l'a écrite.

le manuscrit H. 272, à la bibliothèque de la Faculté de médecine de Montpellier, les feuillets 20, 21, qui, suivant l'inventaire placé en tête du volume, devaient contenir une lettre de ce cardinal à *Lodovica Denitia, sua cognata:*

SARNOWSKI (A.). Une lettre de ce personnage à Hévélius, en date du 14 juillet 1679, et commençant ainsi : « Ignoscat, quæso..., » a disparu du tome 14 de la correspondance de celui-ci (biblioth. de l'Observ.).

SARPI (P.), dit *Fra-Paolo*, historien, né 1552, m. 1623.

Il y a des traces évidentes d'arrachement entre les lettres de Sarpi à Claude Grollot, datées des années 1608 et 1609, dans le volume 211 de la collection Du Puy (Biblioth. nat.).

Au haut de la première page du manuscrit 4172 du *Supplément français* (Biblioth. nat.), on lit : *Lettres de Fra-Paolo avec le traitté des bénéfices, avec des lettres écrites de sa main.* Ce volume, relié récemment, ne contient plus que des copies. Le traité et les lettres autographes ont disparu.

SAUMAISE (Cl.), érudit, né 1588, m. 1658.

Il manque 27 lettres de Saumaise dans le volume 715 de la collection Du Puy (Biblioth. nat.). Voici, d'après la copie de ce volume conservée à la bibliothèque de la ville de Paris, la liste de ces lettres qui sont toutes adressées à Du Puy [1] :

1632, 9 juillet. Ce mot ne sera que pour vous advertir....

1633, 29 octobre. Je ne scay si par mes dernières....

1634 (?), novembre (?) Le Valésius ne m'a pas été rapporté....

1635, 29 janvier. J'ay receu en même temps....

— 29 avril. Je n'ay pu répondre....

— 18 juin. Voicy deux ordinaires....

— 29 décembre.

1636, 2 février. Je vis avant-hier un gentilhomme....

— 3 mars. Je vous remercie très-affectueusement.... (vente Châteaugiron, n° 1690).

— 15 mars. Vous devez avoir receu....

— 22 mars. Je commenceray à faire réponse....

— 22 mars. Puisque je n'ay point de nouvelles....

— 25 mars. Vous ne le porterez pas plus loing....

— 13 avril. Je suis retourné de la campagne....

— 22 décembre. Vous avez raison de dire.... (vente du 8 avril 1844, n° 502).

1637, 2 janvier. Nous avons eu deux ou trois fausses nouvelles....

— 3 mai. Je ne scay que sont devenues....

---

[1]. Avant la vente Canazar (Libri), aucun autographe de Saumaise n'avait passé en vente à Paris.

1637, 8 juin. J'ay tant de choses à vous écrire.... (vente (Libri) du 8 décembre 1845, n° 382).
— 22 juin. Les vostres du 12.... (vente du bibliophile Jacob (Libri), article SAUMAISE).
— 3 juillet. J'ay esté bien joyeux....
— 21 juillet. Depuis mes dernières..... (vente Gottlieb W. (Libri), n° 304).
— 31 juillet. Voicy deux ordinaires qui se sont passés.... (vente Saint-Julien (Libri), n° 349).
— décembre. Il est arrivé un peu de désordres....
1638, dernier février. Je receus hier deux des vostres.... (vente Donnadieu, Londres, 1851, n° 847).
— 27 décembre. Cet ordinaire m'est arrivé....
1639, 14 mars. Il faut que je vous confesse.... (vente (Feuillet) du 10 mars 1847, n° 429).
— 13 juin. C'est présentement à mon tour....

On a enlevé dans le tome 583 de la même collection une lettre de Saumaise à De Thou, relative aux *Cynégétiques* d'Arrien, et dans le tome 789 une ou plusieurs lettres écrites du 28 juillet au 16 août 1653.

Il y a des traces d'arrachement entre les lettres de Saumaise à Peiresc, conservées au tome 10 de la correspondance de ce dernier (Biblioth. nat.) et dans le tome 1 du registre XLI des manuscrits de Carpentras (Voyez l'article PEIRESC). — On retrouve dans la vente J. G., *Supplément*, n° 76, une lettre à Peiresc, datée du 22 janvier 1632. C'est probablement au même que sont adressées les pièces en date du 20 novembre 1619 et du 12 avril 1620, qui ont figuré, la première, dans les ventes Canazar (Libri), n° 1441, et du baron de L. L., n° 594, la seconde, dans les ventes du 16 avril 1846, *Supplément*, n° 105, et de Trémont, 1852, n° 1313.

Un lot de pièces relatives à Saumaise a figuré sur le catalogue de la vente du baron de L. L., n° 594. Il serait possible qu'elles provinssent en partie du fonds de La Mare (Biblioth. nat.), où sont conservés les manuscrits de Saumaise. Du moins, est-il certain qu'on voit des traces d'arrachement dans le volume de ce fonds coté aujourd'hui 8593 P. (fonds latin), volume entièrement composé de lettres de Saumaise.

SAUSSURE (H.-B. DE), naturaliste, né 1740, m. 1799.

D'après un inventaire écrit sur l'enveloppe du troisième paquet de la liasse I des papiers de Cassini (biblioth. de l'Observ.), il manque dans ce paquet une ou plusieurs lettres de Saussure à Cassini de Thury, en date de 1785.

SAVOIE (MAURICE, cardinal DE), né 1593, m. 1657.

Il manque dans le tome 281 de la collection Du Puy (Biblioth. nat.) une lettre de ce prélat à Henri IV, en date du 30 avril 1608.

SAVARON (J.), jurisconsulte, érudit, né 1559, m. 1622.

Deux lettres de Savaron à Sainte-Marthe ont figuré sur le catalogue de la vente (Libri), du 16 avril 1846, n° 583 (26 août 1613), et sur le *Bulletin du Bibliophile*, 1836, n° 768. Elles doivent provenir du recueil de Sainte-Marthe (biblioth. de l'Institut).

SAXE-WEYMAR. — Voyez WEYMAR.

SCALIGER (JOSEPH DE LA SCALA, dit), érudit, né 1540, m. 1609.

Trois lettres de Scaliger ont disparu du tome 496 de la collection Du Puy (Biblioth. nat.), savoir :

A Claude Du Puy, de l'année 1587.

A Cujas, de l'année 1588.

A P. Pithou, de l'année 1596 (vente du 8 avril 1844, n° 505, avec la date du 2 février 1596).

La lettre de ce savant à de Thou, qui a figuré sur le catalogue de la vente Villenave, n° 771, et la même année (1850), sur le *Bulletin Charavay* (n° 2470 *bis*), a probablement été enlevée à l'un des volumes de la collection Du Puy.

Le manuscrit 292 de la bibliothèque de l'Institut contient plusieurs lettres de Jos. Scaliger à J.-Sc. de Sainte-Marthe, entre lesquelles on aperçoit des traces évidentes d'arrachement. On a saisi dans les papiers de M. Libri une de ces lettres portant la date du 1er août 1587 ; elle avait été vendue, puis rachetée par M. Libri[1].

De plus, on retrouve dans les ventes les pièces suivantes, adressées par Scaliger au même personnage et provenant du même recueil :

1587, 10 août (vente Gottlieb W. (Libri), n° 505 ; vente Donnadieu, Londres, 1847, n° 239).

1581, 8 décembre (vente (Libri) du 8 décembre 1845, n° 585).

1590 (*Catalogue de Rodd*, juillet 1838, Londres).

1599, 24 décembre (ventes J. G., *Supplément*, n° 77, de Trémont (1852), n° 1321).

1603, 9 mars (vente du bibliophile Jacob (Libri), article SCALIGER).

S. d. (vente Thiébaut, n° 1168).

La pièce qui a passé à la vente Riffet (Libri), n° 394, avec la date de 1595, sans indication de destinataire, vient probablement encore du recueil de l'Institut.

Il manque dans le registre 41, volume I, des manuscrits de Peiresc (Biblioth. de Carpentras) les feuillets 345 à 348, 359, 360, 367 à 371, qui étaient probablement des lettres de Scaliger à Peiresc.

SCHLIEBEN (THÉOD., comte DE). Une lettre de ce personnage à Hévélius a disparu du tome 14 de la correspondance de celui-ci (biblioth. de l'Observ.). Elle est datée du 17 octobre 1679, et commence ainsi : « Scio sapientem.... »

---

1. A la vente Saint-Julien, n° 350.

SCHOMBERG (Gaspard de), maréchal de France, m. 1599.

Trois lettres de ce seigneur ont disparu du manuscrit $^{323}_{3}$ (*olim* 1157) du fonds Saint-Germain-Harlay (Biblioth. nat.), savoir :

Au duc d'Anjou, 1570, 26 mars; 23 avril.
A la reine mère, — 14 avril.

SCHOTTUS (Andreas), jésuite, érudit, né 1552, m. 1629.

Il manque au tome 490 de la collection Du Puy (Biblioth. nat.) une lettre de Schottus à P. Pithou, en date du 9 des calendes d'octobre 1578.

SCHRAEDER (Gottfried). Une lettre de ce personnage à Hévélius, en date du 24 septembre 1679, a disparu de la correspondance de celui-ci (biblioth. de l'Observ.). Elle commence ainsi : « Quod meis rebus.... »

SCHREYER (le P.). Le tome 7 de la correspondance de De l'Isle (biblioth. de l'Observ.) a perdu une lettre adressée à ce dernier par Schreyer, en date du 4 juin 1739.

SCRIVERIUS (P. Schryver), érudit hollandais, né 1576, m. 1660.

On a enlevé au tome 699 de la collection Du Puy (Biblioth. nat.) une lettre de Scriverius, qui devait occuper le feuillet 138 aujourd'hui disparu. Elle est décrite ainsi sur un inventaire : « Epistola Petri Scriverii, data Lugduni Batavorum, Idibus martis 1608, ad Nicolaum Vassanum Pithœanum, Genevam, qua detestatur Scioppi adversus Scaligerum et Casaubonum plenos conviciorum libellos. »

SCUDÉRY (Georges de), poëte, né 1601, m. 1667.

Il manque au moins une lettre de Scudéry à J. Sc. de Sainte-Marthe dans le manuscrit 292 de la bibliothèque de l'Institut. On en retrouve une sans date, annoncée sur le catalogue de la vente de Soleinne, n° 250; c'est probablement la pièce qui avait déjà figuré à la vente Thomas W. (Libri), n° 71.

SCUDÉRY (Madeleine de), femme auteur, née 1607, m. 1701.

L'inventaire sommaire de la correspondance de Nicaise (Biblioth. nat.) mentionne des lettres de Madeleine de Scudéry à cet abbé. Elles ont disparu (Voyez l'article Nicaise).

SECOND (J.), poëte latin, né 1511, m. 1536.

Le tome 699 de la collection Du Puy (Biblioth. nat.) a perdu le feuillet 21, qui contenait une lettre de J. Second, ainsi décrite sur un inventaire : « Epistola Joannis Secundi ad Nicolaum Nicolaï, advocatum in magno consilio apud Mechlinienses, fratrem suum, Mechliniam, scripta Parisiis, 14 martis.... super viso a se nuper S. Dionysii thesauro. »

SÉGUIER. Le fonds Saint-Germain-Harlay contient sous le n° 709 le recueil volumineux des lettres adressées au chancelier P. Séguier, mort en 1672, et qui avaient été conservées dans sa famille. Cette précieuse collection, inventoriée seulement depuis 1848, avait été dévastée avant cette époque, et c'est elle, probablement, qui a fourni aux amateurs d'autographes la plupart des nombreuses lettres adressées à Séguier qui ont passé dans les ventes, surtout dans les ventes Libri. D'autres écrites par lui ou à lui doivent provenir de la collection Godefroy (biblioth. de l'Institut).

SECURIUS (Jos.). Une lettre de Securius, en date du $\frac{4}{11}$ mars 1674, a été enlevée au tome 11 de la correspondance d'Hévélius (biblioth. de l'Observ.). Elle commence ainsi : « Complures jam anni.... »

SEIGNELAY. — Voyez COLBERT.

SELVE (GEORGE DE), évêque de Lavaur, diplomate, né 1508.

Le volume 265 de la collection Du Puy (Biblioth. nat.) devait contenir au moins 13 lettres de ce prélat, savoir : une au roi et 12 ou 13 à Du Bellay, en date des années 1535, 1536; 2 d'entre elles adressées à ce dernier ont disparu.

SEMBLANÇAY (J. de Beaune), surintendant des finances, né 1465, m. 1527.

Il manque au tome 486 de la collection Du Puy (Biblioth. nat.) une lettre de ce personnage au chancelier, en date du 23 octobre 1531. Elle commence ainsi : « Monseigneur, j'ay receu deux lettres.... »

SERVIEN (ABEL), ministre d'État, né 1593, m. 1664.

La collection Baluze contient une liasse intitulée : « Lettres écrites par le roi à ses ministres, et papiers divers relatifs aux missions de M. de Sabran à Gênes, à Vienne et à Londres. » C'est à cette liasse, sans aucun doute, que sont empruntées les deux lettres suivantes, écrites par Servien, marquis de Sablé, à M. de Sabran, au sujet des affaires dont celui-ci était chargé près la cour de Turin :

1632, 25 février (vente du 8 décembre 1845, n° 392).
— 26 novembre (vente du 16 avril 1846, n° 331).

Ces deux pièces appartenaient à M. Libri, chez lequel on a trouvé deux autres lettres de Servien à Sabran, de la même année 1632; la liasse avait été consultée par lui dans la salle Fréret, avant la reliure de la collection Baluze[1].

SERVIN (L.), magistrat, m. 1626.

Il devait y avoir au tome 266 de la collection Godefroy (biblioth. de l'Institut) des lettres de l'avocat général Servin à sa femme. Ces pièces ont été enlevées; une seule a jusqu'ici paru sur le marché : c'est dans la vente du 8 avril 1844, n° 512.

---

1. Voyez encore VICTOR-AMÉDÉE, duc de Savoie.

SEYSSEL (CL. DE), homme d'État, érudit, né 1450, m. 1520.

D'après l'inventaire par cartes, il manque dans le tome 262 de la collection Du Puy (Biblioth. nat.) les lettres suivantes de Seyssel :

A Robertet, 7 mai, 14 août.

Au roi, 15 août.

On a encore enlevé de ce volume une lettre du même personnage, en date du 19 septembre, pièce que l'on a transposée au tome 263, pour y dissimuler la soustraction d'une lettre de Charles de Bourbon.

SFORZA (J.-GALÉAS-MARIE), duc de Milan, m. 1489.

Il manque à la bibliothèque de la Faculté de médecine de Montpellier, dans le tome 20 de la collection de Guichenon[1], deux lettres de Sforza au duc de Savoie, l'une de 1480, l'autre de 1486.

SIDNEY (PH.), homme d'État et poëte, né 1554, m. 1586.

Il manque au tome 16 de la collection Du Puy (Biblioth. nat.) une lettre ainsi indiquée sur un inventaire : « Philippi Sidnci ad Johannem Wierum epistola. » Cette lettre, qui a disparu, a figuré à la vente (Feuillet) du 10 mars 1847, sous le n° 450.

SIGISMOND III, roi de Pologne, né 1566, m. 1637.

Il manque une lettre de ce prince à Henri IV, en date du 6 septembre 1608, dans le volume 281 de la collection Du Puy (Biblioth. nat.), lettre où Sigismond recommande à Henri IV un gentilhomme nommé Raphael Lesczivius, qui vient poursuivre l'assassin de son frère, tué à Paris.

SIGONIO (CARLO), érudit, né 1520, m. 1584.

Il manque au tome 704 de la collection Du Puy (Biblioth. nat.) une lettre de Sigonio à Claude Du Puy. Nous en ignorons la date; c'est peut-être celle qui a fait partie d'un lot annoncé sur le catalogue de la vente du 16 avril 1846, n° 285 *bis*.

SILLERY (BRULART DE). Dans la correspondance de Colbert, on remarque parmi les lettres du 24 novembre 1662 (Voyez ci-dessus COLBERT, p. 100) une lacune qui se décèle par les traces du cachet de la pièce enlevée, restées parfaitement visibles sur la lettre voisine, également du 24 novembre. Ce cachet est aux armes des Brulart, armes parlantes dont la singularité fait dire au généalogiste Palliot (*Science des armoiries*, p. 638) que cette famille est la seule à laquelle il ait vu ce blason[2]. Or, dans le catalogue de la vente J. G. se trouve, sous le n° 74, au nom de Brulart, l'article suivant :

« A M. Colbert, ce vendredi soir 24 novembre (1662), cachets et
« soies. »

Puisque la date de l'année est entre parenthèses sur le catalogue,

---

[1]. Cette collection se compose de 35 volumes in-fol. Voyez l'inventaire qui en a été publié en 1 vol. in-8° (Lyon, Perrin, 1851) par M. P. Allut.

[2]. Bandé d'une traînée de poudre entre cinq barillets.

c'est qu'elle manque sur l'original; mais elle doit se trouver, comme sur toutes les autres pièces de la collection, au dos de la lettre.

SILVESTRE DE SACY. — Voyez ACADÉMIE DES SCIENCES.

SIRMOND (le P. JACQUES), érudit, né 1559, m. 1651.

Deux lettres sans date (n'en formant peut-être qu'une) de Sirmond à Dom Luc d'Achery ont passé dans deux ventes (Libri) : feu M. S***, n° 152, et bibliophile Jacob. Elles viennent du résidu Saint-Germain (Biblioth. nat.).

SLOANE (HANS), médecin, né 1660, m. 1753.

Il manque dans le tome 8 de la correspondance de De l'Isle (biblioth. de l'Observ.) une lettre adressée à ce dernier par Sloane, en date du 26 novembre 1741.

SOBIESKI (JEAN III), roi de Pologne, né 1629, m. 1696.

Le tome 14 de la correspondance d'Hévélius (biblioth. de l'Observ.) a perdu une lettre de ce prince à Joach. Pastorius. Elle est relative au payement de la pension d'Hévélius.

SOISSONS (madame DE). Deux lettres de cette princesse au duc d'Anjou (1568, 12 avril, 2 juin), et une autre à Charles IX (1568, 8 mai), ont été enlevées aux volumes $\frac{520}{2}$, $\frac{520}{3}$ (olim 1149, 1150) du fonds Saint-Germain-Harlay (Biblioth. nat.).

SOURDIS (H. ESCOUBLEAU DE), archevêque de Bordeaux, m. 1645.

Il manque dans le tome 3 de la correspondance de Peiresc (Biblioth. nat.) une lettre de Sourdis à Peiresc. Cette pièce, en date du 3 novembre 1636, portait le n° 100. Pour dissimuler la soustraction, on a collé à la place qu'elle occupait une lettre appartenant au même volume et qui devait porter le n° 68 bis.

SPINOLA (ANT.). Il manque au tome 262 de la collection Du Puy (Biblioth. nat.) une lettre de Spinola à Robertet, en date du 21 août. Il lui annonce l'envoi d'une trompe « garnie à la façon d'Angleterre. »

SPON (JACOB), antiquaire, né 1647, m. 1685.

D'après l'inventaire placé en tête du premier volume, le recueil manuscrit coté 514, à la bibliothèque de Carpentras, a perdu les feuillets 34 à 48 inclusivement, qui étaient des lettres de Jacob Spon à Thomassin de Mazaugues. L'une d'elles est certainement celle qui a passé dans la vente feu M. S*** (Libri), n° 153, en date du 2 juin 1681, comme adressée à M. Thomassin de *Musangues* (sic). Les deux pièces suivantes, sans indication de destinataires, viennent probablement du même recueil :

1678, 23 avril (vente J. G., *Supplément*, n° 80).

1684, 21 juillet (vente (Libri) du 8 décembre 1845, n° 399).

STANISLAS (LECZINSKI), roi de Pologne, né 1682, m. 1766.

Trois lettres de ce prince au maréchal de Noailles ont disparu du tome 14 de la correspondance de ce dernier (biblioth. du Louvre), savoir :

1731, 13 novembre.

1732, 31 mai. C'est probablement la pièce qui a figuré sans indication de destinataire, mais avec la date du 31 mai 1732, dans la vente A. A. (1839), n° 814.

1732, 15 octobre.

STROZZI (Ph.), né 1488, m. 1538.

On a enlevé au tome 486 de la collection Du Puy (Biblioth. nat.) deux pièces de ce personnage : l'une est une lettre au duc d'Albany, en date du 3 septembre 1533 ; l'autre est un accusé de réception d'une lettre écrite par le duc d'Albany. Cette dernière pièce, qui commence ainsi : « Io Philippo Strozzi ho riceputo..., » a figuré sur le catalogue de la vente (Feuillet) du 10 mars 1847, n° 456.

STRUYCK. Il manque dans le tome 2 de la correspondance de De l'Isle (biblioth. de l'Observ.) une lettre, en date du 11 mai 1722, adressée à De l'Isle par Struyck.

STUART (Jean), duc d'Albany, m. 1536.

Il manque au tome 726 de la collection Du Puy (Biblioth. nat.) une lettre de ce prince à François 1er, en date du 6 juillet 1532. Il lui envoie le double d'une lettre de N. Raince.

STUART (Robert). On a soustrait dans le tome 486 de la collection Du Puy (Biblioth. nat.) une lettre de Stuart au duc d'Albany, en date du 15 février 1533. Elle commence ainsi : « J'ay receu ce qu'il vous a pleu m'escrire.... »

SUAREZ (Joseph-Marie), évêque de Vaison, antiquaire, m. 1677.

Le tome 3 de la correspondance de Peiresc (Biblioth. nat.) a perdu une lettre de ce prélat à Peiresc, en date du 20 septembre 1626.

SULLY (Max. de Béthune, duc de), né 1560, m. 1641.

Le tome 688 de la collection Du Puy (Biblioth. nat.) contenait une lettre de Sully à Peiresc, en date du 2 mai 1635, au sujet d'un procès qui devait se juger au parlement d'Aix. Cette pièce a disparu.

D'autres lettres de Sully paraissent aussi avoir été enlevées au tome 295 du fonds des Missions étrangères (Biblioth. nat.).

TALON (Denis), avocat général, né 1628, m. 1698.

Dans la seconde vente de Trémont (1853, n° 1104), a figuré une lettre de ce magistrat à Colbert, en date du 25 décembre 1665. C'est probablement une pièce enlevée à la correspondance de Colbert (Biblioth. nat.).

TEINTURIER (le P.). Il manque dans le tome 1 de la correspondance de De l'Isle (biblioth. de l'Observ.) une lettre de ce religieux à De l'Isle, en date du 6 novembre 1719.

TENCIN (P. Guérin, cardinal de), né 1680, m. 1758.

Une lettre de ce prélat au maréchal de Noailles a disparu du tome 13 de la correspondance de ce dernier, conservée à la bibliothèque du Louvre. Elle est datée du mois de juillet ou d'août 1745.

TENDE (Honorat, comte de), maréchal de France, m. 1580.

Les volumes $\frac{323}{2}$, $\frac{323}{4}$, $\frac{323}{5}$, $\frac{326}{2}$ (*olim* 1156, 1158, 1159, 1163) du fonds Saint-Germain-Harlay (Biblioth. nat.) ont perdu les lettres suivantes de ce prince :

Au roi. 1569, 24 octobre; 1570, 9 juillet, 23 décembre; 1571, 11 mars; 1572, 12 et 20 septembre.

A la reine mère. 1570, 9 juillet.

A Monseigneur (Henri III). 1570, 9 juillet; 1572, 23 août.

TERRASSON (l'abbé J.), littérateur, né 1670, m. 1750.

Une lettre de Terrasson à l'abbé Bignon, en date du 24 juillet 1731, a figuré sur le catalogue de la vente Saint-Julien (Libri), n° 352. Elle provient des archives de l'Institut ou de la correspondance de Bignon (Biblioth. nat.). Voyez Bignon, p. 70 et au Supplément.

THOMASSIN (Louis), oratorien, né 1619, m. 1695.

D'après l'inventaire placé en tête du manuscrit coté 514, à la bibliothèque de Carpentras, il manque dans ce volume quelques lettres de Louis Thomassin à Thomassin de Mazaugues. Elles devaient occuper plusieurs des feuillets 134 à 161, qui ont disparu.

THORIUS (Raphael). Il manque au tome 16 de la collection Du Puy (Biblioth. nat.) deux lettres de ce personnage. L'une d'elles était adressée à Buttler.

THOU (Christophe de), premier président au parlement de Paris, né 1508, m. 1582.

Plusieurs pièces de la main de ce magistrat ont été enlevées aux volumes $\frac{323}{2-3}$ (*olim* 1155, 1156, 1157) du fonds Saint-Germain-Harlay (Biblioth. nat.), savoir :

A Catherine de Médicis. 1569, 17 mai (ou juin?).

A de Morvillier. 1569, juillet.

Au roi. 1569, 25 octobre; 1570, 8 mai.

La plupart des nombreux autographes de Christ. de Thou qui ont passé dans les ventes doivent venir de la collection Godefroy (biblioth. de l'Institut).

THOU (le président Jacques-Auguste de), historien, né 1553, m. 1617.

Les lettres suivantes du président de Thou ont été enlevées au tome 709 de la collection Du Puy (Biblioth. nat.) :

A Pithou. 1582, 3 octobre. Depuis vous avoir laissé.... (vente J. G., *Supplément*, n° 18).

Au même. 1583, 13 février. Depuis vous avoir escrit, j'ay receu.... (vente Donnadieu, Londres, 1847, n° 252).

Au même. 1582, 20 novembre. Depuis vous avoir jà escrit plusieurs fois.... (vente Donnadieu, Londres, 1851, n° 899).

Au même. 1582, 4 octobre. Ayant été prié ici d'escrire.... (vente Donnadieu, Londres, 1851, n° 898).

Au même. 1583, 27 mars. Encores que depuis vous avoir escrit....

Au même. 1583, 15 janvier. J'ay receu deux de vos lettres.... (vente Donnadieu, Londres, 1851, n° 900).

Au même. 1583, 23 novembre. Encore que je n'aie.... (vente (Libri) du 15 mai 1843, n° 500, avec la date du 22 novembre).

Au même. 1584, 17 février. Je commenceray avec votre congé....
    C'est la pièce qui a été annoncée sans date sur le catalogue de la vente (Feuillet) du 10 mars 1847, n° 464).

Au même. 1590, 12 avril. J'espérais vous voir hier....

Au même. 1593, 1er septembre. J'ay receu le livre....

Au même. 1595, 11 novembre. Je vous ay envoyé une lettre...[1].

A De Fresne. 1603, 15 août. Vous recevrez celle-cy....

Au maréchal de la Chastre. 1607. J'ay esté bien aise....

A de Harlay. 1616, 30 avril. J'ay receu la vostre....

A Du Puy. 1603, avril. Vous commancés maintenant....

Au même. 1615, 13 octobre. J'ay receu deux des vostres....

Au même. — 4 novembre. Je fais réponse à la vostre....

Au même. — 11 novembre. J'ay fait réponse à vostre dernière.... (vente du bibliophile Jacob (Libri), article THOU).

Au même. 1615, 11 décembre. Ayant cette commodité.... (vente Donnadieu, Londres, 1851, n° 907).

Au même. 1616, 17 janvier. Je vous ay écrit une fois....

Au même. — 1er ou 7 février. Vous recevrez encore celle-cy.... (vente du 3 février 1845, n° 137).

Au même. 1616, 2 février. Je vous fais ce mot en hâte....

Au même. — 16 mars. J'ay receu la vostre du IIII.... (vente Donnadieu, Londres, 1851, n° 908).

Au même. 1616, 20 avril. Celle-cy servira de réponse....

Au même. — 5 mai. J'ay fait réponse à la vostre du XXIX...[2].

Le volume 707 de la collection Du Puy (Biblioth. nat.) contient la correspondance du président de Thou avec Casaubon, pendant le séjour de celui-ci en Angleterre, durant les années 1611 à 1614. Les

---

1. Une lettre à Pithou, sans date, a figuré à la vente Al. Martin, n° 287. C'est probablement l'une des pièces que nous venons de mentionner.

2. Une lettre de De Thou à Du Puy, avec la date fautive du 28 décembre 1685, a figuré à la vente (Libri) du 8 décembre 1843, n° 116.

traces d'arrachement sont nombreuses dans ce volume, qui n'a été paginé que fort récemment. Voici, d'après la copie conservée à la bibliothèque de la ville de Paris et l'inventaire par cartes, la liste des pièces enlevées :

1611, 20 janvier. Je vous fais ce mot.... (vente du 3 février 1845, n° 529).

1611, 22 mars. J'ay receu la vostre du 24....

— 20 mai. J'ay receu la vostre du pénultième du passé.... (*Bulletin du Bibliophile,* 1859, n° 1961, vente Donnadieu, Londres, 1851, n° 903) [1].

1611, 7 juin. J'ay receu la vostre du III du passé....

— 29 août. Par ma dernière j'ay répondu.... (vente du 5 février 1844, n° 172).

1611, 18 octobre. Je répondrais par celle-cy.... (vente Donnadieu, Londres, 1851, n° 904).

1612, 20 février. J'ay receu la vostre du second de ce mois.... (vente du 16 avril 1846, *Supplément,* n° 44).

1612, 13 mars. J'ay receu celle que m'avez écrit du XVIII du passé....

1612 (15 mars). L'Anglois mentionné dans la vostre.... (vente Donnadieu, Londres, 1851, n° 905, avec la date fautive du 15 mai).

1612, 31 juillet. Je fais réponse à la vostre....

— 25 août. Je fais la réponse à la vostre du XX du passé.... (*Bulletin du Bibliophile,* 1841, n° 1343 ; ventes du 8 avril 1844, n° 172 ; du 14 mai 1845, n° 100 ; du 27 avril 1847, Londres, n° 171).

1612, 7 novembre. Ayant trouvé cette commodité.... (vente à Londres, décembre 1850, n° 654).

1612, 8 décembre. Je vous fais ce mot en hâte.... (vente Donnadieu, Londres, 1847, n° 253 ; vente du 29 avril 1851, Londres, n° 406).

1612, 22 décembre. J'ay receu la vostre du IX du passé.... (vente Donnadieu, Londres, 1851, n° 906).

1612, 29 décembre. J'ay receu vos dernières...[2].

1613, 20 (ou 25) janvier. J'ay receu la vostre....

— 15 septembre. J'ay receu vostre dernière....

— 20 (ou 10) décembre. Je réponds à trois des vostres.... (vente du 4 février 1847, n° 205).

Il manque au tome 573 de la collection Du Puy (Biblioth. nat.) une lettre de de Thou à Loisel, en date du 15 janvier 1583 (ou 1587). Elle commence ainsi : « Depuis avoir escrit à M. Pithou.... »

---

1. Sur ce dernier catalogue, elle a figuré avec la date fautive du 20 mars.
2. L'adresse de cette lettre a été retrouvée dans les papiers de M. Libri.

Plusieurs lettres de J.-A. de Thou, adressées à J. Sc. de Sainte-Marthe, ont passé dans diverses ventes à Paris et à Londres[1]. Elles ont été enlevées à la correspondance de Sainte-Marthe (Biblioth. de l'Institut).

Une cote mise sur le feuillet 138 du volume $\frac{337}{1}$ (*olim* 1195) du fonds Saint-Germain-Harlay (Biblioth. nat.) porte : *Mémoire de M. de Thou au sieur Pinelli. Depuis lui en a envoyé copie, du 28 août* 1599. Cette pièce, qui devait probablement occuper les feuillets 134, 135, 136, a disparu.

THOU (F.-A. DE), né 1607, décapité avec Cinq-Mars 1642.

D'après l'inventaire du tome 3 de la correspondance de Peiresc (Biblioth. nat.), il manque dans ce volume les lettres suivantes de de Thou à Peiresc :

N° 201. 1627, 27 février.

N° 202. — 2 mai (vente (Feuillet) du 10 mars 1847, n° 465)[2].

N° 204. 1626, 26 octobre (vente Saint-Julien (Libri), n° 121).

N° 208. 1628, 30 octobre. On a substitué à cette pièce une lettre rognée, dont l'ancien numéro a été gratté, et qui, suivant l'inventaire, devait occuper le n° 223, et l'on a mis à la place de celle-ci un billet sans signature, tiré, à ce que nous croyons, de l'un des quatre derniers volumes de Peiresc, lesquels ne sont pas paginés.

N° 225. 1630, 22 juillet. Le n° 225 a été mis sur un billet non numéroté qui était joint à la pièce 226.

N° 245. 1636, 3 septembre. C'est probablement la pièce qui a figuré à la vente du 8 avril 1844, n° 173, avec la date du 3 septembre.

Les n°s 243, 244, 245, que l'on trouve sur les pièces restées dans le volume, ont été placés postérieurement aux soustractions que nous venons de signaler, et pour les dissimuler. La dernière lettre du volume devait porter le n° 246, que l'on a changé en 245.

Il manque au tome 703 de la collection Du Puy (Biblioth. nat.) les trois lettres suivantes de de Thou à Du Puy :

1627, 8 avril. Par ma dernière vous sceûtes....

— 8 septembre.

1642, 12 septembre. Monsieur mon très-cher cousin, je vous escris ce mot avant de mourir....

Ces trois lettres ont été publiées dans les tomes 9 et 11 de la *Revue rétrospective,* comme provenant du tome 703 de Du Puy[3].

---

1. Ventes Saint-Julien (Libri), n° 353; du 10 mars 1845, n° 82; *Bulletin du Bibliophile,* 1837, n° 1274; Trémont, 1852, n° 1393; *Catalogue Rodd,* Londres, 1847 et 1851, n°s 252, 981, 902.

2. Cette pièce est actuellement au greffe de la cour d'appel de Paris.

3. Les cartes relevées sur les pièces de ce volume ont presque toutes disparu de la Bibliothèque nationale. Suivant toute probabilité c'est aussi de ce volume que provient la

Les deux lettres à Peiresc (20 janvier 1635) et à Valavès, son beau-frère (23 décembre 1637), qui ont passé dans les ventes feu M. S*** (Libri), n° 28, et du 5 février 1844, n° 144, ont été enlevées à la bibliothèque de Carpentras. Voyez PEIRESC.

TITIUS (J.-P.). Une lettre sans date de ce personnage à Hévélius a disparu du tome 14 de la correspondance de ce dernier (biblioth. de l'Observ.). Elle commence ainsi : « Quanto mihi dolori sit.... »

TORRICELLI (EVANGELISTA), physicien et géomètre, né 1608, m. 1647.

Dans le carton 29 des archives de l'Institut se trouve une chemise intitulée : *Lettres de Torricelli à Carcavi, Roberval, Mersenne*. Il n'y reste plus que la copie d'une lettre de Torricelli à Mersenne.

Le catalogue de la vente du 16 avril 1846 (Libri) contient, sous le n° 452, une lettre de Torricelli à Roberval, en date du 1er octobre 1647. De plus, on a saisi dans les papiers de M. Libri une lettre de Torricelli à Mersenne, en date du 7 juillet 1646, lettre portant encore les traces de l'estampille de l'ancienne Académie des sciences. Enfin, au nombre des manuscrits vendus par M. Libri à lord Ashburnham se trouve le suivant : *Correspondance inédite et autographe de Torricelli avec le P. Mersenne. (Précieux manuscrit)* 1 vol. in-fol.

TOURNON (F., cardinal DE), homme d'État, né 1489, m. 1562.

Les cartes de la collection Du Puy indiquent le volume 263 comme renfermant 14 lettres du cardinal de Tournon au cardinal Du Bellay. Il n'en reste plus que 6 ; les 8 autres ont disparu, savoir :

1541, 4 février.
1541 (ou 1542?), 10 décembre.
1543, 8 novembre, 30 août.
1544, 9 janvier.
1545, 28 novembre, 25 juillet, 12 février.

TRISTAN L'ERMITE (L.), grand prévôt sous Louis XI. D'après l'inventaire du résidu Saint-Germain (Biblioth. nat.), la 23e liasse du paquet coté 16, n° 7, devait contenir une lettre de Tristan au roi, « en « lui envoyant le compte de sa négociation à Rome, datée de Suze, « le 26 août. » Cette pièce a été soustraite. On retrouve dans la vente (Feuillet) du 10 mars 1847, n° 470, l'article suivant : Tristan au roi, à Suze, le 26 août. « Il envoie.... le procès (verbal?) de ce qu'ils ont « besoigné devers le pape..., etc. »

TRIVULZIO (J.-J.), maréchal de France, né 1447, m. 1518.

D'après l'inventaire par cartes, il manque dans le tome 262 de la collection Du Puy (Biblioth. nat.) les lettres suivantes de Trivulce :

Au duc d'Orléans 24 janvier.

lettre de de Thou à Du Puy, en date du 5 septembre 1639, qui a figuré sur le catalogue des ventes du 13 mai 1845, n° 301, et du baron de L. L., n° 206.

Au roi. (1499), 2 juillet (vente (Feuillet) du 10 mars 1847, n° 471).
Au même. (1511), 14 novembre, 2 décembre.
Au même. (1512?), 24 janvier, 5 juillet.
Au même, *s. d.*

TRIVULZIO (Pomponio). On a enlevé au tome 726 de la collection Du Puy (Biblioth. nat.) une lettre de ce personnage à d'Inteville, évêque d'Auxerre, en date du 28 septembre 1532. « Il y a bien huit jours.... »

TRIVULZIO (Tomaseo). Il a disparu du même volume 726 de la collection Du Puy une lettre de T. Trivulce à l'évêque d'Auxerre, en date du 15 septembre 1533 : « Le roy, mon maistre, a été adverty.... »

TUNINGIUS (Gerardus?). Il manque au moins une lettre de ce personnage à J. de Sainte-Marthe dans le manuscrit 292 de la bibliothèque de l'Institut.

TURENNE. Le volume 264 de la collection Du Puy (Biblioth. nat.) a perdu une lettre de Turenne au roi (François Ier), en date du mois de décembre (ou octobre) 1528. Elle est relative aux troupes que fournissent à la Sainte-Ligue les Florentins, les Vénitiens et d'autres États. Pour dissimuler l'enlèvement de cette pièce, qui occupait les feuillets 62 et 63, on l'a remplacée par une lettre de Ph. de Clèves à Robertet, en date du 19 février, pièce qui faisait partie du volume 262. Il est facile, en examinant le tome 264, de s'assurer que cette substitution a été faite après la reliure. Voyez Clèves.

TURENNE (H. de la Tour d'Auvergne, vicomte de), maréchal de France, né 1611, m. 1675.

Il manque au tome 573 de la collection Du Puy (Biblioth. nat.) une lettre de Turenne à Du Puy, en date du 4 octobre 1642. Elle est relative à la mort de F.-A. de Thou et commence ainsi : « Vous savez bien à quel point j'étois des amis de M. de Thou.... »

ULLOA (Don Ant.), homme d'État, né 1718, m. 1795.

Une lettre d'Ulloa a figuré sur le catalogue de la vente Canazar (Libri), n° 1492. Cette lettre, adressée probablement à Bouguer[1], doit provenir des papiers de celui-ci (biblioth. de l'Observ.).

URFÉ (Claude d'). Une lettre de ce personnage, en date du 19 mars 1570, a disparu du tome $\frac{123}{3}$ (*olim* 1157) du fonds Saint-Germain-Harlay (Biblioth. nat.).

Une autre lettre du même, annoncée comme adressée à Mesnaige, sur le *Bulletin Charavay*, 1847, n° 1087, doit provenir de la corres-

---

1. C'est probablement la même pièce qui a passé sans indication de date ni de destinataire à la vente R***, 1836, n° 661.

pondance de Mesnaige, conservée dans le résidu Saint-Germain (Biblioth. nat.)[1].

Le carton 23 du recueil de Fontette, intitulé : *Pièces servant à l'histoire* (Biblioth. nat.), a perdu, entre autres, les pièces cotées 169, 171, 173, qui nous paraissent être des lettres de d'Urfé à Henri II[2], écrites pendant l'année 1550.

URSINO (FULVIO). Il manque au tome 704 de la collection Du Puy (Biblioth. nat.) une lettre de ce personnage à Claude Du Puy. L'adresse est restée dans le volume.

URSINO (GIORDANO). On a enlevé au tome 329 du fonds Gaignières (Biblioth. nat.) une lettre de Giordano Ursino à Montmorency, datée de 1556 (ou 1557). On l'a remplacée par une lettre de Louis XIII, que l'on a fort habilement encastrée à la place.

URSINS (G. JUVÉNAL DES), chancelier de France, né 1400, m. 1472.

Une lettre du chancelier Juvénal des Ursins à Louis XI, en date du 21 septembre (1465?), a disparu du tome 596 de la collection Du Puy (Biblioth. nat.). Elle commence ainsi : « Mon souverain seigneur, je me recommande.... »

VAILLANT (J. FOY), voyageur, antiquaire, né 1632, m. 1706.

Deux lettres de ce savant à Mazaugues, en date du 9 février et du 27 avril 1680, ont figuré sur les catalogues des ventes faites par M. Libri, le 16 avril 1846 (n° 456) et le 8 décembre 1845 (n° 412). Elles proviennent des manuscrits de la bibliothèque de Carpentras[3].

VALERIANUS MAGNUS, physicien[4]. Une lettre de ce personnage à Hévélius, en date du 25 janvier 1648, a disparu de la correspondance de ce dernier (biblioth. de l'Observ.).

VALLANT. Le fonds du résidu Saint-Germain (Biblioth. nat.) contient une suite de portefeuilles[5] où se trouvent une foule de papiers et de lettres recueillis par le médecin Vallant, qui avait entretenu de nombreuses relations avec les personnages les plus marquants du parti janséniste. Les différentes liasses du paquet coté n° 4 renferment, entre autres, sa correspondance médicale, dans laquelle on remarque les lacunes suivantes :

Liasse 2. Manquent les pages 13, 14, 397 à 405.
Liasse 3. Manquent les pages 111, 112, 285, 286, 673, 674.

---

1. Voyez FRANÇOIS Ier, HENRI II.
2. L'une d'elles pourrait être du roi à d'Urfé.
3. Voyez MAZAUGUES.
4. Nous ne savons si ce Magnus est le même que Val. Magni, supérieur des Missions du Nord, né à Milan, en 1587, mort en 1661.
5. Ces portefeuilles ont été reliés récemment.

Liasse 4. Manquent les pages 119, 120, 932 à 945, 997, 998.
Liasse 5. Manque la page 652.

Quelques lettres adressées à Vallant ont passé dans les ventes, et elles sont, sans aucun doute, enlevées à ces portefeuilles.

VALLAVEZ ou **VALAVÈS**. Il manque, à Carpentras, dans le premier volume du recueil intitulé : *Lettres écrites par diverses personnes à Peiresc*, plusieurs lettres adressées à ce dernier par Vallavez, qui était son beau-frère.

VALLE (PIETRO DELLA), voyageur, né 1586, m. 1652.

Il y a dans le volume 705 de la collection Du Puy (Biblioth. nat.) des traces d'arrachement entre les feuillets cotés actuellement 187, 188. D'après l'inventaire par cartes, la pièce enlevée, et dont le cachet a laissé une empreinte sur le feuillet 188, était une lettre de P. della Valle à Du Puy, en date du 27 juillet 1629.

On a trouvé dans les papiers de M. Libri une lettre du même personnage accompagnée d'un alphabet samaritain. Ces pièces proviennent, suivant toute probabilité, d'un manuscrit intitulé : *Varia ad linguas orientales*, in-fol. qui fait partie du *Supplément latin* (Biblioth. nat.), n° 102. On retrouve dans ce volume, sous le titre : *Lingua samaritana*, des pièces du même genre, annotées de la même écriture, et portant, comme l'alphabet, des marques au crayon rouge [1].

VALOIS. La bibliothèque de l'Institut possède, sous le n° 291, un portefeuille in-fol. contenant un recueil des lettres adressées par divers savants à Adrien et Henri de Valois. La plus grande partie de ces lettres a disparu, et un certain nombre d'entre elles ont passé dans les ventes faites par M. Libri, au domicile duquel on en a retrouvé quelques-unes.

VAN DER MONDE, géomètre, né 1735, m. 1796.

Un compte rendu autographe, fait par Van der Monde d'un traité de l'abbé Bossut, en date du 30 août 1775, a passé dans la vente (Libri) du 16 avril 1846, n° 457. Cette pièce avait été enlevée aux archives de l'Institut.

VAUBREUIL. Une lettre de ce personnage à Hévélius, en date du 29 juillet 1678, a été enlevée du tome 13 de la correspondance de ce dernier (biblioth. de l'Observ.) Elle commence ainsi : « Ayant écrit plusieurs fois.... »

VAUCANSON. Voyez ACADÉMIE DES SCIENCES.

VELY (DODIEU, sieur DE), diplomate. Le tome 265 de la collection Du Puy (Biblioth. nat.) devait contenir 9 lettres de Dodieu au cardinal du Bellay. Trois d'entre elles ont disparu.

---

[1]. On a aussi retrouvé dans les papiers de M. Libri un alphabet cophte indiqué sur l'inventaire de la collection Du Puy, et qui a disparu du volume 688.

VENISE (Doges de). Voyez Christine.

VETTORI (Pietro), érudit, né 1499, m. 1585.

L'inventaire du volume 8582 du fonds latin (Biblioth. nat.) porte la mention d'une lettre de Pietro Vettori « A mons. de Liséran, medico Lionese. » Cette pièce a disparu du volume où l'on remarque des traces d'arrachement vers la place qu'elle devait occuper. Aucune lettre de Pietro Vettori n'a encore passé en vente publique.

VIALART, président au parlement de Rouen. Deux lettres de ce magistrat adressées à Charles IX et à Catherine de Médicis, la première en date du 27 mars, la seconde en date du 15 mai 1570, ont été enlevées du volume $\frac{323}{3}$ (*olim* 1157) du fonds Saint-Germain-Harlay (Biblioth. nat.).

VICTOR-AMÉDÉE, duc de Savoie, né 1587, m. 1637.

Une lettre de ce prince à M. de Sabran, du 5 septembre 1637, a été saisie au domicile de M. Libri. Elle vient très-probablement (voyez Servien) de la collection Baluze (Biblioth. nat.), ainsi que deux autres lettres du même prince, adressées aussi à Sabran ; l'une du 15 décembre 1636 (vente de Trémont, 1852, n° 1316), l'autre du 10 avril 1637 (ventes (Libri) du 16 avril 1846, n° 383, et Maunoir, Londres, 1846, n° 32).

VIÈTE (F.), géomètre, né 1540, m. 1603.

Dans le carton 29 des archives de l'Institut, il manque un article ainsi annoncé : *Cahier en carton des opuscules de Viète, qui sont imprimés*. Au nombre des manuscrits vendus par M. Libri à lord Ashburnham se trouvent les deux articles suivants : *Francisci Vietæ opera nonnulla. Ce manuscrit, d'un célèbre géomètre, est autographe ; 1 volume in-fol. XVI° siècle.* — *Tractatus de irrationabilibus ; in-fol. XVI° siècle. Ce manuscrit est de Viète, célèbre géomètre français, et autographe.*

Le catalogue de la vente Villenave (1850) contenait, sous le n° 868, l'annonce d'une lettre de Viète à l'évêque de Luçon. Cette pièce a été reconnue pour être, non pas de François Viète, mais de l'un de ses neveux [1].

VIEUVILLE (C., marquis de la), surintendant des finances, né 1582, m. 1653.

Il manque au tome 573 de la collection Du Puy deux lettres de La Vieuville au procureur général Picardet, savoir :

1623, 8 août. Si la nécessité nous presse....
— 3 octobre. Vous saurez par M. de Choisy....

---

[1]. Le tome 801-802 de la collection Du Puy (Biblioth. nat.) contient une lettre autographe de F. Viète à de Thou, en date de novembre 1601, et, enfin, dans les *Cinq cents Colbert*, sous le n° 33, se trouve un portefeuille contenant la copie de lettres interceptées écrites en chiffres et déchiffrées par Viète, qui en a transcrit une partie de sa main.

VIGNON. Il manque dans le tome 5 de la correspondance de Peiresc (Biblioth. nat.) une lettre de ce personnage, adressée à Peiresc, en date du 12 juillet 1630.

VIGOR. On a enlevé au tome 8 de la correspondance de De l'Isle (biblioth. de l'Observ.) une lettre adressée à ce dernier par Vigor, en date de 1744.

VILARS (marquis DE). Le volume $\frac{326}{3-4}$ (*olim* 1163) du fonds Saint-Germain-Harlay (Biblioth. nat.) a perdu les lettres suivantes de ce seigneur :

Au roi. 1572, octobre (4 lettres), novembre, 5 décembre.
A la reine mère. 1572, 17 octobre, décembre.
A Monseigneur. 1572, octobre (4 lettres).
Au même. 1572, octobre (2 lettres).

VILLE AUX CLERCS (DE LA), marquis de Mirabaux. Une lettre sans date de ce personnage au cardinal de La Valette a été enlevée au tome 573 de la collection Du Puy (Biblioth. nat.). Elle commence ainsi : « Je ne doute pas que lorsque vous saurez.... »

VILLEROY (N. DE NEUFVILLE, seigneur DE), homme d'État, né 1542, m. 1617.

Les lettres suivantes de Villeroy à Henri IV ont disparu du tome 3 de la collection Du Puy (Biblioth. nat.) :

1598, 24 juillet. Sire, j'espère que nous aurons de quoi paier....
1601, 20 avril. Sire, je ne puis croire que le roy d'Espagne....

Une autre lettre de Villeroy à Casaubon, en date du 1er décembre 1611, a disparu du tome 708 de la même collection.

Le paquet 14, n° 6, du résidu Saint-Germain (Biblioth. nat.) a perdu une vingtaine de pièces adressées à La Rochepot, ambassadeur en Espagne. Nous pensons que c'est de ce manuscrit que proviennent les lettres suivantes, écrites à ce personnage par Villeroy :

1600, 12 septembre (vente Châteaugiron, 1851, n° 1919).
— 26 octobre (vente Laverdet, du 23 novembre 1848, n° 646).
1601, 18 mai (vente du 8 avril 1844, n° 551).
— 6 juillet (vente du 15 mai 1843, n° 523).

Les volumes $\frac{323}{3-4}, \frac{520}{2}, \frac{329}{4}, \frac{329}{5}$ (*olim* 1157, 1158, 1172, 1174, 1175) du fonds Saint-Germain-Harlay (Biblioth. nat.) ont perdu, entre autres, les lettres suivantes de Villeroy :

A Charles IX. 1570, 16 février, 11 juillet (2 lettres).
A Henri III. 1580, février (2 lettres) ; 1581, avril, juin (3 lettres).
A la reine mère. 1581, avril, mai (2 lettres) ; 10 novembre ; décembre (2 lettres).

D'innombrables pièces adressées à Villeroy ont figuré dans les ventes. Nous pensons qu'elles viennent, soit de cette dernière collection, soit de la collection Godefroy (biblioth. de l'Institut).

VILLIERS DE L'ISLE ADAM (Ph. de), grand maître de Rhodes, né 1464, m. 1534.

Il manque dans le volume 726 de la collection Du Puy (Biblioth. nat.) une lettre de ce grand maître. Elle porte la date du 14 juin 1532, et est adressée à l'évêque d'Auxerre (d'Inteville). Elle commence ainsi : « Naguères vous ay escrit et envoyé.... » C'est peut-être la pièce qui a passé dans la vente Riffet (Libri), avec la date de 1532. Dans le manuscrit, où les pièces étaient numérotées anciennement et où elle devait être placée entre les n°s 46 et 49, on a, pour dissimuler cette soustraction, gratté un ancien numéro que l'on a remplacé par un numéro récent 46, et, de plus, on a mis les n°s 48 et 49 sur des feuillets blancs, qui, dans l'ancienne pagination, ne sont jamais comptés. Il est probable qu'une autre lettre de Villiers à l'évêque d'Auxerre, qui a passé dans la vente (Libri) du 8 décembre 1845, n° 421, avec la date du 10 décembre 1532, vient aussi de ce volume qui a perdu environ 18 pièces.

VINCI (Léonard de), né 1452, m. 1519.

En 1797, 13 manuscrits autographes de Léonard de Vinci furent saisis à Milan par les commissaires de la république française et transportés à Paris. L'un de ces manuscrits, déposé à la Bibliothèque nationale, fut repris par les alliés, en 1815. Les 12 autres, qui avaient été placés à la bibliothèque de l'Institut, y sont encore aujourd'hui.

Ces volumes, ou plutôt ces cahiers, remplis de dessins à la plume et d'écriture tracée de gauche à droite[1], sont cotés de A à M et numérotés par feuillets. Ils sont renfermés dans une armoire d'où on ne les tire que très-rarement, car les personnes connues obtiennent seules la faveur de voir ces précieuses reliques. En 1848, lors de l'instruction de l'affaire Libri, nous avons examiné en détail ces douze cahiers, et nous avons remarqué que des soustractions récentes avaient été commises dans deux d'entre eux.

Plusieurs circonstances vinrent à notre aide pour rendre cette vérification aussi facile que sûre : 1° Les manuscrits de Léonard de Vinci avaient été, en 1797, le sujet d'un mémoire publié par le savant Venturi ; 2° M. Libri, qui les avait consultés maintes fois, les cite souvent dans son *Histoire des sciences mathématiques en Italie* ; 3° dans les papiers de M. Libri, on avait trouvé une note indiquant le nombre de feuillets que chaque cahier devait contenir. Grâce à tous ces moyens de vérification, il nous a été possible de constater les lacunes suivantes :

Le volume coté A, in-4°, devait avoir au moins 114 feuillets, d'après la note de M. Libri, lequel, dans le tome 3 de son *Histoire des*

---

[1]. C'est une particularité que présentent tous les manuscrits de Léonard de Vinci. Afin, sans doute, de dérouter les curieux, il écrivait à rebours, de façon qu'on ne peut lire aisément son écriture qu'à travers le papier ou au moyen d'un miroir.

sciences mathématiques, publié en 1840[1], cite, en effet, les feuillets 71, 81, et même le feuillet 114. Or, aujourd'hui le manuscrit se termine au feuillet 64, après lequel on voit des traces d'arrachement prouvant qu'il y a eu un ou plusieurs cahiers enlevés. En outre, le feuillet 54 a disparu. Il manque donc dans ce volume les feuillets 65 à 114 inclusivement, plus le feuillet 54, soit en tout 51 feuillets.

Le volume coté B, in-4°, devait avoir 100 feuillets, suivant la note de M. Libri, qui a cité le feuillet 96[2], dans le tome I des deux éditions de son *Histoire des sciences mathématiques*[3]. De plus, une note écrite par M. Fallot (qui a été sous-bibliothécaire de l'Institut depuis 1834 jusqu'à sa mort, arrivée le 6 juillet 1836), porte la mention suivante : « Les douze volumes de Léonard de Vinci pourraient « compter pour treize, parce que le volume B contient un appendice « de 18 feuillets qu'on peut séparer et considérer comme un volume « distinct. » Or, cet appendice, qui probablement n'était pas paginé, a disparu; et il en est de même des feuillets 1, 2, 84, 85, 86, 87 et 91 à 100 inclusivement, soit en tout 34 feuillets.

84 feuillets au moins ont donc été enlevés de ces deux volumes.

Le seul autographe authentique de Léonard de Vinci[4] qui ait passé dans une vente publique à Paris a figuré sur le catalogue de la vente faite par M. Libri le 3 décembre 1845 (n° 295), où il est annoncé ainsi :

« Vinci (LEONARDO). Dessin original fait à la plume, 2 pages in-4°, « représentant d'un côté un soldat nu, en pied, vu par le dos, une « tête, une main et un pied. Au verso sont divers dessins de ma- « chines. Ces deux pages sont remplies d'écritures autographes, tra- « cées à rebours (de droite à gauche), comme tout ce qu'écrivait ce « grand artiste. »

Cette pièce, qui avait été adjugée au prix de 200 francs, a paru de nouveau à la première vente du baron de Trémont (1852), n° 1441. Averti par nous, le bibliothécaire de l'Institut, M. Landresse, a examiné cette pièce et, après l'avoir rapprochée du manuscrit B, s'est à l'instant convaincu[5] qu'elle en avait été soustraite. Elle n'a point été mise en vente et sera, suivant toute apparence, restituée à son légitime propriétaire.

Enfin, M. Libri, dans les papiers duquel on n'a retrouvé aucune

---

1. Voyez pages 43, 45, 209.
2. Le feuillet 95 est cité par Venturi.
3. Voyez 1re édition, 1835, t. I, p. 193; 2e édition, 1838, t. I, p. 208.
4. Un autre feuillet a figuré sur le catalogue de la vente de M. Garnier, juge à Melle, en 1847. Les amateurs avaient des doutes sur l'authenticité de cette pièce, car elle n'a été adjugée qu'au prix de 15 francs. Nous l'avons vue chez M. Lefèvre, libraire de l'arcade Colbert, et nous nous sommes assurés qu'elle ne provenait pas des manuscrits de Léonard de Vinci conservés à la bibliothèque de l'Institut.
5. Le manuscrit porte une large tache d'humidité qui s'est retrouvée sur la pièce en question.

trace d'acquisition de manuscrits autographes de Léonard de Vinci[1], a vendu à lord Ashburnham deux manuscrits qu'il a décrits ainsi sur son catalogue :

« *Deux volumes remplis d'écriture et de dessins de Léonard de Vinci. 2 volumes in-4°, sur papier* xve *siècle. — Précieux manuscrit autographe*[2]. »

VINET (ÉLIE), érudit, m. 1587.

D'après l'inventaire par volumes, il manque au moins une lettre de Vinet dans le tome 712 de la collection Du Puy (Biblioth. nat.).

VIRET (P.), réformateur, né 1511, m. 1571.

Il manque dans le tome 102 de Du Puy : 1° Une lettre de Viret à Calvin, en date du 2 avril 1547, et commençant ainsi : « Mitto ad te fasciculum litterarum.... » Elle a figuré à la vente (Feuillet) du 10 mars 1847, sous le n° 481 ;

2°. Une lettre de Viret à G. Farel, en date du 18 février 1546, et commençant ainsi : « Resignavi Calvini litteras ad te.... »

VISCONTI (GALÉAS)[3], probablement le fils naturel de Galéas-Marie Sforza, duc de Milan. D'après l'inventaire par cartes, il a disparu du tome 262 de la collection Du Puy (Biblioth. nat.) une lettre de ce prince à Louis XII, en date du 15 mai.

VIVIANI (Vincent), géomètre, né 1622, m. 1703.

Il y a des traces d'arrachement au tome 26 de la correspondance de Boulliau (Biblioth. nat.) entre les lettres de Viviani à Boulliau.

Deux lettres seulement de Viviani ont passé en vente à Paris. L'une d'elles, en date du 21 juillet 1674, a figuré à la vente du 5 février 1844. Elle commence ainsi : « Dal serenissimo sig. reverendissimo principe.... » Cette pièce est adressée à Hévélius, et provient du tome 12 de la correspondance de celui-ci (bibloth. de l'Observ.).

Nous croyons aussi qu'un certain nombre de lettres de Viviani à D. Cassini ont été enlevées aux papiers de ce dernier (bibliot. de l'Observ.), qui en contiennent encore quelques-unes.

M. Libri a vendu à lord Ashburnham un manuscrit annoncé ainsi sur son catalogue : « *Lettere d'uomini illustri (Forcellini, Viviani, Apost. Zeno, Calogera, etc.); in-fol. sur papier:* xviiie *siècle. Important.* »

VOOGHDIUS (NIC.). Une lettre de Vooghdius à Hévélius, en date du 16 avril 1676, a disparu du tome 12 de la correspondance de ce-

---

1. Voyez à ce sujet, dans l'acte d'accusation rendu contre lui, le paragraphe consacré à la bibliothèque de l'Institut.
2. Voyez ce que nous avons dit plus haut, page 54, sur la valeur des autographes de Léonard de Vinci.
3. Il signait Galeatio Vesconte.

lui-ci (biblioth. de l'Observat.). Elle commence ainsi : « Quid in natura mirabilius.... »

VOSSIUS (G.-J.), érudit, né 1577, m. 1640.

Le volume 8595 du fonds latin (Biblioth. nat.) contient un recueil de lettres adressées à Saumaise par G.-J. Vossius, depuis le mois de février 1633 jusqu'au mois d'octobre 1646. Ce volume offre en divers endroits des traces d'arrachement, et, en particulier, entre la lettre du 5 des ides de février 1645 et celle du 4 des ides d'octobre 1646. Sur cette dernière pièce se trouve l'empreinte d'un cachet appartenant à une lettre qui a disparu. On retrouve dans la vente (Libri) du 8 décembre 1845 une lettre de G.-J. Vossius à Saumaise, en date du 9 septembre 1645, et dans la vente Charavay, du 4 novembre 1844, une autre lettre du même à Saumaise, sans indication de date.

VOSSIUS (ISAAC), fils du précédent, érudit, né 1618, m. 1688.

Le volume 8596 du fonds latin (Biblioth. nat.) qui renferme une suite de lettres écrites par Isaac Vossius à Saumaise, de 1638 à 1650, présente, comme le manuscrit dont nous avons parlé dans l'article précédent, de nombreuses traces de déchirures. On retrouve dans deux ventes (Libri) les pièces suivantes d'Isaac Vossius à Saumaise :

1638, 18 août (vente du bibliophile Jacob).

1645, octobre (vente de feu M. S***, n° 156).

WAGNER. Il manque dans les tomes 1 et 2 de la correspondance de De l'Isle (biblioth. de l'Observ.) deux lettres écrites à ce dernier par Wagner; l'une du 16 décembre 1719, l'autre du 25 avril 1724.

WALLIS (J.), géomètre, né 1616, m. 1703.

La correspondance d'Hévélius (biblioth. de l'Observ.) contenait 12 lettres adressées à celui-ci par Wallis. Elles ont disparu à l'exception d'une seule, savoir :

1649, 3 avril. Vidi ego non ita pridem.... C'est probablement la pièce qui a passé, avec la date de 1649, dans la vente Riffet (Libri), sous le n° 136, et sur le catalogue de Rodd, Londres, 1838.

$\frac{1651}{1650}$, $\frac{31}{21}$ janvier. Jam diu est quo....

1668, 25 janvier. Habes hic, celeberrime vir....

— 26 octobre. Cum multis tibi obstrictus.... (vente (Libri) du 16 avril 1846, n° 474).

— 9 décembre (à Oldenburg). Quos nuper acceperam....

1671, 30 mars. Non est porro quod te multis....

1673, 31 décembre. Duplici saltem nomine....

1679, 8 juillet. Destinaveram ad te literam.... Cette pièce a été retrouvée dans les papiers de M. Libri.

1679, 25 août. Accepi ante quatriduum....

1683, 9 mai. Accepi nudius tertius....
— 7 août. Non dudum est quod a te.... (vente Canazar (Libri), n° 1468).

La vente Riffet (Libri) contient, sous le n° 438, une lettre de Wallis à Boulliau, en date de 1684. Cette pièce a été enlevée à la correspondance de ce dernier (Biblioth. nat.). Il en est probablement de même des deux pièces en date du 30 mars 1663 et du 5 avril 1664, qui ont figuré dans deux autres ventes Libri (vente Gottlieb W., n° 267, et du 8 décembre 1845, n° 430), sans indication de destinataire.

WARD (Seth), évêque d'Exeter, astronome, né 1617, m. 1689.

Les tomes 6 et 9 de la correspondance d'Hévélius (biblioth. de l'Observ.) ont perdu deux lettres de Seth Ward à celui-ci, l'une en date de 1663, l'autre en date du 27 novembre 1668 (ou 1669). La seconde commence ainsi : « Nisi humanitas tua...[1]. »

Il manque au tome 19 (anciennement paginé) de la correspondance de Boulliau (Biblioth. nat.) le n° 96[2]. L'adresse de cette lettre est restée et montre que c'était une lettre de Seth Ward à Boulliau[3].

WARGENTIN (P.-G.), astronome, né 1717, m. 1783.

D'après l'inventaire du 5e paquet de la liasse I des papiers des Cassini (biblioth. de l'Observ.), il manque dans ce paquet au moins une lettre de Wargentin à Cassini de Thury, en date de 1779.

WASMUTH (Math.), orientaliste danois, né 1625, m. 1688.

Une lettre de ce savant à Hévélius, en date du 12 octobre 1674, a été enlevée au tome 11 de la correspondance de celui-ci (biblioth. de l'Observ.). Elle commence ainsi : « Quam famæ ac meritorum.... »

WEIDLER (J.-Fréd.), astronome, né 1691, m. 1755.

Il manque dans les tomes 6, 8, 9 de la correspondance de De l'Isle (biblioth. de l'Observ.) les lettres suivantes adressées à ce dernier par Weidler :

1737, 7 janvier.
1739, 14 novembre.
1741, 12 mai.
1748, 6 mars (ou 1747, 29 décembre).

WEYMAR (Bernard, duc de Saxe-), né 1600, m. 1639.

La collection Baluze[4] contenait une liasse intitulée : « Lettres du roi (Louis XIII) et de la reine au duc de Weymar, et lettres du duc de Weymar au roi, etc., pendant les années 1636 à 1639. » Il ne reste

---

[1]. L'une de ces pièces a figuré sur le catalogue de Rodd, Londres, 1838.
[2]. Pour dissimuler cette soustraction, une main récente a mis le n° 96 sur le second feuillet de la pièce 95.
[3]. Il manque dans le même volume les feuillets 113, 114, placés avant une lettre de Boulliau à Seth Ward. Peut-être y avait-il là une lettre de ce dernier.
[4]. Armoire 6, paquet 4, n° 3, liasse 5.

plus dans cette liasse que cinq lettres du roi, toutes les autres ont disparu [1].

WIGNACOURT (Alof de [2]), grand maître de Malte, m. 1622.

Il y a des traces d'arrachement entre les lettres de Wignacourt, des années 1615 à 1616, dans le volume 302 du fonds des Missions étrangères (Biblioth. nat.).

WOLF (J.-Christ.), philologue, né 1683, m. 1739.

Deux lettres de ce savant à Bignon, en date du 3 mars et du 7 novembre 1723, ont figuré sur les catalogues de deux ventes Libri (feu M. S***, n° 174; Saint-Julien, n° 289). Ces deux pièces proviennent des archives de l'Institut ou de la Bibliothèque nationale. Voyez Bignon, p. 70, et au Supplément.

WYDSGA. Le tome 11 de la correspondance d'Hévélius (biblioth. de l'Observ.) a perdu une lettre de Wydsga à celui-ci. Elle est datée du 1er février 1674. Cette pièce a été retrouvée dans les papiers de M. Libri.

YORCK (Richard, duc d'), m. 1460.

D'après l'inventaire du résidu Saint-Germain (Biblioth. nat.), le paquet coté 16, n° 17, devait contenir (5e liasse) une lettre du duc d'York au roi de France, « concernant le mariage d'Édouard, son « fils aîné, comte de la Marche, avec madame Magdelaine [3]. » Cette pièce a disparu.

ZACH (F., baron de), astronome, né 1754, m. 1832.

D'après l'inventaire du 5e paquet de la liasse I des papiers des Cassini (biblioth. de l'Observ.), il manque dans ce paquet au moins une lettre de Zach à Cassini de Thury, en date de 1786.

ZAMELIUS (Got.). Une lettre de Zamelius adressée à Hévélius, en date du 11 juin 1679, a disparu du tome 14 de la correspondance de celui-ci (biblioth. de l'Observ.). Elle commence ainsi : « Christophorus Zeidlerus.... »

ZANOTTI (Eust.), astronome, né 1709, m. 1782.

Il manque dans les tomes 7, 8 et 12 de la correspondance de De l'Isle (biblioth. de l'Observ.) trois lettres adressées à ce dernier par Zanotti, en date du 10 juillet 1740, de 1743 et de 1753. Cette dernière était cotée de la main de De l'Isle et elle devait être accompagnée

---

1. Voyez les articles Anne d'Autriche, Chavigny, Croy, Gaston, Grotius, Louis XIII.
2. On écrit habituellement Vignacourt, mais à tort, car toutes les lettres que nous avons vues de lui sont signées avec le nom orthographié comme nous le donnons ici.
3. Madeleine, fille de Charles VII.

d'une observation (imprimée), en date du 5 mai 1753, relative à un passage de Mercure sur le Soleil, et cotée aussi par De l'Isle 153 B. La pièce suivante 153 C, qui se trouve encore dans le portefeuille, est la traduction en français de la lettre italienne de Zanotti.

ZENDRINI (Bern.), ingénieur, né 1679, m. 1747.

On a enlevé dans le tome 7 de la correspondance de De l'Isle (biblioth. de l'Observ.) une lettre de Zendrini à De l'Isle, en date du 4 juillet 1739.

ZUCCHI (N.). Une lettre de Zucchi à Hévélius, en date du 19 juin 1649, a disparu du tome 2 de la correspondance de ce dernier (biblioth. de l'Observ.). Elle a été retrouvée dans les papiers de M. Libri.

ZUMBACH DE KŒSFELD. Il manque dans le tome 2 de la correspondance de De l'Isle (biblioth. de l'Observ.) deux lettres adressées à ce dernier par Zumbach : l'une du 7 décembre 1723, l'autre du 12 avril 1725.

SUPPLÉMENT.

[Nous avons désigné par un astérisque les noms auxquels un article a été déjà consacré dans le Dictionnaire.]

ACHERY (Dom Luc d'), bénédictin, né 1609, m. 1686.

Les trois lettres suivantes de cet érudit à Ad. de Valois ont très-probablement été enlevées à la correspondance de Valois (biblioth. de l'institut) :

1662, 7 juillet (ventes J. G., *Supplément*, n° 1 ; G***, 2 février 1846, n° 1).

1664, 24 juillet (vente Gottlieb W. (Libri), n° 275).

S. d. (vente du bibliophile Jacob (Libri), art. ACHERY).

* **ALEANDRO** (JÉRÔME). Outre ce que nous avons indiqué, p. 58, il manque des lettres d'Aleandro dans le volume 705 de la collection Du Puy (Biblioth. nat.).

* **ALEMBERT** (J.-L. D'). « Sa signature et celle de Le Roy, au bas d'un rapport à l'Académie des sciences, sur un manuscrit de M. Gallimard, sur la musique. Paris, 28 juin 1754 ; une page in-4°. » Cette description, donnée par le catalogue de la 2° vente de Trémont (1853, n° 19), nous indique évidemment une pièce enlevée aux archives de l'Institut. Voyez ci-dessus D'ALEMBERT, page 58, et ACADÉMIE.

ALIGRE (ÉTIENNE D'). Une lettre d'Étienne d'Aligre au procureur général Picardet, en date du 20 juillet 1624, a été soustraite du tome 573 de la collection Du Puy (Biblioth. nat.).

* **ALLACCI** (L.). Une lettre d'Allacci à Du Puy, datée de Rome, le 11 septembre 1631, a été enlevée au tome 583 de la collection Du Puy (Biblioth. nat.) et remplacée, pour dissimuler la soustraction, par une lettre du poëte Daniel Eremita, adressée à Casaubon, en 1603, et arrachée du tome 16 de la même collection. Voyez ci-dessus ALLACCI, page 58.

AMBOISE (GEORGES Ier, D'), archevêque de Rouen, cardinal, né 1460, m. 1510.

Une lettre du cardinal d'Amboise, sans date, adressée à Louis XII, a été soustraite du tome 279 de la collection Du Puy (Biblioth. nat.).

AMBOISE (GEORGES II, D'), archevêque de Rouen, de 1511 à 1550.

Du même volume 279 de la collection Du Puy, a été également enlevée une lettre de ce prélat à Robertet, en date du 4 octobre. C'est probablement la lettre qui a été annoncée (Blaye, 5 octobre; à M. le trésorier Robertet) sur le catalogue de la vente L., 8 avril 1844, n° 9.

AMONCOURT (J. D'), évêque de Poitiers de 1554 à 1563.

D'après la copie conservée à la bibliothèque de la ville de Paris, il manque au tome 479 de la collection Du Puy (Biblioth. nat.) une lettre de ce prélat à Des Chenetz écrite le 15 avril. Il y est question d'une création de cardinaux, en date du 15 mars.

ANGOULÊME. Une pièce écrite par un évêque d'Angoulême, nous ne savons lequel, a disparu du tome 8900 du fonds Béthune (Biblioth. nat.). Elle occupait le feuillet 109 du volume.

ANGOULÊME (Henri Ier, D'), fils naturel de Henri II, grand prieur de France[1], m. 1586.

Il manque dans les volumes $\frac{329}{2}$, $\frac{329}{4}$ et $\frac{329}{5}$ (olim 1172, 1174 et 1175) de la collection Saint-Germain-Harlay (Biblioth. nat.), plusieurs lettres du bâtard d'Angoulême, savoir :

Au roi. 1580, 18, 23 mars.
Au même. 1581, 22 juin, 22 octobre.

* ANNE D'AUTRICHE[2]. Aux lettres de cette princesse, que nous avons mentionnées p. 56 et 60, comme soustraites à la Bibliothèque nationale ou à la bibliothèque de l'Institut, et qui nous sont signalées par les catalogues de ventes, il faut ajouter les suivantes :

Au duc d'Orléans. 1627 (catalogue de Rodd, juillet 1858, p. 16).
Au duc de Saxe-Weymar. 1638, 6 octobre (vente Donnadieu, Londres, 1851, n° 18).
Au chancelier Séguier. 1647, juillet (ibid., n° 19).

ANTOINE, prieur de Crato, né 1531, m. 1595.

Une lettre de ce prince au roi de France a figuré dans la vente de feu M. S*** (Libri), n° 96, et au *Bulletin du Bibliophile*, 1842, n° 708. Elle vient très-probablement de la collection Godefroy (biblioth. de l'Institut).

* ARÉTIN (P.). Nous avons signalé, page 60, la soustraction d'une lettre d'Arétin dans un recueil de la bibliothèque de la Faculté de médecine de Montpellier et l'apparition de cette pièce dans la vente (Libri) du 16 avril 1846. La même pièce vient de se présenter de nouveau dans la 1re vente de Trémont (1852, n° 55); la comparaison qu'on en a faite avec le volume d'où nous avions dit qu'elle était soustraite n'a laissé

---

1. C'est l'abbé de la Chaise-Dieu dont il a été question ci-dessus, page 195.
2. La date de la mort d'Anne d'Autriche est 1666 et non 1656, comme il a été imprimé par erreur page 59.

subsister aucun doute à cet égard, et elle est, quant à présent, jointe aux pièces de procédure de l'affaire Libri[1].

ARNOUX. Une lettre écrite par le P. Arnoux, jésuite, à de Thou, le 11 août 1631, a disparu du tome 573 de la collection Du Puy (Biblioth. nat.).

AVAUX (Claude de Mesmes, comte d'), né 1595, m. 1650.

Deux lettres adressées à De Thou par ce diplomate, le 12 juillet 1628 et le 22 décembre 1629, ont été enlevées au tome 573 de la collection Du Puy (Biblioth. nat.).

AVIRON (d'). Une lettre de ce personnage a disparu du tome 712 de la collection Du Puy (Biblioth. nat.).

BALTUS (J.-F.), savant jésuite, né 1667, m. 1743.

Une lettre du P. Baltus au P. Souciet, datée de Metz, le 2 juillet 1726, a figuré dans la vente du 23 novembre 1848, n° 30. Cette pièce vient probablement du portefeuille 150, liasse 7, de la collection de De l'Isle (biblioth. de l'Observ.).

*** BAÏF** (Lazare de). D'après un ancien inventaire, le nombre des lettres de Baïf conservées au tome 265 de la collection Du Puy (Biblioth. nat.) était, non pas de 22, comme nous l'avons dit page 61, mais bien de 23. Les trois lettres de Baïf qui ont passé dans les ventes viennent donc de ce volume.

*** BALUZE.** Les lettres suivantes de Baluze sont à joindre aux 33 autres que nous avons signalées ci-dessus, pages 63 et 64, comme dérobées à la collection Baluze (Biblioth. nat.) :

 A Conringius. 1672 (vente Châteaugiron, n° 98). Voyez ci-dessus page 148, note 1.
 A Claude Estiennot. 1692, 2 juin (2ᵉ vente de Trémont, 1853, n° 84. Si cette pièce est un original, elle provient du résidu Saint-Germain (Biblioth. nat.) plutôt que de la collection Baluze.
 A M.... 1700, 16 avril (vente du 10 mai 1847).
 A Grævius. 1700, 13 juillet (vente Villenave, n° 402). Le catalogue de cette vente annonce la pièce comme étant une minute.
 A Montfaucon. 1710, 24 novembre (vente Châteaugiron, n° 98).
 Au P. Ch. de l'Hostallerie. 1713, 13 novembre (vente Châteaugiron, n° 98).

Il manque aussi des lettres de Baluze dans le carton n° 77 du fonds des Blancs-Manteaux (Biblioth. nat.), carton qui contient une liasse considérable de la correspondance des Bénédictins.

*** BARBERINO** (le cardinal). A ce que nous avons dit pages 65 et

---

[1]. Voyez au sujet de cette pièce notre *Réponse à M. Mérimée*, page 9.

66, il faut ajouter qu'il manque aussi des lettres de ce cardinal dans le tome 704 de la collection Du Puy (Biblioth. nat.).

BAUDIUS (Dom.), poëte latin, né 1561, m. 1613.

Une lettre de cet écrivain manque au tome 16 de la collection Du Puy (Biblioth. nat.). Dans la vente Thiébaut, a figuré, sous le n° 919, une lettre de Baudius à J.-A. De Thou, datée du 9 octobre 1593.

BEHR (C.). Une pièce de vers latins sur l'incendie qui avait détruit la maison d'Hévélius a disparu du tome 14 de la correspondance de celui-ci (biblioth. de l'Observ.).

BELLEGARDE (Roger, duc de), m. 1646.

Les deux lettres suivantes nous paraissent avoir été soustraites dans les portefeuilles de la collection Godefroy (biblioth. de l'Institut) :

A de Césy, ambassadeur à Constantinople. 1627, 4 mai (vente Riffet (Libri), n° 199 ; 2ᵉ vente de Trémont, 1853, n° 126).

A Séguier. 1633, 5 mars (vente Gottlieb W. (Libri), n° 125).

BENOIT XIV, pape, né 1675, m. 1758.

Deux lettres de Benoît XIV au maréchal de Noailles, l'une du 10 mai 1754, l'autre du 25 janvier 1755, ont été enlevées au tome 14 de la correspondance de Noailles (biblioth. du Louvre).

* **BENTIVOGLIO**, cardinal. Outre ce que nous avons dit page 67, il manque des lettres de ce prélat dans le tome 704 de la collection Du Puy.

BESLY (J.), historien du Poitou, né 1572, m. 1644.

Le tome 490 de la collection Du Puy (Biblioth. nat.) contenait une ou peut-être deux lettres de Besly à Du Puy. Elles ont disparu.

* **BÉTHUNE** (Hippolyte de). Une lettre de Béthune à Colbert, en date du 1ᵉʳ juin 1661, a figuré dans la vente J. G., n° 18. Elle a été évidemment arrachée de la correspondance de Colbert (Biblioth. nat.), où l'on voit encore à la date indiquée des traces d'arrachement et l'empreinte du cachet. Cette pièce avait été publiée par Delort, dans ses *Voyages*, t. I, p. 124.

* **BIGNON** (l'abbé). Voyez ci-dessus, p. 70. Ce n'est pas seulement dans les archives de l'Institut qu'on peut avoir enlevé des pièces de la correspondance de l'abbé Bignon. Il était aussi garde des manuscrits de la Bibliothèque du roi, où l'on conserve une partie de sa correspondance dans des cartons qui ne sont pas encore inventoriés.

* **BIRON** (Charles, maréchal de). La lettre de Biron, en date du 10 août 1601, que nous avons signalée, page 71, comme prise dans la collection Du Puy, avait passé dans la vente Maunoir (Londres, 18 décembre 1846, n° 64), avec cette inscription : « Letter, 3 pages fol., to M. Ricardo (lisez Picardet), counsellor of state, Paris, aug., 10. »

La lettre du 19 septembre 1600 (voyez p. 74) commence par ces mots : « Monsieur, en premyer lieu, vous savés comme jé bruslé vostre lettre come me mandyés.... »

* **BOILEAU.** Aux deux lettres que nous avons mentionnées il faut ajouter celles qui sont indiquées, à l'article Racine, comme soustraites également à la Bibliothèque nationale.

BOISROBERT (F.-Métel de), académicien, né 1592, m. 1662.

Il existait des lettres de Boisrobert adressées vraisemblablement au cardinal de Richelieu, dans le manuscrit n° 1231 du fonds de Sorbonne (Biblioth. nat.). Ces lettres sont indiquées dans l'inventaire placé à la fin du volume et dans le catalogue de la bibliothèque. Elles ont disparu.

Une lettre de Boisrobert à Charpentier, secrétaire de Richelieu [1] a figuré sous le n° 14 du catalogue de la vente du 10 mai 1847. Elle vient probablement de la correspondance de Charpentier renfermée dans la collection Baluze, et où se trouvent encore plusieurs autres lettres du même personnage [2]. Voyez l'article Charpentier.

BOISY (le cardinal de), légat. Une lettre de ce prélat à l'évêque d'Auxerre, datée de Villedieu, le 22 décembre, a été dérobée au tome 726 de la collection Du Puy (Biblioth. nat.).

* **BONGARS** (J. de). Voyez page 74. Une lettre de Bongars à De Thou, sans date, a figuré dans la vente Charavay, du 22 novembre 1852 (n° 64 *bis*). C'est une pièce très-probablement soustraite de la collection Du Puy.

* **BONNIVET** (Guill. Gouffier de). A la lettre de l'amiral Bonnivet, soustraite du tome 486 de Du Puy (Voyez ci-dessus page 74), il faut ajouter une autre lettre du même adressée au roi ; elle occupait le n° 58 du tome 263 du même recueil. Le catalogue de la vente Riffet (Libri) contient l'indication (sous le n° 30) d'une lettre de Bonnivet au roi.

BOUILLON (H. de la Tour, duc de). Le catalogue de la vente Saint-Julien (Libri) contient sous le n° 56 l'annonce d'une lettre de ce prince à de Thou. Elle a été enlevée à la collection Godefroy, ainsi que le prouve le feuillet d'adresse resté dans l'un des portefeuilles. — Il en est de même d'une lettre de la duchesse de Bouillon adressée à Aersen, en date du 12 mars 1606.

---

1. En date du 2 juin. Il envoie son laquais à Charpentier savoir des nouvelles du cardinal. « Sans cela il ne saurait vivre et si S. E. n'a pitié de lui, il apprendra sa mort. » Voyez le catalogue.

2. L'une d'elles est, comme celle de la vente du 10 mai 1847, en partie relative au cardinal. « Si vous voulez m'obliger extrêmement quand vous le verrez en bonne humeur, « donnez luy seste lettre que je me suis enhardy de luy escrire, il la trouvera plaisante « et je croy qu'elle ne luy desplaira pas si vous me rendez ce bon ofüce. »

BOURBON (N.), poëte latin, né 1503, m. 1550.

Une lettre de Bourbon au cardinal du Perron a été arrachée du tome 16 de la collection Du Puy (Biblioth. nat.).

BOURDILLON (.... DE), diplomate. Une lettre de Bourdillon à Des Chenetz, en date du 23 janvier 1558, a été enlevée du tome 479 de la collection Du Puy (Biblioth. nat.).

BRETIGNIÈRES. Le manuscrit 573 de la collection Du Puy (Biblioth. nat.) a perdu une lettre de ce personnage au procureur général Picardet, en date du 20 mai 1625.

* **BRETON** (J.). Outre ce que nous avons dit page 79, il manque dans le tome 265 de la collection Du Puy une lettre de Breton adressée au duc d'Orléans, ou à Du Bellay, dans l'intervalle des années 1535 à 1537.

BRIÇONNET (G.), cardinal de Saint-Malo, m. 1514.

On a enlevé dans le tome 262 de la collection Du Puy (Biblioth. nat.) les lettres suivantes de Briçonnet au roi :

24 juillet.
16 août (vente (Feuillet) du 10 mars 1847, n° 86).
1er décembre.
A .... 8 juillet.

Trois autres lettres qui devaient se trouver encore dans le volume ont été transposées au volume 263 pour y dissimuler quelques soustractions.

BULLINGER, théologien suisse, né 1504, m. 1575.

Une lettre de Bullinger à Calvin, en date du 8 juin 1544, a été soustraite du tome 268 de la collection Du Puy (Biblioth. nat.).

BUSSY-RABUTIN (ROGER, comte DE), né 1618, m. 1693.

Une lettre écrite par Bussy à Colbert, au mois d'août 1663, a figuré, sous le n° 228, dans la première vente de Trémont (1852). C'est une pièce enlevée à la correspondance de Colbert (Biblioth. nat.).

* **CALVIN.** La lettre de Calvin à P. Martyr, du 5 des ides de mai 1560 (Voyez ci-dessus page 81), vient d'être publiée dans le *Bulletin de la Société de l'histoire du protestantisme français*, t. I, pages 249-254, et l'auteur de la publication, M. Ch. Read, nous fournit, en outre (page 249, note 2), la preuve que cette lettre précieuse existait encore dans la collection Du Puy vers 1840.

Elle a figuré à la première vente Trémont (1852), n° 235, et a été revendiquée par la Bibliothèque nationale.

La lettre de Calvin que nous avons mentionnée ci-dessus (page 81) comme occupant le n° 10 du tome 268 de la collection Du Puy, et adressée à Farel, en date du 16 des calendes de janvier 1540, commence par ces mots : « De multis rebus ad ecclesiarum statum spectantibus. »

* CAMDEN. Une lettre de Camden à De Thou, en date du mois de juillet 1596, a figuré dans la première vente de Trémont (1852, n° 235). Pour sa provenance, voyez ci-dessus page 82.

La lettre de Camden à Peiresc (12 janvier 1619) que nous avons indiquée, page 82, comme ayant dû occuper le feuillet 68 du tome 688 de la collection Du Puy, n'a pas disparu, comme nous l'avions dit; elle a seulement été transportée au tome 490 de la même collection, dans lequel on l'a collée, sous le n° 50, après avoir pris soin de couper les cotes et le numéro ancien qu'elle portait. Voyez page 123, note 1.

CAMERARIUS. Deux lettres signées de ce nom, qui a appartenu à plusieurs savants du XVIe siècle, ont été enlevées du volume 8583 du fonds latin (Biblioth. nat.).

CAMUS (JACQUES), évêque de Séez, de 1614 à 1650.

Une lettre adressée par cet évêque à De Thou a disparu du tome 573 de la collection Du Puy (Biblioth. nat.).

CARRACIOLO, prince de Melphes[1]. Une lettre de ce personnage à Théodore de Bèze, en date du 24 février 1564, manque au tome 104 de la collection Du Puy (Biblioth. nat.). Elle commence ainsi : « La paix de Nostre-Seigneur, laquelle surmonte tout.... »

* CASAUBON. Il manque dans l'armoire V, paquet 2, de la collection Baluze (Biblioth. nat.) l'article suivant : « Isaac Casaubon, De jure personarum; De ludis Romanorum; De re nummaria et quædam alia parvi momenti.... »

La lettre de Casaubon à De Thou indiquée ci-dessus, page 84, avec la date du 1er septembre 1611, comme soustraite à la collection Du Puy, a figuré dans la vente Donnadieu (Londres, 1851, n° 134), sous la date du 9 des kalendes.

CASIMIR, comte palatin du Rhin. Une lettre, peut-être deux, écrite par ce prince à La Mauvissière (de 1568 à 1571?) a été enlevée du tome 471 des *Cinq-Cents* de Colbert (Biblioth. nat.), volume où elle occupait les feuillets 15 à 18.

CASIMIR (JEAN), roi de Pologne, né 1609, m. 1672.

Le catalogue de la première vente de Trémont (1852, n° 256) indique une lettre de ce prince à Colbert, au sujet de la pension que lui accordait Louis XIV. Cette pièce est, nous le croyons, soustraite de la correspondance de Colbert (Biblioth. nat.); mais comme elle ne porte pas d'autre date que celle du mois, nous n'avons pu faire de vérification à cet égard.

1. AMALFI.

* **CASTELNAU**, évêque de Tarbes. D'après un ancien inventaire, il manque, non pas deux, mais trois lettres de Castelnau, dans le volume 265 de la collection Du Puy.

CATHERINE DE PORTUGAL, duchesse de Bragance. Une pièce signée de cette princesse a été enlevée du portefeuille 260 de la collection Godefroy (biblioth. de l'Institut).

CÉSY (comte DE), ambassadeur à Constantinople.

Le volume 478 du fonds Gaiguières (Biblioth. nat.) contient des papiers de Césy, et a perdu les feuillets 1 à 75 exclusivement et 220 à 231 inclusivement, soit en tout 85 feuillets.

Les lettres à Césy qui ont passé dans les ventes viennent, suivant toute probabilité, de la collection Godefroy (biblioth. de l'Institut), où il en reste encore un certain nombre.

* **CHABOT** (PH. DE). Outre la pièce que nous avons signalée page 87, le tome 263 de la collection Du Puy (Biblioth. nat.) a perdu une autre lettre de Chabot (sans date d'année) au cardinal du Bellay, et le tome 726 une troisième, datée du 30 (ou 10?) avril 1533 et adressée à d'Inteville, bailli de Troyes. Elle commence ainsi : « Nous envoyons par delà.... »

CHAMILLARD. Une lettre signée de ce nom, qui devint célèbre plus tard, et adressée au procureur général Picardet, mort en 1641, a été arrachée du tome 573 de la collection Du Puy (Biblioth. nat.). Elle est datée du mois de janvier (1623?), et commence ainsi : « Monsieur, vous m'avez beaucoup obligé.... »

* **CHAPELAIN**. Une lettre de Chapelain à Colbert, du 14 juillet 1661, enlevée à la correspondance de ce dernier (Biblioth. nat.), a figuré dans la deuxième vente de Trémont (1853), n° 301. Voyez ci-dessus page 87. — Elle a été revendiquée par la Bibliothèque nationale.

* **CHARLES VII**. Une lettre de ce prince, ou relative à lui, a disparu du portefeuille 312 de Gaignières (Biblioth. nat.).

* **CHARLES VIII**. La collection Gaignières a perdu aussi deux lettres de Charles VIII; l'une, qui était la première pièce du tome 508, est adressée au sieur du Plessis-Bourré et à maître Jacques Coctier, président de la chambre des comptes ; l'autre, qui faisait partie du tome 329, a été remplacée dans le volume par une lettre prise ailleurs et insérée là pour dissimuler la soustraction.

* **CHARLES IX**. De la même collection Gaignières (tome 310, fol. 103-107) a également été enlevée une lettre de Charles IX, datée de l'an 1562.

* **CHARLES-QUINT**. Il existait dans le portefeuille 255 de la collection Godefroy (biblioth. de l'Institut) des lettres de Charles-Quint qui manquent aujourd'hui.

Aux lettres du même prince, qui ont été arrachées du volume 688 de la collection Du Puy (Voyez ci-dessus pages 90 et 91), il faut ajouter la suivante :

Au prince d'Orange. 5 septembre (deuxième vente de Trémont, 1853, n° 303). Cette pièce a été revendiquée par la Bibliothèque nationale.

* **CHARLES LE TÉMÉRAIRE.** Une lettre du duc de Bourgogne au roi (Louis XI), en date de l'année 1469, a disparu du volume 302-303 de la collection Gaignières (Biblioth. nat.). Cette lettre occupait le feuillet 28 du volume.

CHARLES EMMANUEL, duc de Savoie, m. 1630.

Il manque au tome 281 de la collection Du Puy (Biblioth. nat.) deux lettres de ce prince[1] à Henri IV, l'une en date du 12 (ou 13) mai 1608, lettre de compliments ; l'autre sans date, sur la convalescence de sa femme.

CHARLES IV, duc de Lorraine, m. 1690.

Le carton $^{1309}_{6}$ du *Supplément français* devait contenir 15 lettres écrites par le duc de Lorraine à Sobieski, et quelques autres adressées au duc et relatives au siége de Vienne par les Turcs (1683). Ces pièces ont disparu.

* **CHARPENTIER.** Une lettre sans date, signée de Charpentier, secrétaire de Richelieu, a paru dans la première vente de Trémont (1852, n° 303). Cette pièce est « probablement adressée à Colbert, » dit le rédacteur du catalogue. En ce cas, elle est probablement soustraite à la Bibliothèque nationale (corresp. de Colbert). Voyez ci-dessus page 45.

* **CHRÉTIENNE DE FRANCE.** Nous avons omis de dire ci-dessus, page 96, qu'une lettre de cette princesse adressée au duc d'Orléans, en date du 30 août 1652, a figuré dans la vente Gottlieb W. (Libri), n° 166.

* **CONCINI** à M. de Nérèstang, 2 novembre 1615 (*Bulletin Charavay*, n° 3465). Cette pièce est à joindre à celles dont nous avons donné l'énumération plus haut page 102.

* **CONDÉ** (Louis II, prince de). Dans le portefeuille 257 de la collection Godefroy (biblioth. de l'Institut) nous avons trouvé une chemise qui devait être placée dans un autre portefeuille et sur laquelle on lit : *Lettres du grand Condé*. Les pièces qu'elle contenait ont disparu.

* **CONDÉ** (Henri II, prince de). Une lettre de ce prince à Richelieu, en date du 24 décembre 1627, a été soustraite à la collection Godefroy (biblioth. de l'Institut).

---

1. L'un des inventaires de ce volume porte *Philibert*, duc de Savoie. C'est une erreur, car Emmanuel Philibert était mort en 1580.

CONTI (M. Anne de Bourbon, princesse de), née 1666, m. 1739.

On a enlevé une lettre ou deux de cette princesse au maréchal de Noailles dans le tome 2 de la correspondance de Noailles (biblioth. du Louvre).

CONTI (princesse de). On a enlevé dans la collection Godefroy (biblioth. de l'Institut) une lettre de cette princesse à Richelieu en date du mois d'octobre 1627.

DANGEAU (Ph., marquis de), né 1638, m. 1720.

Une lettre de Dangeau à Colbert, datée seulement du 24 octobre, a figuré dans la première vente de Trémont (1852), sous le n° 395. Cette pièce vient sans doute de la correspondance de Colbert (Biblioth. nat.).

DUMOULIN. Une lettre signée de ce nom[1], et adressée à l'un des Du Puy, a été arrachée du tome 712 de la collection Du Puy (Biblioth. nat.). Les traces d'arrachement sont encore visibles.

ÉLISABETH-CHARLOTTE de Bavière, duchesse d'Orléans, mère du régent. Deux ou trois lettres écrites par cette princesse au duc de Noailles ont disparu du tome 2 de la correspondance de Noailles (biblioth. du Louvre).

* **ESTIENNE** (Henri). Nous avons dit, page 128, qu'une lettre de ce savant manquait au tome 712 de la collection Du Puy. Ajoutons que cette pièce est très-probablement celle dont le *fac-simile* a été publié dans l'*Isographie* (*Supplément*, 1843), et qui est adressée par Estienne « au conseiller Du Puy, » sous la date du 19 décembre 1579. L'*Isographie* mentionne cette pièce comme appartenant à M. Feuillet (de Conches).

ESTOUTEVILLE (Madame d'). Une lettre de cette dame a été enlevée de la collection Saint-Germain-Harlay (Biblioth. nat.), tome $\frac{323}{5}$ (*olim* 1159). Elle est adressée à Catherine de Médicis et datée du 11 octobre 1571.

FARNÈSE (le cardinal). Les deux lettres suivantes de ce prélat ont disparu du volume 318 de la collection Gaignières (Biblioth. nat.), où elles occupaient les feuillets 217, 218, 219 et 221 :

Au roi. 1555, 23 mai.
A Montmorency. Même date.

* **FLEURY.** Une liasse de lettres du cardinal de Fleury manque dans le carton $\frac{1219}{2}$ du *Supplément français* (Biblioth. nat.).

---

1. Il s'agit probablement de P. Dumoulin, théologien protestant, né en 1568, mort en 1658.

FOIX DE CANDALE (Christ. de), évêque d'Aire de 1560 à 1570.

Une lettre de ce prélat à Henri (IV), roi de Navarre, en date de 1561, a disparu du tome 8595 du fonds Béthune (Biblioth. nat.).

* **FONTEVRAULD.** Une lettre de l'abbesse de Fontevrauld à Colbert, en date du 17 juillet 1672, a passé dans la vente Collier de Beaubois sous le n° 234. Elle a été enlevée à la correspondance de Colbert (Biblioth. nat.).

* **FRANÇOIS Ier.** Outre les autographes de ce prince que nous avons indiqués plus haut, pages 135 et 136, il en manque encore trois dans la collection Béthune (Biblioth. nat.), savoir :

Au duc d'Albany (vol. 8543, fol. 15).

Aux Ligues suisses. 1536 (vol. 8560, fol. 3).

Déclaration en faveur des Anglais (vol. 8612, fol. 139).

Ajoutons que nous avons retrouvé dans un portefeuille de la collection Godefroy la lettre de François Ier relative à Jean Benoise, lettre que nous avons signalée (pages 135 et 145) comme manquant dans le portefeuille 255 de la même collection où elle devait être placée.

* **FRANÇOIS**, duc d'Alençon. Dans le portefeuille 260 de la collection Godefroy (biblioth. de l'Institut) nous avons trouvé le feuillet d'adresse d'une lettre qui a disparu, feuillet sur lequel on lit écrit de la main du duc d'Alençon : *Au roy, monseigneur et frère*; une cote porte : Monsieur, frère du roy, 2 (ou 11) janvier 1584.

* **GALLAND.** La lettre de ce savant que nous avons mentionnée page 138, est reproduite en *fac-simile* dans le *Supplément de l'Isographie* (1843), avec la date du 5 décembre 1578. Elle est donnée comme appartenant à M. Feuillet.

* **GASTON**, frère de Louis XIII. Aux lettres que nous avons signalées (p. 141) il faut en ajouter plusieurs autres qui ont disparu de la collection Godefroy (biblioth. de l'Institut).

* **GODEFROY.** Il s'est glissé dans l'énumération des pièces enlevées à la collection Godefroy plusieurs inexactitudes qui ont été causées par le désordre où l'on a mis les lettres originales du xve au xviiie siècle contenues dans les portefeuilles 254 à 274. — Pour dissimuler les soustractions et dérouter les recherches, on a mêlé et disséminé çà et là les pièces des différents règnes. Un nouvel examen nous a fait retrouver quelques-uns des autographes dont nous avions signalé la disparition. Ainsi, par exemple, les lettres de François Ier, de Charles IX, du président d'Aguesseau, d'Anne d'Autriche, d'Aligre, de Bailleul, d'Alphonse du Plessis, de Gérotymus manquent il est vrai dans les portefeuilles 255, 258, 260, 266, 267, 273 où elles devaient être placées, mais nous avons retrouvé ailleurs plusieurs pièces signées des mêmes noms. En revanche, nous avons découvert soit sur des enveloppes, soit sur des feuillets d'adresse que l'on a oublié d'enlever avec les pièces auxquelles ils appartenaient, l'indication d'un nombre assez considérable de lettres qui ont disparu. Nous citerons, entre autres, des lettres de Marguerite de Navarre à Catherine de Médicis, du grand Condé et de son père, de Lascaris, Tréville, Marguerite de Lorraine, Nevers, de la princesse de Conti, du duc et de la duchesse de Bouillon, du comte de Moret, de Bellièvre, de Chiverny, etc. Nous nous sommes convaincus en outre que cette riche collection a fourni la multitude de lettres qui ont passé dans les ventes (surtout les premières) de M. Libri et qui sont adressés à Richelieu, Villeroy, Mazarin, Césy, Harlay, Bouillon, Puysieulx, Sillery, Rorté, Saint-Chamand, Schomberg, Bellièvre, Béthune, Wicquefort, Aarsen, La Porte, Lionne, Mme de Montglat, etc., et même à Séguier, à de Thou et à Charpentier[1], dont la correspondance se trouve aussi en partie à la Bibliothèque nationale. Enfin, dans d'autres portefeuilles nous avons remarqué les lacunes suivantes :

Portefeuille 15. Il manque une lettre de Henri IV.

Portefeuilles 20 et 21. On a enlevé une pièce intitulée : Journal fort particulier du Sr D. depuis le 24 novembre 1644 jusqu'en 1645.

Portefeuille 142. Deux pièces relatives l'une au mariage de Henri d'Angleterre avec Marguerite d'Anjou, l'autre à la cession faite par Jean, bâtard d'Anjou, à René, roi de Sicile, de ses droits sur le duché de Pont-à-Mousson.

Portefeuille 194. Dans la note 4 de la page 143, il faut enlever ces mots qui se rapportent à un autre portefeuille : *mais presque vide aujourd'hui.*

Portefeuille 232 intitulé : *Italie.* Ce portefeuille contient une enveloppe sur laquelle on lit : *Lettres de Renée de France, duchesse de Ferrare, sœur* (lisez fille) *du roy Louis XII.* Ces lettres ont disparu.

GUSTAVE-ADOLPHE, roi de Suède, né 1594, m. 1633.

Une enveloppe de la collection Godefroy mentionne une lettre de Gustave à Mazarin; cette pièce a disparu. — Jusqu'à présent, à notre connaissance, du moins, aucun autographe de ce prince n'a été mis en vente à Paris [2].

* **HENRI III.** Aux 19 lettres de ce prince que nous avons signalées ci-dessus, page 158, comme enlevées à la collection Saint-Germain-Harlay, il faut en ajouter plusieurs écrites en 1585 par

---

1. Les lettres qui viennent de la collection Godefroy sont, nous l'avons déjà dit, faciles à distinguer des autres. Elles sont reconnaissables aux cotes et aux notes mises en tête ou au dos par les Godefroy ou leurs copistes.

2. Dans nos recherches nous n'avons rencontré d'autre autographe de Gustave que quelques lignes conservées au tome 36 de Du Puy (Biblioth. nat.).

Henri III à La Mauvissière, et qui ont disparu de la collection Béthune (Biblioth. nat.). Elles occupaient les feuillets 38, 40, 41, 43, 44, 46, 47 et 66 du volume 8690.

* **HENRI IV.** Le portefeuille 15 de la collection Godefroy (biblioth. de l'Institut) contient un inventaire des pièces qu'il renferme, inventaire sur lequel on lit : « Lettre de Henri IV à Mme de Montglat, 14 novembre 1606, où il lui commande de fouetter le Dauphin toutes les fois qu'il fera l'opiniâtre. »

Cette pièce a disparu ; c'est probablement celle qui a été annoncée sur le catalogue de la vente Riffet (Libri) n° 97, sans indication de date. — L'analyse donnée par le catalogue porte en effet cette phrase : « Henri IV veut que l'on fouette son fils quand il se montre opiniâtre. »

HENRIETTE D'ANGLETERRE, duchesse d'Orléans, née 1644, m. 1670.

Dans l'une des réunions du conseil d'administration de la Société de l'histoire de France, le 6 octobre 1852, M. le marquis de Pastoret a signalé la disparition, depuis quelques années seulement, d'une trentaine de lettres de cette princesse qui existaient dans les archives du ministère des Affaires étrangères. Voyez le *Bulletin de la Société de l'histoire de France*, 1852, page 327.

HERCULE II, duc de Ferrare, né 1508 ; m. 1559.

On a soustrait du volume 329 de la collection Gaignières (Biblioth. nat.) une lettre écrite par le duc de Ferrare au duc de Montmorency, et l'on a remplacé cette pièce par une lettre de Condé à Richelieu, qui avait été prise elle-même dans la collection Saint-Germain-Harlay (Biblioth. nat.) ou dans celle de Godefroy (biblioth. de l'Institut).

* **JEANNE D'ALBRET.** Une lettre de cette princesse à Montmorency a été enlevée au tome 8877 (f° 34) de la collection Béthune (Biblioth. nat.).

LA GUICHE. Une lettre de ce personnage à M. de Nevers a été soustraite du tome 8918 du fonds Béthune (Biblioth. nat.)

LASCARIS CASTELARD (J.-P.), grand maître de Malte, né vers 1560 ; m. 1657.

Les lettres suivantes qui ont passé dans trois ventes Libri ont été enlevées à la collection Godefroy (biblioth. de l'Institut) :

Au chancelier. 1636, 20 juin (vente Gotlieb W., n° 55).
Au comte de Césy. 1636 (vente Riffet, n° 360).
A Harlay (comte de Beaumont). 1647, 8 mai (vente du 16 avril 1846, n° 385). Le feuillet d'adresse de cette lettre portant la date, le nom du signataire et le nom du destinataire, existe encore dans la collection Godefroy.

La lettre de Lascaris à Bellièvre, en date du 16 octobre 1654, qui a figuré à la vente du 14 mai 1845, n° 194, vient probablement du même recueil.

LORRAINE (Claude II de), duc d'Aumale, né 1526, m. 1573.

De nombreuses lettres de ce prince ont disparu de la collection Saint-Germain-Harlay (Biblioth. nat.), et entre autres la suivante, dont la date nous est donnée par une ancienne cote mise sur un onglet laissé dans le volume ^{320} (*olim* 1148) :

Au roi ? 1568, 3 janvier.

LOUIS, cardinal de Bourbon. Il manque au tome 263 de la collection Du Puy (Biblioth. nat.) une lettre de ce prélat à Du Bellay en date du 28 juillet.

MAIUCELLI ? (Vincent). Il y a au tome 16 de la correspondance de Boulliau (Biblioth. nat.) de nombreuses traces d'arrachement entre les lettres de ce personnage à Boulliau.

* **MANTOUE** (cardinal de). On a enlevé au tome 8676 de la collection Béthune (Biblioth. nat.) une lettre de ce prélat à M. de Nevers, datée de 1562.

MARGUERITE DE GONZAGUE, duchesse de Lorraine. On a enlevé à la collection Godefroy (biblioth. de l'Institut) au moins une lettre de cette princesse à Richelieu.

MÉDICIS (Cosme I de), grand-duc de Toscane, né 1519, m. 1574.

On a enlevé au tome 329 de Gaignières (Biblioth. nat.) une lettre de ce prince en date du 20 septembre 1550 et on l'a remplacée par une minute d'une lettre de Richelieu qui, à en juger par l'écriture des annotations, doit provenir soit de la collection Saint-Germain-Harlay (Biblioth. nat.), soit de la collection Godefroy (biblioth. de l'Institut) [1].

* **MONTMORENCY** (Anne de). Une lettre de Montmorency à Robertet, au sujet de la victoire d'Agnadel (1509), a été enlevée au tome 261 de la collection Du Puy. D'après un inventaire elle était signée aussi par Imbert de Batarnay [2].

MORET (Ant. de Bourbon, comte de), fils naturel de Henri IV, né 1607, m. 1632.

Une lettre de ce prince à M. de Puysieulx a été enlevée à la collection Godefroy (Biblioth. de l'Institut). — Celle qui a passé dans la vente Saint-Julien (Libri), n° 30, comme adressée au même person-

---

1. Dans le même volume on a remplacé deux autres pièces qui ont disparu par une minute de Richelieu et une lettre en espagnol ; celles-ci, d'après l'inventaire, ne devaient pas faire partie du manuscrit.

2. L'indication fournie par l'inventaire est assez vague ; il serait possible que le volume eût renfermé deux lettres, l'une de Montmorency et l'autre de Batarnay.

nage avec la date du 25 juin 1622 vient évidemment de la même collection, si toutefois ce n'est pas la même.

*NEVERS (duc DE). Deux lettres de ce prince, l'une au roi, l'autre à Villeroy (1572), ont disparu du tome 8889 de la collection Béthune (Biblioth. nat.). Une autre, de 1589, adressée à Camille Volta, a été enlevée du tome 9523. Une troisième lettre écrite par Villeroy en date du 25 novembre 1585 manque dans le portefeuille 361 de la collection Godefroy (biblioth. de l'Institut), où nous n'avons retrouvé que le feuillet d'adresse [1].

NICOLAY (J.-AYMAR), président de la cour des comptes. Une lettre de ce magistrat adressée à Colbert (sans date) et enlevée à la correspondance de celui-ci (Biblioth. nat.) a passé dans la vente J. G., n° 346.

NOAILLES. La bibliothèque du Louvre possède, sous la cote F. 325, un recueil de 27 volumes in-fol. contenant une suite de papiers et de correspondances originales de la famille de Noailles. Quelques lacunes existent dans ces manuscrits. En voici la liste :

Tome 2. Lettres d'Élisabeth-Charlotte de Bavière, de la princesse de Conti, du Dauphin Louis, de Philippe V, de Marie-Louise, reine d'Espagne ; 6 ou 7 pièces.

Tome 3. Lettres de madame de Montespan, du cardinal de La Trémouille ; 2 pièces.

Tome 9. Lettres de Pierre II et de Jean V, rois de Portugal, de Philippe V et de sa femme, du duc de Bourgogne ; 8 pièces.

Tome 13. Lettre du cardinal de Tencin.

Tome 14. Lettres de Benoît XIV, de Stanislas Leczinski ; 6 pièces.

Tome 17. 1 pièce qui était probablement une lettre de Louis XV.

Tome 19. 1 pièce relative à un membre de la famille de Saint-Simon.

En tout 25 pièces environ.

D'après un catalogue sommaire écrit de la main de M. Champollion-Figeac, le portefeuille 15 du fonds des Jacobins Saint-Honoré (Biblioth. nat.) devait contenir un nombre fort considérable de lettres en partie relatives à la famille de Noailles. Lors d'un récolement fait en 1848 on n'a plus retrouvé que 4 lettres, et on a constaté la disparition des autres pièces, qui, nous l'espérons, ne sont peut-être qu'égarées, savoir :

1°. 206 lettres du cardinal de Noailles à son frère l'abbé de Noailles, écrites du 4 janvier 1685 au 6 décembre 1717.

2°. 2 lettres de l'abbé de Noailles à son frère le cardinal.

3°. 1 lettre du cardinal de Noailles à l'intendant de Champagne, en date du 13 août 1685.

---

1. Nous avons par erreur consacré aussi un article à ce prince au mot GONZAGUE.

4°. 14 lettres de l'abbé d'Estrées écrites de Madrid pendant les années 1702-1703.

5°. 4 lettres de la princesse des Ursins (1709-1714).

6°. 3 lettres de Bonrepaux, ambassadeur à La Haye (1699).

7°. 6 lettres du duc de Beauvilliers (1698-1709), plus un mémoire sur l'obligation des médecins de faire confesser leurs malades.

8°. 3 lettres du comte du Luc, ambassadeur à Vienne (1716), avec 4 feuillets contenant des minutes d'autres lettres.

9°. 2 lettres du cardinal de Fürstemberg (1698-1700).

10°. 1 lettre de l'archevêque de Gênes.

11°. 1 lettre de D'Argenson, lieutenant général de police.

12°. 1 lettre de Gonzalez, général des jésuites (1700).

13°. 1 lettre de D'Aguesseau.

14°. 2 lettres du duc d'Antin (1712).

15°. 1 lettre de l'abbé Faydit.

Enfin, une lettre d'Antoine de Noailles [1] adressée à Charles IX, en date de 1561, a été arrachée au tome 8695 de la collection Béthune (Biblioth. nat.).

PARABÈRE (Henri Beaudean de), né 1593, m. 1653.

Une lettre de ce seigneur au chancelier Séguier, en date du mois de décembre 1643, a figuré dans la vente Gottlieb W. (Libri), sous le n° 125, après avoir été enlevée probablement à la correspondance de Séguier (Biblioth. nat.).

PHILIPPE II, roi d'Espagne, né 1527, m. 1598.

On a enlevé une lettre de ce prince à Montmorency, en date de 1561, dans le volume 8694 de la collection Béthune (Biblioth. nat.).

PIE IV, pape, mort en 1565.

Il a disparu du tome 8676 de la collection Béthune (Biblioth. nat.) un bref de Pie IV à M. de Nemours, en date de 1563.

PONTCHARTRAIN (Jérome Phélipeaux de). Trois lettres de Pontchartrain au duc de Vendôme ont disparu du carton $\frac{1296}{6}$ du *Supplément français* (Biblioth. nat.).

RAPIN (le P. R.), poëte latin, né 1621, m. 1687.

Le catalogue de la vente du baron de L. L. contient, sous le n° 559, l'annonce d'une lettre de Rapin à Colbert en date du 29 août 1663. Cette pièce a été enlevée à la correspondance de Colbert (Biblioth. nat.).

* **RIVET** (André). Le catalogue de la vente (Libri) du 16 avril 1846 contient, sous le n° 396, l'annonce d'une lettre d'André Rivet à

---

1. Amiral de France, mort en 1562.

Villiers Holman en date du 26 octobre 1629. Elle a été enlevée à la collection Godefroy (biblioth. de l'Institut), où se trouve encore une lettre du même au même.

ROQUETTE. Une lettre de cet abbé à Colbert, en date du 27 novembre 1662, a été énoncée sur le catalogue de la vente J. G., n° 386. Elle a été soustraite à la correspondance de Colbert (Biblioth. nat.).

SAINT-AIGNAN. Le catalogue de la vente J. G. contient, sous le n° 73 (*Supplément*), une lettre de ce seigneur à Colbert énoncée avec la date fautive du 27 novembre 1613 (probablement 1673). Elle vient de la correspondance de Colbert (Biblioth. nat.).

SAINT-ROMAIN. On trouve sur le catalogue de la vente J. G. l'annonce d'une lettre de ce personnage à Colbert, en date de juillet 1669. Elle vient de la correspondance de Colbert (Biblioth. nat.).

SCARRON DE LONGUE. Une lettre de ce frère de Scarron à Colbert, en date du 28 juin 1662, a figuré sur le catalogue de la vente J. G., n° 405. Elle a été enlevée à la correspondance de Colbert (Biblioth. nat.).

SOISSONS (Olympe Mancini, comtesse de), m. 1708.

Une lettre de cette princesse à Colbert, en date du 18 novembre 1665, a figuré dans la seconde vente de Trémont (1853 n° 1075). Elle provient de la correspondance de Colbert (Biblioth. nat.).

VAUBRUN. On trouve dans le catalogue de la vente J. G., n° 442, une lettre du marquis de Vaubrun à Colbert, en date du 30 août 1669. Elle a été soustraite à l'un des volumes de la correspondance de Colbert (Biblioth. nat.).

VIALART (Antoine), archevêque de Bourges. Le volume $\frac{326}{2}$ (*olim* 1163) de la collection Saint-Germain-Harlay (Biblioth. nat.) a perdu la lettre suivante de ce prélat :

Au roi. 1572, octobre (ou novembre?).

VINACESE (Font.). La correspondance d'Hévélius (biblioth. de l'Observ.) renfermait six lettres adressées à Vinacese. Quatre d'entre elles ont disparu, savoir :

S. D. (1677). Sul dubio del ricapito.
1677, 30 mai. Sono molti e molti anni. Cette pièce a été retrouvée dans les papiers de M. Libri.
1678, 25 mars. Binis meis jam pridem.
1682, 7 mai. Post litteras tuas [1]....

---

[1]. Cette pièce est celle dont nous avons parlé plus haut, p. 16.

SUPPLÉMENT

A LA LISTE CHRONOLOGIQUE DES VENTES D'AUTOGRAPHES.

Nous avons donné ci-dessus (pages 35 à 54) une liste de 147 ventes d'autographes faites à Paris jusqu'au 31 décembre 1850[1]. Mais, comme nous avons cité dans le courant de notre travail plusieurs ventes qui ont eu lieu postérieurement à l'année 1850, nous poursuivrons cette énumération en indiquant toutes les ventes venues à notre connaissance jusqu'à ce jour.

1851.

148. — *Catalogue de lettres autographes et de manuscrits provenant du cabinet de M. de C*** (Supplément).* Paris, 1851, in-8°, 98 pages, 928 numéros. — 20-26 mars 1851. M° Lenormant de Villeneuve, comm.-pr.; M. Laverdet, expert chargé de la vente.

149. — *Catalogue des collections de feu M. T. Grille d'Angers, ancien bibliothécaire de cette ville; antiquités, curiosités..., manuscrits, archives et autographes.* Angers, 1851, in-8°, 348 pages, 3262 numéros. — 28 avril-26 mai 1851. M° Marie, comm.-pr.; Cosnier et Lachèse, libr. à Angers. Les autographes, catalogués sous les n°s 3218 à 3262, sont modernes et peu importants.

150. — *Catalogue d'une belle collection de lettres autographes de per-*

---

[1]. Dans cette liste de ventes il s'est glissé quelques erreurs que nous devons rectifier et quelques omissions de peu d'importance :

N° 64. Aux mots : *Catalogue d'une précieuse collection de livres anciens et rares, de lettres autographes, etc.,* il faut ajouter : *provenant du cabinet de M. A.-A.;* 2-11 avril 1839. — Nous avons quelquefois cité cette vente sous le titre de *Vente A.-A.* Il ne faut pas la confondre avec la *vente W. et A.-A.,* qui est de l'année 1841.

N° 69 *bis.* Nous avons oublié dans notre liste l'article suivant : *Catalogue de la bibliothèque de M. D*** R***.* Paris, 1840, in-8°, 211 pages. — 15 octobre 1840. M° Lenormant de Villeneuve, comm.-pr.; Potelet, libr.; 144 n°s d'autogr.

N° 77. *Catalogue de livres et de manuscrits....* 12-18 mars 1842. Cette date est erronée; il faut lire : 12-18 mars 1843.

N° 104 *bis.* Il faut encore ajouter à notre liste l'article suivant : *Catalogue d'une bibliothèque composée en partie de livres de droit et de quelques autographes.* Paris et Lyon; Charavay, 1844. — 18 novembre 1844 et jours suivants. Les autographes, presque tous du temps de l'empire, occupent les n°s 200 à 237.

N°s 129 et 130. Articles placés par erreur à l'année 1848 (page 51). Ils doivent être reportés à l'année 1849.

sonnages célèbres en tous genres, dépendant de la succession de feu M. le marquis de Châteaugiron. Paris, 1851, in-8°, 156 pages, 2013 numéros. — 15-30 octobre 1851. M⁰ A. Clérambault, comm.-pr.; P. Jannet, libr.

1852.

151. — *Catalogue d'une belle collection de lettres autographes, de manuscrits et documents importants sur la destruction des parlements de France, et principalement du parlement de Rouen, etc., provenant en partie du cabinet de feu M. P. Cap.****. Paris, 1851, in-8°, 102 pages, 993 numéros. — 26 février-3 mars 1852. M⁰ Lenormant de Villeneuve, comm.-pr.; M. Laverdet, expert chargé de la vente.

152. — *Catalogue de beaux livres..., et d'une collection d'autographes composant la bibliothèque de feu M. de Saint-Vincent.* Paris, 1852, in-8°. 36 pages, 236 numéros. — 30 avril, 1ᵉʳ mai 1852. M⁰ Colin, comm.-pr.; Pourchet, libr.

153. — *Catalogue d'une jolie collection de lettres autographes de personnages célèbres en tous genres, dépendant de la succession de feu M. J. L****. Paris, 1852, in-8°, 86 pages, 714 numéros. — 24-28 mai 1852. M⁰ Clérambault, comm.-pr.; P. Jannet, libr. Cette vente n'a pas eu lieu à la date indiquée; elle a été remise à une époque postérieure.

154. — *Catalogue d'une belle collection de lettres autographes.* Paris, 1852, in-8°, 168 pages, 1816 numéros. — 25 mai-4 juin 1852. M⁰ Lenormant de Villeneuve, comm.-pr.; M. Laverdet, expert chargé de la vente.

155. — *Catalogue d'une belle collection de lettres autographes et de livres, comprenant une série de documents sur la révolution de 1789, provenant de deux cabinets connus.* Paris, 1852, in-8°, 100 pages. — 22-27 novembre 1852. M⁰ Soyer, comm.-pr.; Charavay, libr. Le catalogue des autographes occupe les 51 premières pages et les nᵒˢ 1 à 555.

156. — *Catalogue de la belle collection de lettres autographes de feu de M. le baron de Trémont, ancien conseiller d'État et préfet de l'empire.* Paris, 1852, in-8°, 222 pages, 1481 numéros. — 9-22 décembre 1852. M⁰⁰ Perrot et Hocart, comm.-pr.; M. Laverdet, expert chargé de la vente.

1853.

157. — *Catalogue de la belle collection d'autographes (Supplément) de feu M. le baron de Trémont.* Paris, 1853, in-8°, 151 pages, 1200 numéros. — 16-24 février 1853. M⁰⁰ Perrot et Hocart, comm.-pr.; M. Laverdet, expert chargé de la vente. La préface contient des détails fort intéressants.

158. — *Catalogue des livres et autographes provenant du cabinet de M. Aubertet, ancien professeur de rhétorique.* Paris, 1853, in-8°, 44 pages, 132 numéros d'autographes tous modernes. — 10-12 mars 1853. M⁰ Soyer, comm.-pr.; Charavay, libr. expert en autographes.

— 290 —

159. — *Notice des livres, manuscrits et autographes du cabinet de feu M. le baron de Varanges.* Paris, 1853, in-8, 12 pages, 94 numéros d'autographes des xvie et xixe siècles. — 17 mars. Me Ridel, comm.-pr.; Lavigne, libr. expert.

160. — *Catalogue de la belle collection de lettres autographes (2e et dernier Supplément) de feu M. le baron de Trémont.* Paris, 1853, in-8°, 196 pages in-8°, 1337 numéros. — Mes Perrot et Hocart, comm.-pr.; M. Laverdet, expert, chargé de la vente.

La mention que nous avons souvent faite, dans notre *Dictionnaire*, d'autographes vendus en Angleterre nous oblige à donner la liste des principales ventes opérées à Londres depuis la fin de l'année 1846 ; ce sont les seules dont les catalogues soient venus à notre connaissance et que nous ayons citées[1].

1846.

161. — *Catalogue of the collection of interesting and extremely rare autograph letters and manuscripts, the collection of professor Maunoir of Geneva, including two volumes of sermons of John Calvin and Peter Viret, hitherto inedited..., etc.* In-8°, 36 pages, 390 numéros. — Londres, Puttick et Simpson; 18 décembre 1846 et jours suivants. Autographes de Victor Amédée, duc de Savoie, Bernouilli (Daniel et Jean), Bossuet, Buffon, Catherine de Médicis, Colbert, Condé, le grand Dauphin, Élisabeth d'Angleterre, François Ier, Henri II, Huygens, La Fontaine, etc.

1847.

162. — *Catalogue of autograph letters partly the property of a royal personnage, including correspondance of every period and class of the higest historical and literary importance.* In-8°, 59 pages, 629 numéros. — Londres, Puttick et Simpson ; 27 avril 1847 et jours suivants. Autographes de Bernard de Saxe-Weymar, Bossuet, Calmet, Cathérine de Médicis, Condé, Chrétienne de France, Christine de Suède, Élisabeth d'Angleterre, Élisabeth, reine d'Espagne, de Thou, Gaston d'Orléans, Henri III, madame de Maintenon, Marie Stuart, La Meilleraye, Richelieu, Saumaise, etc.

163. — *Catologue of autograph letters from the collection of Monsr. A. Donnadieu, including specimens of the greatest rarity and importance, and in unusually beautiful condition.* In-8°, 35 pages, 277 nu-

---

[1]. Il faut y ajouter le catalogue de Th. Rodd, dont nous avons parlé page 91.

méros. — Londres, Puttick et Simpson ; 29 juin 1847 et jours suivants. Autographes d'Anne d'Autriche, Bèze, Biron, Bossuet, Bourdaloue, Calmet, Calvin, Louis Carrache, Cassini, La Force, Charles VIII, Charles-Quint, etc., etc.

1849.

164. — *Catalogue of an extensive and interesting collection of autograph letters of celebrated persons from an early period to the present time, amongst which will be found a mass of correspondences and official documents connected with the projected invasion of England by the Young pretender, etc.* In-8°, 47 pages, 546 numéros. — Londres, Puttick et Simpson ; 19 avril 1849 et jours suivants. Autographes d'Arnauld, Beauvilliers, Biron, Condé, Catherine de Navarre, Coligny, Diane de France, Henri et Charles, ducs de Guise, Hévélius, L'Hospital, Catherine de Médicis, Victor Amédée.

165. — *Catalogue of the interesting collection of autograph letters of the late George Morgan Smith, esq., etc., etc.* In-8°, 46 pages, 519 numéros. — Londres, Puttick et Simpson ; 9 juillet 1849 et jours suivants. Autographes d'Amyot, Anne d'Autriche, Antoine de Bourbon, dom Calmet, Caumont La Force, etc.

166. — *Catalogue of an interesting collection of autograph letters, the collection of William Mitchell, esq., including fine specimens, etc.* In-8°, 28 pages, 224 numéros. — Londres, Puttick et Simpson ; 17 décembre 1849 et jours suivants. Autographes de Bossuet, d'Aguesseau, Élisabeth, femme de Philippe II, Alex. Farnèse, François Ier, du Haillan, Marguerite de Bourgogne.

1850.

167. — *Catalogue of autograph letters the property of the late eminent bookseller Mr Thomas Rodd, to which are added the extensive correspondence of the late William Upcott, esq., comprising several thousand letters also other autograph letters.* In-8°, 14 pages, 141 numéros. — Londres, S. Leigh Sotheby et Ce ; 25 février 1850. Treize lettres de Boulliau à Hévélius, Burlamachi, Brucker, Von Braam, etc.; lettres de Ducange, de Mesmes, Gale, Grotius, Henri III, Léon X, Sadolet, Hévélius, Mornay, Mézeray, Muratori, Oldenburg, de Thou.

168. — *Catalogue of the interesting collection of autograph letters of the late Richard Burton, esq., in which will be found autographs, many being most interesting letters of Anne of Austria..., Charles VII, VIII and IX of France, Charles I and II of England..., René Descartes, Queen Elizabeth..., François I, Henri III of France, Henri VIII..., Louis XIII and XIV..., Mary de Medici, Catherine de Medici..., madame de Montpensier..., sir Peter Paul Rubens..., etc.* In-8°, 43 pages, 603 numéros. — Londres, Puttick et Simpson ; 21 juin 1850 et jours suivants.

169. — *Catalogue of autograph letters, the collection of the late S. George Christison, esq., containing autographs, mostly interesting letters of.... Will. Camden, Charles I and II of England, Charles V of Germany, Christiana of Sweden..., Queen Elizabeth, Francis I..., Henrietta Maria, Henri II, III and IV of France..., James I and II.., Louis XIII, XIV, XV, XVI, madame de Montpensier..., Poussin..., Rubens..., Thuanus, etc.* In-8°, 66 pages, 787 numéros. — Londres, Puttick et Simpson; 19 décembre 1850.

1851.

170. — *Catalogue of an exceedingly choice collection of autograph letters the property of a gentleman, comprising numerous letters of extraordinary rarity, and the whole in fine preservation, having been selected, with great taste and judgment, from the collection of the late William Upcott, also from the collections of M. Maunoir, M. Donnadieu, C. Hodges and others, etc.* In-8°, 49 pages, 456 et 132 numéros. — Londres, Puttick et Simpson; 29 avril 1851 et jours suivants. Autographes du duc d'Albe, d'Anne d'Autriche, Balzac, Bèze, Biron, Bouillon, Condé, Castelnau, La Force, Charles Ier, Charles II, etc.

171. — *Catalogue of highly interesting and valuable autograph letters and historical manuscripts being the well known collection of Monsr. A. Donnadieu, including documents of the greatest rarity and importance.* In-8°, 166 pages, 1038 numéros. — Londres, Puttick et Simpson; 29 juillet-2 août 1851. Autographes de Jeanne d'Albret, Henri d'Angoulême, François (duc d'Alençon), Anne d'Autriche, Antoine, prieur de Crato; Arétin, Bastarnay, Bellièvre, Belzunce, Bentivoglio, Bernis, Bernouilli, Bérulle, Béthune, Bèze, Biron, Boileau, etc., etc.

TABLE

D'APRÈS L'ORDRE DES VENTES

DES AUTOGRAPHES VOLÉS MENTIONNÉS DANS LE DICTIONNAIRE [1].

1822.

4 mars. — *Vente Germain Garnier :* Boileau, Racine.

1829.

14 octobre. — *Vente Auger :* Racine.

1835.

9 décembre. — *Vente Canazar* (Libri) : Baluze, Barclay, Blaeu, Boulliau, Camden, Du Cange, Duchesne, Du Puy, Elisabeth, Elzevier, Flamsteed, Fontenelle, Fouchy, Gassendi, Gaubil, Grævius, Grotius, Gruter, Halley, Heinsius (N.), Hévélius, Huet, Huyghens, Képler, Kircher, La Condamine, La Hire, Mailla, Malherbe, Ménage, Naudé, Nostradame, Oldenburg, Perrault, Picard, Prémare, Réaumur, Saumaise, Ulloa, Wallis.

1836.

17 juin. — *Vente R**** : Gassendi, Ulloa.

1837.

2 mai : *Vente Monmerqué :* Antoine de Bourbon, Baluze, La Condamine, Racine.

18 mai. — *Vente Th. W**** (Libri) : Anne d'Autriche, Comines, Gassendi, Marguerite de France, Mézeray, Montpensier, Naudé, Pasquier, Perrault, Ronsard, Scaliger.

20 novembre. — *Vente Riffet* (Libri) : Anne d'Autriche, Antoine de Bourbon, Aston, Baïf, Baluze, Bellegarde, Blaeu, Bonnivet, Boulliau, Cellarius, Celsius, Chanut, Chapelain, Chifflet (J.-J.), Christine, Cinq-Mars, Concini, Cramoisy, Descartes, Diodati, Dousa, Du Buisson, Du

---

[1]. Le lecteur se rappellera que les autographes volés qui ont figuré en vente publique ne forment qu'une très-faible partie de ce qui a été soustrait à nos bibliothèques. Voyez ci-dessus préface, page 10.

Cange, Duchesne, Du Puy, Du Vair, Elisabeth d'Orléans, Espernon, Euler, Fabert, Fabricius, Fouchy, Frédéric-Guillaume, Gassendi, Gaubil, Gobelin, Godin, Grævius, Gronovius, Gruter, Heinsius (N.), Henri IV, Huet, Huyghens, Képler, Kircher, La Condamine, Lascaris, Maigret, Marca, Marguerite de France, Ménage, Mézeray, Montpensier, Morin, Morisot, Oldenburg, Peiresc, Pellisson, Pithou, Rapin, Rigault, Roberval, Rubens, Sancy, Scaliger, Villiers de l'Isle-Adam, Wallis.

14 décembre. — *Vente Bertin :* Baluze, Concini.

1838.

24 janvier. — *Vente d'un officier général étranger* (Libri) : Anne d'Autriche, Montpensier, Rubens.

21 mai. — *Vente T. de Saint-Julien* (Libri) : Anne d'Autriche, Arnauld d'Andilly, Baluze, Blaeu, Bouillon, Chapelain, Chavigny, Cinq-Mars, Colbert, Concini, Condé, Conti, Cramoisy, Delorme, Feuillée, Fontevrauld, Gassendi, Godefroy, Godin, Grævius (H.), Harlay, Heinsius (N.), Henriette d'Angleterre, Huyghens, Jansénius, La Condamine, La Valette, Lionne, Louis XI, Marca, Marie de Médicis, Meibomius, Molé, Moret, Peiresc, Pellisson, Perrault, Rigault, Ronsard, Rubens, Sainte-Marthe, Saumaise, Scaliger, Terrasson, Thou (de), Wolf.

1839.

7 février (*en partie à M. Libri*) : Baluze, Du Vair, Gassendi, Grotius (P.), Hévélius, Huyghens, Marie de Médicis, Racine.

27 février. — *Vente Gottlieb W**** (Libri) : Achery (d'), Aguesseau (d'), Alembert (d'), Anne d'Autriche, Antoine de Bourbon, Baluze, Bartholin, Beauvilliers, Bellegarde, Blaeu, Boulliau, Chapelain, Charles d'Orléans, Chauvelin, Chavigny, Chrestienne de France, Christine, Cinq-Mars, Clairaut, Coligny, Concini, Conti, Cramoisy, Des Noyers, Du Cange, Duchesne, Du Vair, Euler, Fabert, Feuillée, Fleury, Gaston, Gillot, Godin, Grævius, Grotius, Guichenon, Henri de Galles, Hévélius, Jansénius, Janssonius, Kircher, Labbe, La Condamine, Lascaris, Mabillon, Marie de Médicis, Maurepas, Mersenne, Montespan, Montpensier, Parabère, Peiresc, Perrault, Quesnel, Rembrantz, René, Rigault, Rubens, Saumaise, Scaliger, Wallis.

2 avril. — *Vente A. A. :* Chapelain, Chavigny, Conti, Heinsius (N.), Louis XI, Stanislas.

1840.

25 mai. — *Vente du bibliophile Jacob* (Libri) : Achery (d'), Aguesseau (d'), Alembert (d'), Anne d'Autriche, Baluze, Balzac, Beauvilliers, Boulliau, Casaubon, Catherine de Médicis, Chapelain, Clairaut, Condé, Conti, Daubenton, Du Bellay, Du Cange, Duchesne, Du Plessis-Mornay, Du Puy,

Fleury, François Ier, Gaubil, Grævius, Gronovius, Grotius, Guichenon, Heinsius (N.), Henriette d'Angleterre, Hévélius, Hospital, Huyghens, Jansénius, Mabillon, Magliabechi, Mancini, Marguerite de France, Mersenne, Montpensier, Oldenburg, Peiresc, Perez, Rubens, Saumaise, Scaliger, Sirmond, Thou (de), Vossius.

4 novembre. — *Vente Pixerécourt :* Baluze, Mansart, Mézeray, Pellisson.

1841.

11 mars. — *Vente W. et A. A. :* Bartholin, Concini, Henriette d'Angleterre, Hévélius, Hospital, Marie Stuart, Montpensier, Rubens.

18 novembre. — *Vente feu M. S*** (Libri)* : Antoine, prieur de Crato ; Arnaud d'Andilly, Baluze, Boulliau, Cassini, Chapelain, Colbert, Comines, Concini, Gassendi, Gaston, Gronovius, Grotius, Hévélius, Jansénius, La Place, Malherbe, Marie de Médicis, Montpensier, Peiresc, Quesnel, Racine, Rubens, Sirmond, Spon, Thou (de), Vossius, Wolf.

1842.

17 mars. — *Vente Crapelet :* Cramoisy, Estienne.

13 juillet. — *Vente Descotils :* Chapelain.

21 novembre. — *Vente Al. Martin :* Anne d'Autriche, Bèze, Boulliau, Elisabeth, Gassendi, Hévélius, Rubens, Thou (de).

1843.

12 mars. — *Vente Motteley :* Baluze, Blaeu, Duchesne, Henri II, Montpensier, Peiresc.

16 mars. — *Vente E.... de Zurich :* Charles-Quint.

22 avril. — *Vente Clicquot :* Concini, Gassendi, Malherbe, Montpensier, Peiresc.

15 mai. — *Vente Dolomieu et Libri :* Baluze, Barthélemy, Bernouilli, Bèze, Bossut, Condorcet, Euler, Gassendi, Halley, Herschell, Hévélius, La Condamine, La Place, Manfredi, Marie de Médicis, Montfaucon, Racine, Rubens, Thou (de), Villeroy.

13 juin. — *Vente Van Sloppen :* Baluze, Boulliau, Chapelain, Concini, Golius, Gronovius, Hévélius, Montpensier.

11 décembre. — *Vente Reboul :* François Ier.

1844.

23 janvier. — *Vente Soleinne :* Baïf, Fontenelle, Heinsius (N.), Pasquier, Racine, Scudéry.

5 février. — *Vente Charon :* Bernouilli, Boulliau, Calvin, Casaubon, Chapelain, Christine, Cicognara, Conti, Gassendi, Garasse, Grævius,

Hévélius, Huyghens, Lebeau, Mabillon, Magliabechi, Malherbe, Marca, Ménage, Montfaucon, Muratori, Peiresc, Pellisson, Quesnel, Rubens, Thou (de), Viviani.

18 mars. — *Vente M. de Fr....* : Bouillon.

1er avril. — *Vente de l'Alliance des arts* : Baluze, Duchesne, Gassendi, Heinsius (N.), Hévélius, Malherbe, Marca, Naudé, Nostradame, Oldenburg.

8 avril. — *Vente L**** : Amboise (d'), Anne d'Autriche, Arnauld d'Andilly, Baluze, Bèze, Casaubon, Chapelain, Charles Ier, Chavigny, Comines, Concini, Éléonore, Estrées (Gabrielle d'), Gassendi, Grævius, Grotius, Heinsius, Hévélius, Huyghens, La Condamine, Lascaris, Louis XI, Mancini, Mersenne, Molière, Peiresc, Saumaise, Scaliger, Thou (de), Villeroy.

3 juin. — *Vente de l'Alliance des arts :* Condorcet.

11 juin. — *Vente J. G**** : Achery (d'), Anne d'Autriche, Baluze, Béthune, Bèze, Casaubon, Catherine de Médicis, Chaulnes, Chevreuse, Colbert, Condé, Conti, Du Cange, Duchesne, Du Puy, Éléonore, Estrées (d'), Gassendi, Gobelin, Gramont, Hévélius, Labbe, La Ferté, Lelong, Louis XI, Mansart, Marca, Marie de Portugal, Marie de Médicis, Monconys, Montausier, Montfaucon, Nemours, Nevers, Orléans, Peiresc, Praslin, Rapin, Roquette, Rubens, Saint-Aignan, Saint-Simon, Scaliger, Scarron, Sillery, Vaubrun.

4 novembre. — *Vente Charavay :* Baluze, Chapelain, Mabillon, Vossius.

1845.

3 février. — *Vente Charon :* Anne d'Autriche, Arnaud d'Andilly, Bèze, Calvin, Casaubon, Charles-Quint, Concini, Condorcet, Éléonore, Gassendi, Grotius, Henriette d'Angleterre, Hévélius, Képler, Lascaris, Lebeau, Marie Stuart, Mersenne, Mézeray, Rancé, Rubens, Thou (de).

10 mars. — *Vente Charon :* Anne d'Autriche, Baluze, François Ier, Montpensier, Thou (de).

14 mai. — *Vente Charon :* Académie française, La Fayette, Lascaris, Louis XI, Marguerite de France, Montfaucon, Montpensier, Racine (faux autographe), Rubens, Thou (de).

8 décembre. — *Vente Libri :* Aleandro, Alembert (d'), Anne d'Autriche, Baluze, Blaeu, Bouguer, Bradley, Casaubon, Chapelain, Charles Ier, Chavigny, Chifflet (P.-F.), Colbert, Coligny, Concini, Cujas, Diodati, Flamsteed, Gillot, Gramont (Antoine III de), Guichenon, Henri de Galles, Hévélius, La Condamine, La Hire, La Place, Magliabechi, Malherbe, Marie de Médicis, Marillac, Montpensier, Newton, Oswald, Peiresc, Picard, Rapin, Réaumur, Rubens, Saumaise, Scaliger, Servien, Spon, Thou (de), Vaillant, Villiers de l'Isle-Adam, Vinci, Vossius, Wallis.

1846.

2 février. — *Vente G**** : Achery (d'), Baluze, Castillon, Colbert, Estrées (d'), Hospital, Montfaucon, Rubens, Saint-Simon.

9 février. — *Vente Charon :* Chapelain, Heinsius, Louis XI, Montpensier.

6 avril. — *Vente Charavay* : Gassendi, Hospital, Montpensier.

16 avril. — *Vente Libri :* Anne d'Autriche, Arétin, Arnauld d'Andilly, Bachet, Balzac, Beroalde, Boulliau, Camden, Casaubon, Catherine de Médicis, Chapelain, Charles-Quint, Charles-Emmanuel, Charles de Bourbon, Charpentier, Colbert, Concini, Diodati, Doni, Facardin, François Ier, Galilée, Gassendi, Gillot, Grotius, Guichenon, Hévélius, Huyghens, Jussieu, Képler, Lalande, Lascaris, Lavoisier, Louis XI, Manfredi, Marca, Marie de Médicis, Michel, Montmorency, Peiresc, Pescaire, Racine (faux autographe), Roberval, Rubens, Saumaise, Savaron, Servien, Sigonio, Thou (de), Torricelli, Vaillant, Van der Monde, Victor-Amédée, Wallis.

21 juin. — *Vente Lacoste :* Baluze, Christine, Colbert, Montfaucon.

9 novembre. — *Vente Desgenettes :* Grotius, Pasqualius.

18 décembre. — *Vente Maunoir* (Londres) : Biron, Condé, Victor-Amédée.

1847.

4 février. — *Vente Laroche-Lacarel :* Arnauld d'Andilly, Baluze, Barberino, Barclay, Bentivoglio, Bèze, Boulliau, Colbert, Concini, Du Bellay (J.), Du Cange, Duchesne, Estrées (Gabrielle d'), Fontenelle, Gassendi, Guichenon, Hospital, Jansénius, Mabillon, Marca, Marillac, Morin, Papillon, Pasquier, Peiresc, Pithou, Poyet, Rapin, Rubens, Saumaise, Thou (de).

10 mars. — *Vente Feuillet (de Conches)* : Antoine Arnauld, Baïf, Briçonnet, Calvin, Camden, Casaubon, Castelnau, Condé, Cujas, Fontevrauld, François Ier, Galland, Gassendi, Ganay, Grævius, Grotius, Hévélius, Huyghens, Justel, La Feuillade, La Monnoye, Louis XI, Malherbe, Marca, Marie Stuart, Marillac, Ménage, Montmorency, Naudé, Nicole, Oldenburg, Racine, Rubens, Saint-Aignan, Saumaise, Sidney, Strozzi, Thou (de), Tristan l'Ermite, Trivulzio, Viret.

22 mars. — *Vente Charon* : Heinsius, Louis XI, Marie de Médicis, Mézeray, Peiresc, Petit.

7 avril. — *Vente Collier de Beaubois* : Fontevrauld (abbesse de), Marie de Portugal.

27 avril. — *Vente Puttick et Simpson* (Londres) : Charles Ier, Henriette d'Angleterre, Peiresc, Thou (de).

10 mai. — *Vente Charon* : Charpentier.

29 juin. — *Vente Donnadieu* (Londres) : Concini, Montpensier, Peiresc.

1848.

23 novembre. — *Vente Laverdet :* Baltus, Concini, Heinsius, Hospital, Malherbe, Marie Stuart, Poyet, Rubens, Villeroy.
Décembre. — *Vente Hodge* (Londres) : Rubens.

1849.

19 avril. — *Vente Puttick et Simpson* (Londres) : La Hire.
21 mai. — *Vente Audiffret :* Louis XI.
Juin-juillet. — *Vente Capelle :* Condé, Elisabeth, Montpensier, Naudé, Racine (faux autographe), Rubens.
17 décembre. — *Vente W. Mitchell* (Londres) : Cinq-Mars, Juste-Lipse.

1850.

22 janvier. — *Vente Villenave :* Anne d'Autriche, Baluze, Chapelain, Conti, Du Plessis-Mornay, Grævius, Grotius, Henriette d'Angleterre, Huyghens, Jansénius, La Condamine, Manfredi, Montfaucon, Scaliger.
20 avril. — *Vente Thiébaut :* Baluze, Bauduin, Bourdelot, Cramoisy, Estienne, Mabillon, Malherbe, Rapin, Scaliger.
29 avril. — *Vente Lalande et de C**** : Racine (faux autographe).
19 décembre. — *Vente Christison* (Londres) : Rubens, Thou (de).

1851.

29 avril. — *Vente Upcott, etc.* (Londres) : Concini, Henriette d'Angleterre, Rubens.
29 juillet. — *Vente Donnadieu* (Londres) : Anne d'Autriche, Casaubon, Charles Ier, Chrestienne de France, Des Noyers, Képler, Lavalette, Malherbe, Marie de Médicis, Mazarin, Rancé, Rubens, Saumaise, Thou (de).
15 octobre. — *Vente Châteaugiron :* Baluze, Chrestienne de France, Du Plessis-Mornay, Gassendi, Hévélius, Hospital, Lebrun-Desmarettes, Lipse (J.), Mabillon, Magliabechi, Malherbe, Marguerite d'Angoulême, Rossignol, Rubens, Saumaise, Villeroy.

1852.

26 février. — *Vente P. Cap**** : Charpentier, Mézeray, Montpensier.
30 avril. — *Vente Saint-Vincent :* Rubens.
22 novembre. — *Vente Charavay :* Bongars, Rigault.
9 décembre. — *Première vente Trémont :* Arétin, Bussy-Rabutin, Calvin, Camden, Casimir, Charpentier, Dangeau, Mabillon, Marguerite de France, Marguerite de Lorraine, Rubens, Saumaise, Scaliger, Thou (de), Victor-Amédée, Vinci.

1853.

16 février. — *Deuxième vente Trémont :* Alembert (d'), Baluze, Bellegarde, Chapelain, Charles-Quint, Soissons, Talon.

RECUEILS DIVERS.

Bulletin du Bibliophile : Anne d'Autriche, Antoine de Crato, Baluze, Chapelain, Charles le Téméraire, Du Cange, Duchesne, Flamsteed, Gassendi, Hévélius, Hospital, La Place, Malherbe, Montpensier, Peiresc, Quesnel, Rubens, Savaron, Thou (de).
Bulletin Charavay : Baïf, Baluze, Casaubon, Chapelain, Charles-Quint, Colbert, Concini, Marca, Montpensier, Nicole, Papillon, Racine (faux autographe), Rubens, Scaliger, Urfé (d').
Autographophile : Baluze, Grotius.
Galerie française : Montaigne, Pasquier.
Isographie : Descartes, Estienne, Gabrielle d'Estrées, Fabert, Galland, Huyghens, Louis XI, Mézeray, Muret, Naudé, Poussin.
Iconographie : Du Prat, Malherbe, Montfaucon.

PIÈCES TROUVÉES DANS LES PAPIERS DE M. LIBRI.

Académie des sciences, Bignon, Borda, Boulliau, Bourdelot, Campanella, Casaubon, Chavigny, Christine, Colbert, Croy, Dethlevus, Euler, Fabricius, Feuillée, Fogelius, Gassendi, Godefroy, Guichenon, Heinsius (N.), Hévélius, Huyghens, Leibnitz, Marie de Médicis, Mercator, Mersenne, Oldenburg, Peiresc, Renaldini, Rœmer, Scaliger, Servien, Thou (de), Torricelli, Valle (P. della), Victor-Amédée, Wallis, Wydsga, Zanotti, Zucchi.

PIÈCES ENLEVÉES FIGURANT AUJOURD'HUI DANS DES COLLECTIONS PARTICULIÈRES.

Collection lord Ashburnham : Baluze, Boulliau, Burmann, Cassini, Descartes, Frénicle, Gassendi, Godefroy, Hévélius, Képler, La Place, Leibnitz, Peiresc, Torricelli, Viète, Vinci, Viviani. — Sur cette collection voir encore ci-dessus, p. 10, note.
Collection Feuillet (de Conches) : Du Prat, Estienne, Galland, Henri IV, Knox, Louis XI, Marie Stuart, Montaigne, Muret, Naudé, Poussin.
Collections diverses : Chrestienne de France, Marie Stuart, Montfaucon

ERRATA ET ADDENDA.

Page 17, ligne 13. Ont été paginés par M. Guérard, vers 1832, *lisèz:* par Lalande, mort vers 1810.

Page 21, ligne dernière. *Ibid.*, p. 68, *lisez:* voyez la *Réponse* de M. Naudet, p. 68.

Page 40, ligne 23. M. Cochard, *ajoutez* (archiviste du département du Rhône).

Page 48. N° 95, *ajoutez :* avec un grand nombre de lettres non cataloguées de Concini, Henri IV, Calvin, Boileau, Mme Élisabeth, etc.

— N° 98, *ajoutez :* avec un grand nombre de lettres non cataloguées de Charles Ier, Henri II, Henri III, Ninon de Lenclos, La Fontaine, etc.

Page 56, ligne 27. Par Bourdeleri père et fils, *lisez :* par Bourdelin père et fils.

Page 59. ANNE D'AUTRICHE, morte en 1656, *lisez :* 1666.

Page 61, ligne 43. Contenait 22 lettres, *lisez :* 23 d'après l'inventaire des....

Page 67, ligne 8. Vente AA, *lisez :* vente W et AA.

Page 85, ligne 41. Renfermant 2 lettres, *lisez :* 3 lettres.

Page 86, ligne 3. 6 mars 1553, *lisez :* 1533.

Page 89, ligne 29. Théodore Godefroy, *lisez :* Théodore ou Léon Godefroy.

Page 108, ligne 3. François de Montmorency, né en 1530, m. en 1579, *lisez :* Henri Ier de Montmorency, duc de Dampville, né en 1544, m. en 1614.

Page 110, ligne 18. Tome 9, Wadler, *lisez :* Weidler.

Page 114, ligne 18. 1537, 16 avril, *lisez :* 1538; c'est le 16 avril *avant Pâques* dont il s'agit.

— ligne 32. Soit de la correspondance de Boulliau, *ajoutez :* ou du tome 10 de Peiresc.

Page 122, ligne 4. Évêque de Rieux, *lisez :* évêque de Riez.

Page 129, ligne 14. Montaigne, Racine, *ajoutez :* Bossuet, Poussin.

Page 131, ligne 29. Aucune pièce de Farel n'a passé dans les ventes, *ajoutez :* excepté dans la vente Emmery (1850, n°s 97-99).

Page 138. L'autographo.... existeva, *lisez :* L'autografo.... esisteva.

Page 143, note 3. Archives nationales, section H, *lisez :* série H.

Page 149, ligne 41. Vente du 5 décembre, *lisez :* du 8 décembre.

Page 187, ligne 6. Vente du 22 mars 1845, *lisez :* 1847.

— ligne 12. 1849, *lisez :* 1839.

Page 196, ligne 44. 16 avril 1845, *lisez :* 1846.

Page 202, ligne 28. De nombreuses lettres, *ajoutez :* de Molé.

Page 206, ligne 42. 1859 n° 162, *lisez :* 1849 n° 162.

Page 207, ligne 13. Vente Clocquet, *lisez :* Clicquot.

Page 232, ligne 33. 30 octobre, *lisez :* 3 octobre; — Même correction page 234, note 2.

Page 238, ligne 26. Vente Techener, *lisez :* Charavay.

Page 245, ligne 15. De 3e Thou, *lisez :* de De Thou.

Page 270, ligne 4. Lettre italienne de Zanotti, *ajoutez :* cette lettre italienne (153 A) a été vendue par M. Libri et l'observation imprimée (153 B) a été retrouvée chez lui.

Page 274, ligne 7. Une pièce de vers latins, *ajoutez :* composée par Behr.

Page 279. Devant CHARLES IV *ajoutez* un *.

CONCLUSION.

C'est vers la fin de l'année 1848 que nous avons formé le projet de ce *Dictionnaire*, dont la première livraison a paru au mois de juillet 1851. Durant cinq années nous n'avons pas cessé nos recherches.

Aujourd'hui notre tâche est terminée; mais, bien que nous ayons examiné plus de trois mille manuscrits contenant environ quatre cent mille pièces, bien que nous ayons pu signaler, dans les pages qui précèdent, près de *sept mille* lettres ou documents autographes enlevés à des établissements publics, notre travail est encore très-incomplet, ainsi que nous l'avions annoncé en commençant (page 32). Nous ne nous sommes guère occupés, en effet, que des autographes antérieurs au xviiie siècle; nous n'avons pu visiter qu'un très-petit nombre des bibliothèques de nos départements et, même à Paris, nous avons dû négliger les Archives nationales, celles de l'Université, les importants dépôts du Ministère de la Guerre, du Ministère des Affaires étrangères et d'autres encore, où des déprédations ont été commises.

Le lecteur ne trouvera pas seulement dans ce livre des renseignements sur la question des vols opérés dans les bibliothèques publiques; il y trouvera aussi des notices détaillées, et qu'il chercherait vainement ailleurs, sur nos grandes et précieuses collections de manuscrits qui sont connues seulement d'un petit nombre de personnes studieuses : telles sont les collections Baluze, Béthune, Boulliau, Colbert, Du Puy, Saint-Germain-Harlay, Nicaise, Peiresc, Racine, Séguier, à la Bibliothèque nationale; Cassini, de l'Isle, Hévélius, à la bibliothèque de l'Observatoire; Noailles, à la bibliothèque du

Louvre; Godefroy, Guichenon, Sainte-Marthe, de Valois, Léonard de Vinci, à la bibliothèque de l'Institut; Peiresc, à Carpentras; Christine de Suède, à Montpellier. Ces notices et les détails répandus dans notre *Dictionnaire* sur près de onze cents personnages, dont les noms ont été tous relevés dans la *Table générale,* fourniront un recueil d'utiles indications à ceux qui s'occupent de l'histoire des XVIe et XVIIe siècles.

Ce volume renferme tant de noms et de dates que nous ne pouvons prétendre avoir évité toute erreur : nous avons relevé nous-mêmes soit dans le supplément, soit dans l'*errata,* des inexactitudes et des fautes d'impression qui nous avaient échappé. Enfin, nous devons le dire, il est possible que quelques-unes des pièces signalées par nous comme absentes se retrouvent ailleurs un jour ou l'autre; nous avons seulement constaté l'état des manuscrits au moment où ils sont passés entre nos mains.

Signaler de déplorables soustractions qui, pour la plupart, ne remontent pas au delà d'une vingtaine d'années, et y mettre un terme en éveillant sur ce point l'attention publique; placer sous les yeux des bibliothécaires des renseignements suffisants pour les aider à exercer leurs revendications, faire appel à la probité des amateurs et des marchands, les tenir en garde eux-mêmes contre les déprédateurs ou les faussaires et, à la fois, nous reposer de cette tâche pénible en indiquant les trésors historiques et littéraires qui se rencontraient sur notre chemin, tels sont les résultats que nous nous étions proposés par cette publication et que nous espérons avoir obtenus.

Paris, 31 mai 1853.

TABLE GÉNÉRALE

DES NOMS CITÉS DANS LE DICTIONNAIRE [1].

Aarsen ou Aersen, p. 275, 282.
Abain (d'), 124.
ACADÉMIES de Cambridge, 55; — FRANÇAISE, *ib.*; — DES SCIENCES, DES INSCRIPTIONS, *ib.*
ACHERY (d'), 271.
ADANSON, 57.
Agnès Sorel, 227, note 3.
AGUESSEAU (famille d'), 57, 146, 281, 286, 291; — (bibliothèque d'), 42.
AIGUILLON (la duchesse d'), 57.
AKAKIA, 57.
Albani (le cardinal), 210.
Albany (le duc d'), 193, 253, 281.
Albe (duc d'), 292.
ALBINUS, 57.
Albums d'autographes, 101 et 102, note.
ALCIAT, 58.
ALEANDER (Jér.), 58, 218, 228, 271.
ALEMBERT (d'), 57, 58, 271.
ALENÇON (Franç., duc d'), 136, 281, 292.
Alexandre (Vie d'), par Christine de Suède, 97.
ALIGRE (d'), 271; 146, 237, 281.
ALLATIUS, 58, 271.
AMBOISE (cardinal d'), 271; 94, 140.
AMONCOURT (d'), 272.
Amyot (Jacq.), 291.
Ancelot, 98.
ANCRE (Concini, maréchal d'), 102; 43, 221, 237, 279, 300; — (la maréchale d'), 8.
Andelot (d'), 81.
André (le P.), 62, note.
ANGOULÊME (duc d'), 272; 237, 239, note; 292.
ANGOULÊME (évêque d'), 272.
Anjou (le duc d'), 108, 249, 252. Voy. Henri III.

ANNE d'Autriche, 45, 59, 237, 272, 281, 291, 292.
ANNE de Beaujeu, 58, 227, note 3.
Anne de Bretagne, 227, note 3.
Antin (d'), 286.
ANTOINE de Bourbon, 60, 291.
ANTOINE, prieur de Crato, 272, 292.
Anville (d'), 53, 57.
Arbogast, 56, 111, note; 132.
Arcy (d'), 58.
ARETIN, 60, 272; 14, 292.
Argenson (d'), 65, 286.
Armagnac, 116, 154.
ARNAULD d'Andilly, 60, 210, 232, 291; — (Antoine), 61; — de Pomponne, 44.
ARNOUX (le P.), 273.
Ashburnham (lord), 10, note; 40, 64, 79, 80, 85, 112, 137, 139 note, 147, 162, 175, 179, 183, 222, 258, 262, 266, 299.
ASTON, 61, 76, 164.
Aubespine (de l'), 237.
Aubeterre (d'), 172.
AUMONT (d'), 61.
AVAUX (d'), 273; 237.
AVIRON (d'), 273; 124.
Azubi, 219, note 3.

BACHET de Méziriac, 61, 142.
Bagny (le nonce de), 62, note.
BAÏF, 61, 273.
Bailleul, 146, 281.
BAILLY J.-S.), 62, 75, 104.
BALDUINUS (Gottl.), 62.
BALTUS (le P.), 273.
BALUZE (collection) à la Biblioth. nationale, 62-65, 192, 273 et *passim.*
BALUZE (Étienne), 57, 62, 67, 75, 80, 99, 105, 148, 176, 182, 188, 189, 192, 199, 205, 273.

---

[1]. On a indiqué dans cette table tous les noms cités dans le volume afin de le rendre aussi utile que possible aux recherches historiques. — Les noms imprimés en petites capitales sont ceux auxquels un article spécial est consacré.

Balzac, 65, 292.
Baner (Schvanthe), 65.
Barat, 199.
Barbarigo, 210.
Barberino (le cardinal), 65, 210, 273.
Barbezieux, 66, 154.
Barbié du Bocage, 53.
Barclay, 66.
Barthélemy (l'abbé), 66.
Bartholin (Er.), 66, 164.
Bassompierre, 237.
Batarnay, 284, 292.
Baudius, 274; 75.
Baudoin, 184.
Bautru, 237.
Bayard, 9, 227, note 3; 228, note 1
Bayer, 67.
Bayle, 44, 210.
Beaufort, 237.
Beaujolais (de), 188.
Beaune (de), 186.
Beauvilliers, 67, 244, 286, 291.
Behr, 274.
Belestat (Mme de), 169.
Belgique (Bibliothèques de), 10, note 2.
Belin, 214.
Bellay (famille du), 114; 85, 94, 135, 180, 185, 193, 197, 205, 226, 228, 250, 258, 261, 276, 278.
Belleau (R.), 67.
Bellefonds (maréchal de), 235.
Bellegarde, 274; 154, 237.
Bellièvre, 146, 155, 159, 282, 284, 292.
Bellori, 210.
Belzunce, 292.
Benoise (Jean), 135, 145, note; 281.
Benoit XIV, 274.
Bentivoglio (le cardinal), 67, 274, 292.
Bentivolus (J. a), 67.
Berend, 67.
Beringhem, 218.
Bernardin de Saint-Pierre, 53.
Bernart, 76.
Bernis, 292.
Bernouilli (famille), 31, note 2; 67, 68, 75, 290, 292.
Beroalde, 68, 69, 70.
Berriat-Saint-Prix, 107, 229.
Berruyer, 68, 210.
Berthe de Villers, 30.
Bérulle, 237, 292.
Besly, 274; 117, 216.
Béthune (collection) à la Bibliothèque nationale, 6, note 3; 18, 68 et *passim*.

Béthune (famille de), 69, 127, 237, 274, 282, 292.
Bèze (de), 69, 76, 146, 277, 290, 292.
Bezout, 98.
Bignon (correspondance de) aux archives de l'Institut, 57, et à la Bibliothèque nationale, 274.
Bignon, 57, 70, 94, 108, 133, 134, 198, 254, 269, 274. — 51.
Billy (le P. J. de), 223.
Biron (de), 70, 274, 290, 291, 292.
Blaeu, 71, 76.
Bochetel, 71, 154, 156.
Boddens, 72.
Boecler, 72, 76.
Boileau, 15, 21, 22, note 1; 73, 229-235, 275, 292, 300.
Boisrobert, 275.
Boisy (Gouffier de), 73, 106; — (cardinal de), p. 275.
Bona, 210.
Bongars, 74, 275.
Bonnivet, 74, 275.
Bourepaux (de), 255, 286.
Borda, 74.
Borromée (Fréd.), 123.
Boscovich, 74.
Bose, 74.
Bossuet, 74; 45, 53, 210, 290, 291.
Bossut, 74, 104, 261.
Bouguer, 67, 75, 177, 259.
Bouhier, 106, 204, 210, 213.
Bouhours (le P.), 232.
Bouillon (duc de), 75, 160, 275, 282, 292; — (cardinal de), 63, 64, 75, 188, 192.
Boulliau (manuscrits) à la Bibliothèque nationale, 75-79; 7 note, 17, 19 et *passim*.
Boulliau (Ismaël), 75; 28, 71, 88, 112, note 2; 132, 162, 164, 167, 168, 222, 291.
Bourbon (le connétable de), 92; — (Charles de), duc de Vendôme, 93, 251; — (le cardinal de), 93, 284. Voyez Antoine.
Bourbon (Nic.), 276.
Bourdaloue, 290.
Bourdelin, 44, 56. Voyez l'*Errata*.
Bourdelot, 79, 210.
Bourdillon (de), ambassadeur, 276; 60.
Bourquelot (M.), 33.
Boville (de), 154.
Bradley, 79.
Brandius, 79.
Brémont, 97.
Bréquigny, 57.

Bretignières, 276.
Breton, 79, 276.
Brézé (de), 202.
Briçonnet, 276.
Brienne, 154.
Brissac, 80, 148.
Bruhl, 80.
Brunetto (Cosimo), 80, 164.
Buache, 37, 109.
Buckingham, 237.
Buffon, 57, 290.
Bullion (de), 190.
Bullinger, 276.
Burattini, 80.
Burlamachi, 291, 300.
Burmann, 80.
Bussy-Rabutin, 276.
Buttler, 254.

Cagnoli, 81, 178.
Callas, 81, 218.
Calmet (dom), 64, 290, 291.
Calogera, 266.
Calvin, 81, 276; 31, note 2; 176, 199, 266, 290, 291.
Calvisius, 81.
Calvus (Franciscus), 58.
Camden, 82, 95, 277.
Camerarius, 277.
Campanella, 82.
Camus, évêque de Séez, 277.
Capellus (D.), 83.
Capperonnier, 232, note 2.
Caraffa (cardinal), 83.
Carcavi, 83, 132, note 3; 150, 164, 258.
Carpi, 83.
Carrache, 45, 291.
Carraciolo, 277; 121.
Casaubon, 83, 121, 249, 255, 263, 277.
Casimir, comte palatin, 277.
Casimir, roi de Pologne, 277.
Cassini (papier des) à la bibliothèque de l'Observatoire, 84 et *passim*.
Cassini (famille), 57, 75, 84, 104, 153, 164, 168, 191, 224, 291; —
Cassini de Thury, 62, 68, 80, 81, 105, 161, 177, 198, 247, 268, 269.
Castelnau, évêque de Tarbes, 85, 278. Voyez Clermont, La Mauvissière.
Castillon, 86.
Catherine de Médicis, 43, 72, 86, 91, 126, 158, 159, 185, 194, 195, 199, 207, 209, 254, 262, 280, 282, 290, 291.
Catherine de Navarre, 86, 291.
Catherine de Portugal, 278.
Catherine II, 45.

Cavendish, 111.
Cazreus, 139.
Cellarius (Christ.), 86.
Cellarius (J.), 86.
Celsius, 87.
Cerf (dom), 189.
Césy (de), 278; 131, 144, 274, 282, 283.
Chabannes, 122.
Chabot (Ph. de), 87, 278.
Challes (Milliet de), 87.
Chambes (Hélène de), 102.
Chamillard, 278.
Champollion-Figeac (M.), 16, note 5; 214, 225, 285; — (M. Aimé), 18, 135 note.
Changobert, 69, 70.
Chanson sur le commerce des autographes, 12.
Chanteloup (de), 225.
Chanut, 87, 281.
Chapelain, 87, 278; 28, 55, 165.
Charles V, 227, note 3; 228, note 1.
Charles VII, 89, 278; 48, 186, 187, 245, 269, note 3; 291.
Charles VIII, 89, 278; 48, 154, 291.
Charles IX, 89, 278; 65, note 4; 72, 86, 126, 154, 189, 252, 262, 281, 291.
Charles-Quint, 90, 135, 227, note 3; 278, 291.
Charles Ier d'Angleterre, 43, 91, 237, 292.
Charles II d'Angleterre, 292.
Charles II d'Espagne, 96.
Charles III de Lorraine, 91.
Charles IV de Lorraine, 92; 279.
Charles le Mauvais, 92.
Charles le Téméraire, 92; 17, 227, note 3; 279.
Charles-Emmanuel, 92, 279.
Charnacé, 237.
Charon (M.), 30, note 2; 33, 227.
Charpentier, secrétaire de Richelieu, 93, 95, 235, 239, 240, 244, 275, 279, 282.
Charpentier, académicien, 93.
Chastillon (le cardinal de), 93.
Châteauneuf (de), 196.
Chateauroux (duchesse de), 94.
Chatellerault (duc de), 195.
Chaulnes (duc de), 94, 237.
Chaumont (maréchal de), 94.
Chauvelin, 94.
Chavigny, 94, 144, 147, note, 202.
Chevreuse (duchesse de), 95, 237.
Chevry, 95.
Chifflet (Ph. et J.-J.), 6, noté; 95, 169, 210.

Chigi (Borghèse), 97.
Chiverny, 193, 282.
Choisy (de), 262.
Chouaine, 146, 213.
CHRÉTIEN (Flor.), 95.
CHRÉTIENNE de France, 96, 279, 290.
Chrétienne de Savoie, 237.
CHRISTINE (manuscrits de la reine) à Montpellier, 96-98 et *passim*.
CHRISTINE, reine de Suède, 96, 290, 291.
Chroniques de Saint-Denis, 143, note.
CICOGNARA, 98.
CINQ-MARS, 98.
CLAIRAUT, 98; 58.
Claude (M.), 20, note 2; 25, note 1; 62, 68, 86.
Clément IV, 217.
Clément IX, 97.
CLERMONT (cardinal de), 98.
CLÈVES (Ph. et Fr. de), 99, 259.
Cœur (Jacques), 227, note 3.
COLBERT (correspondance de) à la Bibliothèque nationale, 100 et *passim*.
COLBERT (J.-B.), 62, 63, 67, 88, 99, 129, 130, 149, 150, 165, 171, 191, 192, 194, 196, 198, 199, 201, 204, 207, 209, 212, 221, 226, 233, 245, 251, 253, 274, 276, 277, 278, 279, 280, 281, 285, 286, 287, 290.
Colbert (J.-N.), 64, 100; — Colbert de Vandière, 105.
COLERUS, 101.
COLIGNY, 101, 152, 291.
COLIN (Valère), 101.
COMINES, 102.
CONDÉ (Louis Ier de), 103; — (Henri Ier de), 103, 126; — (Henri II de), 103, 237, 279, 283; — (Louis II, le grand), 104, 279; 52, 282, 290, 291, 292.
CONDORCET, 104; 43, 57, 75.
Conringius, 63, note; 273.
CONTI, 104; 103, note; 238; — (princesse de), 280, 282; — (Anne-Marie de), 105, 280.
CORBINELLI, 105.
Corinthe (l'archevêque de), 97.
Cossé (de), 90, 154.
Coton (le P.), 238.
COTTON (sir J.), 105.
Couet (l'abbé), 55.
Coulanges (l'abbé de), 49.
Coulligny, 101, note 3.
COULOMB, 105.
COURCELLES (marquise de), 105.
Court, 97.

CRAMER, 106.
CRAMOISY (Séb.), 106.
Crillon, 8.
CROWN, 106.
CROY (Guill. et Chrétienne de), 106.
Crugerus, 109.
CRUMWELL (Th.), 106.
CRUSSOL (J. de), 107.
CUJAS, 76, 107, 227, note 3; 248.

Dacier, 39.
DAMPVILLE, 108, 206, note.
DANGEAU, 280.
Dates d'autographes falsifiées, 28, 243, etc.
DAUBENTON (le P.), 108.
Daunou (M.), 11, note 2.
Delamarche, 218.
De la Mare (Phil.), 157.
De la Vie (le P. F.), 193.
De la Vigne, 158, 171, 185, 193.
DE L'ISLE (manuscrits et correspondance de) à la bibliothèque de l'Observatoire, 108 et *passim*.
DE L'ISLE, 7, note; 19, 20, 21, note 1; 31, note 2; 37, 108, 161, 190.
DELORME (Ch.), 110.
DENHOFF, 112.
Denitia (Lodovica), 246.
Desbordes-Mercier, 74.
DESCARTES, 110; 9, 15, 20, 31, note 2; 43, 45, 201, 291.
Des Chenetz, 99, 143, 158, 185.
Des Fossés (le P.), 182.
DES NOYERS, 112; 76, 78, 79, 80, 165, 167.
DETHLEVUS CLUVERUS, 112, 165.
DIANE de France, 291.
Diane de Poitiers, 8, 227, note 3; 228, note 1.
DIODATI, 113, 218.
Divinis, 112, note 3.
DOLET (Et.), 113.
DONI, 113.
DOPPELMAYER, 113.
Dormalius, 218.
Doubrowski (M.), 156.
Dousa (Jan.), 113.
Du BARTAS, 113.
Du Bouchet, 152.
Du BUISSON, 114.
Du CANGE, 114, 291.
DUCHASTELARD, 115.
DUCHESNE (A. et Fr.), 115, 221.
Dufourny, 225.
Dughet, 210.
Duguesclin, 227, note 3.
Du HAILLAN, 115, 291.

Dumoulin (P.), 280.
Dunois, 227, note 3.
Dunois (le comte de), 187.
Du Perron, 172, 276.
Dupin (l'abbé), 231, note 1.
Du Plessis-Mornay, 115.
Du Prat, 116, 185, 193, 244.
Du Puy (collection) à la Bibliothèque nationale, 116-125; 7, note; 16, 27, 28, 29 et *passim*.
Du Puy (famille), 39, 76, 102, 184, 208, 218, 219, note 3; 221, 240, 242, 246, 248, 255, 257, 261, 280.
Dupuy (Henri), 125.
Duras, 125.
Du Vair, 125.

Egmont (d'), 8.
Eichstadt, 163.
Eisenmann, 56.
Elbeuf (d'), 238.
Eléonore d'Autriche, 125.
Elisabeth d'Angleterre, 126, 290, 291.
Elisabeth, reine d'Espagne, 126, 290, 291.
Elisabeth-Charlotte de Bavière, 280.
Elisabeth d'Orléans, 126.
Elzevir, 126; 8, 76.
Emmanuel de Portugal, 127.
Ermite (Dan.), 121.
Espagne (rois, reines et grands d'), 127, 154. Voyez aussi 38.
Espernon (maison d'), 127, 238.
Estampilles, 20, 23, 26, 76, 111, 201, etc.
Este (cardinal d'), 97.
Estienne (H. et R.), 128, 280.
Estiennot (dom Cl.), 64, 273.
Estouteville, 280.
Estrées (famille d'), 129, 238, 286; — (Gabrielle d'), 128; 13.
Euler, 129; 31, note 2.

Faber (J.), 130.
Fabert (maréchal), 130, 238.
Fabri, 131, 221, 223.
Fabri (Ysabella), 122.
Fabricius, 131; 76.
Fabrot, 218.
Fagardin, 131.
Fac-simile d'autographes : Balzac, 65; Boileau, 73; Bossuet, 129, note 3; Camden, 82, note 3; Descartes, 15, 110; Du Prat, 116; Henri Estienne, 280; Fabert, 130; Gabrielle d'Estrées, 13, 128; Galland, 281; Hévélius, 167, note 2; Jacques II d'Ecosse, 171; Louis XI, 18; Malherbe, 190; Marie

Stuart, 195, 196; Montaigne, 203; Montfaucon, 205; Muret, 208; Naudé, 209; Pascal, 14; Pasquier, 214; Poussin, 226; Rabelais, 228, note 3.
Fallot (Gust.), 15, 265.
Falsifications opérées sur des volumes pour dissimuler des vols, 23, 25, 76-77, 94, 104, 107, 120, 203, 257, 268, note 2, etc.
Farel, 131; 81, 130, 266, 276.
Farnèze, 280; 8, 291.
Faux autographes, 30, 73, 128, 196, 227, 228, 232-235.
Faydit (l'abbé), 286.
Fell, 131.
Fermat (P. et Sam. de), 131; 19, 76, 132.
Ferrante Carlo, 132.
Ferrier, 132.
Ferrier (le président du), 169.
Feuillée (le P.), 132; 108.
Feuillet (M.) de Conches, 9, note 3; 12, 14, note 1; 18, 21, 22, notes 1, 2 et 3; 33, 51, 116, 129, 159, 160, note; 176, 190, 194, 195, 203, 204, notes; 208, 209, 226, 227, 228, 234, 280, 281, 297, 299.
Filleul (Pierre), 123.
Fixmillner, 132.
Flamsteed, 109, 133, 165.
Fleury (manuscrits de) à la Bibliothèque nationale, 55.
Fleury (cardinal de), 133, 280.
Florence (archives de), 10, note 2.
Fogelius, 134, 165.
Foix (Gaston de), 133.
Foix de Candale (de), 281.
Foncemagne, 39.
Fontaine (M.), 10, note; 36, note; 41.
Fontana, 134.
Fontenelle, 134.
Fontevrauld (de Rochechouart-Mortemart, abbesse de), 134, 281.
Forbin (Loys), 134.
Force (de la), 237, 291, 292.
Forcellini, 266.
Formont, 129, 222.
Fortia (de), 105.
Fouchy (Gr. de), 134.
Foucquet, 134.
Fourcroy, 57.
Fraisse, 218.
Franciscus (Erasm.), 135.
François Ier, 135, 281; 86, 90, 126, 179, 189, 194, 227, note 3; 259, 290, 291.
François II, 227, note 3.
Frangipano, 215.
Frédéric-Guillaume, 137.

Frenicle, 19, 137.
Fréret, 137; 67, 108, 109, 141, 226.
Fresne (de), 255.
Fürstemberg, 286.

Gaillard, 221.
Gale, 137; 61, 63, 64, 165, 291.
Galilée, 138; 45, 65, 76, 83.
Galland, 138, 210, 281.
Gallet, 140, 165.
Gallois (l'abbé), 165.
Ganay (J. de), 140.
Garasse, 245.
Garnier (Germ.), 35, 229, 230.
Gassendi, 138; 19, 42, 113, 162, 165, 166, 219, note 3.
Gaudil (le P.), 141; 109.
Gaultier (Jean), 217.
Gênes (l'archevêque de), 286
Genève (archives de), 10, note 2.
Georges de Hesse, 142.
Germain (dom Mich.), 189.
Gerotimus (le patriarche), 146, 281.
Gesvres (de), 142.
Gevaert, 240, note 4.
Ghenlis, 142.
Giffen (Hub. van), 142.
Gillot (Jacq.), 142.
Givry (cardinal de), 142.
Gobelin, 143.
Godeau, 143.
Godefroy (manuscrits) à la bibliothèque de l'Institut, 143-147; 7, note; 281 et *passim*.
Godefroy (famille), 55, 89, 100, 102, 124, 126, 127, 130, 143, 156, 184, 197, 202, 207, 221, 245.
Godin, 147; 58, 162.
Goldmann, 148.
Golius, 147.
Gollet (le P.), 137.
Gonzague (maison de), 148, 238, 284.
Gonzalez (le P.), 286.
Gordes (de), 148.
Got (Claude), 186.
Goulas, 105, 207.
Goupil, 148.
Grævius (J. G. et N.), 148, 149; 63, 64, 76, 166, 210, 273.
Grammatici, 149.
Gramont (maison de), 149.
Grandval, 35.
Gratto (Fr.), 80.
Grignan, 49.
Grille, 108.
Grollot (Cl.), 246.
Gronovius, 76, 150.

Grotius (H. et P.), 76, 150, 151, 218, 238, 291.
Gruter, 76, 151.
Gualdo, 151.
Guébriant, 238.
Guez (du), 151.
Guichenon (correspondance de) à la bibliothèque de l'Institut, 151 et *passim*.
Guichenon (Sam.), 93, 96, 151, 201, 202, 251.
Guignes (de), 57.
Guise (ducs et cardinal de). Voyez Lorraine.
Gurtmeier, 88.
Gustave-Adolphe, 282.

Haakius, 152.
Hacki, 152.
Hallewin (J. de), 153.
Halley, 153, 166.
Halton, 153.
Harcourt (d'), 238.
Harlay (manuscrits de Saint-Germain-) à la Bibliothèque nationale, 153 et *passim*.
Harlay (famille de), 153, 156, 238, 245, 255, 282, 283.
Hartlieb, 156, 200.
Hase (M.), 25, note 1; 118, note 4; 182, 201.
Hasius, 156.
Haunoldt, 166.
Havley, 156.
Heidart, 142.
Heinsius (D. et N.), 76, 156, 157, 175.
Hell, 157.
Hemery (d'), 158.
Henri II, 158; 31, note 1; 83, 227, note 3; 260, 290, 291, 300.
Henri III, 158; 45, 126, 136, 172, 189, 190, 194, 196, 263, 282, 290, 291, 300. Voyez Anjou (duc d').
Henri IV, 158; 43, 45, 70, 92, 125, 126, 127, 171, 222, 224, 247, 251, 263, 279, 281, 282, 283, 291, 300.
Henri VII, roi d'Angleterre, 160.
Henri VIII, roi d'Angleterre, 160.
Henri, prince de Galles, 160.
Henriette de France, reine d'Angleterre, 160, 238, 291.
Henriette d'Angleterre, 283.
Hercule II de Ferrare, 283.
Herschell, 161.
Herstenstein, 161.
Hévélius (correspondance d') à la bibliothèque de l'Observatoire, 161-168 et *passim*.

Hévélius (Jean), 161; 7, note; 15, 16, 19, 27, 28, 29, 31, note 2; 76, 77, 108, 153, note; 266, 291.
   Heysig, 164.
   Holland (lord), 238.
   Hollande (lettres des Etats généraux de), 97.
   Hollmann, 168.
   Holstenius, 168, 221.
   Hornsby, 168.
   Hospital (de l'), 169, 291.
   Hostallerie (de l'), 273.
   Hotman (Fr.), 145.
   Hozier (d'), 169, 227, note 3.
   Huet (manuscrits de), 10, note; 28, 162, note 6.
   Huet, 87, 169, 210.
   Huyghens, 170; 76, 166, 290.

Intercalations et substitutions de pièces pour dissimuler les lacunes faites dans les volumes, 27, 66, note 2; 95, 99, note; 120, 123, note 1; 142, 251, 257, 259, 260, 277, 278, 283, 284, etc.
   Inteville (d'), 61, 90, 114, 136, 149, 180, 182, 196, 258, 264, 278.
   Isabelle de Hongrie, 171.
   Ivergny (d'), 171.

   Jacob (M.-P. Lacroix, bibliophile), 45, 46, 48, 111, note; 227, 228.
   Jacques Ier d'Angleterre, 171, 238, 291.
   Jacques II d'Angleterre, 171, 291.
   Jacques II d'Ecosse, 171.
   Jacques, bâtard de Savoie, 172.
   Jalliot, 37.
   Jansenius, 172.
   Janssonius, 172.
   Jean, prince de Valachie, 131.
   Jean V de Portugal, 172.
   Jean, duc de Deux-Ponts, 172.
   Jean d'Albret, 172.
   Jeanne d'Albret, reine de Navarre, 9, 86, 101, 172, 283, 292.
   Jeannin (le président), 173.
   Jodelle (Et.), 173.
   Joly de Fleury, 117, 119.
   Jonstenius, 173.
   Joyeuse (Guill. de), 173.
   Jubinal (M.), 16, 17, 24, 25, 69, 117, note 8; 203, 209.
   Jules II, 173.
   Jules III, 199.
   Jussieu (Bern. et A.-L. de), 174; 57, 75.
   Justel, 76, 174.
   Képler, 8, 9, 31, note 2; 83, 109, 174.

Kirch, 175, 239.
Kircher, 175; 28, 166.
Kirchmaier, 166.
Kirstenius, 176.
Knox (Jean), 176.
Knutzen, 176.
Kochanski, 176.
Kulpis, 176.
Künitz (Maria), 163.

Labanoff (M.), 72, 195.
Labbe, 176.
La Bruyère, 52.
Lacépède, 57.
La Charme, 177.
La Chatre, 255.
La Condamine, 177; 75.
Lacroix, 177.
Lafayette, 52, 177.
Lafayette (Mme de), 177.
La Ferté-Senecterre, 178.
Lafeuillade, 178.
La Fontaine, 22, note 1; 290.
Lagrange (le P.), 180.
La Guiche, 283.
La Hire, 178.
Lalande (Lefrançais de), 178; 56, 162
Lalande, employé de la Bibliothèque du roi, 93, 94, 135, 150, 190, 212, 213, 220, 237.
Lambecius, 168, 178.
Lambert (M.), 218.
Lambertus (A.), 166.
La Meilleraye, 179, 238, 290.
La Monnoie, 179, 210.
Lamy (le P.), 210.
Langenmantel, 166.
Langius, 166, 179.
Langlès, 66.
Lanoy (Ch. de), 179.
Lanssac, 179.
Lantinus, 157.
La Palice (maréchal de), 179.
Laplace, 57, 179.
La Porte, 282.
Laporte-du-Theil, 57, 118, 230.
Larchevêque (J.), 180.
La Roche (marquis de), 142.
Larochefoucauld, 180.
La Rochepot, 180; 135, 158, 263.
La Roque, 180.
Lascaris (A. de), 180, 282.
Lascaris (And.-J.), 180.
Lascaris (J.-P.), 283.
La Trémouille, 181.
Laubardemont, 238.
Lautrec (Odet de Foix, maréchal de), 181.

LAVAL (le P.), 181.
LA VALETTE, 158, 181, 238. Voyez Espernon.
La Vallière (mademoiselle de), 48.
La Vrillière, 238.
Laverdet (M.), 227.
La Villegille (M. de), 160.
LAVOISIER, 104, 181.
LEBEAU (Ch.), 57, 181.
LEBESGUE, 182.
Lebrun (Ch.), 76.
LEBRUN-DESMARETTES, 182.
Le Camus (cardinal), 210.
Leclerc, 210.
LECOUSTELLIER, 182.
Lecouvreur (Adrienne), 53.
Lect, 69, note; 184.
Legendre, 57.
LEIBNITZ, 18, 182, 210, 239.
LELONG (le P.), 183, 199.
Lemonnier, 58.
Lemontey, 204, note 2.
Lenclos (Ninon de), 50, 300
Lenoncourt, 105.
Léon X, 291.
Léopold d'Autriche, 194.
Le Pelletier (René), 79.
Lepelletier, 101.
Le Roy, 271.
Lesczivius, 251.
LESDIGUIÈRES, 183.
Le Tellier, 192.
Levasseur (l'abbé), 229, 231.
Levasseur de Beauplan, 129.
LIBERTAT (B. de), 183.
Libri (M.), 5, 8, 9, note 3; 10, note 2; 13, note 1; 14, 15, 16, 17, 20, note 3; 21, note 3; 24, 25, 28, 29, 31, 33, 40, 42, 43, 45, 46, 47, 50, etc., etc., *passim*.
LICETI, 183.
LINEMANN, 183.
LINNÉE, 184.
LIONNE (H. de), 184, 282.
LIPSE (Juste), 184.
Liseran (de), 262.
LOBKOWITZ, 184.
Loisel (Ant.), 107, 256.
LOMÉNIE (de), 184; 116, 118.
Londres (ventes d'autographes à), 91, 290.
LONGOMONTANUS, 184.
LONGUEVILLE (maison de), 145, 185.
LORAT, 185, 199.
LORRAINE (maison de), 137, 185, 186, 238, 284, 291. Voyez Charles IV, Marguerite.
Louis VII, 48.
Louis IX, 48.

Louis XI, 186; 17, 18, 89, 92, 154, 258, 260, 279.
Louis XII, 45, 51, 67, 89, 107, 125, 127, 134, 154, 160, 227, note 3; 239, 266.
Louis XIII, 60, 160, 171, 238, 260, 268, 291.
Louis XIV, 187; 15, 100, 166, 213, 291; — Louis, grand Dauphin, 187, 290; — Louis, duc de Bourgogne, 187.
Louis XV, 40, 108, 291.
Louis XVI, 11, note 2; 22, note 1; 40, 291.
Louis XVIII, 36.
Louise de Savoie, 90, 236.
LOUVILLE (de), 187.
Lubieneski, 163.
Luc (du), 286.
Luçon (l'évêque de), 262.
LUDE (du), 187.
Lusgerie, 195.
Luther, 227, note 3.
LUXEMBOURG, 188; 154.
LUYNES (de), 188, 238.
Lynoy (de), 74.

MABILLON, 188; 64, 189, 210.
Machiavel, 48.
Macquer, 104.
Magi, 218.
MAGLIABECHI, 166, 189.
Magni (le P.), 260, note 4.
MAIGRET (Laurent), 189.
MAILLA (le président de), 189.
Maillanus, 142.
MAINE (du), 189.
Maintenon (Mme de), 15, 44, 52, 290.
MAIRAN, 189; 57, 68, 70, 108, 109.
MAIRE (le P.), 189.
MAIUCELLI, 284.
MALASPINA, 190.
MALHERBE, 190; 17.
MANDELOT, 154, 191.
MANCINI (famille), 191.
MANFREDI, 191.
MANSART, 191.
MANTOUE (cardinal de), 192; — (duc de), 192.
MANUCE (Paul et Alde), 192; 17, 60, 215.
MARALDI, 191, 192.
MARCA (P. de), 192; 62.
March, 166.
Marchand, 218.
Marguerite d'Anjou, 282.
Marguerite de Bourgogne, 291.
MARGUERITE d'Angoulême, 193.

MARGUERITE, fille de François Ier, 193.
Marguerite de Navarre, 8, 43.
MARGUERITE, femme d'Henri IV, 194, 282.
MARGUERITE de Lorraine, 194, 282.
MARGUERITE d'Autriche, 194.
MARIE d'Albret, 196.
MARIE STUART, 194; 43, 45, 48, 71, 176, 227, note 3; 290.
MARIE de Médicis, 196; 43, 59, 291.
MARIE-ELÉONORE d'Autriche, 194.
MARIE-LOUISE, reine d'Espagne, 197.
MARIE de Portugal, 196.
Marie-Antoinette, 22, note 1.
MARILLAC (famille de), 197, 238.
MARINONI, 197.
Marolles (l'abbé de), 68.
MARQUARD, 198.
Martine, 123.
MARTINI, 198.
MARTINOZZI, 198.
Martyr (P.), 81, 276.
MASKELYNE, 198.
MAUGIRON, 198.
MAUREPAS, 198.
MAUVISSIÈRE (Castelnau de la), 196, 198, 277, 283, 292.
MAXIMILIEN Ier, empereur, 198.
Maximilien II, empereur, 198.
Mayenne (duc de), 238.
MAZARIN (le cardinal), 198; 98, 144, 149, 192, 193, 202, 238, 282; — (le duc de), 199.
MAZAUGUES (Thomassin de) 199; 185, 204, 208, 213, 215, 240, note 5; 252, 254, 260.
Mazzoleni, 44, 56.
MÉDICIS (maison de), 199; 71, 76, 97, 166, 183, 284. Voyez Catherine.
MEIBOMIUS, 199; 63.
MELANCHTHON, 199; 76.
Melchiori, 215.
MÉNAGE, 200, 210.
Ménestrier (le P.), 155, note; 219, note 3.
Méon, 89, 153, note.
MERCATOR, 200.
MERSENNE, 200; 19, 28, 31, note 2; 40, 83, 111, 218, 258.
Mesmes (de), 291. Voyez d'Avaux.
Mesnaige (de), 135, 158, 205, 259.
Mesnars (de), 117.
MÉZERAY, 201; 55, 291.
MICHAELIS, 201.
MICHEL, roi de Pologne, 202.
Michel-Ange, 227, note 3.
Michelet (M.), 17, 92.

Millin, 66.
Mionnet, 47.
Mirabeau, 13, 50.
MISSIONNAIRES (Lettres des) à la biblioth. de l'Observatoire, 202. — Voyez aussi 38.
MISSIONS ÉTRANGÈRES (manuscrits des), 202.
MOLÉ, 202, 238.
MOLIÈRE, 202; 11, 12, note 1; 228, note 1.
MONCONYS, 203.
MONDRAGON, 203.
MONTAIGNE, 203; 24, 53.
MONTANARI, 204, 166.
MONTAUSIER, 204.
Montbazon, 238.
Montecuculli, 97.
MONTESPAN (Mme de), 204.
MONTFAUCON, 204; 199, 273.
Montglat (Mme de), 282, 283.
MONTLUC (maréchal de), 145, 154, 205; — (J. de), 205.
MONTMORENCY, 205; 72, 86, 90, 108, 193, 238, 260, 280, 283, 284.
MONTPENSIER (duc de), 206; — (duchesse de), 37, 206, 291.
Morel (Jean de), 173, 239.
MORET (comte de), 282, 281.
Moriau (Ant.), 143.
MORIN (le P.), 207.
MORISOT, 207.
Mornay, 291.
MORRIS, 207.
MORSTIN, 207.
Mortemart. Voyez Fontevrauld.
Mortimer, 110.
MORVILLIERS, 207, 254.
Mouchet, employé de la Bibliothèque royale, 93, 150, 190, 206, 212, 237.
MULLER (J.-H.), 208.
MULLER (And. Greiffenhag), 208; 163.
Muller (Ph.), 174.
MURATORI, 208, 291.
MURET, 208.

NANCELIUS, 208.
Napoléon (manuscrits de), 10, note.
NASSAU (comte de), 208.
NAUDÉ, 208; 26, 123, note 2; 218.
Naudet (M.), 24, 202, 204.
NEER-CASSEL, 209.
NEMOURS (duc de), 209, 286; — (duchesse de), 209.
Nérestang, 102, 144.
NEVERS (duc de), 209; 192, 282, 283, 285.

Newton, 209; 31, note 2.
Nicaise (correspondance de) à la Bibliothèque nationale, 210.
Nicaise (l'abbé), 210; 18, 61, 225.
Nicolaï, 249.
Nicolay (J.-A.), 285.
Nicole (l'abbé), 210.
Nieweski, 211.
Noailles (manuscrits de) à la bibliothèque du Louvre, 285 et passim.
Noailles (famille de), 285; 94, 117, note 6; 187, 197, 224, 286.
Noris (cardinal de), 63, 64, 210.
Nostradame, 211, 219, note 3.
Novion (de), 238.

Oiselius, 211; 166.
Oldenbourg, 211; 76, 166, 168, 267, 291.
Oliva (le P.), 212.
Oporinus, 212.
Orange (prince d'), 90, 91, 279.
Orderic Vital, 117, note 5.
Orléans (Louis d'), père de François Ier, 187. Voyez p. 258.
Orléans (duc d'), fils de François Ier, 90, 135, 205, 276.
Orléans (Charles, bâtard d'), 188.
Orléans (Gaston, duc d'), 141; 59, 91, 92, 96, 103, 104, 137, 160, 186, 206, 272, 279, 281, 290.
Orléans (Phil., duc d'), 132.
Orléans (Mme d'), grande-duchesse de Toscane, 212.
Ornano, 212.
Ossat (cardinal d'), 213.
Oswald, 213.
Otterus Ragnetanus, 213.

Pacius, 220.
Pagi (le P.), 213; 199.
Pajot d'Ons-en-Bray, 44, 56.
Pamphile (le cardinal), 155.
Papillon, 213.
Papon, 69.
Parabère, 286.
Paré (Ambr.), 227, note 3.
Paris (M. Louis), 41, 195.
Paris (M P.), 17, 18.
Parthenay (de), 213, 238.
Pascal, 213; 14, 120.
Paschal, diplomate, 214.
Pasqualius, 214.
Pasquier, 214; 24.
Pastorius, 214; 166, 252.
Patin (Guy), 214.
Patin (Ch.), 210.
Patrizi, 215.
Payen, 215.
Peiresc (manuscrits de) à Carpentras, 215 et passim; — à la Bibliothèque nationale, 219 et passim.
Peiresc, 215; 14, 17, 19, 28, 61, 70, 117, 124, 199, 201, 209, 223, 240, 248, 261.
Pellisson, 222.
Pels, 76, 78.
Perez (Ant.), 222.
Périon (Joach.), 212.
Perrault, 222; 28, 166.
Pescaire, 223; 27.
Petau (P.), 223.
Petit (Sam.), 223.
Petit, de Montluçon, 223.
Pezron, 210.
Pfautz, 223; 167.
Philibert, marquis de Bade, 223.
Philibert (le capitaine), 39.
Philip, 224.
Philippe II, 48, 286.
Philippe III, 224.
Philippe V, 224.
Piani, 218.
Pibrac, 169.
Picard (J.), 224; 167.
Picardet, 70, 95, 117, note 9; 173, 186, 197, 204, note 2; 214, 237, 238, 262, 274, 276, 278.
Pie IV, 286.
Pierre II de Portugal, 224.
Piget, 224.
Pignoria, 224; 218.
Pinelli, 257.
Pingré, 75, 104.
Pinocci, 224.
Pisseleu (Anne de), 224.
Pithou (les frères), 224; 68, 69, 70, 107, 117, 248, 249, 255, 256.
Pitorie, 119, 122.
Plantin, 225.
Plessis-Bourré (du), 278.
Plues (de), 225.
Pomereschius, 225.
Pompadour, 155.
Pontchartrain, 286; 238.
Possevin, 225; 17.
Postel, 225; 69, note.
Poulletier, 104.
Poussin, 225; 210, 291, 300.
Poyet, 226.
Praslin (Du Plessis), 226.
Prémare (le P.), 226; 109.
Prony, 57.
Putte (Erycius van de). Voyez Dupuy (Henri).
Puygaillart, 154.
Puysieulx, 282, 284.

Quesnel (le P.), 226; 210.

Quicherat (M. J.), 68.
Quirini, 51.

Rabaud, 220, note 3.
RABELAIS, 227.
Racan, 191.
RACINE (J.), 228; 15, 18, 21, 22, note 1; 53, 73; — (Louis), 228-235.
RAGOTZI, 235; 8.
RANCÉ (de), 235; 210.
RAPIN (Nic.), 235.
RAPIN (R.), 286.
Ravaillac, 171.
Ray (M.), 171.
RÉAUMUR, 236; 44, 56.
Regis (le P.), 109.
Regnier-Desmarais, 210.
REICHELT, 236.
REMBRANTZ, 236.
RENALDINI, 236.
RENÉ, bâtard de Savoie, 236.
RENÉE de France, 236, 282.
RETZ (de), 237; 210.
RIBIER, 237.
RICCIOLI, 237; 167.
RICHELIEU (le cardinal de), 237; 144, 202, 239, 240, 275, 279, 280, 282, 283, 284, 290; — (Alph. Du Plessis de), 238, 281.
RIGAULT, 218, 238.
Rive (bibliothèque de l'abbé), 42.
RIVET (André), 238, 286.
Robertet, 92, 99, note; 133, 180, 187, 251, 259, 272, 284.
ROBERVAL, 238; 19, 167, 236, 258.
ROCHECHOUART, 239.
ROHAN (maison de), 238, 239; — Voyez Chevreuse.
ROLISIUS, 239.
ROLLET, 239.
ROEMER, 239.
RONSART, 239; 8, 24.
Roquebertin, 99.
ROQUETTE (l'abbé), 287.
Rorté (de), 282.
Rosenbach, 97, 98.
ROSSIGNOL, 240.
ROST, 240.
ROUMOSKY, 240.
RUBENS, 240; 9, 17, 23, 24, 28, 29, 31, note 2; 43, 45, 218, 291.
RUDBECK, 244; 167.
RUTTI, 244.

Sablé (de), 134, 177, 213, 250.
Sabran (de), 250.
Sadolet, 291.
SAINT-AIGNAN, 244, 287. Voyez Beauvilliers.
SAINT-BLANCARD, 244.
SAINT-CHAMAND, 244, 282.
Saint-Cyran, 146, 238.
Saint-Esprit (le P. Jean de), 145.
Saint-Germain-des-Prés, 153.
SAINT-GERMAIN HARLAY (collection). Voyez Harlay.
Saint-Luc, 104, 238.
SAINT-POL, 245.
SAINT-SIMON, 245; 44, 238.
SAINTE-MARTHE, 245; 42, 147, note; 221.
SAINT-ROMAIN, 287.
Sainte-Suzanne (cardinal de), 218.
Sales (Fr. de), 76.
Salm, 106.
Sanchès, 39.
SANCY, 245.
SANTA-MARIA in Porticu (cardinal de), 245.
Santini (l'abbé), 97.
Sardi, 167.
Sarlabos, 154.
SARNOWSKI, 246.
SARPI, 246.
Sarrau, 238.
SAUMAISE, 246; 28, 76, 150, 151, 210, 218, 267, 290.
SAUSSURE (de), 247.
SAVARON, 247.
SAVOIE (maison de), 188, 247, 251, 290, 291.
SAXE-WEYMAR (le duc de), 268; 60, 94, 106, 141, 149, 150, 185, 238, 272, 290.
Sbaski, 167.
SCALIGER, 248; 107, 249.
SCARRON de Longue, 287.
Schaffgotsch, 167.
Schickard, 218, 219, note 3.
SCHLIEBEN, 248.
SCHOMBERG, 249; 146, 238, 282.
SCHOTTUS, 249.
SCHRAEDER, 249.
SCHREYER, 249.
SCIOPPUS, 249.
SCRIVERIUS, 249.
SCUDERY (G. et Madel. de), 249.
SECOND (J.), 249.
SECURIUS, 250.
SÉGUIER (collection) à la Bibliothèque nationale, 249 et *passim*.
Séguier, 59, 60, 65, 95, 98, 105, 128, 207, 238, 249, 272, 274, 282, 286.
Seignelay, 100.
Séjour (Du), 58.
SELVE (de), 250.
SEMBLANÇAY, 250.
Senecey, 69 note 1; 225.

Servien, 250.
Servin, 250.
Seussius, 174.
Sévigné (Mme de), 49, 52.
Seyssel (Claude de), 251 ; 93.
Sforza, 251.
Sidney, 251.
Sigismond III, 251.
Sigonio, 251.
Sillery, 251 ; 155, 282.
Silvestre de Sacy, 57.
Sirmond, 252 ; 221.
Sloane, 252.
Sobieski (J.), 252 ; 167, 279.
Soissons (de), 287 ; 252.
Sorbière, 192, note 1.
Souciet (le P.), 141, 189, 202, 273.
Sourdis, 252 ; 238.
Spanheim, 210.
Spelman, 218.
Spinola, 252.
Spon, 252 ; 199, 210, 214.
Stanislas Leczinski, 252.
Strasbourg (l'évêque de), 97.
Strozzi, 253.
Struyck, 253.
Stuart (Rob.), 253. Voyez Marie.
Suarez, 253 ; 210, 219, note 3.
Sublet des Noyers, 112, note 4.
Suffren, 238.
Sully, 253 ; 41, 43, 227, note 3 ; 238.

Talon, 253.
Tavannes, 136.
Tavernier, 218.
Teinturier (le P.), 253.
Télamon, 123, note 2 ; 209.
Tencin (cardinal de), 254.
Tende (comte de), 254.
Terlon (le chevalier de), 97.
Terrasson, 254.
Texeira, 97.
Thémines, 238.
Théophile, 65.
Thomas (M.), archiviste, 97.
Thomassin (le P.), 254 ; 199.
Thorius, 254.
Thou (famille de), 254-258 ; 82, 83, 94, 98, 104, 114, 116, 117, 125, 127, 139, 142, 150, 184, 204, note 2 ; 218, 220, note 4 ; 238, 245, 247, 248, 262, note ; 273, 275, 277, 282, 290, 291, 292.
Thumery, 150.
Titius, 258.
Titzingh (M.), 39.
Toinard, 42.
Tomitano (manuscrits de), 10, note.

Torricelli, 258.
Tournon (cardinal de), 258 ; 114.
Tremouille (La), 103, note ; 238.
Tréville, 282.
Tristan l'Ermite, 258.
Trivulce (maison de), 258, 259 ; 223.
Tuningius, 259.
Turenne (vicomte de), 259 ; 99, note ; — (maréchal de), 259.
Tycho-Brahé, 76.

Ulloa, 259.
Urbain VIII, 65.
Urfé (Cl. d'), 259.
Ursino, 260.
Ursins (Juv. des), 260.
Ursins (princesse des), 286.

Vaillant, 260.
Valerianus Magnus, 260.
Valladier, 146.
Vallant (manuscrits de) à la Bibliothèque nationale, 260 ; 210.
Vallavez, 261 ; 218, 221, 240, 258.
Valle (Pietro della), 261 ; 220.
Valois (Recueil d'A. et H. de) à la bibliothèque de l'Institut, 261 et *passim*.
Valois (A. et H. de), 261 ; 95, 149, 157, 188, 200, 218.
Vandelen, 218.
Vandermonde, 261.
Varadeis (Pierre de), 192.
Vassan (N. de), 249.
Vaubreuil, 261.
Vaubrun, 287.
Vaucanson, 57.
Vély (Dodieu de), 261.
Vendôme (le duc de), 66, 187, 238, 286.
Vertus (mademoiselle de), 210.
Vettori, 262.
Vialart, président à Rouen, 262.
Vialart, archevêque de Bourges, 287.
Viète, 262 ; 19, 238.
Vieuville (La), 262.
Vignon, 263.
Vigor, 263.
Villars, 263 ; 238.
Ville-aux-Clercs (De la), 263 ; 118.
Villebon (château de), 41.
Villenave, 36, 53.
Villeroy, 263 ; 125, note 4 ; 144, 146, 212, 282, 285.
Villiers de l'Isle-Adam, 264 ; 8.
Villiers Holman, 287.
Vinacese, 287.

Vinci (Léonard de), 264; 15, 31, note 2.
Vinet, 266.
Viret, 266, 290.
Visconti (Gal.), 266.
Vitry, 238.
Viviani, 266; 76.
Volta, 285.
Voltaire, 35, 43, 45.
Vooghdius, 266.
Vossius (G.-J. et J.), 267.

Wagner, 267.
Wallis, 267; 76, 167.
Walmesley, 58.
Ward, 268.
Wargentin, 268.
Wasmuth, 268.
Weidler, 268.
Westerbourg (comte de), 154.
Wicquefort, 238, 282.
Wierus (Joh.), 251.

Wignacourt, 269.
Winghe (de), 218.
Wittenberg (prince de), 81.
Wolf, 269.
Wornerus, 124.
Würtz (général), 97.
Wurzelbauer, 109.
Wyche (D.), 83.
Wydsga, 269.

York (cardinal d'), 74, 136.
York (duc d'), 269.

Zach, 269.
Zamelius, 269; 167.
Zanotti, 269, 300.
Zapoly, 171.
Zeidler (Christ.), 269.
Zendrini, 270.
Zeno (Ap.), 266.
Zucchi, 270.
Zumbach, 270.

TABLE DES CHAPITRES.

	Pages.
Observations sur le commerce des autographes	5
Liste chronologique des ventes faites à Paris depuis 1820 jusqu'en 1851.	35
Dictionnaire de pièces autographes volées	55
Supplément au Dictionnaire	270
Supplément à la liste chronologique des ventes (1851-1853)	288
Table, d'après l'ordre des ventes, des autographes mentionnés dans le Dictionnaire comme soustraits	293
Errata et addenda	300
Conclusion	301
Table générale des noms cités dans le Dictionnaire	303

FIN.

www.ingramcontent.com/pod-product-compliance
Lightning Source LLC
Chambersburg PA
CBHW071505160426
43196CB00010B/1426